Hermann Scheer

SOLARE
WELTWIRTSCHAFT

Strategie für die ökologische Moderne

Verlag Antje Kunstmann

INHALT

SZENARIO

VON DER FOSSILEN ZUR SOLAREN WELTWIRTSCHAFT

Chor: Daß sich enthülle, Verhülltes,
Eh' es zum Löschen zu spät ist,
Feuergefährliches.
Chorführer: Feuergefährlich ist viel,
Aber nicht alles, was feuert, ist Schicksal,
Unabwendbares.
Chor: Anderes nämlich, Schicksal genannt,
Städtevernichtendes auch, Ungeheures,
Daß Du nicht fragtest, wie's kommt,
Ist Unfug.
Chorführer: Tilgend das sterbliche Bürgergeschlecht.
Chor: Nimmer verdient,
Schicksal zu heißen, bloß weil er geschehen:
Der Blödsinn,
Der nimmerzulöschende einst!
Chorführer: Unsere Wache hat begonnen.
(Max Frisch: Biedermann und die Brandstifter)

Die wirtschaftliche Moderne wird entscheidend geprägt von immer rascher aufeinander folgenden wissenschaftlich-technischen Entwicklungssprüngen. Gegenwärtig erleben wir die rasche Entfaltung von Informations-, Bio- und Gentechnologien; zuvor entfalteten die Luft- und Raumfahrt, die Atomtechnologie in ihren militärischen und zivilen Abarten, die Automobilisierung, die Elektrifizierung, der Eisenbahnbau und die Dampfmaschine ihre Dynamik. Rasant wälzten und wälzen diese Technologien individuelle und gesellschaftliche Lebensbedingungen, wirtschaftliche und politische Strukturen um. Sie überschreiten physische, geographische, geistige und – vor allem ABC-Waffen und Gentechnologie – humanethische Grenzen. Sie überschreiten auch die Grenzen jener Zeitdimensionen, in denen wir verantwortlich handeln können. Dennoch ist diese sich ständig beschleunigende und immer extensiver durchsetzende Moderne ein fossiles Konstrukt. Sie ist – gemessen an ihrem zukunftsbestimmenden Anspruch – vergangenheitsverhaftet, in ihrem Kern versteinert, basierend auf Abgelagertem und Ausgegrabenem, in Wahrheit zukunftslos. Wir leben in einer *fossilen Weltwirtschaft.*

Die Weltwirtschaft als fossil zu bezeichnen rechfertigt sich daraus, daß weltweit die Energieversorgung überwiegend mit fossilen Energien erfolgt und nahezu alle Aktivitäten der Menschheit davon existentiell abhängig geworden sind. Der hier behauptete grundsätzliche Widerspruch zwischen immer neuen technologischen Hochleistungen, die die Weltwirtschaft antreiben, und ihrer durch die aktuelle Energieversorgung hervorgerufenen Zukunftslosigkeit ist naturgesetzlich – also ohne kulturpessimistische Brille – beschreibbar: Allen wirtschaftlichen Handlungen liegt eine physikalisch-chemische *Umwandlung von Stoffen* aus einem Zustand in einen anderen sowie deren Verteilung und Konsumierung mit Hilfe *umgewandelter Energie* zugrunde. Die energetische und stoffliche Basis ist der *nervus rerum*, der Nerv aller Dinge, das eigentliche »Gespenst in der Maschine«, von dem Arthur Koestler gesprochen hat.[1]

Die Entscheidung für eine bestimmte Ressourcenbasis ist für die wirtschaftliche und damit gesellschaftliche Entwicklung elementar, determinierender als die jeweilige wirtschaftliche Ordnung, ob sie nun eher kapital- oder eher arbeitsorientiert ist, liberalistisch oder sozialistisch. Es gehört zu den Absonderlichkeiten des 20. Jahrhunderts, daß dieser Umstand um so seltener erörtert wurde, je umfangreicher und folgenschwerer der Energie- und Materialverbrauch wurde. Anfang des 20. Jahrhunderts schrieb Frederick Soddy in seinem Grundlagenwerk »Matter and Energy«: »Die die Beziehungen zwischen Energie und Materialien ausdrückenden Gesetze sind nicht nur für die reine Wissenschaft von Bedeutung. Sie verdienen notwendigerweise in der gesamten Geschichte menschlicher Erfahrungen vorrangiges Augenmerk, und sie kontrollieren letztlich den Aufstieg und den Niedergang politischer Systeme, die Freiheit und Knechtschaft von Nationen, die Entwicklungen von Handel und Industrie, den Ursprung von Reichtum und Armut und den allgemeinen Wohlstand der Menschheit. Es ist keine Entschuldigung, nur weil diese physikalischen Gesetze bisher unzureichend erkannt wurden, sie nicht als erstrangige Zukunftsfragen zu behandeln.«[2]

Die alles überragende Bedeutung von Energien und Stoffen ist auf eine nach- oder untergeordnete Frage reduziert worden, weil die fossile Energie- und Stoffbasis als ohnehin unersetzlich, als nicht austauschbar gilt. Deshalb behandelt auch die Wirtschaftswissenschaft die Energiefrage nur im Hinblick auf die Faktoren, die die Preisbildung beeinflussen. Energie und Rohstoffe gelten als prinzipiell verfügbar, gleich, woher sie kommen. Und falls doch eine Energie- oder Rohstoffart durch eine andere ersetzt wird, gilt dies als isolierter Austauschvorgang, der die wirtschaftlichen Strukturen ansonsten nicht berührt – solange damit keine einschneidenden Kostenveränderungen verbunden sind.[3] So erscheint die Energie- und Rohstoffwahl als technisches und betriebswirtschaftliches – und neuerdings ökologisches – Problem für Spezialisten. Das entspricht der Ideologie des wissenschaftlich-technischen Zeitalters, wie sie Jürgen Habermas beschrieben hat: der Auflösung des Zusammenhangs in einzelne Vorgänge, die nur noch zweckrational von spezialisierten Funktionsträgern zu behandeln sind und kein Gegenstand genereller gesellschaftlicher Erörterungen über alternative Wahlmöglichkeiten mehr sein können.[4] Insbesondere technologische Fragen werden gern losgelöst von Werten, Ideen, Interessen und den sich aus deren Widersprüchen ergebenden Konflikten gesehen.

Die Erkenntnis der sozialen und politischen Konsequenzen wirtschaftlichen Handelns hat in der Neuzeit zur Entwicklung der »Politischen Ökonomie« geführt. Natur- und technikgesetzliche Zusammenhänge aber werden auch in deren wirtschaftliche Gesamtanalysen kaum einbezogen, obwohl, wie Hans Immler hervorhebt, »der industrielle Reichtum, die technologischen Fortschritte und die zivilisatorische Entwicklung der Neuzeit auf der Produktivität der materialen und biotischen Ökosysteme beruhen«.[5] Politischen und wirtschaftlichen Akteuren mangelt es an diesbezüglichen Kenntnissen, und die Natur- und Technikwissenschaften selbst haben vor lauter Spezialisierung die Sicht auf das Ganze verloren. Die Erkenntnis, daß die stetig wachsende Abhängigkeit von endlichen Ressourcen globalökologische Gefahren, ja längst einschneidende soziale Katastrophen hervorruft; zudem das Bewußtsein, daß die Technik Wirtschaft und Gesellschaft immer mehr beherrscht, haben eine »Politische Naturökonomie« jedoch zum zentralen Erfordernis gemacht.

Der fossile Charakter der Weltwirtschaft und die damit programmierte Ruinierung der gesamten Lebensgrundlagen machen die umfassende Orientierung auf die solaren Energiequellen immer dringlicher: nicht nur, um die fossilen (und mit diesen auch die atomaren) Energien zu ergänzen, sondern um sie zu ersetzen. Der fossilen Energiebasis verdankt die Weltwirtschaft ihr Gedeihen – aber sie treibt sie nun auch ins Verderben.

Die Macht der Pyromanen

Je vitaler die gegenwärtige Weltwirtschaft ist, desto schneller treibt sie auf den Abgrund zu:

- weil die aktiv genutzte Energie, mit deren Hilfe Stoffe produziert, vertrieben und konsumiert werden, weit überwiegend fossiler Art ist: Erdöl-, Erdgas- und Kohleressourcen sowie Uran als atomare Energiequelle;
- weil fossile Rohstoffe, vor allem Erdöl, und metallische Rohstoffe die wichtigste Basis für die industrielle Umwandlung zu Halb- und Fertigprodukten sind.

Damit operiert die moderne Weltwirtschaft, die sich selbst die Eigenschaft unbegrenzter Offenheit zuschreibt und sich auf dem Weg vom »offenen Weltmarkt« zur »offenen Weltgesellschaft« sieht, tatsächlich in einem begrenzten System und macht sich zu einem »closed shop«.

Unser Globus ist jedoch zugleich ein offenes und ein geschlossenes System. Er ist offen gegenüber dem ständigen Energiefluß der Sonne, der Gravitationskraft von Sonne und Mond und der kosmischen Strahlung; er ist geschlossen, was das Potential fossiler Ressourcen angeht (jedenfalls in den der Menschheit zur Verfügung stehenden Handlungshorizonten, weil der solare Ursprung dieser Energiequellen Hunderte von Millionen Jahre zurückliegt), der Materie sowie die des Wassers, der Böden und der Luft. Solange die Weltwirtschaft auf dieser begrenzten Energie- und Rohstoffbasis operiert, hat sie aus zwei unwiderlegbaren Gründen nur noch eine eng begrenzte Perspektive: zum einen, weil die fossilen Ressourcen erschöpflich sind; zum zweiten, weil bei ihrer Umwandlung zugleich die begrenzten, aber tatsächlich unverzichtbaren Lebenselemente unseres Globus – Wasser, Böden, Luft und Erdatmosphäre – unweigerlich überbeansprucht, beschädigt und zerstört werden.

Dieser zweite Grund ist im Spektrum des Energieverbrauchs schon
längst buchstäblich brandgefährlich geworden. Der statistisch erfaßte
Weltenergieverbrauch besteht zu 32 % aus der Verbrennung von Erdöl; zu
25 % aus der Verbrennung von Kohle; zu 17 % aus der Verbrennung von
Erdgas; zu fünf Prozent aus der Verbrennung von Atombrennstoff; und
zu 14 % aus der Verbrennung von Biomasse – wobei bisher nur bei einem
kleineren Teil dieses Verbrauchs für ein Nachwachsen entsprechender
Biomasse gesorgt wird. Lediglich sechs Prozent des Gesamtverbrauchs
werden durch Wasserkraft abgedeckt. Die Nutzung der Biomasse, die
durch parallelen Neuanbau von Pflanzen zu einem immerwährenden
Energieträger werden kann, findet bisher vorwiegend in den ländlichen
Räumen sogenannter Entwicklungsländer statt. Die eigentliche Weltwirtschaft wird hauptsächlich von Erdöl, Kohle, Erdgas und Atombrennstoffen »angefeuert« und ist damit von deren wirtschaftlichen Trägern
abhängig. Die Weltwirtschaft und mit dieser die Weltgesellschaft werden
somit von Pyromanen dominiert, die immer gigantischere Mengen fossiler Brennstoffe verfeuern und an diesem System, so lange es irgendwie
geht festhalten wollen. Allen wissenschaftlichen Warnungen und umwelt-
politischen Versprechungen zum Trotz deutet gegenwärtig alles darauf
hin, daß die globale »Entflammung« fossiler Energien allein zwischen
1990 und 2010 um 50 % steigen wird.

Für diese globale Pyromanie ist die Weltgesellschaft »trefflich gerü-
stet«, wie es Max Frisch in »Biedermann und die Brandstifter« aus-
drückt. Der Biedermann antwortet in diesem »Lehrstück ohne Lehre«
auf die Frage »Was hast du denen gegeben? Ich hab's gesehen! – Streichhölzer!« mit einem »Warum nicht ... Wenn die wirklich Brandstifter
wären, du meinst, die hätten keine Streichhölzer?« Wie Biedermann
weist die die Verbrennungsenergie in jeden Winkel der Weltzivilisation
liefernde fossile Energiewirtschaft samt ihren politischen, wissenschaftlichen und publizistischen Sekundanten jede Verantwortung von sich
und verweist auf die Bedürfnisse der Menschen – als gäbe es auf der Erde
keine Möglichkeit, Energie ohne atomare und fossile Feuersbrünste
bereitzustellen. Je länger – geschweige denn je mehr – dies die energetische Basis der Weltwirtschaft ist, desto gründlicher werden die Lebenschancen aller »verbrannt«. Die Weltgesellschaft steht vor der ultimativen
Grundentscheidung. Es ist in der Konsequenz eine zwischen Asche und
Sonne.

Die fossilen Ressourcen werden sich wahrscheinlich schneller er-

schöpfen als die metallischen Ressourcen. Erdöl, Erdgas oder Kohle-
reserven sind, einmal verbrannt, nicht wiederverwertbar. Lediglich atomarer Müll kann erneut verwendet werden und ist damit als Energiequelle länger nutzbar; jedoch um den Preis, daß die atomare Gefahr
wächst und radioaktive Zukunftslasten sich untragbar erhöhen. Im Unterschied dazu sind metallische Rohstoffe zwar prinzipiell wiederverwertbar; das endliche Potential kann also gestreckt werden. Bei ihrer
Umwandlung treten jedoch – wenn auch mit wesentlichen Unterschieden von Stoff zu Stoff – ebenfalls unweigerlich Verluste und ökologische
Probleme auf.

Generell liegt die Gefahr der Zerstörung der Ökosphäre durch Ener-
gie- und Rohstoffumwandlung zeitlich näher als die einer irreversiblen
Plünderung der Ressourcen. Dies führt Friedrich Schmidt-Bleek in seinem Votum für den »Faktor 10« – also den Energie- und Materialeinsatz
bei den erbrachten Produktions- oder Dienstleistungen durch gesteigerte Ressourcenproduktivität auf ein Zehntel zu senken – zu seiner These:
»Die Menge an umgesetzten Rohstoffen ist das Problem, nicht die Art
der Rohstoffe.«[6] Entscheidend sei also nicht, ob fossile oder erneuerbare
Ressourcen eingesetzt werden, sondern die »ökologische Funktionstüchtigkeit« der wirtschaftlichen Umwandlungsprozesse. Doch so un-
bestritten notwendig die – auch von Amory Lovins und Ernst-Ulrich
von Weizsäcker in der gemäßigter formulierten Variante des »Faktor 4«[7]
geforderte – höhere Ressourcenproduktivität ist: Der These, daß die
Wahl der Energie- und Rohstoffquellen ein geringeres Problem darstelle als der Mengenverbrauch, widerspreche ich entschieden.

Meine erste These lautet: *Die Weltzivilisation kann der existentiellen fossilen Ressourcenfalle nur entrinnen, wenn sie alles daransetzt, den Wechsel
zu erneuerbaren, zugleich naturverträglichen Ressourcen unverzüglich
einzuleiten, um sich von den fossilen Ressourcen unabhängig zu machen.*
Damit spiele ich nicht das Ziel optimaler Ressourcenproduktivität gegen
jenes erneuerbarer Ressourcen aus. Einen solchen Scheingegensatz
bauen eher diejenigen auf, die den Stellenwert erneuerbarer Ressourcen
herunterspielen. Aber erst der Wechsel zu diesen – und damit zur solaren Weltwirtschaft – verändert die Logik des Wirtschaftens und damit
die wirtschaftliche Entwicklungsrichtung durchgreifend. Er ist damit
der Schlüssel für die Zukunftsfähigkeit der Weltgesellschaft.

Eine *solare Weltwirtschaft* ermöglicht die Befriedigung des Gesamtbedarfs an Energie und Rohstoffen durch *solare Energiequellen* und *solare Rohstoffe.* Zum unerschöpflichen Potential solarer bzw. erneuerbarer Energien zählen Sonnenlicht und -wärme, thermische Winde und Wellen, Wasserkraft, Energie aus Pflanzen und anderen organischen Substanzen; solar sind Rohstoffe pflanzlicher Herkunft, die von der Sonne über den Weg der Photosynthese produziert werden. Die üblichen Begriffe dafür sind: Biomasse, nachwachsende Rohstoffe, biotische oder biogene Materialien. Als Sammelbegriff schlage ich jedoch den der solaren Rohstoffe vor. Dieser macht nicht nur ihre direkte Herkunft deutlich, sondern umreißt auch den Zusammenhang der Alternative, die von den fossilen und anderen endlichen Energien und Rohstoffen zu den von der Sonnenkraft immer wieder neu und naturfreundlich erzeugten führen muß und kann. Mit der systematischen – das Nachwachsen stets in ökologisch verträglicher Weise garantierenden – Nutzung solarer Rohstoffe kann der größte Teil aller Materialbedürfnisse der Menschheit dauerhaft befriedigt werden.

Für die akute Notwendigkeit einer breiten Einführung solarer Ressourcen sprechen neben fundamentalen ökologischen auch wirtschaftliche, friedenspolitische und andere gesellschaftliche Gründe:

1. Angesichts der globalwirtschaftlichen Wachstumsdynamik können Produktivitäts- und Effizienzsteigerungen kaum mehr bewirken als eine Stabilisierung des schon jetzt für Mensch und Umwelt unerträglich hohen Ressourcenverbrauchs. Alle Produktivitätsziele müssen also in jedem Fall unmittelbar verknüpft werden mit dem gleichzeitigen Wechsel zu solaren Ressourcen. Hinzu kommt, daß damit sogar eine bessere wirtschaftliche Allokation möglich ist als mit fossilen Ressourcen – also die optimale Anordnung und Zuweisung von Investitionen, Produktivkräften und Material. Daß die Umwandlung solarer Energien – mit Ausnahme der Biomasse – emissionsfrei erfolgt, ist bekannt. Weniger bekannt ist, daß solare Rohstoffe und diesen gemäße Umwandlungstechniken in der Regel einen gezielteren und produktiveren Ressourceneinsatz ermöglichen, daß mit ihnen also wesentlich wasser-, luft- und bodenschonender und energieeffizienter produziert werden kann. Mit erneuerbaren Ressourcen können deshalb die ökologischen und die wirtschaftlichen Produktivitätsziele müheloser und damit tendenziell kosteneffektiver erreicht werden.

2. Ressourcenkrisen spitzen sich wegen der nahenden Erschöpfung von Erdöl, Erdgas und einigen strategischen Rohstoffen zu.[8] Es kommt nicht allein darauf an, mit welchen Umweltfolgen und wie lange ausreichende Ressourcenpotentiale verfügbar sind. Wichtig ist auch, *wo* diese Ressourcen liegen, das heißt, *wer* die ökonomische Macht über sie hat und die Preise bestimmen bzw. wer diese schließlich bezahlen kann. Diese Fragen des Zugangs können dramatische Konflikte provozieren. Sie bergen die Gefahr wirklicher Weltkriege, nachdem von den beiden Weltkriegen des 20. Jahrhunderts der erste auf Europa und der zweite vorwiegend auf Europa und den Pazifik beschränkt war. Der Golfkrieg 1990/91 und der Tschetschenien-Krieg 1994–96 waren Auftaktveranstaltungen für sich zuspitzende Ressourcenkämpfe, wie sie Hans Kronberger in »Blut für Öl« beschreibt.[9] Die Eskalation wirtschaftlicher Konflikte in und zwischen kontinentalen Wirtschaftsregionen um zur Neige gehende konventionelle Ressourcen erscheint schon lange vor der Rohstoffausschöpfung unvermeidlich, weil sich zwei gegenläufige Kurven nähern: jene der abnehmenden wirtschaftlichen Verfügbarkeit von fossilen Energien und strategischen Rohstoffen und jene des zunehmenden Verbrauchs durch eine wachsende Bevölkerung in wachsenden Volkswirtschaften. Wenn sich diese Kurven kreuzen, ist mit bedrohlicheren Konflikten zu rechnen als je zuvor in der Weltgeschichte. Und schon vorher werden sich die Zugangs-, Preis- und Verteilungskrisen verschärfen, mit unberechenbaren Folgen für die Weltwirtschaft.

3. Da die Energie- und Rohstoffressourcen an relativ wenigen Plätzen des Erdballs lagern, jedoch überall gebraucht werden, haben sie – je länger und je mehr sich zunächst die Industriegesellschaften, schließlich die ganze Weltwirtschaft von dieser Ressourcenbasis abhängig gemacht haben – die politischen und wirtschaftlichen Strukturen weltweit geprägt. Es war die Ressourcenabhängigkeit, welche die »Globalisierung« der Wirtschaftsaktivitäten erzwang, lange bevor dieser Begriff in aller Munde kam. Das Ziel, die Ressourcen kontrollieren zu können, hat nicht nur die nachkoloniale Staatenwelt und jüngst den Auflösungsprozeß der früheren Sowjetunion gesteuert, sondern auch wirtschaftliche Handlungsschwerpunkte, einschließlich der damit verbundenen Wirtschaftsstrukturen, vorgegeben. Ressourcenabhängigkeiten verstärken – offen oder unsichtbar wirkend –

die Außensteuerung und Fremdbestimmung von Zivilisationen und damit ihre Krisenanfälligkeit.

In diesem Buch werden die Zusammenhänge herausgearbeitet,

– die einerseits dazu geführt haben, daß sich die Weltwirtschaft seit der bahnbrechenden industriellen Revolution des späten 18. Jahrhunderts von den fossilen Ressourcenadern immer stärker abhängig machte und deshalb trotz aller seitdem erweiterten zivilisatorischen Möglichkeiten immer fragiler und absturzgefährdeter geworden ist;

– und die es andererseits ermöglichen, daß – so meine zweite These – *der Wechsel zur solaren Energie- und Rohstoffbasis einen bahnbrechenden Stellenwert für die Zukunftssicherung der Weltgesellschaft haben wird, dessen Tiefen-, Breiten- und Fernwirkungen nur mit jenen der industriellen Revolution vergleichbar sein werden.*

Auch auf dem Wege zur solaren Weltwirtschaft wird es Umwälzungen geben, die nahezu alle bestehenden Interessen tangieren. Es wird zahlreiche Konflikte geben. Um ihnen auszuweichen, bleiben viele vor der entscheidenden »Quellenfrage« stehen oder stellen sie nur leise – erst für spätere Zeiten. Aber je länger die Weltwirtschaft von den fossilen Energie- und Rohstoffquellen abhängig bleibt, desto schwerwiegender werden die Folgen sein.

Fossile Ressourcenabhängigkeit: Entkoppelung der Wirtschaftsprozesse von ihrer ökologischen und sozialen Basis

Eine modische Lesart lautet, daß Ressourcen eine immer geringere Rolle spielten, da sich die Wirtschaft durch neue, atemberaubende technische Sprünge immer mehr »dematerialisiere« und »deindustrialisiere«. Tatsächlich aber haben diese nur neuen Leichtsinn und die Tendenz hervorgerufen, die Ressourcenfragen zu ignorieren, und zudem den Irrglauben bestärkt, für alles fänden sich notfalls neue technische Lösungen. Schon ist der denkende Roboter in technischer Entwicklungsschwangerschaft. Die »Miniaturisierung« vor allem der Kommunikationstechnik, wie sie der amerikanische Zukunftsforscher Michio Kaku enthusiastisch avisiert,[10] verspreche unbegrenzte neue Möglichkeiten und Freiheiten. Die Gentechnologie prophezeit, daß wir Technik in biologische Abläufe implantieren und diese damit ganz oder teilweise ersetzen könnten – so wie es der Biophysiker Gregory Stock in »Metaman« euphorisch beschreibt, in dem Mensch und Technik zu einem monströsen »Superorganismus« verschmolzen werden.[11] Das »biotechnologische Zeitalter« verspricht die Option, Nahrungsmittel gänzlich losgelöst von den Grenzen natürlicher Produktionsbedingungen zu produzieren – wie es Jeremy Rifkin kritisch dokumentiert.[12] Und wenn wir uns auf diese Weise von der Evolution verabschieden und eine neue abrupt einleiten, uns gar zum »Choreographen der Natur« (Michio Kaku) aufschwingen können: Brauchen wir dann überhaupt noch das Geschenk solarer Ressourcen für den Globus?

Stehen uns nicht doch noch immense Potentiale an fossilen Ressourcen zur Verfügung, etwa die Methanblasen über dem Grund der Ozeane oder die Potentiale an mineralischen Rohstoffen, wenn wir sie erst aus dem Meereswasser extrahieren können? Wird uns die Fusionstechnologie nicht Energie »für alle Zeiten« schenken? Und können wir nicht auf anderen Planeten grenzenlos neue Rohstoffe gewinnen oder gar neue Biosphären erschließen? Erübrigt sich damit nicht die seit dem 19. Jahrhundert immer wieder aufgeworfene Ressourcenfrage – die in Verbindung mit Wissenschaft und Technologie laut Wilhelm Fucks die »Formeln zur Macht« darstellt?[13] Erweist sich die ökologische Weltgefahr am Ende als ein Hirngespinst aufgebrachter und technologisch uninformierter Zivilisationskritiker, weil sie durch eine permanente technologische Weltrevolution lösbar geworden ist?

Träume, Schäume: Die Ressourcenfrage ist keineswegs überholt. Wer ohne Bezug dazu auf die »schöne neue Welt« setzt (die bei Aldous Huxley noch bittere Ironie war, von den modernen Technosophen aber mittlerweile absolut verheißungsvoll gemeint ist), der ist von nur ausschnitthaften, modisch überhöhten und verallgemeinernden Darstellungen der tatsächlichen Entwicklung verblendet.

Auch wenn Ressourcen in menschenleeren, computergesteuerten Fabriken verarbeitet und verbraucht werden – die Folgen bleiben die gleichen. Zu den gleichwohl stattfindenden »Dematerialisierungen« und »Deindustrialisierungen« steht ein hoher Energie- und Rohstoffbedarf nicht im Widerspruch. Ein sinkender Bedarf bei einzelnen Produktionsleistungen lenkt davon ab, daß der Gesamtverbrauch durch die Vermehrung von energieintensiven Dienstleistungen dennoch wachsen

kann, etwa durch die rapide Zunahme von Transport und Tourismus.
Hinzu kommt, daß mit wachsender Weltbevölkerung auch der Ressourcenbedarf steigt und daß auf dem asiatischen Kontinent das Kopieren
des fossilen industriellen Modells gerade erst in vollen Zügen begonnen
hat. Allein in China und Indien, mit zusammen zwei Milliarden Einwohnern, lebt ein Drittel der Menschheit.

Und Rohstoffe aus noch tieferen Erdschichten, aus den Ozeanen oder gar von anderen Planeten
holen zu wollen, ohne nach dem Energieaufwand dafür zu fragen und
die steigenden Umweltgefahren zu bedenken, ist Ausdruck manischer
Realitätsverweigerung.

Die naive Feststellung, daß die Ressourcenfrage kein zentrales Problem
(mehr) darstelle, wird im übrigen durch die aktuelle Neudefinition der
NATO-Strategie widerlegt, die nunmehr die weltweite Sicherung der
Energie- und Rohstoffressourcen im Auge hat. Damit geben Militärfachleute das, was Wirtschaftspolitiker und Unternehmen leugnen, explizit zu.

Globaler Wettbewerb statt globaler ökologischer Vorsorge

Die globale Umwandlungsmaschinerie verrichtet ihr Zerstörungswerk
unbeeindruckt von internationalen Beschlüssen, die bremsen und umsteuern sollen – also trotz der Globalisierung der Umweltpolitik, wie sie
1992 mit der Weltkonferenz für Umwelt und Entwicklung in Rio de
Janeiro und der dort verabschiedeten »Agenda 21« offiziell eingeleitet
wurde. Seit der Veröffentlichung des »Global 2000«-Berichts für den
amerikanischen Präsidenten Carter Anfang der 80er Jahre stand das
Wort »Globalisierung« zunächst für ökologische Vorsorge.[14] Doch inzwischen wurde dieser Begriff zum Synonym für globalen Unternehmenswettbewerb, möglichst nicht mehr beschränkt durch Zölle oder
Steuern, hohe Löhne oder sozial oder ökologisch begründete Auflagen.
Das Grundgesetz dieser Globalisierung ist der 1994 in Marrakesch vereinbarte WTO-Vertrag, der einen weitgehend ungehinderten Fluß des
Kapitals, des Warenverkehrs und der Dienstleistungen garantieren soll.
Die Regierungen, die diesen Vertrag ausgehandelt und unterzeichnet
haben, hatten allesamt zwei Jahre zuvor die Agenda 21 unterzeichnet,
ohne daß der Widerspruch zwischen beiden Vertragswerken thematisiert wurde. Die WTO-Regeln sind im Unterschied zu den vagen Beschlüssen zum globalen Umweltschutz ziemlich konkret und verbindlich und sogar mit einem Sanktionsmechanismus gegen Vertragsbrecher
ausgestattet. Der WTO-Vertrag erleichtert und verbilligt den Transfer

und Verbrauch von Ressourcen, und er kurbelt mit dem ausdrücklich angestrebten beschleunigten und vermehrten Warenaustausch den Transportenergieeinsatz an. Er fördert mit der gewollten Ausweitung des Weltagrarhandels den Einsatz von naturzerstörenden Anbaumethoden in der Landwirtschaft und erweitert den Spielraum der dafür maßgeblich verantwortlichen Agrarkonzerne. Der WTO-Vertrag soll die Produktivität der Weltwirtschaft erhöhen. Aber er steigert, wegen der anhaltenden Abhängigkeit von erschöpflichen Ressourcen und des noch ungehemmteren Spielraums der hochkonzentrierten Ressourcenkonzerne, die Geschwindigkeit der Zerstörungsprozesse.

Zwei Dimensionen der Globalisierung stehen sich in der heutigen Form unversöhnlich gegenüber: die ökologische und die des wirtschaftlichen Wettbewerbs. Der Schutz des globalen Wettbewerbs ist heiliggesprochen worden und hat politischen Vorrang erhalten vor dem Schutz des Klimas oder der Biodiversität; die WTO vor der Agenda 21, das Wettbewerbsrecht vor dem Umweltrecht, die Interessen der Gegenwart vor denen der Zukunft. Dieser Gegensatz ist nur mit einer solaren Ressourcenbasis aufhebbar. Nicht massenhafter Technikeinsatz hat, wie in landläufigen Diskussionen über globale Umweltgefahren behauptet wird, die Weltzivilisation in die Sackgasse geführt, sondern die bisherige Ressourcenwahl und die Orientierung der technischen Entwicklung und ihrer Infrastrukturen an fossilen Energieträgern. Nicht ökologisch motivierte Technikdistanz führt aus der Sackgasse, sondern die entschiedene Distanzierung von den nichtsolaren Ressourcen.

Erst mit der gezielten Ablösung fossilen Energieverbrauchs durch solare Energien – so meine dritte These – *wird wirtschaftliche Globalisierung ökologisch tragfähig; erst sie wird die zerstörerische Dynamik der fossilen Weltwirtschaft mit der Uniformierung wirtschaftlicher Strukturen und Kulturen unterbinden und eine zukunftsfähige, vielfältige und menschengerechte Entwicklungsdynamik hervorbringen.*

Der Ursprung der fossilen Hauptströmung

Die fossile Hauptströmung begann mit der industriellen Revolution. Ihr Ausgangspunkt war die Einführung der Dampfmaschine, die die Muskelkraft von Menschen und Tieren in der Produktion in riesigen Schritten abzulösen begann. Diese »alte« Technologie liegt nicht hinter uns; die großen Atom-, Kohle-, Gas- oder Ölkraftwerke arbeiten noch heute nach ihrem Prinzip. Sie prägt die Struktur der Weltwirtschaft bis heute.

All jene Technologien, die nach ihr eingeführt wurden, blieben der von ihr bestimmten fossilen Energiebasis verhaftet.

Der von James Watt 1769 entwickelte Dampfmaschinentyp führte jedoch zu einem seinerzeit einzigartigen Quantensprung in der Energieeffizienz und machte damit den Weg zur industriellen Revolution frei.[15] Durch die gesteigerte Energieeffizienz wurde Massenproduktion möglich – mit der Folge, daß sich der Rohstoff- und Energieeinsatz schnell und laufend vermehrten! Anfangs wurde noch Holz bzw. Holzkohle als Brennstoff verwendet. Aber für den sich rasch ausweitenden Einsatz der Dampfmaschine war das verfügbare Potential an Holz aus den nahen Wäldern bald zu klein. So wurde die Kohle zum bevorzugten Brennstoff. Die überlegene Umwandlertechnik bestimmte die Ressourcenwahl, und die einmal getroffene Ressourcenwahl bestimmte die Wahl der Technik auch für die Zukunft. Das fossile Energiesystem wurde in der Folge um das Erdöl und das Erdgas ergänzt. Für alle seitdem neu hinzugekommenen Wandlertechniken wurden die fossilen Energien die bestimmende Basis.

Die Entwicklung verlangte hohe «Energiedichten«, also höheren Energieinhalt eines Energievolumens bei geringem Transportaufwand. Je leichter und kostengünstiger Energie verfügbar war und je effektiver die Energiewandler wurden, desto mehr wuchs die Begierde nach den weltweit kostengünstigsten Energie- und Rohstoffquellen und desto mehr konnten auch die Märkte ausgedehnt werden. Aus der industriellen Revolution wurde die sich immer mehr beschleunigende permanente Revolution der Weltwirtschaft. Die mit der industriellen Revolution entstehende fossile Energiewirtschaft wurde nicht nur zum Treibriemen dieser Entwicklung. Durch sie wurde die Globalisierung zum »ehernen Gesetz« wirtschaftlichen Handelns.

Beschleunigungs- und Verdrängungsprozesse

Die Geschwindigkeit und die Wirkung dieses Veränderungsprozesses ist bereits 1848 im »Kommunistischen Manifest« von Karl Marx und Friedrich Engels beschrieben worden. Die einschlägige Passage ist aktueller denn je. Man muß nur den Begriff der »Bourgeoisie« gegen den heutigen der »global players« – obwohl beide nicht völlig identische Eigenschaften haben – austauschen, und hat damit eine denkbar eindrucksvolle Gegenwartsbeschreibung, auch in ihrem einseitigen und überheblichen entwicklungsschematischen Denkansatz:

»Die fortwährende Umwälzung der Produktion, die ununterbrochene Erschütterung aller gesellschaftlichen Zustände, die ewige Unsicherheit und Bewegung zeichnet die Bourgeoisieepoche vor allen
früheren aus. Alle festen, eingerosteten Verhältnisse mit ihrem Gefolge von altehrwürdigen Vorstellungen und Anschauungen werden
aufgelöst, alle neugebildeten veralten, ehe sie verknöchern können.
Alles Ständische und Stehende verdampft, alles Heilige wird ent-
weiht, und die Menschen sind endlich gezwungen, ihre Lebensstel-
lung, ihre gegenseitigen Beziehungen mit nüchternen Augen anzu-
sehen. Das Bedürfnis nach einem stets ausgedehnteren Absatz für
ihre Produkte jagt die Bourgeoisie über die ganze Erdkugel. Überall
muß sie sich einnisten, überall anbauen, überall Verbindungen herstellen.

Die Bourgeoisie hat durch die Exploitation des Weltmarktes die Produktion und Konsumption aller Länder kosmopolitisch gestaltet. Sie
hat zum großen Bedauern der Reaktionäre den nationalen Boden der
Industrie unter den Füßen weggezogen. Die uralten nationalen Industrien sind vernichtet worden und werden noch täglich vernichtet.
Sie werden verdrängt durch neue Industrien, deren Einführung eine
Lebensfrage für alle zivilisierten Nationen wird, durch Industrien, die
nicht mehr einheimische Rohstoffe, sondern den entlegensten Zonen
angehörige Rohstoffe verarbeiten und deren Fabrikate nicht nur im
Lande selbst, sondern in allen Weltteilen zugleich verbraucht werden.
An die Stelle der alten, durch Landeserzeugnisse befriedigten Bedürfnisse treten neue, welche die Produkte der entferntesten Länder und
Klimate zu ihrer Befriedigung erheischen. An die Stelle der alten
lokalen und nationalen Selbstgenügsamkeit und Abgeschlossenheit
tritt ein allseitiger Verkehr, eine allseitige Abhängigkeit der Nationen
voneinander. Und wie in der materiellen, so auch in der geistigen
Produktion. Die geistigen Erzeugnisse der einzelnen Nationen werden Gemeingut. Die nationale Einseitigkeit und Beschränktheit wird
mehr und mehr unmöglich, und aus den vielen nationalen und lokalen Literaturen bildet sich eine Weltliteratur.

Die Bourgeoisie reißt durch die rasche Verbesserung aller Produk-
tionsinstrumente, durch die unendlich erleichterten Kommunikatio-
nen alle, auch die barbarischsten Nationen in die Zivilisation. Die
wohlfeilen Preise ihrer Waren sind die schwere Artillerie, mit der sie
alle chinesischen Mauern in den Grund schießt, mit der sie den hart-

näckigsten Fremdenhaß der Barbaren zur Kapitulation zwingt. Sie zwingt alle Nationen, die Produktionsweise der Bourgeoisie sich anzueignen, wenn sie nicht zugrunde gehen wollen; sie zwingt sie, die sogenannte Zivilisation bei sich selbst einzuführen, d.h. Bourgeois zu werden. Mit einem Wort, sie schafft sich eine Welt nach ihrem eigenen Bilde. Die Bourgeoisie hat das Land der Herrschaft der Stadt unterworfen. Sie hat enorme Städte geschaffen, sie hat die Zahl der städtischen Bevölkerung gegenüber der ländlichen in hohem Grade vermehrt und so einen bedeutenden Teil der Bevölkerung dem Idiotismus des Landlebens entrissen. Wie sie das Land von der Stadt, hat sie die barbarischen und halbbarbarischen Länder von den zivilisierten, die Bauernvölker von den Bourgeoisvölkern, den Orient vom Okzident abhängig gemacht. Die Bourgeoisie hebt mehr und mehr die Zersplitterung der Produktionsmittel, des Besitzes und der Bevölkerung auf. Sie hat die Bevölkerung agglomeriert, die Produktionsmittel zentralisiert und das Eigentum in wenigen Händen konzentriert. Die notwendige Folge hiervon war die politische Zentralisation. Unabhängige, fast nur verbündete Provinzen mit verschiedenen Interessen, Gesetzen, Regierungen und Zöllen wurden zusammengedrängt in eine Nation, eine Regierung, ein Gesetz, ein nationales Klasseninteresse, eine Douanenlinie.«

Das Ziel einer möglichst unbegrenzten Gewinnsteigerung und die wirtschaftlichen Gesetzmäßigkeiten der Kapitalverwertung, die zu Produktivitätssteigerung, Unternehmenskonzentration, Markterweiterung und Verdrängungswettbewerb führen, sind nicht erst mit der industriellen Revolution entstanden. Sie sind weder auf das Bürgertum noch auf moderne Manager beschränkt, und sie werden wahrscheinlich nie veralten. Aber die Möglichkeiten sind nicht immer die gleichen.

Schon lange ist es nicht nur die »Bourgeoisie«, die den hier beschriebenen Entwicklungen folgt. Längst haben sich fast alle, die von den durch die industrielle Revolution und deren technische Folgerevolutionen geschaffenen Bedingungen existentiell abhängig sind oder sich davon abhängig fühlen, das Interesse an deren ungebrochener Kontinuität zu eigen gemacht, bis zu linken Parteien und Gewerkschaften. Der hoch organisierte internationale Kapitalismus kommt ohne auf eigenes Risiko operierende und selbsthaftende Unternehmer und ohne Bürgertum aus, wie Jan Ross es in »Die Zeit« festgestellt hat.[16] Für die Funktionäre im Spitzenmanagement der Unternehmen sind längerfristige Verantwortungsabwägungen sogar störend, weil zu viele kulturelle oder gesellschaftliche Bedenken das Funktionieren beeinträchtigen würden. Wo es im 20. Jahrhundert keine Bourgeoisie gab, wie in der Sowjetunion, wurde die Dynamik der industriellen Revolution planmäßig vorangetrieben, denselben technologisch-wirtschaftlichen Gesetzmäßigkeiten folgend – nur wirtschaftlich weniger expansiv, weil die riesige Sowjetunion üppige eigene Energie- und Rohstoffvorkommen hatte und auf deren globale Erschließung nicht angewiesen war. Daß der Versuch einer sozialistischen Ökonomie scheiterte, hing wahrscheinlich auch damit zusammen, daß die Sowjetunion der gleichen Entwicklungslogik folgte wie der »westliche« Systemkontrahent, nur weniger effektiv, weil bürokratisch kontrolliert, statt einzelunternehmerisch angetrieben. Nach ihrem Zerfall ist die frühere Weltmacht in die Weltwirtschaft eingemeindet worden und wird von dieser nun selbst als Energie- und Rohstoffreservat erschlossen.

Mit den modernen Beschleunigungstechniken kann der wirtschaftliche Verdrängungsprozeß, der seit 200 Jahren im Gang ist, vollends auf Hochtouren gebracht werden. Die erste Phase war die Verdrängung des sogenannten primären Sektors der Land- und Forstwirtschaft, in dem vor dem Beginn der industriellen Revolution mehr als drei Viertel aller Menschen arbeiteten, durch den sogenannten sekundären Sektor der industriellen Produktion. In diesem war um 1900 die Mehrheit der Menschen beschäftigt, bevor der sogenannte tertiäre, der Dienstleistungssektor, zur Entfaltung kam. Dieser wiederum fing die durch industrielle Produktivitätsfortschritte arbeitslos werdenden Beschäftigten auf. Um das Jahr 2000 arbeitet die Mehrzahl der Menschen in den Industrieländern im tertiären Sektor. Dieser Prozeß wiederholte sich mit dem Einleiten der Industrialisierung zeitverschoben überall, auch in den sozialistischen Planwirtschaften. Doch damit ist die Verdrängung der Erwerbsarbeit keineswegs zu Ende. Die Informationstechnologien greifen jetzt in alle Sektoren ein und ersetzen menschliche Arbeit durch fossile Energie und Technik im verbliebenen primären, sekundären und tertiären Sektor.

Je schneller sich die Verschiebung vollzog, desto größer wurden die sozialen Brüche. Wo versucht wurde, die aufeinanderfolgenden sektoralen Entwicklungsphasen zu überspringen, waren regelmäßig die sozialen und kulturellen Folgen desaströs – vor allem in den Entwicklungsländern. Treibende Kräfte für diesen Prozeß sind die anhaltenden Unternehmenskonzentrationen, hin zu den »corporate empires« transnationaler Mischkonzerne. Diese sind nun dabei, auch staatliche Institutionen unmittelbarer und unverblümter denn je an ihren Interessen auszurichten. Staaten werden von ihnen gegeneinander ausgespielt und demokratisch gewählte Regierungen zu ihren Kolonialverwaltungen gemacht. Die »global players« gehören, wie in diesem Buch gezeigt wird, nicht zufällig großenteils der Ressourcenwirtschaft an. Es sind die Energie-, Rohstoff- und Agrarkonzerne.

Um ihrem Einfluß entgegenwirken zu können, müssen internationale Organisationen gestärkt werden. Doch die transnationalen Unternehmen sind finanzstärker, einflußreicher, zielbewußter, flexibler, effektiver und besser organisiert, als es internationale Institutionen je sein könnten. Sie fusionieren nach Bedarf, spannen die politischen und wissenschaftlichen Eliten ein und schaffen mit diesen einen globalen Konsens. Sie erzwingen ein internationales Wirtschaftsrecht nach ihren Bedürfnissen, das den Demokratien wirtschaftspolitische und damit existentielle Gestaltungsrechte nimmt und sie in ihrer Kernverantwortung entscheidend schwächt.[17] Sie sehen sich außerhalb ihrer eigenen Unternehmen in keiner Verantwortung für Menschen, Natur und Zukunft – es sei denn moralisch oder, durch Werbe- und Marketingstrategien motiviert, karitativ als Stifter und Spender, was aber stets willkürlich bleibt. Transnationale Unternehmen sind auf dem besten Wege, eine privatunternehmerisch organisierte globale Planwirtschaft in Form globaler Kartelle zu errichten. Sie realisieren dabei, auf Gedeih und Verderb konsequent ihren eigenen spezifischen Handlungszwängen folgend, die marxistische Utopie – jedoch unter umgekehrten Vorzeichen: Die Unternehmen und das Kapital internationalisieren sich, nicht aber – und wenn, dann weniger wirksam – die davon Abhängigen. Der Staat wird abgeschafft, aber nicht zugunsten allgemein freier Formen des Zusammenlebens, sondern zugunsten privater Wirtschaftsorganisationen. Nicht »liberté, egalité, fraternité«, seit der Französischen Revolution die Zielwerte von Humanität und Demokratie, prägen die wirtschaftlich globalisierte Weltgesellschaft, sondern die Demokratie wird gegenstandslos, und die Kluft zwischen Arm und Reich wird immer tiefer. Das ökologische Motto »Global denken, lokal handeln« haben sich die »corporate empires« praktisch zu eigen gemacht: Sie handeln global und schöpfen lokal ab. Wer die Weltressourcen zu seiner Disposition hat, hat in der weiteren Konsequenz die Natur und schließlich auch die Gesellschaften und deren Regierungen zu seiner Verfügung.

Entkoppelungen von Wirtschaft und Gesellschaft

Was seit Beginn der industriellen Revolution stattfindet, ist die systematische Entkoppelung wirtschaftlicher Prozesse von ihrer geographischen, sozialen, kulturellen und ökologischen Basis – ja, im Bereich der Währungs- und Finanzspekulationen sogar schon von ihrer unternehmerischen Basis. Entkoppelt wurden und werden die Räume der Energie- und Rohstofförderung von den Räumen ihrer Umwandlung. Entkoppelt werden die Plätze der Produktion von den Märkten und die Saatgutproduktion von der Landwirtschaft. Entkoppelt werden die Orte, an denen Umweltschäden verursacht werden, von den Räumen, in denen sie zerstörerisch wirken. Entkoppelt werden zudem die sich internationalisierenden politischen Entscheidungszentren von demokratisch kontrollierten politischen Institutionen; die Firmen von ihren Anteilseignern; die aktuellen Entscheidungen von langfristigen Perspektiven und damit die Gegenwart von der Zukunft. Entkoppelt werden die Menschen von ihrer Kultur und die ihnen vermittelten humanitären Werte von den realen Lebensverhältnissen. Die weltwirtschaftliche Rotation beschleunigt diese Entwicklung, läßt keine Sicherheiten und Ruhepunkte mehr übrig und hetzt die Menschen zu immer ungebremsterer Rücksichtslosigkeit, zuletzt auch gegen sich selbst. Sie überdreht.

Die Kritik an dieser Art der Globalisierung nimmt an Schärfe zu – aber in gleichem Maße die Hilflosigkeit angesichts der Frage, wie man sie noch sozial und ökologisch erträglich gestalten kann. Zwar entstehen neue Formen ökologischen Wirtschaftens, doch deren Einführungsgeschwindigkeit kann mit der Dynamik der Zerstörungsprozesse nicht annähernd Schritt halten. Soziale Kompensationen weltwirtschaftlicher Umbrüche kommen gegen deren Tempo nicht mehr an. Politische Institutionen keuchen der Entwicklung mit hängender Zunge hinterher, während sich gleichzeitig ihr Handlungsspielraum reduziert – bis sie erschöpft aufgeben, die Grundorientierung ihres Handelns ändern oder auf politische Gestaltung ganz verzichten.

Daß regionale Wirtschaftsstrukturen dennoch unverzichtbar seien, wird allenthalben deklamiert. Aber diese gegen die globalen wirtschaftlichen Triebkräfte, mit den transnationalen Konzernen als Flaggschiffen, lebensfähig zu erhalten, ist mühsam und kostspielig geworden und erscheint letztlich als aussichtslos. Gleiches gilt für die allgemein als notwendig erkannte Förderung arbeitsintensiver kleiner und mittlerer Unternehmen, der die mächtigen Fusionswellen gegenüberstehen. Natürlich muß weiter versucht werden, wirtschaftliche Konjunkturverläufe zu beeinflussen; neue Nachfrageimpulse zur Stabilisierung von Binnenmärkten zu geben; die Sozialsysteme zu reformieren und die Eigenverantwortung zu fördern; die Arbeitszeiten zu verkürzen und damit die Arbeit breiter zu verteilen; Investitionsanreize zu geben und neue Wachstumsfelder zu kultivieren; Unternehmensgründungen zu fördern und überkommene bürokratische Hemmnisse abzubauen; kontinentale Wirtschaftsorganisationen aufzubauen, das hochspekulative internationale Finanz- und Währungsroulette in einen globalpolitischen Kontrollrahmen zu stellen – und für all das die richtigen Handlungsmischungen zu finden.[18] Doch mit all diesen Mitteln können die politischen Akteure die negativen sozialen und ökologischen Effekte der Hauptströmung nur lindern – überwinden können sie den alle wirtschaftlichen Bereiche erfassenden und durchdringenden Globalisierungsprozeß nicht. Insbesondere die ökologischen Gefahren sind lediglich mit Korrekturen innerhalb des fossilen Wirtschaftssystems nicht eindämmbar.

Doch können wir nicht auf neue Produkte setzen, deren Herstellung und Vermarktung neue Arbeit schafft? Jahrzehntelang brachte diese Strategie, wenn ein Massenbedürfnis vorhanden war oder stimuliert werden konnte, immer wieder lange Wellen der Hochkonjunktur, bis eine relative Marktsättigung erreicht war – die berühmten Kondratieffschen Wellen. Zwar ist immer wieder mit neuen Massenprodukten zu rechnen, sicher auch mit neuen Hochkonjunkturen. Aber neue Massenarbeitsplätze werden damit auf den Hochgeschwindigkeitsstrassen der internationalisierten Wirtschaft nicht mehr verbunden sein. Genau das ist die Erfahrung der Informationstechnologien: Sie haben neue Industrien hervorgebracht, aber im Saldo der gesamtwirtschaftlichen Entwicklung kommen nicht mehr Beschäftigungsmöglichkeiten heraus, sondern weniger. Ähnliches ist bei den Bio- und Gentechnologien zu sehen: Neue Unternehmen und Arbeitsplätze entstehen in den einschlägigen Industriezweigen, doch diesen stehen massive weitere Beschäftigungsverluste in der weltweiten Landwirtschaft gegenüber. Wer anderes behauptet, zieht in willkürlicher Verengung nur Ausschnitte des

Wirtschaftsgeschehens in Betracht. Es sind die Kreisläufe, auf die es an-
kommt, nicht nur in der Natur.

Zur Rückkoppelung von Wirtschaft und Gesellschaft
durch solare Ressourcen

Nicht nur Politik, Unternehmen und Gewerkschaften sind ratlos gegenüber dem sich ausweitenden Globalisierungsstrom, sondern auch die
Wirtschaftswissenschaften. Eine grundlegende Umorientierung wirtschaftlichen Handelns ist offenkundig geboten, seit immer deutlicher
wird, daß mit der heutigen Weltwirtschaft, erst recht in ihrer Kombination mit den unternehmerischen Globalstrukturen, zahllose ökologische und soziale Sprengsätze gelegt sind. Der »Neoliberalismus« bean-
sprucht, eine solche neue Grundorientierung zu sein. Aber die
Erkenntnis reift, daß er von Grund auf scheitern wird. Er kann nicht
einhalten, was er versprochen hat, unter anderem weil seine praktischen
Vollstrecker nicht gegen marktbeherrschende und -zersetzende Strukturen vorgehen wollen oder können und zwischen endlichen und dauerhaften Ressourcen, Technik- und Naturprodukten, globalem Markt und
regionalen Märkten nicht oder kaum noch differenzieren. Was aber tun,
wenn auch traditionelle Methoden wirtschaftlichen Wachstums und der
Umverteilung des Wohlstands nicht mehr greifen?

In den Analysen der weltwirtschaftlichen Entwicklung seit der industriellen Revolution wird oft der Eindruck erweckt, sie sei die praktische
Folge angewandter Wirtschaftstheorien gewesen. Da aber stets jeweils
auch konträre Entwürfe formuliert wurden, muß gefragt werden,
warum bestimmte Theorien die Wirklichkeit bestimmten und andere
nicht. In aller Regel werden diejenigen Theorien als Klassiker gehandelt,
die den ohnehin ablaufenden Entwicklungen rein deskriptiv folgten und
deren Legitimation und Verstärkung dienten. Man soll Theorien also
weder über- noch unterbewerten.

Weltberühmte Theoretiker sind geistige Wegbegleiter und -bereiter
der systematischen Ignoranz gegenüber ökologischen Grundfragen
industrieller Entwicklung.[19] So Francis Bacon, der Anfang des 17. Jahrhunderts eine mechanistische Naturvorstellung entwickelte, die darauf
abzielte, die Natur in Experimentierfelder zu zerlegen und damit ihrem
Zusammenhang zu entreißen; in seinem utopischen Roman »Nova

Atlantis« sprach er den Naturwissenschaften eine Rolle als Wegbereiter eines technisch perfekten Zukunftsstaats zu.[20] So Isaac Newton, der die Natur als Ensemble toter Elemente betrachtete, mit denen man isoliert experimentieren solle, um sie sich besser nutzbar machen zu können. So auch Descartes, der um der Sicherheit der Erkenntnis willen die empirische Wissenschaftstradition mit begründete – doch damit auch das lineare Denken, das die ökologischen Kreisläufe unberücksichtigt läßt. Die Reihe setzt sich fort mit Adam Smith, dem großen Theoretiker des ökonomischen Individualismus und des freien Markts; mit David Ricardo und seiner Theorie komparativer Kosten, auf die sich bis heute die Vorschläge gründen, die Produktionskosten einer Volkswirtschaft zur Verbesserung der Wettbewerbsfähigkeit zu senken; mit John Stuart Mill und seinem berühmten Leitsatz:»Alles, was die Konkurrenz beschränkt, ist von Übel, alles, was sie fördert, dient dem Guten«, und somit seiner Orientierung auf das unmittelbar Nützliche. Schließlich mit Karl Marx, der zwar die Entwicklungslogik der industriellen Produktivkräfte und der damit verbundenen Produktionsverhältnisse in ihren Antagonismen erfaßte, dabei aber die potentiell vernichtenden Rückwirkungen dieses Prozesses auf die Natur vernachlässigte.[21]

In diesem Buch geht es nicht darum, all diese Theorien zu erörtern, die tatsächlich differenzierter waren, als sie heute wahrgenommen werden, und von inzwischen längst überholten Prämissen ausgingen. Die hier aufgeworfene Frage ist vielmehr, warum Theorien, die frühzeitig die ökologischen Zusammenhänge im Blickfeld hatten, sich nicht durchsetzen konnten. Konkreter: Warum wurden beispielsweise die Ideen der Physiokraten, die im 18. Jahrhundert weit verbreitet waren, an den Rand gedrängt und vergessen?

Nach dieser Denkschule, ausgehend von dem Franzosen Quesnay mit seinem»tableau économique«, soll der Natur nur entnommen werden, was ihr auch wieder zurückgegeben werden kann.[22] Im Zentrum der Betrachtung wirtschaftlicher Prozesse stand also deren Integration in die Natur. Als einzige Quelle neuen Reichtums galt die Landwirtschaft, weil hier tatsächlich Vermehrung statt Abbau stattfindet. Als Produktion zählte nur, was die Materie vermehrt – und nicht, was diese durch Ressourcenumwandlung definitiv vermindert. Diesem Argument folgend, ist wirtschaftliches Wachstum tatsächlich»Minuswachstum«, solange Produktvermehrung mit Ressourcenvernichtung erkauft wird – von realem Wachstum kann also erst dann gesprochen werden, wenn die

Güterproduktion mit solaren Stoffquellen, also zusätzlicher neuer Materie, erfolgt.[23] Die Entwicklung rollte über die Physiokraten hinweg, weil ein wissenschaftlich fundierter Überblick über die Begrenztheit der Ressourcen und die Umwandlungsfolgen seinerzeit noch nicht möglich war; weil die Theorie zu komplex und damit zu umständlich war, um der linearen wirtschaftlichen Beschleunigungsdynamik der industriellen Revolution standhalten zu können; weil die technischen und naturwissenschaftlichen Kenntnisse noch nicht existierten, die eine Nutzung der Sonnenenergie und breite industrielle Verwertungsmöglichkeiten solarer Rohstoffe erlaubt hätten; und weil dementsprechend auch noch keine solarenergetischen Umwandlungstechniken vorstellbar waren, die denen der Dampfmaschine ebenbürtig gewesen wären. Weniger die Theorien von Adam Smith oder Karl Marx verdrängten jene der Physiokraten als die Technologie von James Watt.

Aber die Physiokraten formulierten die Leitsätze dessen, was heute unter nachhaltigem Wirtschaften verstanden wird. Sie artikulierten bereits, daß die unausweichlich notwendige Naturökonomie eine dauerhafte Ressourcenbasis voraussetzt – und damit eine regionalwirtschaftliche Struktur auf der Basis der Landwirtschaft. Dies erscheint mehr denn je als illusorisch. Aber Ziel und Ergebnis einer solaren Ressourcenwirtschaft ist eine revitalisierte landwirtschaftliche Primärökonomie, die sich nicht nur auf Nahrungsmittelerzeugung beschränkt, sondern heimische Rohstoffe und Energien einbezieht. Mit solaren Energien und Rohstoffen, mit den für deren Nutzung und Gewinnung geeigneten Technologien sowie mit der global vernetzten und lokal verfügbaren Informationstechnologie ist diese auf Dezentralisierung statt auf Zentralisierung zielende wirtschaftliche Entwicklung heute vorstellbar. Für die Weltwirtschaft bedeutet dies eine neue Grundausrichtung auf der Basis einer Arbeitsteilung, in der die Vielfalt geographischer Bedingungen auch verschiedenartige naturökonomische Produktionsmöglichkeiten eröffnet und impliziert.

Das Ziel dauerhaften, langfristigen ökologischen Wirtschaftens muß also die Einleitung von Rückkoppelungsprozessen sein. Das bedeutet keineswegs, wie meist unterstellt wird, daß Räder zurückgedreht werden müßten. Ganz im Gegenteil erfordert dieser Wandel, die dafür notwendigen Techniken zu mobilisieren und den dafür geeigneten wirtschaftlichen Handlungsrahmen zu organisieren. Auf dem Weg dorthin muß sich aber die Weltwirtschaft von ihrer nichtsolaren Energie- und Rohstoffabhängigkeit und den darauf ausgerichteten Infra- und Unternehmensstrukturen lösen. Meine vierte These lautet: *Auf der Basis solarer Energien und Rohstoffe werden die für eine gesicherte soziale Existenz der Menschheit unabdingbaren Rückkoppelungen der gesamtwirtschaftlichen Entwicklung an die ökologischen Kreisläufe, an stabile regionale Wirtschaftsstrukturen, Kulturformen und demokratische Institutionen wieder möglich.* Die sich daraus ergebenden Strukturen werden weder mit dem vorindustriellen noch dem industriellen oder postindustriellen Zeitalter vergleichbar sein. Der fast schon abgeschriebene primäre Sektor ist es, auf den sich der Zukunftsblick richten muß. Mit der Ablösung der nichtsolaren Energie- und Rohstoffbasis wird dieser umfassend revitalisiert – bereichert durch die Möglichkeit neuer Umwandlungstechniken und der Breite und Tiefe heutiger naturwissenschaftlicher Kenntnisse.

Dieser historische Prozeß, den zur Zeit kein Wirtschaftsprognostiker in Betracht zieht, wird nicht alle gegenwärtigen Strukturen auf einmal verändern. Er wird sich analog zu jenem entwickeln, den die industrielle Revolution auslöste, mit Zeitverschiebungen von Land zu Land, von Kontinent zu Kontinent. Wer nur noch in kurzzeitigen Dimensionen denkt und handelt, muß sich den Gesetzen des fossil angefeuerten Industrialisierungsprozesses weiter anpassen. Wer hingegen die Zukunft anders gestalten will, als die dominanten Entwicklungslinien vorschreiben, der darf nicht gebannt sein von dem, was ist. Er muß erfassen, was kommen muß – und wie es kommen kann. Und muß aus diesem langfristigen Denken jene entscheidenden Initiativen ableiten, die den neuen Fließprozeß in Gang setzen, bis er seine Wirkung breit entfalten kann. Weil sich die fossilen Ressourcen ihrer Erschöpfung rasch nähern und schon vorher das globale Ökosystem existentiell bedrohen, muß sich dieser Prozeß jedoch schneller durchsetzen als seinerzeit die industrielle Revolution. Unsere technischen Möglichkeiten erlauben diese Beschleunigung.

Über die politische zur wirtschaftlichen Sonnenstrategie

Die vollständige Ablösung der atomar/fossilen Energieversorgung durch erneuerbare Energien war das Thema meines 1993 veröffentlichten Buchs »Sonnenstrategie. Politik ohne Alternative«.[24] Darin wird beschrieben, daß – entgegen den kursierenden Vorurteilen aus Energiewissenschaft und -wirtschaft – *alle Energiebedürfnisse der Menschheit mit erneuerbaren Energien befriedigt werden können.* Die gegenwärtige Energieversorgung der Menschheit wird als »Blutkrebs des gesellschaftlichen Organismus« diagnostiziert, der mit erneuerbaren Energien noch geheilt werden kann. Was für Carl Amery zentraler Teil der »Botschaft des Jahrhunderts« ist,[25] fordere ich als erste politische Priorität für das neue Jahrhundert, als dessen »Agenda 1«. Die Widerstände gegen dieses Umdenken werden identifiziert; insbesondere die Opposition der eingespielten Energiewirtschaft. Als politisches »Jahrhundertversäumnis« wird gebrandmarkt, daß Regierungen diese Schlüsselfrage jahrzehntelang ignorierten und allenfalls als Randthema der Forschungs- und Energiepolitik behandelten. Gegen die von der gegenwärtigen Energieversorgung hervorgerufene »Ökonomie des Todes« wird eine große Bandbreite an politischen Handlungsvorschlägen zur forcierten Nutzung erneuerbarer Energien aufgezeigt, von der kommunalen bis zu internationalen Ebene, um mit diesen eine »Ökonomie des Überlebens« zu ermöglichen.

Die »Sonnenstrategie« hat dazu beigetragen, daß die erneuerbaren Energien aus dem Schatten der politischen, wirtschaftlichen und öffentlichen Aufmerksamkeit hervortreten konnten. Das Weißbuch der EU-Kommission »Energie für die Zukunft: Erneuerbare Energieträger« vom November 1997 bestätigt inzwischen, daß eine »umfassende Strategie unabdingbar geworden« ist, mit einem »ressortübergreifenden Ansatz und unter Einbeziehung einer breiten Palette von Konzepten aus den Bereichen Energiepolitik, Umweltpolitik, Beschäftigungspolitik, Steuerpolitik, Wettbewerbspolitik, Forschung und technologische Entwicklung, einschließlich Demonstration, Agrarpolitik, Regional- und Außenpolitik«.[26] Auch die Weltbank hat mittlerweile den prinzipiellen Stellenwert solarer Ressourcen für die Entwicklungsländer erkannt, und es gibt inzwischen zahllose Stellungnahmen von Regierungen und UN-Organisationen dazu, die auf konkrete politische Schritte hoffen lassen. Viele neue Unternehmen stellen bereits solartechnische Produkte her, ein kommerzieller Markt bildet sich, laufend werden mehr Kommunen und freie Initiativen aktiv. Vor allem aber: Sobald den Menschen die Chancen einer dauerhaften und schadlosen Energienutzung einmal bewußt geworden sind, gehen sie ihnen nicht mehr aus dem Kopf und werden unmittelbar populär – so meine Eindrücke und Beobachtungen bei zahllosen Diskussionen und Vorträgen in den verschiedensten gesellschaftlichen Bereichen.

Immer mehr wissenschaftliche Studien bestätigen, daß frühere Behauptungen, der Beitrag der erneuerbaren Energien zur Energieversorgung könne nur gering sein, unrealistisch sind. Es scheint nur noch eine Frage der Zeit, bis die großen praktischen Durchbrüche kommen. Ein ermutigendes Zeichen ist etwa der in nur wenigen Jahren erfolgte zügige Ausbau der Windkraft in Dänemark oder Deutschland oder die Elektrifizierung einer wachsenden Zahl von Dörfern in Entwicklungsländern mit Sonnenenergie. Zahlreiche neue Unternehmen im Bereich der Solartechnik sind gegründet worden, einige Energiekonzerne beginnen einzusteigen. Trotz anhaltender Vernachlässigung durch die staatliche Forschungs- und Entwicklungsförderung widerlegen neue technische Entwicklungen laufend die jahrzehntelang geäußerten pessimistischen Betrachtungen über das nutzbare Potential solarer Ressourcen. Auch an politischen Bekenntnissen zu erneuerbaren Energien mangelt es nicht mehr. Ist also alles auf dem besten Weg – hin zu einem »Sonnenaufgang« in der Weltenergieversorgung?

Daß ich hier die politische »Sonnenstrategie« um eine darauf aufbauende wirtschaftliche Sonnenstrategie ergänze, hat vor allem drei Gründe:

1. Alle positiven Entwicklungen dürfen nicht dazu verführen, die gegenläufigen Tendenzen zu übersehen: Die Einführung erneuerbarer Energien kann mit der wachsenden Weltenergienachfrage nicht Schritt halten. Die Differenz zwischen der Nutzung erneuerbarer und fossiler Energien wächst zugunsten letzterer. Mehr noch: Der Einfluß der fossilen Energiewirtschaft auf die Strukturen der Energieversorgung wird nicht geringer, sondern laufend größer. Der Trend zur Unternehmenskonzentration im internationalen Maßstab beschleunigt sich, wie spektakuläre Fusionen von Energiekonzernen zeigen. Die Bildung von transnationalen Unternehmen auch auf dem Stromsektor hat durch die »Deregulierung« der Stromwirtschaft gerade erst begonnen. Nicht mehr die gezielte Erhöhung fossiler Energiepreise durch ökologische Lenkungssteuern steht im Zentrum politischer und allgemeiner Aufmerksamkeit, sondern das Ziel möglichst niedriger Energiepreise, um im globalen Wettbewerb bestehen zu können. Das alles ist politisch gezielt vorangetrieben worden, obwohl jedermann wissen muß, daß niedrige fossile Energiepreise die ökologische Weltkrise verschärfen und die Einführung erneuerbarer Energien erschweren.

»Sie tun nicht, was sie wissen« – dieser Satz von Robert Jungk, mit
dem ich die »Sonnenstrategie« abschließe, muß heute noch schärfer
formuliert werden: Die Verantwortlichen tun das Gegenteil dessen,
was sie tun müßten. Niedrige fossile Energiepreise durch Stimulie-
rung der Energiemärkte sind zur Obsession der Wirtschaftspolitik
geworden, weil der weltwirtschaftliche Konkurrenzdruck dies gebie-
terisch verlange. So besteht die akute Gefahr, daß in dem Moment, in
dem die erneuerbaren Energien teilweise Fuß gefaßt haben und noch
mehr Fuß fassen könnten, sogar empfindliche Rückschläge eintreten
könnten. Droht nicht sogar eine willkürlich herbeigeführte »Son-
nenfinsternis«, die so lange anhalten könnte, daß *die* Zukunftsfrage
für das 21. Jahrhundert an dessen Beginn negativ entschieden wird?
Um das zu verhindern, ist es offensichtlich zwingend notwendig, sich
mit der Schlüsselbehauptung fossiler Energieversorgung auseinan-
derzusetzen, daß nur mit dieser – und zu »weltmarktfähigen Energiepreisen« – die wirtschaftliche Existenz von Unternehmen und
Volkswirtschaften gesichert werden könnte. Wie kann der Teufelskreis durchbrochen werden, daß in den fossilen Energiemärkten mit
der rechten Hand erstickt wird, was mit der linken Hand mühsam für
erneuerbare Energien aufgebaut worden ist und noch sehr viel umfassender ausgebaut werden muß? Um diese Frage zu beantworten,
müssen die solaren Ressourcenpotentiale in den Zusammenhang der
gesamtwirtschaftlichen Entwicklung gestellt werden. Gerade dieser
Zusammenhang, auf den sich die Apologeten der fossilen Ressourcen
immer zu ihrer Selbstrechtfertigung berufen, spricht für die solare
Alternative.

2. Zwar wird der Zielvorstellung einer breiten Einführung erneuerbarer
    Energien nicht mehr widersprochen. Aber einer umfassenden und
    konsequenten Realisierung wird notorisch ein Totschlagargument
    entgegengehalten: Man unterstellt den konventionellen Energie-
    trägern prinzipiell einen Wirtschaftlichkeitsvorteil, während die er-
    neuerbaren Energien als Belastung denunziert werden, die man sich
    höchstens in kleinen Portionen leisten könne. Selbst auf den Kon-
    ferenzen zur Weltklimakonvention dreht sich die Diskussion fast
    ausschließlich um Lastenvermeidung und Lastenverteilung. Daß sol-
    che Konferenzen stattfinden und daß Staaten ihre eigenen Initiativen
    von vorangehenden gemeinsamen Beschlüssen abhängig machen,
    zeigt schon den vorherrschenden, abwegigen Denkansatz: aus Grün-

den wirtschaftlicher Sicherheit an der konventionellen Energieversorgung festzuhalten, obwohl gerade diese alles unsicher macht. Wenn man die solare Energiewende hingegen als das begreifen würde, was sie ist – eine einzigartige Chance –, dann wären diese Regierungskonferenzen überflüssig. Alle würden die Wende dann von selbst einleiten. Wer hätte je gefordert, die Einführung beispielsweise der Informationstechnologie von einer internationalen Konvention abhängig zu machen? Er wäre der Lächerlichkeit anheimgefallen.

Unabhängig davon wird fast nie die Frage gestellt, ob die Schlüsselbehauptung des prinzipiellen Wirtschaftlichkeitvorteils der überkommenen Energieträger tatsächlich zutrifft. Was »wirtschaftlich« ist, kann kaum objektiv und selten allgemeingültig beantwortet werden. Es kommt stets darauf an, unter welchen Voraussetzungen und Bedingungen, für wen, zu welchen direkten und indirekten Preisen und auf wessen Kosten etwas wirtschaftlich ist bzw. werden kann. Die gängige Behauptung, die fossile Energiewirtschaft repräsentiere die überlegene Wirtschaftlichkeit, resultiert jedoch aus einer nur ausschnitthaften Betrachtung des atomar/fossilen Energiesystems mit Kalkulationen, die auf die solare Energienutzung nicht übertragbar sind. Daher meine fünfte These: *Wenn wir die gesamte Energiekette fossiler Energien betrachten, erweist sich deren überlegener Wirtschaftlichkeitsanspruch als ein Mythos. Erneuerbare Energien haben potentiell einen Wirtschaftlichkeitsvorteil, weil ihre Nutzungskette wesentlich kürzer ist. Voraussetzung ist, daß die atomar/fossilen Energieanbieter ihrer zahlreichen öffentlichen Privilegien entkleidet werden und daß das technische Entwicklungspotential sowie die Einführungsstrategien solarer Energien auf diesen einzigartigen Wirtschaftlichkeitsvorteil hin orientiert werden. Erst dadurch kann eine unaufhaltsame wirtschaftliche Durchsetzungsdynamik entstehen.*

Techniken, Energien und Rohstoffe haben – wie wir seit der industriellen Revolution verfolgen können – ihre wirtschaftliche Eigengesetzlichkeit, zu der die jeweiligen Produktivitätsbemühungen drängen, bis ein Nutzenoptimum erreicht ist. Doch wird dabei meist nur an Kostensenkung durch technische Entwicklungen und Produktionssteigerungen gedacht, weniger an die optimale Nutzungsstruktur. Auch in der Diskussion über erneuerbare Energien ist das der Fall. Zwar kennt man den substantiellen ökologischen Unterschied zu konventionellen Energien, aber die Wirtschaftlichkeit wird am bloßen Kostenvergleich von isolierten Energietechniken gemessen und nicht an dem, was vor oder nach dem Einsatz dieser Techniken wirtschaftlich relevant ist.

Betrachten wir die spezifische Kette solarer Energienutzung, so ist zu erkennen, daß – die These fortsetzend – *erneuerbare Energien effizienter und nutzerfreundlicher eingesetzt und damit wirtschaftlicher werden können, als es konventionellen Energien je möglich wäre. Erkennbar wird das allerdings erst, wenn die erneuerbaren Energien ganz unabhängig von den konventionellen Energieketten genutzt werden.* Gleiches gilt für die Nutzung solarer im Verhältnis zu fossilen Rohstoffen. Um dies in vollem Umfang realisieren zu können, bedarf es allerdings noch technischer Entwicklungssprünge. Diese sind jedoch relative präzise beschreibbar und erreichbar, weil sie sich nicht aus unvorhersehbaren Zufällen, sondern aus den bekannten Möglichkeiten der Naturgesetze ableiten lassen. Insbesondere sind für die Revolutionierung der Energiebereitstellung Speichertechnologien notwendig, die in der bisherigen Entwicklung der Solartechnik vernachlässigt worden sind. Stehen diese leicht handhabbar und kostengünstig zur Verfügung, ist die Revolutionierung der fossilen Weltwirtschaft zu einer solaren nicht mehr aufzuhalten.

3. Solare Rohstoffe spielen in der Erörterung des wirtschaftlichen Potentials der Sonnenkraft bisher eine Nebenrolle. Daß sie weit über Einzelfälle hinaus ein durchgängiges alternatives Stoffkonzept darstellen können, ist selbst manchen Ökologen nicht bewußt.[27] Überwiegend wird die Biomasse eher als Energiequelle denn als Rohstoffträger gesehen. Nicht wenige befürchten, daß dadurch die Ziele ökologischen landwirtschaftlichen Anbaus konterkariert werden, wenn sich die Industrie in großem Umfang auf dieses Potential stürzt.

Solare Rohstoffe haben einerseits die gleichen Grundeigenschaften wie die solaren Energien – aber eben nicht unter allen Umständen ihrer Gewinnung und Verteilung. Sie könnten allerdings, im Gegensatz zu solaren Energien, in die monopolisierende Hand globaler Konzerne geraten. Zwischen der Sonne und dem von ihr photosynthetisch produzierten Material stehen das Saatgut und die Böden, und agrochemische Konzerne werden versuchen, diesen Rohstoffmarkt zu kontrollieren, so wie sie es schon bei den Nahrungsmitteln tun. Vollzöge sich dieselbe Entwicklung auch mit den solaren Rohstoffen, dann blieben die damit verbundenen Chancen größtenteils ungenutzt oder würden sogar verfehlt – sowohl in ökologischer wie in sozialer und wirtschaftlicher Hinsicht. Es kommt also bei der Nutzung solarer Rohstoffe entscheidend darauf an, die damit gegebenen Möglichkeiten zum Aufbau und zur Sicherung wirtschaftlich lebensfähiger dezentraler Betriebsformen der Landwirtschaft zu erkennen und zu realisieren.

Die heikelste Frage der Menschheit ist, ob die Erträge der Weltwirtschaft für alle reichen. Wirtschaften wir weiter auf erschöpflicher und schadensstiftender Ressourcenbasis in sich weiter konzentrierenden Weltwirtschaftsstrukturen, reicht es nicht für alle. Je offenkundiger dies wird, desto eher wird die Idee gleicher Menschenrechte aufgekündigt werden, solange eine greifbare Alternative fehlt. Insgeheim ist dieser Prozeß bereits in vollem Gang. Carl Amery hat es auf den Punkt gebracht: Wenn es nicht für alle reicht, wird die von Hitler mit demselben Argument begründete »völkische Auslese« kein Sonderfall der Geschichte bleiben; wird sich die Unterscheidung von privilegierten und entrechteten, als höher- oder minderwertig eingestuften, auserwählten und ausgestoßenen Menschen im 21. Jahrhundert fortsetzen.[28] Es drohen Genozide in Lebensraumkonflikten. Und es drohen Ökozide, von Menschen gemacht und durch Marktgesetze abgesichert. Doch wenn die Natur zurückschlägt, nimmt sie auf kein Privileg Rücksicht. Ihre Auslese ist wahllos. Sie ist gerecht und zugleich ungerecht, denn sie trifft auch diejenigen, die sie nicht provoziert haben. Aber sie toleriert einen Kompromiß, den wir allerdings selbst realisieren müssen. Damit ist nicht Naturschutz gemeint, der Reservate erhält, ohne den allgemeinen Zerstörungsprozeß aufzuhalten. Sondern eine Naturökonomie, die respektvoll am »Reichtum der Natur« (Donald Worster)[29] teilhat, statt sie durch Raubzüge und Brandschatzung zugunsten eines imaginären »Reichtums der Nationen« (Adam Smith) zu verunstalten.

Daß es für alle reichen soll, ist die soziale und demokratische Idee der Neuzeit, das Ideal, das gleichzeitig mit der industriellen Revolution aufkam. Doch deren Auswüchse, die dazu geführt haben, daß wir uns über die Natur erheben, machen es unmöglich, diese Idee dauerhaft und für alle zu realisieren. Dafür ist es nicht erforderlich, der Natur Vorrang vor den Bedürfnissen der Menschen einzuräumen. Erforderlich ist vielmehr

– so meine sechste These – *ein unverzichtbarer Vorrang der Naturgesetze vor den Marktgesetzen. Auf die wirtschaftliche Handlungsebene übertragen bedeutet das in erster Linie eine vorrangige Nutzung und Vermarktung lokaler bzw. regionaler solarer Energien, einschließlich der Nahrungsmittel und solaren Rohstoffe – vor ansonsten gleichwertigen Wirtschaftsgütern.*

Eine Gesellschaft, die es mit Hilfe ihrer politischen Institutionen nicht schafft, den Vorrang von Marktgesetzen vor den Naturgesetzen außer Kraft zu setzen, ist dem Untergang geweiht. Nicht Privat- oder Staatswirtschaft oder mehr Markt- statt Planwirtschaft sind die Alternative, sondern der Vorrang der Naturgesetze bei der Nutzung von Ressourcen vor Privat-, Markt-, Staats- und Planwirtschaft.

Solare Ressourcen gehören zu den primärwirtschaftlichen Gütern. Aufgrund ihrer elementaren Bedeutung für die Versorgung der in einer Wirtschaftsregion lebenden Menschen dürfen sie nicht zugunsten eines übergeordneten Markts oder Wirtschaftsplans zur Disposition gestellt werden. Dies ist die grundlegende Schlußfolgerung aus der Lebenslüge der fossilen Weltwirtschaft. Mit einer solaren Ressourcenbasis können wir diese Lüge beenden – damit es für alle reichen kann.

Nur einer solaren Weltwirtschaft – so meine siebte These – *ist es möglich, die materiellen Bedürfnisse aller Menschen zu befriedigen, damit die soziale und demokratische Menschheitsidee weltweit wieder neu Fuß fassen kann.* Diese solare Weltwirtschaft wird aus einem großen Weltmarkt für technische Produkte und aus zahllosen damit verbundenen Regionalmärkten bestehen, deren wirtschaftliche Basisfunktionen nicht verdrängbar sind. Unerreichbare Utopie? Dieser Vorwurf trifft viel eher auf die derzeit dominierende Ideologie zu, eine stabile wirtschaftliche Zukunft durch die berühmte »unsichtbare Hand des Markts« erreichen zu wollen. Die individuellen Verhaltensweisen, so Adam Smiths These, würden so gelenkt, daß ihr unbewußtes Zusammenspiel das Gemeinwohl fördere. Vielfach widerlegt und praktisch von Marktteilnehmern selbst hintertrieben, ist diese These dennoch zum Axiom – also zur unumstößlichen absoluten Wahrheit – geworden, scheinbar endgültig bestätigt durch das Scheitern der sozialistischen Planwirtschaft. Aber die jeweils konkret erfahrbare Hand ist eher gierig als helfend, eher nehmend als gebend, eher boxend als mitfühlend. Weil sie unsichtbar ist, kann sie unerkannt stehlen und ausbeuten. Nicht Harmonie pendelt sich dadurch ein, sondern Spannungen, Spaltungen und Zerreißproben sind die Folge.

Mein Votum, vor allem auf die *sichtbare Hand der Sonne* zu setzen, auf bewußt gewollte und direkte Wirkungen, ist präziser, umfassender, überschaubarer, nachvollziehbarer, greifbarer, bedürfnisgerechter und realer, dazu ungefährlich und allemal weniger utopisch.

Die Thesen im Zusammenhang:

1. Die Weltzivilisation kann ihren existentiellen Gefährdungen nur entrinnen, wenn sie den Wechsel zu erneuerbaren Ressourcen unverzüglich einleitet und damit alle Wirtschaftsaktivitäten von den fossilen Ressourcen unabhängig macht.

2. Der Wechsel zur solaren Energie- und Rohstoffbasis wird einen bahnbrechenden Stellenwert für die Zukunftssicherheit der Weltgesellschaft haben, dessen Tiefen-, Breiten- und Fernwirkungen nur mit jenen der industriellen Revolution vergleichbar sind.

3. Erst mit der neuen solaren Hauptströmung, die die fossile Hauptströmung versiegen läßt, wird die wirtschaftliche Globalisierung ökologisch tragfähig. Erst sie wird die zerstörerische Dynamik der fossilen Weltwirtschaft, die Uniformierung wirtschaftlicher Strukturen und Gesellschaftskulturen unterbinden und eine dauerhafte, vielfältige und menschengerechte Entwicklungsdynamik ermöglichen.

4. Mit einer solaren Energie- und Rohstoffbasis werden die für eine gesicherte soziale Existenz der Menschheit unabdingbaren Rückkoppelungen der wirtschaftlichen Entwicklung an die ökologischen Kreisläufe, regionalen Wirtschaftsstrukturen, Kulturen und öffentlichen Institutionen wieder möglich.

5. Wenn wir die gesamte Energiekette fossiler Energien betrachten, erweist sich der postulierte überlegene Wirtschaftlichkeitsanspruch als ein Mythos. Erneuerbare Energien haben prinzipiell sogar einen Wirtschaftlichkeitsvorteil aufgrund ihrer wesentlich kürzeren Nutzungskette. Voraussetzung dafür ist, daß die konventionelle Energiewirtschaft ihrer zahlreichen öffentlichen Privilegien entkleidet wird und daß das technische Entwicklungspotential und die Einführungsstrategien solarer Ressourcen auf den prinzipiellen wirtschaftlichen Vorteil ihrer kurzen Nutzungsketten ausgerichtet werden. Solare Ressourcen können potentiell effizienter und nutzerfreundlicher sein und damit wirtschaftlicher genutzt werden, als es mit konventionellen Energien je möglich wäre.

6. In der Wirtschaftsordnung ist es unverzichtbar, unveränderbare Naturgesetze über veränderbare Marktgesetze zu stellen. Daraus ergibt
   sich, daß für die Nutzung und die Vermarktung heimischer solarer
   Ressourcen, einschließlich der Nahrungsmittel, ein marktgesetz-
   licher Vorrang vor ansonsten gleichwertigen Wirtschaftsgütern gelten muß.

7. Nur in einer solaren Weltwirtschaft ist es möglich, die materiellen
   Bedürfnisse aller Menschen zu befriedigen und damit die Idee tatsächlich gleicher allgemeiner Menschenrechte in die Zukunft zu tragen und zu kultureller Vielfalt in der Weltgesellschaft zurückzukehren. Was mit der »unsichtbaren Hand des Markts« allein prinzipiell
   unmöglich ist, ist mit der sichtbaren Hand der Sonne realisierbar.

TEIL EINS

FESSELUNG ODER BEFREIUNG:
FOSSILE VERSUS SOLARE RESSOURCENKETTEN

Die umfassende Bedeutung der Ressourcenfrage steht in einem bemerkenswerten Kontrast zu den Ein- und Schiefäugigkeiten, Verblendungen und Erblindungen bei der Betrachtung ihrer Nutzung. Selbst wenn die einzelnen Fakten über die Ressourcen – ihre Lagestätten, die erforderlichen Umwandlungstechniken, Verwendungszwecke, wirtschaftlichen Träger, Preise, Effizienzunterschiede, Emissionsmengen und -folgen – bekannt sind, werden sie fast immer nur bruchstückweise thematisiert. Werden dabei fossile mit solaren Ressourcen verglichen, so hält man Preisvorteile und Potentiale stets den fossilen Ressourcen zugute, den erneuerbaren Energien allein ihre Umweltverträglichkeit. Daß sich aber aus den verschiedenen Ressourcen zwangsläufig auch unterschiedliche wirtschaftliche Strukturen und Zivilisationsentwicklungen ergeben, ist den meisten nicht bewußt. Allen voran gilt das für das Gros der etablierten Experten, die in unserer spezialisierten Wissenschafts- und Arbeitskultur das zusammenhängende Denken systematisch ausgetrieben bekommen.

Die Tragweite der Ressourcenfrage zu verstehen erfordert eine systematische Betrachtung und Bewertung der unterschiedlichen Ressourcenketten – von den jeweiligen Primärressourcen bis zu den Endverbrauchern. Erst diese Ketten offenbaren die grundlegenden wirtschaftlichen und technischen Gesetzmäßigkeiten und die sich daraus ergebenden wirtschaftlichen Denk- und Verhaltensweisen und legen damit die Freiheits- oder Abhängigkeitsverhältnisse bloß, die aus ihnen folgen. Die Betrachtung der Kettenstruktur ist viel wesentlicher als die einzelner Kraftwerke oder Produkte. Wer nur an deren Austausch durch solare Kraftanlagen oder Produkte denkt, ohne die fossil begründete Energiekette zu bedenken, bleibt von dieser gefesselt.

Die wirtschaftliche Grundeigenschaft fossiler Ressourcen ist, daß sie nur an relativ wenigen Plätzen des Erdballs vorgefunden, jedoch überall gebraucht werden. Demgegenüber ist es die Grundeigenschaft solarer Ressourcen, daß sie – mehr oder weniger intensiv – überall in der Welt verfügbar sind. Deshalb liegen zwischen der Nutzung fossiler und solarer Ressourcen Welten – nicht allein in ihren Umweltauswirkungen, sondern auch in ihrer wirtschaftlichen Bewertung und in ihren jeweiligen politischen, sozialen und kulturellen Konsequenzen. Wer ihre ganzen Möglichkeiten umfassend nutzen will, muß die völlig andere Kettenlogik solarer Ressourcen erkennen.

1. Kapitel
Menschheit in fossilen Ressourcenketten

Die stufenweise Entwicklung der Zivilisation entlang der Energie-systeme ist mehrfach beschrieben worden – so von Debeir, Deleage und Hemery in ihrer Geschichte der Energiesysteme, von Smil in »Energy in World History« oder von Stieferle in seinen umwelthistorischen Stu-dien.[30] Sie alle zeichnen überzeugend nach, wie die jeweils genutzten Ressourcen zum bestimmenden Faktor der wirtschaftlichen, sozialen und kulturellen Entwicklung wurden. Es ist hier nicht nötig, solche Pha-sen in den einzelnen Wirtschaftsgesellschaften ein weiteres Mal in ihrem jeweiligen konkreten Verlauf nachzuvollziehen. Ihre Abfolge ist – trotz kultureller Unterschiede – zeitverschoben im großen und ganzen etwa gleich. Beschrieben werden soll vielmehr, wie die erschöpfliche Ressour-cenwirtschaft die Menschheit in den Ketten hält, von denen sie selbst gefesselt ist, und sie damit unausweichlich in den Abgrund zieht.

Lange Ketten wegen begrenzter Ressourcen:
Der Globalisierungsautomatismus

Es war die aus Wirtschaftlichkeitsgründen erfolgte Nutzung der globa-len Ressourcenvorkommen durch die Industrieländer, die den Automa-tismus der Globalisierung aller wirtschaftlichen Prozesse in Gang setzte. Je seltener die Ressourcenvorkommen sind, desto länger sind auch die Lieferketten. Je länger die Ketten, desto umfangreicher die Konsequen-zen. Der Bedarf der industriellen Moderne an den für sie jeweils attrak-tivsten fossilen Ressourcen ist der einzige wirkliche Globalisierungs-zwang. Man kann auch sagen: Der vielfältige und ständig steigende Bedarf an den fossilen und metallischen Weltressourcen ist der einzige zwingende Grund, warum Volkswirtschaften autarkieunfähig geworden sind. Das Bedürfnis, sich das globale fossile Ressourcenpotential anzu-eignen, bewirkt einen unumgänglichen Globalisierungssog, während

Standorte für Fertigprodukte oder Dienstleistungen regional gestaltbar sind. Die Art der Fertigprodukte und Dienstleistungen wechselt ständig, aber der Ressourcenbedarf, und hierbei insbesondere der Energiebedarf, bleibt und ist lediglich durch Produktivitätssteigerungen und sparsame Nutzung reduzierbar. Die Seidenstraße nach China, die Entdeckung Amerikas und Australiens, die Erschließung des inneren und südlichen Afrika, die gewaltsame Kolonialisierung eröffneten Wege zur Globalisierung der Märkte. Der Ausbau von Verkehrswegen und Kommunikationstechniken sowie anderer Infrastrukturen und die Entwicklung internationaler Kapitalmärkte verbesserten hierzu die Möglichkeiten. Aber nur der fossile Ressourcenbedarf und die entsprechenden Wirtschaftszweige konnten die Strukturen der Weltgesellschaft anhaltend prägen, wobei nicht nur die Industrieländer von den Energie- und Rohstoffförderländern abhängig wurden, sondern Förder- wie Verbrauchsländer gleichermaßen von der fossilen Ressourcenwirtschaft.

Die Erdölkette

Die Rohölvorkommen und damit die Rohölförderung – erstes Glied der Kette – sind auf wenige Länder begrenzt. Die nennenswerten Vorkommen liegen, aufwendig und kostspielig erschlossen, in den USA und Mexiko, Argentinien und Venezuela, in der Nordsee, im Kaukasus, in Nigeria und Somalia, in China und Indonesien und vor allem auf der arabischen Halbinsel. Die Fördermethoden sind inzwischen technologisch hochentwickelt und deshalb kapitalintensiv, besonders wenn das Stadium der »Zweitförderung« erreicht ist, um die letzten Reserven aus einem Ölfeld zu pumpen. Sie reichen vom Fluten mit Wasser, Polymeren, CO_2 oder Ätzlösungen bis zu Wasser- und Dampfinjektionen. Schon dieses Vorgehen führt zu gravierenden Umweltzerstörungen, lange vor der Ölverbrennung. Es folgt der energieaufwendige und unfallträchtige Transport über Pipelines mit ihren Pumpstationen, in Tankschiffen oder Tankzügen zu den Raffinerien der Industrieländer – meist über Tausende von Kilometern. In den Raffinerien wird – drittes Glied – das Rohöl fraktioniert und umgewandelt in Nutzenergie und Derivate für die chemische Industrie. Der Raffinerieprozeß verursacht ein weiteres Mal, in noch viel größerem Maße als bei der Förderung, Umweltprobleme – Emissionen von Kohlenwasserstoffen, Schwefel-, Nitrogen- und Kohlenmonoxiden, Abwasser und Festmüll. Daraus ergibt sich – viertes Glied der Kette – der Entsorgungsaufwand. Die Derivate des Raffinerieprozesses müssen – fünftes Glied – gespeichert werden. Das sechste Kettenglied ist der Transport der Treibstoffe zu den Tankstellen und der anderen Derivate zu ihrer weiteren Bestimmung – bevor im sieben Glied die Umwandlung in Motoren, Brennanlagen, Kraftwerken oder Chemiefabriken erfolgt.

Die Erdgaskette

Auch über Erdgasvorkommen verfügen nur wenige Länder bzw. Regionen: vor allem Rußland, der kaspische Raum, Iran und Algerien. Auch die Gasförderung ist kein simpler Vorgang, weil das Gas zugleich verdichtet und gereinigt werden muß, um transportiert werden zu können. Bei dieser Konditionierung werden unter anderem Schwefel und Düngemittel abgesondert. Je nach Verwendungszweck und Transportweise wird das Gas verflüssigt, was Temperaturen von 162 Grad Celsius minus erfordert und das Gasvolumen um das 600fache verkleinert, wiederum mit enormem Energieaufwand. Dieser Raffinerieprozeß ist oft aus technischen Gründen an die Förderung gekoppelt. Dabei werden auch Flüssiggasmischungen für die Petrochemie und für den Hochtemperaturbedarf der Industrie erzeugt. Das dritte Glied ist der Transport über Pipelines und deren Kompressorstationen zu den Erdspeichern, häufig über Tausende von Kilometern, zum Beispiel vom Kaukasus nach Mitteleuropa oder per Schiff von Algerien in die USA. Die Transport- und Speicherbehälter für verflüssigtes Gas sind aufwendig konstruiert: Sie müssen sehr gut isoliert sein, um die Temperaturen niedrig zu halten, und haben einen hohen Energiebedarf zur Nachkühlung. Das fünfte Glied ist die Verteilung des Gases über regionale Pipelines oder in Gasbehältern zu den Endverbrauchern, den privaten Haushalten, den Stromerzeugern oder der produzierenden Industrie (für deren Hochtemperaturbedarf), wo – sechstes Glied – das Gas in Kraftwerken, Heizanlagen oder Motoren umgewandelt wird.

Die Kohlenkette

Die großen Kohleexporteure sind heute Australien, die USA, Südafrika, Kanada, Rußland und Polen. Die Vorkommen sind zwar relativ breit verteilt, so daß es Länder gibt, die viel Kohle verbrauchen und dennoch nicht auf Importe angewiesen sind. Die mit Abstand größte Abhängigkeit weist Japan auf, das mehr als ein Viertel der jährlichen globalen Kohleförderung aufnimmt. In Europa haben vor allem Belgien, die Niederlande, Dänemark, Frankreich, Italien und Spanien hohen Importbedarf.

Die Kohleförderung ist wegen der sehr unterschiedlichen Art und Qualität der Kohlevorkommen hochkomplex. Die Wasser- und Schwefelgehalte und die Vermischungen mit dem sonstigen Erdreich differieren sehr stark, ebenso die Fördertechniken des Tage- und Untertagebaus. Nach der Förderung folgt im zweiten Kettenglied die Kohleveredelung, um den unterschiedlichen Bedarf zu befriedigen: Sortierung der Rohkohle, Entfernung von Fremdkörpern, Zerkleinern, Vergleichmäßigen, Grob- und Feinsortierung, Entwässern und Brikettieren für Kleinfeuerungen, Bereitstellen von Kraftwerkskohle, Verkoksen für den Einsatz in Hochöfen. Bei der Rohbraunkohle ist die Veredelung besonders aufwendig: Die Kohle muß getrocknet, gebrochen, gesiebt, verkleinert und noch einmal getrocknet werden, um den Wassergehalt von über 50 % auf 10–20 % zu senken. Dann erst erfolgen Brikettierung, Braunkohlestaubproduktion für Industrieöfen oder Verkoksung. Das dritte Kettenglied umfaßt die Entsorgung der Abfälle: Schlammeindickung, Anreichern mit Mineralien (Flotation), Entwässern und Filtern. Der Energie- und Wasserverbrauch bei Veredelung und Entsorgung ist groß, ebenso die Wasserverschmutzung. Das vierte Glied ist der Transport der veredelten Kohle zu den – fünftes Glied – Kraftwerken oder Kleinverbrauchern. Auch bei der Kohle sind die Entfernungen immer größer geworden.

Die Atombrennstoffkette

Die höchste Komplexität hat die Kette des Atombrennstoffs mit dem aus Strahlenschutzgründen extrem schwierigen Abbauverfahren. Es folgt – zweiter Schritt – der Transport aus Regionen wie Australien oder Kanada zur Mühlanlage, wo das Natururan zu Uranoxid raffiniert wird. Dieser sogenannte Gelbkuchen stellt das dritte Glied der Kette dar. Das vierte und fünfte Glied ist der erneute Transport der Gelbkuchen zu den Produktionsstätten, um daraus Uranhexafluorid herzustellen. Das sechste Glied ist der Transport zu einer Urananreicherungsanlage, in der dann als siebtes Glied die eigentlichen atomaren Brennstäbe hergestellt werden. Das achte Glied ist der Transport zum Kraftwerk. Jeder einzelne Schritt dieser Uranförderung und -veredelung ist verbunden mit hoher technischer Intensität, hohem Energiebedarf, immenser Naturbelastung und hohen Umweltrisiken.

Wie dramatisch der Importbedarf der Industrieländer an Energieressourcen zunimmt, beleuchten folgende Beispiele: In Deutschland wuchs der Import fossiler Energien zwischen 1975 und 1994 von 115 auf 160 Mio. Tonnen; in Japan von 475 auf 555 Mio. Tonnen und in den USA von 1,77 auf 2,2 Mrd. Tonnen.[31] Für die Europäische Union wurde im Weißbuch der EU-Kommission über erneuerbare Energien errechnet, daß die Abhängigkeit von fossilen Energieimporten bis zum Jahr 2020 von 50 auf 70 % steigen könnte.[32] Der Energieimportbedarf Deutschlands liegt bereits bei über 70 %, davon bei Erdöl schon bei nahezu 100 %.

Stromwirtschaft: Die Verlängerung der Energieketten

Zu den diversen Kettengliedern (sieben bei Öl, sechs bei Gas, fünf bei Kohle, bis zu neun bei den Atombrennstoffen) kommen bei der Stromerzeugung die Entsorgungsaufwendungen und die Transport- und Verteilungsaktivitäten der Stromversorger: der Stromtransport über Hochspannungsleitungen bis zum Transformatorenwerk in der Mittelspannung; der Stromtransport in den Mittelspannungsleitungen bis zur Transformation in die Niederspannung und die Stromverteilung an die Stromverbraucher über die Niederspannungsnetze. Bei den Stromverbrauchern folgt – letztes Kettenglied – die Umwandlung des Stroms in Licht, Prozeßenergie, Wärme oder Motorkraft. Daraus ergibt sich für die Stromversorgung von der Förderung bis zum Endverbraucher eine Gesamtkette, die

– bei Kohlekraftwerken aus mindestens zehn Gliedern besteht; bei Gaskraftwerken ist es ein Kettenglied weniger, weil hier keine Brennrückstände anfallen;
– bei Atomkraftwerken aus mindestens 14 Gliedern besteht, im Falle der Wiederaufbereitung aus mindestens 17.

Dabei sind die an die Förderung, Stromproduktion und diversen Transporte angeschlossenen Ketten der Herstellung von Förderanlagen, Pipelines, Tank- und Frachtschiffen, Kraftwerken und Stromkabeln hier nicht einmal mit einbezogen; auch nicht die Folgeketten der Bodenrekultivierung oder der Beseitigung von Wasser-, Gesundheits- und Klimaschäden bei einzelnen Kettengliedern.

Die Rohstoffketten

Die industriellen Rohstoffe umfassen erstens den Erdmassen entnom-
mene Gesteine, Sande und Salze, die die älteste und potentialreichste
nicht erneuerbare Rohstofform darstellen und an zahlreichen Stellen
auf allen Kontinenten gefördert werden können; zweitens die metallischen Rohstoffe in Form kompakt vorgefundener Erzvorkommen, die
das Industriezeitalter seit seiner Frühzeit besonders stark und seitdem
anhaltend geprägt haben; oder es sind die aus Kohle, Gas und vor allem
aus Petroleum gewonnenen Kohlenwasserstoffe.

Bei der Gewinnung metallischer Rohstoffe muß das Erz von seinem
Nebengestein getrennt werden, was zu großen Abraummengen führt.
Dem folgt – zweites Glied der Kette – die meist bergwerksnahe Aufbereitung, um die nutzlosen und schädlichen Bestandteile vom Roherz zu
trennen, dieses zu pressen, zu sieben und für den späteren Hochofen-
prozeß zu zerstückeln. Das Rohmaterial mit weniger Erzbestandteilen
muß angereichert werden, wozu die Erze zunächst gemahlen werden,
um den Mineralkörnern anschließend andere Mineralien beizumi-
schen. Der jährliche Gesamtertrag aus den Eisenerzgruben beträgt mehr
als 800 Mio. Tonnen. Diese beiden Kettenglieder erfordern einen sehr
hohen Energieaufwand. Der dritte Schritt ist der Transport des eigentlichen Versanderzes in die Stahlwerke auf dem gesamten Globus, auf
Frachtschiffen über Routen, die – wiederum mit entsprechendem Energieaufwand – von den beiden Hauptförderländern Australien und Brasilien bis nach Europa über 20.000 Kilometer gehen.

Bei den meisten metallischen Rohstoffen liegt – viertes Kettenglied –
vor der Verarbeitung die Veredelung in einer Raffinerie, um amalgamische Substanzen herauszulösen, Reinmetalle zu extrahieren und weiter-
verarbeitbare Stoffe für die Herstellung synthetischer Materialien, für
Metallmischungen, Legierungen oder Mineralien für Dünge- und Arzneimittel zu gewinnen. Auch hierfür ist der Energieaufwand hoch. Es
folgt der Transport zu den Stahlwerken, um daraus die eigentlichen
Industriematerialien herzustellen, sowie deren Lieferung an die verschiedenen industriellen Produktionsstätten. Damit besteht die Kette
metallischer Rohstoffe in der Regel aus mindestens sechs Gliedern. Auch
bei mineralischen Grundstoffen wie Kies und Sand, Kalium oder Salzen
gibt es spezifische Ketten aus Aufbereitungsprozessen, die vor allem in
die chemische Industrie führen.

Tabelle 1: Territoriale Konzentration von Rohmaterialreserven [33]

Produkt	Anteil der drei wichtigsten Förderländer an den gefundenen Weltreserven	
Platin	99,5 %	Südafrika, Rußland, Kanada
Chrom	96,9 %	Südafrika, Simbabwe, Rußland
Vanadium	94,9 %	Rußland, Südafrika, Chile
Mangan	90,5 %	Südafrika, Rußland, Australien
Asbest	81,3 %	Kanada, Rußland, Südafrika
Molybdän	74,3 %	USA, Chile, Kanada
Tantal	72,7 %	Zaire, Nigeria, Rußland
Wolfram	69,6 %	China, Kanada, Rußland
Quecksilber	65,2 %	Spanien, Rußland, Jugoslawien
Kobalt	63,0 %	Zaire, Neukaledonien, Rußland
Aluminium	63,8 %	Guinea, Australien, Brasilien
Eisen	59,4 %	Rußland, Brasilien, Kanada
Titan	59,0 %	Brasilien, Kanada, Indien
Silber	54,9 %	Rußland, USA, Mexico
Nickel	54,5 %	Neukaledonien, Kanada, Rußland
Zinn	50,2 %	Indonesien, China, Thailand
Wismut	47,9 %	Australien, Bolivien, USA
Blei	47,8 %	USA, Australien, Rußland
Zink	45,8 %	Kanada, USA, Australien
Kupfer	44,9 %	USA, Chile, Rußland

Quelle: Bilardo/Mureddu, Energy, Raw Materials for Industry

Die meisten europäischen Industrieländer sind zu 100 % abhängig von Importen metallischer Rohstoffe.[34] Dabei handelt es sich um zunehmende Abhängigkeiten, weil die Industrieländer ihre eigenen Vorkommen – soweit vorhanden – in ihrer Industriegeschichte schon weitgehend ausgebeutet haben. So wurden 1980 beispielsweise die Eigenförderungsquoten für die damaligen Länder der Europäischen Gemeinschaft bei Antimon-Erzen mit 5 %, bei Mangan und Quecksilber mit 2 %, bei Kupfer mit 4 %, bei Nickel mit 12 % errechnet, bei Eisen, Chrom, Germanium, Kobalt, Molybdän, Niob, Platin, Titan oder Wolfram lag sie schon bei null.[35] Selbst die USA, aufgrund ihrer geographischen Größe reich an Bodenschätzen, sind bei einer Vielzahl metallischer Ressourcen importabhängig: bei Titan, Columbium, Zinn, Germanium und Platin schon zu 100 %, bei Mangan zu 98 %, Tantal 96 %, Chrom und Kobalt 90 % und Nickel 70 % – so eine Studie des Energy and Defense Projects des Pentagon.[36] Zwar gibt es viele Möglichkeiten, einen metallischen Rohstoff durch einen anderen zu substituieren, doch reduziert dies angesichts des lokal begrenzten Vorkommens nicht prinzipiell die Abhängigkeit.

Fossile Ressourcenketten und Konzentrationszwang:
Marktzerstörung mit den Mitteln des Markts

Daß sich im marktwirtschaftlichen Prozeß unter zunächst vielen Unternehmen eines Sektors wenige oder nur eines herausschälen, gilt zugleich als normale und notwendige Entwicklung jeder marktwirtschaftlichen Ordnung wie auch als Gefahr für sie. Die Notwendigkeit wird mit der »economy of scale« erklärt, also der Möglichkeit, die Produktionskosten durch konzentrierte Produktionssteigerung zu reduzieren, neuerdings auch durch »Synergieeffekte«, also die wechselseitige Ergänzung und Optimierung spezialisierter technologischer Fähigkeiten von Unternehmen. Alle marktwirtschaftlich orientierten Gesellschaften haben gesetzliche Vorkehrungen getroffen, um gegen Kartellbildungen und Monopole intervenieren zu können. Konzentrationsprozesse konnten damit teilweise aufgehalten, aber nicht verhindert werden. Je mehr sich – erleichtert durch die Freihandelsverträge des GATT-Prozesses bis hin zur Welthandelsordnung und durch kontinentale Marktordnungen wie die der Europäischen Union, die wirtschaftlichen Protektionismus verhindern sollen – die Unternehmen multi- und transnational organisieren, desto mehr versagen politische Bemühungen gegen Kartellbildungen. Die politischen Ziele internationaler wirtschaftlicher Freizügigkeit einerseits und der Verhinderung von Kartellen andererseits stehen also im wachsenden Widerspruch zueinander. Antiprotektionistische Maßnahmen erleichtern offenkundig den Konzentrationsprozeß. Internationale Marktordnungen privilegieren de facto transnationale Unternehmen und befördern Großfusionen, und sie machen dadurch aus dem Weltmarkt einen Markt für wenige. Legitimiert wird dieser Prozeß der schleichenden Ausschaltung des Wettbewerbs mit internationalen Wettbewerbszwängen.

Der Konzentrationsmechanismus der Ressourcenwirtschaft ist im Unterschied zu allen anderen Wirtschaftssektoren von seinen Quellen her vorgegeben. Er ergibt sich keineswegs allein aus dem Gesetz der Produktivitätssteigerung durch Unternehmenskonzentration. Die Ressourcenketten haben nicht nur die Globalisierung erzwungen, sondern auch den Konzentrationsprozeß der Ressourcenwirtschaft. Sie haben damit auch dem gesamtwirtschaftlichen Konzentrationsprozeß entscheidende Schubkaft verliehen, der ohne die hoch verdichteten Energieangebote wahrscheinlich differenzierter und nicht so massiv verlaufen wäre.

Schon die kostspielige Suche nach immer neuen Fundstätten mit zahllosen geologischen Untersuchungen und Probebohrungen ist nur Unternehmen mit hoher Kapitalkraft möglich. Vorinvestitionen amortisieren sich erst spät; das können sich nur Großinvestoren mit einem langfristig gesicherten Absatz leisten. Gleiches gilt für den Einsatz hochmoderner Fördertechniken, den Bau von Pipelines und die Bereitstellung großer Transportkapazitäten. Für Öl-, Kohlen- und Erztransporte werden Frachtschiffe mit Nutzlasten bis zu 800.000 Tonnen eingesetzt, für Gastransporte Kapazitäten von 200.000 Kubikmetern Flüssiggas. Die angelieferten Transportmengen erfordern große Raffinerien und Speichervolumen, also zentralisierte Anlagen und Großspeicher. Aus denselben Wirtschaftlichkeitsgründen werden die aufbereiteten Energie- und Materialmengen an entsprechend große Kraft- und Stahlwerke weitergeleitet. Die Fließkraft konzentrierter Ressourcenmengen führt zur Bildung von Unternehmensverbünden zwischen großen Ressourcenlieferanten und den Betreibern großer industrieller Umwandlungsanlagen. Sie drängt darauf, daß Unternehmen die ganze Kette in eigener Hand halten oder zumindest kontrollieren. Das exerzieren die Ölmultis vor, die von der Suche nach neuen Ölfeldern bis zu den Tankstellen alle Kettenglieder in der Hand halten. Sehr frühzeitig kristallisierten sich deshalb auch Firmenkonglomerate zwischen Kohle- und Erzförderern, Stahl- und Stromunternehmen heraus – auf nationaler Ebene, solange die nationalen Ressourcen der Industrieländer reichten, dann auf internationaler. Seit dem Beginn des 20. Jahrhunderts, in dem der Hauptenergieträger Kohle durch Erdöl abgelöst wurde, war die Internationalisierung aufgrund räumlich begrenzter Ölvorkommen von vornherein gegeben. Die Ölmultis – die berühmten »sieben Schwestern« – wurden als erste »global players« zum Vorbild der »Konzerne des 20. Jahrhunderts«.[37]

Versuche von Förderländern, mit Hilfe von Staatsgesellschaften wenigstens die Kontrolle über die Ressourcenquellen zu bekommen, um die Anbieterposition zu stärken, hat es immer wieder gegeben. Ein Versuch war das OPEC-Kartell. Der andere ist die UNCTAD (United Nations Conference on Trade and Development), die seit 1964 alle vier Jahre versucht, faire Ressourcenpreise durchzusetzen – weitgehend ergebnislos, weil die Förderländer von den Nehmerländern und vor allem den Ressourcenmultis nahezu beliebig gegeneinander ausgespielt werden können.[38] Die Ressourcenunternehmen, welche die internationalen

Transportkapazitäten, die Aufbereitungs- und Umwandlungsanlagen und die Rohstoff- und Energiemärkte in den Zielländern kontrollieren, spielen die überlegene Rolle. Sie sind längst auch in den Förderländern Kapitalbeschaffer, Kooperationspartner, Anteilseigner oder Besitzer von Förderunternehmen.[39] Sie spielen damit de facto die Rolle neuer Kolonialmächte – allerdings ohne politische Verantwortung zu übernehmen.

In der Stromerzeugung, die in den Industrieländern mit Wasser- und Kohlekraftwerken begann, war die Konzentration schwerer durchsetzbar als innerhalb der reinen Öl-, Gas- oder Kohlenkette. Denn die Endverteilung hängt vom lokalen Stromnetz ab, das ohne politische Hilfe und Zustimmung nicht einfach in den Konzentrationsgriff genommen werden konnte. Der technisch-wirtschaftliche Vorteil, über große Wasserkraftwerke zu verfügen, über die Zusatz- und Reservelasten am leichtesten und kostengünstigsten bereitstanden, war das Pfund, mit dem die Stromkonzerne wirtschaftlich wuchern konnten: Sie bauten das Verbundnetz auf, mit dessen Hilfe sie Produzentenmonopole errichteten, dezentrale Produzenten ausschalteten und schließlich auch mehr und mehr kommunale Netze übernahmen. Als Großabnehmer fossiler Brennstoffe konnten sie Brennstoff billiger einkaufen und damit ihre Strompreise gegenüber kommunalen Produzenten unternehmensstrategisch variieren, bis diese aufgaben. Dabei schalteten sie dezentrale Stromproduzenten – etwa die Betreiber von Kleinwasserkraftanlagen und von Windstromanlagen, die noch in den dreißiger Jahren in großer Zahl z.B. in den USA, in Dänemark und Deutschland rotierten – selbst dann aus, wenn dies mit Kostenrationalität nicht begründbar war. Obwohl viele unabhängige Betreiber von traditionellen Kleinwasserkraftwerken mit abgeschriebenen Anlagen kostengünstig produzieren konnten, nahmen die Netzmonopolisten ihren Strom entweder gar nicht oder nur zu Preisen unterhalb ihrer Kostendeckung ab. Denn die kommunalen Kraftwerke und die selbständig betriebenen Kleinkraftwerke, die anfangs überall die Stromerzeugung besorgten, störten beim Aufbau des Stromproduktionsmonopols.

Der größte Handlungsvorteil der Stromkonzerne aber waren und sind die politischen Privilegien, die sie bekamen, je mehr – parallel zum Aufschwung der Elektrotechnik – der wirtschaftsstrategische und soziale Stellenwert der Stromversorgung erkannt und je mehr Strom nachgefragt wurde. Die Stromkonzerne traten als Garanten einer gesicherten und gleichmäßigen Stromversorgung auf, und so wurden die Stromwirtschaftsgesetze auf sie zugeschnitten, sprich: politische Konzentrationsförderung betrieben. Konzentration wurde zum Konzept der kapitalistischen Großindustrie, die sich auf planmäßig gesicherte Lieferungen stützen wollte. Sie wurde zum Zukunftsstaatkonzept der Sozialdemokratie, wie es Ballod-Atlanticus 1920 in seiner Hymne auf Großkraftwerke beschrieben hatte.[40] Sie wurde zum Konzept des Kommunismus, versinnbildlicht in jenem berühmten Satz Lenins, daß der Kommunismus aus Sowjetmacht und Elektrifizierung bestehe. Konzentration wurde zum Konzept für Kriegführungspläne, weshalb das deutsche Energiewirtschaftsgesetz von 1935 gezielt die Zentralisierung der Stromwirtschaft begünstigte.[41] Kurzum: Der Konzentrationsprozeß wurde zum kapitalistisch-faschistisch-kommunistisch-sozialdemokratischen Einheitskonzept und zum prinzipiellen Erfordernis der Industriegesellschaften aller Couleurs erklärt.[42] Die Verstaatlichung der Stromwirtschaft in Frankreich durch die Gründung der Electricité de France 1946, die der italienischen Stromwirtschaft unter dem Dach der ENEL im Jahr 1962, die Gründung der österreichischen Verbundgesellschaft sind Produkte dieses allseitigen Konsenses.[43]

Wenn Regierungen den Konzentrationsprozeß nicht selbst durch Verstaatlichung oder durch Energiegesetze vorantrieben, half die Stromwirtschaft nach: Ihre Vertreter korrumpierten Kommunalpolitiker, damit diese ihre lokale Stromproduktion einstellten oder ihre Netze übergaben, wie es Lutz Mez anhand der Expansion des RWE-Konzerns beschrieben hat.[44] Sie erpreßten Kommunalverwaltungen. Sie setzten Kleinproduzenten mit Stromleitungssperren und Sabotageanschlägen unter Druck, wie es Berman und O'Connor anhand vieler Beispiele in den USA berichten. All dies veranlaßte schon Anfang des 20. Jahrhunderts den Bürgermeister von Cleveland, Tom Johnson, zu dem flammenden Bekenntnis:»Ich glaube an städtisches Eigentum der Monopole. Wenn du diese nicht besitzt, werden sie dich besitzen. Sie werden deine Politik zerstören, deine Institutionen korrumpieren und schließlich deine Freiheit aufheben.«[45]

Dieser Prozeß organisierter Strommachtkonzentration ist keineswegs abgeschlossen, wie es viele im Zusammenhang mit der zwischenzeitlich überall eingeleiteten Liberalisierung der Strommärkte und der Aufhebung von Gebiets- und Staatsmonopolen behaupten. Tatsächlich erhält er dadurch sogar ganz neuen Schwung. Die Ausweitung des europäischen Gas- und Stromverbunds, von der EU-Kommission politisch gefördert und subventioniert im Rahmen des Programms »Transeuropäische Netze«; die in diesem Zusammenhang geplante Verbindung und Parallelschaltung des westeuropäischen Verbundnetzes (UCPTE), das erst mit dem 1997 verbindlich eingeführten Strombinnenmarkt der Europäischen Union an Bedeutung gewinnt, mit dem gemeinsamen Verbundnetz Polens, Ungarns, Tschechiens und der Slowakei (ENTREL), dem Baltic-Ring und dem russischen Verbundnetz (EES)[46]; die gerade erst eingeleitete Privatisierung bisher öffentlicher Energieversorgungsunternehmen und die dadurch erleichterten Fusionen hin zu erstmals sich transnational organisierenden Stromproduzenten; die Einbeziehung des Energiehandels in die Niedrigzölle des WTO-Regimes; die Europäische Energie-Charta, die Energieinvestitionen in anderen Ländern – d.h. Investitionen an Förderplätzen – völkerrechtlich absichern soll: Dies alles sind Schritte, die Energieketten zu verstärken und die Fließkraft der Energieströme zu konzentrieren, um die Energiemärkte mit noch mehr und noch billigeren Angeboten übergießen zu können.

Dabei schert es trotz aller Lippenbekenntnisse nur wenige, daß dadurch die Erschöpfung der Quellen beschleunigt und die Umweltziele, ungerührt von nationalen und internationalen Klimaschutzbeschlüssen, weiter konterkariert werden. Man versucht im Gegenteil, wegfallende Monopole in gebietsgeschützten Strommärkten zu kompensieren durch weitere Unternehmenskonzentration und Internationalisierung mit erhöhten und beschleunigten Fließmengen – mit dem Ergebnis, daß die Chancen der gerade geöffneten Energiemärkte durch verstärkte Verbundmacht zunichte gemacht werden. Das alles ist ein gefährlicher Prozeß, dessen Beschreibung nur scheinbar paradox klingt: Marktzerstörung mit den Mitteln des Markts.

Polypenwirtschaft: die wachsenden Arme der fossilen Ressourcenkonzerne

Die hochkonzentrierte und großenteils monopolisierte fossile Ressourcenwirtschaft ist zum Dreh- und Angelpunkt der Entstehung und Zementierung von sektorübergreifenden Wirtschaftskartellen geworden, die die Gesamtwirtschaft gegen die ökologische Herausforderung immunisierten. Diese Zusammenballungen von Wirtschaftsmacht sind organisch aus den Energie- und Stoffströmen entstanden. Damit ähnelt die fossile Ressourcenwirtschaft einem Polypen, dem immer mehr Arme wachsen, mit denen er immer mehr Wirtschaftssektoren in den Würgegriff nimmt. Sie entstehen durch »industrielle Komplexe« zwischen den Unternehmen einer Energiekette und damit unmittelbar verkoppelten Wirtschaftszweigen, und sie entstehen darüber hinaus durch die Verkopplung mehrerer solcher Komplexe. Fast jede dieser Verbindungen ergibt sich aus einer nachvollziehbaren wirtschaftlichen Kettenlogik.

Die Arme der Ölwirtschaft: der Öl-Chemie-Komplex

In den Ölraffinerien wird das Erdöl nicht nur zu Benzin und Diesel raffiniert, sondern auch zu weiteren Derivaten: 45,6% werden zu Benzin, 20,9% zu Diesel- bzw. Heizöl, 9,4% zu Kerosin und 1,3% zu Naphta-Treibstoffen für Jet-Flugzeuge, 6,8% zu Restöl, 1,2% zu Schmierfetten, 2,9% zu petrochemischen Grundstoffen, 3,2% zu Asphaltöl, 3,9% zu Ölkoks u. a. für Kohleelektroden, 3,6% zu Flüssiggas.[47] Die Menge der jeweiligen Derivate kann variiert werden, jedoch nur in beschränktem Maße. Damit sind die Raffinerien das Glied in der Ölkette, an dem sich industrielle Interessen wirtschaftlich rational, aber unheilvoll strukturkonservierend verknoten[48]: das Interesse der Fahrzeugindustrie an möglichst billigen Benzin- und Dieselderivaten; des Luftfahrtsektors an einem stets ausreichenden Kerosinangebot; jenes des Schiffahrt- und Heizölsektors an Diesel- und Heizöl; schließlich der Bedarf der chemischen Industrie an Kohlenwasserstoffen für die Dünge- und Pflanzenschutzmittel und des meist in der Hand der chemischen Industrie befindlichen Raffineriebetriebs an einem gleichmäßigen proportionalen Absatz aller Derivate.

Wenn der Bedarf an einem Derivat überproportional steigt oder sinkt, gibt es Verschiebungsgefahren für die anderen: Länger anhaltende Ungleichgewichte erhöhen die Kosten. Deshalb soll zum Beispiel die Nachfrage nach dieselbetriebenen Fahrzeugen möglichst nicht überproportional zu Lasten der benzinbetriebenen steigen. Nimmt der Bedarf an Kerosin zu, wie das durch die rapide Ausweitung des Luftverkehrs der Fall ist, ist die Ölindustrie gezwungen, nach zusätzlichen Absatzmärkten für die anderen Derivate zu suchen oder diese mit Billigangeboten zu verschleudern. Optimal ist bei diesem System gegenseitiger Abhängigkeiten, wenn die Nachfrage generell und gleichmäßig steigt. Der wirtschaftliche Betrieb der Raffinerien ist die Allianzschmiede zwischen

Erdölindustrie, chemischer Industrie, Fahrzeug- und Luftfahrtindustrie und Verkehrsgesellschaften. Ihre eigentliche Achse ist der Interessengleichklang von Mineralöl- und Chemieindustrie. Die Fahrzeug- und Luftfahrtindustrie profitieren von billigen Treibstoffangeboten und die Treibstoffproduzenten vom Mengenverkauf sowie vom Derivateabsatz für die Chemikalien-, Düngemittel- und Pflanzenschutzmittelproduktion. Sie alle verbindet das Interesse, das Absatzgefüge im Gleichgewicht zu halten, sich wechselseitig zu generellem Verbrauchswachstum zu verhelfen und politische Interventionen zu verhindern, die an einer Absatzstelle offene Flanken schaffen würden.

Dies erklärt vieles: die lange Zurückhaltung der Automobilindustrie, treibstoffsparende Fahrzeuge anzubieten, obwohl dies keinen Nachteil für den Autoabsatz bedeutet hätte; die für sich gesehen unverständliche Weigerung der Mineralölgesellschaften, wenigstens Schmieröle aus umweltfreundlichen Pflanzenölen auf den Markt zu bringen, um die Raffineriederivate des Erdöls weiterverwerten zu können; die nahezu geschlossene Weigerung der Konzerne, alternative Treibstoffe bzw. entsprechende Motoren auf den Markt zu bringen. Die Raffineriebilanzen erklären auch die heftigen Reaktionen selbst der chemischen Industrie auf Erhöhungen der Treibstoffsteuer, obwohl diese sie bei vordergründiger Betrachtung nicht tangieren. Dieser buchstäblich raffinierte Zusammenhang zeigt aber auch, daß es ein schwerer politischer Analyse- und Handlungsfehler ist, wenn ökologisch motivierte Steuererhöhungen nur an einer Stelle – dem Treibstoffverbrauch für Fahrzeuge – ansetzen statt an einem früheren Kettenglied: Es müssen entweder Rohölimporte generell besteuert werden (was aber dann zur Standortverlagerung von Raffinerien führen könnte) oder alle Derivate der Raffinerien. Hier wird endgültig deutlich: Um die weiterführenden alternativen Schritte zu gehen, muß man die ganze Energiekette und die Verschränkung ihrer Glieder kennen. Dann zeigt sich: Der einzig erfolgversprechende Ansatz ist der radikale.

Die Arme der Gaswirtschaft: der Gas-Chemie-Öl-Komplex

Eine mit den Ölraffinerien vergleichbare wirtschaftliche Rollenzuteilung ergibt sich aus der Gasprozessierung. Erdgas besteht aus mehreren Bestandteilen: zu 70–80 % aus Methan, Ethan, Propan, Butan sowie aus Nitrogen, Schwefelwasserstoff, Helium, Schwefel und Wasser. In der Prozeßanlage wird das Gaspotential, außer der für energetische Zwecke bestimmten Gasmenge, in Flüssiggas für die petrochemische Industrie und für die industriellen Hochtemperaturprozesse aufgeteilt oder zu Chemikalien wie Acetylen, Methanol, Chloroform, Formaldehyd aufgebaut; oder es wird zu Synthesegas verarbeitet, aus dem wiederum eine Fülle von Chemikalien hergestellt wird. Diese Derivate müssen unterschiedlich gespeichert werden. Aus diesen Gründen ist die Gaswirtschaft mit der chemischen Industrie eng verwoben ist. Nicht zufällig ist Wintershall, eines der drei großen deutschen Gasimportunternehmen, eine 100%ige Tochter des Chemiegiganten BASF, die gemeinsam mit dem weltweit größten Gasanbieter, der russischen Gazprom, zwei gemeinsame Unternehmen zur Gasförderung und zum Bau von Gaspipelines besitzt. Da auch die Erdölmultis zunehmend im Gasgeschäft engagiert sind, verschränken sich die Arme der Gas- und der Ölwirtschaft immer enger. Ein Motiv der Mineralölkonzerne ist, sich strategisch auf die Erschöpfung der Ölquellen einstellen und ihren Treibstoffverkauf dann auf Gas umstellen zu können. Und da die Stromwirtschaft vor allem den Bau neuer Gaskraftwerke vorantreibt, verschränken sich auch die Arme der Gas- und der Stromwirtschaft zunehmend mehr.

Die Arme der Rohstoffwirtschaft: der Rohstoff-Energie-Komplex

Einen vergleichbaren Prozeß gibt es bei der Verarbeitung der mineralischen Rohstoffe. Auch diese werden in Raffinerien destilliert, um Amalgame abzutrennen, reine Metalle zu gewinnen, Metalle mischen und legieren zu können. Dieser Prozeß findet vorwiegend in den Industrieländern statt, um die Erzderivate der jeweiligen Endbestimmung in der Metallverarbeitung zuführen zu können. Nur ein Zehntel der jährlichen Investitionen von über 100 Milliarden Dollar entfällt dabei auf jene Entwicklungsländer, die Metallerze fördern. Die Derivate werden als Metall, als industrielle Komponenten und als amalgamische Substanz in der Stahlindustrie, in der metallverarbeitenden Industrie, in der Elektro- und Elektronikindustrie, in der petrochemischen und Farbenindustrie oder in der Glasindustrie verwendet.[49]

Die Angst vor der Verengung, dem Umlenken oder Versiegen eingespielter Materialströme umgewandelter Stoffe wirkt auch bei diesen metallischen Rohstoffen strukturkonservierend und kartellfördernd. Auch hier verschlingen sich die Arme metallverarbeitender Unternehmen mit denen der Energiewirtschaft, wie sich z.B. am Widerstand der Aluminiumindustrie gegen höhere Energiesteuern deutlich zeigt.

Ursache ist der hohe Energieanteil an den Förder-, Prozeß- und Produktionskosten.

Die Arme der Stromkonzerne: der Verbund der industriellen Komplexe

Im Stromsektor ist das Terzett von Primärenergieanbietern und von Großkraftwerk- und Verbundnetzbetreibern darauf angewiesen, die unterschiedlichen Leistungsprofile der Energieträger im Strommix aufeinander abzustimmen: Atomenergie und Braunkohle vorzugsweise für den Grundlastbedarf, Braun- und Steinkohle vorzugsweise für den Mittellastbedarf, große Wasserstauwerke vorzugsweise für die Spitzenlast im Großverbund. Keiner soll dabei stören – keine Windkraftbetreiber, keine Kleinwasserkraftbetreiber, keine Stadtwerke mit lokaler Eigenproduktion, die die Kapazitätsauslastung der Großkraftwerke mindern könnten. Ergänzt und gestützt wird dieses Terzett durch die großen Investitionsbanken. Jedes Großkraftwerk ist eine Investition in der Größenordnung von oft mehreren Milliarden Mark. Die Bauzeiten sind lang, entsprechend lang sind die Kreditlaufzeiten, und erst spät erfolgt das »return of investment«, später als bei den anderen Großinvestitionen.

Investitionen in den Energiesektor – davon etwa ein Drittel im Elektrizitätsbereich – machen ungefähr 15 bis 20 % der Gesamtinvestitionen einer Volkswirtschaft aus.[50] Da sich die Kreditvergabe überwiegend auf international operierende Großbanken konzentriert, ist anzunehmen, daß bei diesen durchschnittlich 40 bis 50 % des gesamten Kreditgeschäfts im konventionellen Energiesektor liegen. Allein zwischen 1988 und 1997 wurden in die öffentliche Elektrizitätsversorgung Deutschlands mehr als 126 Mrd. DM für Brutto-Anlageinvestitionen ausgegeben; davon 44,6 Mrd. für Erzeugungsanlagen, 61,2 Mrd. für Fortleitungs- und Verteilungsanlagen. Der größere Teil davon betrifft die großen Stromkonzerne, und nahezu alle Investitionen bei Erzeugungsanlagen bezogen sich auf fossile Energien und deren Transport- und Verteilungserfordernisse.[51] Von den Investitionen des Jahres 1997 in Höhe von 11,6 Mrd. DM wurden nahezu 2 Mrd. im Höchst- und Hochspannungsbereich getätigt, 1,6 Mrd. im Mittelspannungsbereich und 2,1 Mrd. im Niederspannungsbereich. Im Bereich der Gasversorgung liegen die jährlichen Investitionen in Deutschland bei über fünf Mrd. Mark, wovon etwa drei Viertel auf Gasnetzinvestitionen entfallen. Zwei Drittel der Gesamtinvestitionen liegen bei der Ortsgaswirtschaft, ein Drittel bei der Ferngaswirtschaft.[52]

Die globalen Investitionen werden in einer gemeinsamen Prognose des International Institute for Applied Systems Analysis (IIASA) und des World Energy Council (dem gemeinsamen Forum der globalen Energiewirtschaft) zwischen 1990 und 2020 auf etwa 12,4 Billionen Dollar geschätzt, also mehr als 400 Mrd. Dollar jährlich. Wenn eine durchschnittliche Abschreibungszeit dieser Kredite von 15 Jahren unterstellt wird, so ergibt sich daraus, daß die Gesamtsumme noch nicht abgeschriebener Kredite kontinuierlich bei etwa drei Billionen Dollar liegt. Bei solchen Summen sind die großen Investitionsbanken die Hüter besonders der leitungsgebundenen Energiewirtschaft und des Kraftwerkparks. Sie kontrollieren diesen in Deutschland nicht nur über die Kredite, sondern ganz direkt als Aufsichtsratmitglieder der großen Kraftwerksproduzenten wie der großen Stromversorgungsunternehmen.

Die enge Verknüpfung der Kettenglieder erklärt das Festhalten der Kraftwerksindustrie am Bau von Großkraftwerken, obwohl sie bei Kleinkraftwerken gleiche oder sogar größere Umsätze machen würden, aus Rücksicht auf die Großkraftwerksbetreiber als deren Kunden. Die Kettenverschmiedung erklärt die hohen Erwartungen, mit denen auch unsinnigste Technologiepläne lanciert werden – vom angeblich zwingend notwendigen Atomfusionsreaktor bis zur wahnwitzigen Idee, technische CO_2-Senken (gemeint ist die gezielte Lagerung von CO_2-Emissionen) anzulegen, während zugleich dezentrale Alternativen schlechtgeredet werden. Sie erklärt die Bereitschaft zu riskanten Investitionen der Stromkonzerne in die Abfallwirtschaft oder Telekommunikation, der kein Quentchen Risikobereitschaft bei erneuerbaren Energien gegenübersteht, ebenso wie die vielen »unterdrückten Erfindungen«[53], die gar nicht bis auf den Markt kommen, weil sie womöglich dem ganzen System empfindliche Risse zufügen könnten.

Die meisten einzelnen Schritte zur Globalisierung, Monopol- und Kartellbildung lassen sich innerhalb dieser von den fossilen Ressourcen vorstrukturierten Verhältnisse wirtschafts- und strukturrational begründen – während die allgemeinen Verhältnisse immer irrationaler und problematischer werden. Jeder Einbruch in das fossile Ketten-Gesamtsystem gilt als Gefahr, vor der der übrigen Wirtschaft, der Regierung und der Öffentlichkeit Angst eingejagt wird. Verändern »darf« sich das kartellisierte System nur selbst und aus sich heraus, weshalb beispielsweise beim Klimaschutz statt gesetzlicher Regelungen höchstens freiwillige Selbstverpflichtungen angeboten, aber regelmäßig nicht eingehalten werden. Politische Rahmenvorgaben legitimieren zwar die Rohstoff- und Energiekonzerne, die sich öffentlich zum »Primat der Politik« bekennen. Doch damit wird nur verschleiert, daß jeder äußere Einfluß als Tabu gilt, und seien die Konsequenzen noch so problematisch für die natürliche Umwelt oder die gesamtwirtschaftliche, demokratische und internationale Ordnung. Vier Entwicklungszwänge greifen in diesem Prozeß ineinander:

- der mit der Nutzung nichtsolarer Ressourcen automatisch einhergehende wirtschaftliche Globalisierungszwang;
- der sich aus den Ressourcenketten ergebende Konzentrationsmechanismus;
- der sich aus der fraktionierten Ressourcennutzung ergebende Kartellisierungsmechanismus mit der Stromwirtschaft im Zentrum, die alle fossilen Energieressourcen nutzt, mit Strom den vielseitigsten Sekundärenergieträger anbietet, für ihre Erzeugungs- und Netzinfrastruktur den größten Bedarf an Investitionen hat und in den Industrieländern als einziger Energiewirtschaftszweig alle Bürger und Unternehmen an ihren Strippen hat;
- die im nächsten Abschnitt skizzierte »Konvergenz« mit den Daten- und Mediennetzen, über die die Stromwirtschaft zum strategischen Zentrum zu werden versucht – in ihren Möglichkeiten dazu ist sie allen anderen Branchen tatsächlich haushoch überlegen.

Von den 50 größten europäischen Unternehmen sind siebzehn ganz oder überwiegend konventionelle Energie- und Rohstoffanbieter bzw. gehören zur Chemiewirtschaft. Dabei sind die Anbieter der Kraftwerkstechnik ebensowenig mitgezählt wie die Automobilkonzerne mit ihrem Interesse an billigen fossilen Treibstoffen, auch nicht die großen Nahrungsmittelkonzerne mit ihren sehr engen Verbindungen zur Chemieindustrie bzw. ihrem Einfluß auf den landwirtschaftlichen Ressourcensektor, ohne den eine Umorientierung auf solare Ressourcen nicht möglich ist. Werden diese alle mitgezählt, so sind 43 von 50 der größten Unternehmen direkt oder indirekt in die überkommene Ressourcenwirtschaft involviert und an großen bzw. billigen Mengenangeboten interessiert. Die Großbanken sind bei diesen 50 gar nicht mitgerechnet worden. Dies wirft ein Schlaglicht auf die realen Aussichten einer »Dematerialisierung« der Wirtschaft.

Machtkonvergenz: Netzverknüpfung, Superkartelle und die Entmachtung demokratischer Institutionen

Die Stromwirtschaft spielte zwar seit der allgemeinen Elektrifizierung stets eine bedeutende Rolle. Aber als die großen Machtspieler der Energiewirtschaft galten bisher die Unternehmen der Ölwirtschaft, die keinem öffentlichen Einfluß unterstanden – während sich mittlerweile ein Prozeß vollzieht, in dem sich die Stromwirtschaft zum »Spielführer« der Energiewirtschaft aufschwingt.

Die Stromversorgung gilt als ein Teil der allgemeinen infrastrukturellen und arbeitsteilig organisierten öffentlichen Grundversorgung der Gesellschaft, neben der Eisenbahn, der Post, einschließlich ihres Telefonnetzes, und der Wasserversorgung. Doch überall dort, wo Unternehmen der öffentlichen Stromversorgung in privatrechtliche Aktiengesellschaften umgewandelt wurden (auch wenn die Aktienmehrheit noch in öffentlicher Hand blieb), begannen diese – auf der Basis konkurrenzlos sicherer Gewinne in ihren Gebietsmonopolen –, in andere Unternehmen einzusteigen, ohne darin ebenfalls durch ein Gebietsmonopol beschränkt zu sein. Besonders in Deutschland ist dies schon seit vielen Jahrzehnten zu verfolgen, während in den Ländern mit einer verstaatlichten Stromwirtschaft diese noch auf ihre originäre Aufgabe beschränkt blieb. Die Monopolkommission der deutschen Bundesregierung hat die Expansion der Stromwirtschaft in andere Wirtschaftssektoren mehrfach als schwerwiegende Wettbewerbsverzerrung kritisiert.

Durch die Einführung des offenen Strommarkts erscheint dieses Problem nun vielen als überwunden. Tatsächlich kann davon keine Rede sein. Die etablierte Stromwirtschaft kann nun endgültig ungebremst mit den anderen transnationalen Unternehmen der Ressourcenkette querfusionieren. Dabei kann sie einen entscheidenden Vorteil ausspielen: die wirtschaftliche Multifunktionalität der Stromnetze. Sie hat damit eine einzigartige Zugriffsmöglichkeit auf den Sektor, der für die moderne Industriegesellschaft und für die Gesellschaftskultur und die Demokratie als der künftig bedeutendste gilt: den der Telekommunikation und generell der elektronischen Medien. Voraussetzung dafür sind die bereits erfolgte Aufhebung des öffentlichen Monopols der Telekommunikation und die Existenz privater Fernsehsendeanstalten. Mit der Deregulierung und Privatisierung der Stromversorgung, der Telekommu-

nikation und auch der Eisenbahngesellschaften ist die klassische Auf-
gabenteilung zwischen den bisher öffentlichen Dienstleistungsunter-
nehmen aufgehoben. Ein Stromnetz ist prinzipiell auch als Datenstraße
verwendbar, ebenso die Stromleitung des Eisenbahnbetriebs. Die Nutzung von Telefonkabeln für die Stromleitung ist dagegen technisch
wesentlich schwieriger und kostenaufwendiger. Im Kampf um die Kontrolle dieser Netze hat die Stromwirtschaft gegenüber anderen Netz-
betreibern – den ehemals staatlichen Telefongesellschaften und den
Eisenbahnbetrieben – zwei unübersehbare Vorteile und damit potentielle Handlungsvorsprünge:

– Sie verfügt erstens über das längste und am weitesten verzweigte
  Netz: 1997 hatte das Freileitungsnetz der deutschen Stromwirtschaft
  eine Länge von 492.000 km und das sonstige Kabelnetz eine Länge
  von 1.077.000 km – also zwölfmal bzw. 27mal um den Erdball. Die
  Netzlängen liegen damit deutlich über denen des Telefonnetzes oder
  des elektrifizierten Eisenbahnnetzes.

– Sie hat – integriert in die gesamte Ressourcenwirtschaft und unterstützt von deren wirtschaftlicher Potenz – die stärkste wirtschaftliche
  Kapital- und Einflußmacht auf ihrer Seite.

Die wirtschaftliche Mehrfachnutzung einer Netzinfrastruktur, für die
die EU-Kommission den bewußt harmlos klingenden Begriff der technologischen »Konvergenz« prägte, wird ausdrücklich als »kohärentes
Konzept« aller Netz- und Übertragungsdienste gefördert und begrüßt.
Damit sollen die Netze produktiver genutzt und kombinierte Dienste
angeboten werden: für die Sprach- und Datenkommunikation im Internet, im elektronischen Geschäftsverkehr und anderen Online-Diensten,
für die audiovisuelle Übertragung sowie für das Zusammenspiel von
Mobilfunk- und Kabelkommunikation, die Integration von Computern
und Speichern in die elektronischen Dienstleistungen und die Digita-
lisierung der Netze. Da die informationstechnologische Entwicklung
nicht nur die Nutzung des Kabelfernsehens für das Internet und die
Telefondienste ermöglicht, sondern auch die Hörfunkübertragung über
das Internet, verschmelzen die Informationsdienste mit den elektronischen Medien. Noch mangelt es an einer ausreichenden Bandbreite und
Kapazität nichtmobiler Ortsnetze, was als Hindernis für die grenzenlose
Verbreitung des Internets und anderer Online-Dienste gilt. Konvergie-

rende Plattformen für die Informations- und Medienangebote werden nicht nur mit wirtschaftlichen Effizienzvorteilen, sondern auch damit begründet, daß sie kunden- und verbraucherfreundlicher seien.

Auf der Hand liegt, daß mit einer solchen Konzentration von Wirtschaftsmacht eine Fülle von Problemen verbunden ist: solche der Preisbildung, der Verfügbarkeit von Übertragungsinhalten, des diskriminierungsfreien Netzzugangs und der Wettbewerbsgleichheit. Hinter allem steht die Frage, ob die Netzintegration »horizontal« oder »vertikal« erfolgt – also ob die verschiedenen konvergierenden Netzbetreiber eine einander ebenbürtige wirtschaftliche Rolle innehaben oder ob ein Netzbetreiber dominiert. Offiziell sprechen sich die Entscheidungsträger natürlich für die horizontale Integration aus. Doch alles spricht dafür, daß sich eine vertikale Dominanz – sprich Oligopol- oder Monopolstellung – herauskristallisieren wird, spätestens seit die Stromwirtschaft den Einstieg in die Telekommunikation zu ihrem strategischen Hauptziel erklärt hat und ihn zügig realisiert. In dem oben bereits erwähnten Bericht der EU-Kommission, der die Konsultation mit Hunderten daran beteiligten politischen Institutionen, Unternehmen und Organisationen über den politischen Regulierungsbedarf zusammenfaßt, heißt es:

»Nach Meinung mehrerer Teilnehmer sollten die Wettbewerbsvorschriften bei diskriminierendem Verhalten der derzeitigen Netzbetreiber angewendet werden. Befürchtet werden eine Diskriminierung, unzulässige Quersubventionierungen und eine Verknüpfung von Zugang und Diensten. Nach Auffassung vieler Netzbetreiber müssen bei Anwendung des Wettbewerbsrechts die hohen Investitionen berücksichtigt werden, die notwendig sind, um digitale Kommunikationsnetze und Fernsehplattformen zu errichten, aber auch die große Unsicherheit hinsichtlich der Nachfrage nach diesen Diensten.«[54]

Letzteres ist die unverblümte Aufforderung an die politischen Institutionen, den Großinvestoren freie Hand zu lassen. Und genauso geschieht es, zumindest im Fall des Engagements der Stromwirtschaft in der Telekommunikation. All deren milliardenschwere Investitionen in diesem Bereich sind, wie jedermann weiß, aus dem Stromgeschäft quersubventioniert. Sie widersprechen damit allen Wettbewerbsregeln, die für den Telekommunikationssektor eingeführt worden sind. Aber die neuen Marktgesetze in der Stromwirtschaft werden von den politischen Institutionen bei weitem nicht mit der Strenge durchzusetzen versucht, wie das gegenüber den ehemaligen Staatsunternehmen der Telekommu-

nikation geschieht: Während z.B. im deutschen Telekommunikationsgesetz von Anfang an eine Regulierungsbehörde gegen wettbewerbswidriges Verhalten eingebaut wurde, um den diskriminierungsfreien
Netzzugang zu sichern, zog man im neuen Energiewirtschaftsgesetz für
die Frage des Netzzugangs eine freiwillige »Verbändevereinbarung« der
Industrie mit der Stromwirtschaft vor. Diese versucht gleichzeitig, sich
jene kommunalen und regionalen Stromnetze einzuverleiben, die bisher
noch nicht unter ihrer Kontrolle stehen, zielt also auf eine von der
Stromwirtschaft beherrschte Netzkonvergenz. Die Wahrscheinlichkeit
ist groß, daß die Stromherren den Kampf um die konvergenten Netze
gewinnen.

Wird diese Entwicklung politisch nicht gebremst, so läßt sich voraussehen, was auf uns zukommt: Auf die Privatisierung und den Ausbau
der Netzmacht folgt deren Internationalisierung – mit der Folge, daß
sich die Stromkonzerne politischer Kontrolle und der Forderung nach
marktwirtschaftlicher Transparenz immer weiter entziehen und den
Großkraftwerksbestand im transnationalen Stromverbund privilegieren können. Mit Rückendeckung des kartellisierten fossilen Ressourcenverbunds können die Stromkonzerne die Macht über die konvergenten
Netze übernehmen und mit diesen Netzen die Kontrolle über den elektronischen Geschäftsverkehr und über die Medien, insbesondere über
das Fernsehen; mit der Kontrolle über das Fernsehen erobern sie die
kulturelle und politische Informations- und Meinungsmacht. Auf diese
Weise kann ein in der Wirtschafts- und Politikgeschichte einmaliges privatwirtschaftliches Superkartell entstehen, das die Marktwirtschaft
ebenso aushebeln kann wie die Regelfunktion politischer Institutionen.
So entlarvt sich das verlogene Diktum der Konzerne vom »Primat der
Politik«.

Nicht überraschend wäre in näherer Zukunft die Nachricht, daß
Medienimperien wie jene von Murdoch, Berlusconi oder Kirch von
einem Stromkonzern übernommen worden sind. Wer kann die von
Stromkonzernen beherrschten Telekommunikationsunternehmen noch
daran hindern, die informationstechnologischen Dienstleistungen für
alle mit der Stromwirtschaft verbundenen Unternehmen zu übernehmen,
men, indem sie inoffiziell Paket-Dienstleistungen für Information und
Strom anbieten? Wer kann noch nachprüfen, wie oft bei Verträgen über
Kommunikationsdienstleistungen günstige Netzgebühren, Vorzugsangebote und gezielte Dumpingangebote im Spiel waren? Wer will dies

international kontrollieren, wenn schon die nationale Kontrolle versagt, ja sogar nicht einmal richtig versucht wird? Ein öffentliches Bewußtsein für dieses Problem gibt es bisher nicht; statt dessen wird das Engagement der Stromwirtschaft beifällig aufgenommen.

Die fossilen Stromkonzerne sind nicht nur eine eklatante Gefahr für die natürliche Ökologie. Sie werden auf der Grundlage ihrer Strommacht und ihres Einflusses auf die Ressourcenwirtschaft – gestützt von den Großbanken – auch zum mächtigsten Faktor der Gesamtwirtschaft und haben die besten Karten zur Errichtung eines allumfassenden Versorgungs- und Medienimperiums in der Hand. Sie sind eng verflochten mit der fossilen Ressourcenwirtschaft und mit dieser automatisch auch mit der Chemiewirtschaft, die nicht nur als Dünge- und Pflanzenschutzmittellieferant die Landwirtschaft von sich abhängig gemacht hat, sondern diese Abhängigkeit durch die Biotechnologie und eine Patentierungsoffensive massiv verstärkt – und mit der Nahrungsmittelindustrie verknüpft ist. Sie sind verknüpft mit der Entsorgungswirtschaft auf dem Abfallsektor und sind gerade dabei, auch die Wasserversorgungsbetriebe der Städte in den Griff zu bekommen. Sie versuchen den Rollgriff auf die Informationsnetze und auf die Medien. Sie übernehmen systematisch alle einst öffentlichen Aufgaben der Grundversorgung, aber ohne jede öffentliche Verantwortung oder Kontrolle. Sie zerstören damit Umwelt, Demokratie und Marktwirtschaft.

Die großen Stromkonzerne werden auf diesem Wege zu einem historisch einzigartigen gesellschaftlichen Machtkartell, auch wenn sie dies nicht intendieren. Sie brauchen dazu nicht einmal einen strategischen Entwurf, sondern folgen lediglich – Zug um Zug – ihrer wirtschaftlichen Kettenlogik. Sie verhalten sich so »normal« wie andere Unternehmen auch, nur daß ihre Möglichkeiten und die sich daraus ergebenden Konsequenzen allumfassend und erdrückend werden. Das beispiellose Versagen der öffentlichen Institutionen besteht darin, daß sie dieser Entwicklung nicht nur nichts entgegensetzen, sondern sie auch noch forcieren.

2. Kapitel
Solare Ressourcennutzung:
Die neue politische und wirtschaftliche Freiheit

Nach den Berechnungen der Astrophysik wird das Sonnensystem noch etwa viereinhalb Milliarden Jahre bestehen, und mit diesem der Erdball und die anderen uns bekannten Planeten. Unvorstellbare Zeiträume sind es also, in denen die Sonne Menschen, Tieren und Pflanzen ihre Energie spenden wird. Und das in derart verschwenderischer Weise, daß sie die üppigsten Energiebedürfnisse sogar einer sich noch drastisch vermehrenden Menschen-, Tier- und Pflanzenwelt befriedigen könnte: Jährlich liefert die Sonne 15.000 mal mehr Energie, als die Weltbevölkerung kommerziell verbraucht, wobei die in den Oberflächen des Erdbodens, in den Wassermassen und in den Pflanzen kurz- oder mittelfristig natürlich gespeicherte Sonnenenergie noch nicht mitgerechnet ist. Es ist daher völlig grotesk, wenn immer noch – und sogar mit wissenschaftlichem Anspruch – behauptet wird, der Energiebedarf der Menschheit könne nicht allein mit Hilfe der Sonne gedeckt werden. Nach wie vor wagen nur wenige die Aussage, daß die Befriedigung aller Energiebedürfnisse durch erneuerbare Energien möglich ist, wie es die in der »Sonnenstrategie« vorgestellten Szenarien beschrieben haben.[55] Viele befürchten, als unwissenschaftlich oder als Phantasten verlacht zu werden, wenn sie von der greifbaren Möglichkeit eines vollständigen Verzichts auf das konventionelle Energiesystem sprechen.

Gegenüber der Sonnenenergie herrscht selbst in unserem hochtechnologischen Zeitalter ein vortechnologisches Bewußtsein vor. Während der Technik ansonsten alles zugetraut wird, bleibt die vergleichsweise unkomplizierte bedarfsgerechte Nutzung der Sonnenenergie immer noch den allermeisten unvorstellbar. Techniker mit hypertrophen Anwandlungen planen selbst die Substitution des Naturkreislaufs bis hin zur unbegrenzten technischen Beeinflussung hochkomplexer evolutionärer Prozesse. Gleichzeitig fehlt ihnen – trotz aller bekannten Gefahren des konventionellen Energieverbrauchs – jede Neugier zu ergründen, wie man den vollständigen Ersatz der fossilen Energien und

Atomkraftwerke bewerkstelligen kann. Dabei ist die technische Machbarkeit der Solartechnologie vielfach belegt. Das Argument, daß für die Herstellung dieser Technologien mehr Energieaufwand erforderlich wäre, als sie dann durch Umwandlung erzeugten, stimmte nie und ist vielfach widerlegt.

Jeder kennt inzwischen zumindest aus den Medien zahllose funktionsfähige und längst im Einsatz befindliche Technologien, mit denen erneuerbare Energien umgewandelt werden können: Photovoltaikanlagen, Windkraftanlagen, Wasser- und Wellenkraftanlagen, Gezeitenkraftwerke und Biomasse-Umwandlungsanlagen für den Strombedarf; Solarkollektoren und -speicher, Wärmepumpensysteme, Biomasseverfeuerungen für den direkten Wärmebedarf; Motoren, in denen flüssige, verflüssigte oder gasifizierte Biomasse – oder Wasserstoff, produziert mit Hilfe von Strom aus erneuerbaren Energien – als Treibstoff oder für den industriellen Bedarf an Prozeßenergie eingesetzt werden kann. Längst hat die Weltbank in ihren offiziellen Publikationen die immense technologische Bandbreite aufgezeigt; längst läßt sich ein umfassendes Zukunftsbild mit erneuerbaren Energien zeichnen.[56] Verbesserte und neue Umwandlungstechnologien werden hinzukommen. Schon anhand des gegebenen technologischen Potentials kann sich jeder ausrechnen, in welchem Ausmaß solare Technologien – jeweils angepaßt an die geographischen Bedingungen – mobilisiert werden müßten, um den gesamten Energiebedarf der Menschheit befriedigen zu können.

Lediglich drei Grunddaten muß man dazu kennen:

– den aktuellen Energiegesamtbedarf;
– die Energiewandlerkapazität der einzelnen solaren Technologien und ihren jeweiligen Flächen- bzw. Platzbedarf;
– die Sonneneinstrahlung, die aus den mittlerweile für nahezu alle Weltregionen erstellten Atlanten ersichtlich ist, oder die Windverhältnisse, die natürlichen Fließwasserkraftpotentiale und die aktuell verfügbaren und die zusätzlich (re-)kultivierbaren Anbauflächen und Waldgebiete sowie die Bandbreite und das jeweilige Ertragspotential der Pflanzenwelt.

Fragen der Realisierbarkeit betreffen dann nur noch die technischen und organisatorischen Probleme der jeweiligen kombinierten Nutzung der verschiedenen Träger erneuerbarer Energien, bezogen auf den konkreten Bedarf in einer Region oder Volkswirtschaft, die Leistungsfähigkeit sowie die jeweiligen Einführungskosten der verschiedenen Umwandlungstechniken.

In Deutschland liegt zum Beispiel die durchschnittliche Sonneneinstrahlung pro Quadratmeter und Jahr bei 1100 Kilowattstunden. Der Gesamtbedarf an Strom liegt bei etwa 500 Mrd. Kilowattstunden. Die durchschnittliche Jahresleistung von Photovoltaik (nicht zu verwechseln mit dem höchsten erzielbaren Wirkungsgrad unter optimalen Einsatzbedingungen und -zeiten) liegt gegenwärtig bei 10 % der Sonneneinstrahlung, also etwa 100 Kilowattstunden pro Quadratmeter. Daraus ergibt sich, daß für eine Stromerzeugung von 500 Mrd. Kilowattstunden allein mit Photovoltaikanlagen eine Modulfläche von 5000 Quadratkilometern nötig wäre. Sinnvollerweise würden die entsprechenden Anlagen auf bzw. an bestehenden Gebäudeflächen installiert. In Deutschland hieße das, daß weniger als 10 % der überbauten Fläche auf Dächern, an Hauswänden und Autobahnrändern mit Photovoltaik auszustatten wären. Diese Rechnung berücksichtigt nur das Verhältnis von Produktionsfläche und -menge bei einer rein photovoltaischen Stromerzeugung. Sie ist kein Votum dafür, die gesamte Stromnachfrage allein auf diese Weise zu befriedigen. In ähnlicher Weise läßt sich berechnen, wie der Gesamtbedarf an Strom durch Windenergie zu decken wäre: Eine Windkraftanlage mit einer Kapazität von 1,5 MW – inzwischen industrieller Standard – produziert in Gebieten mit mittlerer Windgeschwindigkeit etwa drei Mio. Kilowattstunden im Jahr. Also müßten zur Erzeugung von 500 Mrd. Kilowattstunden in Gegenden mit vergleichbaren Windverhältnissen 166.666 Windkraftanlagen dieser Größenklasse installiert werden. Doch natürlich kommt kein Kenner erneuerbarer Energien auf die Idee, die gesamte Stromerzeugung allein mit Windkraftanlagen oder Photovoltaik zu realisieren. Der konstruktive Umgang mit erneuerbaren Energien liegt in einer Mischung ihrer verschiedenen Stromerzeugungsmöglichkeiten – in einer Kombination nicht nur von Photovoltaik- und Windkraftanlagen, sondern darüber hinaus auch mit den anderen Quellen, die in geographisch jeweils unterschiedlicher Zusammensetzung von der Natur angeboten werden.

Mit derselben Methode des schlichten Hochrechnens der Einführungsraten erprobter Wandler- und Nutzertechniken läßt sich auch das Potential der erneuerbaren Energien bei Heizung und Kühlung berechnen: Wie hoch ist der jeweilige Energiebedarf, und wie viele

Solarkollektoren oder Biomasse-Feuerungsanlagen müßten zu dessen Deckung je nach Klima installiert werden?

Selbst in sonnenärmeren Regionen wie Mittel- und Nordeuropa gibt es bereits Gebäude, die – sinnvollerweise in Verbindung mit optimaler Wärmedämmung und Wärmeaustauschsystemen – allein mit Sonnenwärme beheizt werden. Deshalb ist kein rationaler Grund ersichtlich, warum dies nicht potentiell für alle Gebäude möglich sein soll – und der Heizbedarf macht den größten Teil des Energieverbrauchs aus. Für den Treibstoffbedarf hängt die Berechnung möglicher Potentiale jeweils davon ab, welche erneuerbare Energiequelle in welcher Region mit welcher Motorentechnik genutzt bzw. eingesetzt werden kann: Pflanzenöl; mit Hilfe von Strom aus erneuerbaren Energien hergestellter Wasserstoff; aus Pflanzen gewonnener Alkohol, Wasserstoff oder Gas. Die verfügbare Energiemenge ergibt sich aus der unterschiedlichen Fruchtbarkeit der Böden, dem stark differierenden Energiegehalt der verschiedenen Pflanzen, ihrer jeweiligen Wachstumsgeschwindigkeit; daraus, ob die gesamte Pflanze oder nur ein Teil davon energetisch genutzt wird – und wie effizient die Anlage arbeitet.

Die Fläche weltweit landwirtschaftlich genutzter Böden liegt gegenwärtig bei etwa 10 Mio. Quadratkilometern. Etwa 40 Mio. qkm sind mit Wald bedeckt; die weitgehend ungenutzten Wüsten- bzw. Halbwüstengebiete (*arid* und *semi-arid*) umfassen 49 Mio. qkm. Die gesamte photosynthetische Jahresproduktion – also aller Pflanzenwuchs, ob natürlich oder zur Holz- und Nahrungsmittelproduktion – beträgt gegenwärtig etwa 220 Mrd. Tonnen Trockenmasse[57], was nicht verwechselt werden darf mit der Gesamtmasse. Dem steht eine Jahresenergieförderung von etwa 3,5 Mrd. Tonnen Erdöl, 2 Mrd. t ROE Erdgas und 2,4 Mrd. t ROE Kohle gegenüber, also insgesamt knapp 8 Mrd. t ROE fossiler Ressourcen, die für den Bedarf an Strom, Treibstoffen, an Heizenergie sowie als Grundstoffe für die chemische Industrie nachgefragt werden – und die bei Treibstoffen nahezu den Gesamtbedarf und bei chemischen Grundstoffen den weit überwiegenden Bedarf decken.

Bei schnellwachsenden Hölzern sind 15 t Trockenmasse pro Hektar unter durchschnittlich günstigen Boden- und Wasserbedingungen erreichbar, bei Stroh aus Getreide 12–18 t, bei Chinaschilf über 30 t, bei Hanf 10–12 t, bei Eukalyptus 35–40 t, jeweils pro Hektar.[58] Bei einem durchschnittlichen Ertrag von etwa 15 t Trockenmasse pro Hektar ergibt sich, daß zur Ablösung des weltweiten fossilen Energiebedarfs aus Erdöl,

Erdgas und Kohle eine Anbau- bzw. Waldfläche von weniger als 12 Mio. Quadratkilometern nötig wäre – vorausgesetzt, die gesamte fossile Energie würde allein durch Biomasse ersetzt und diese ausschließlich zur Direktverbrennung angebaut, ohne die sogenannten Reststoffe aus dem Nahrungsmittelanbau oder das Biogaspotential aus organischen Abfällen zu verwerten. Aber das Biomassepotential ist gezielt erweiterbar: durch Aufforstung, Anbau schnellwachsender und besonders ertragreicher Pflanzen, durch Nutzung der Ganzpflanze als Energie- und Rohstoffquelle. Der notwendige Flächenbedarf für die Nahrungsmittelproduktion muß dadurch nicht beeinträchtigt werden. Außerdem träte die Biomasseproduktion unter anderem deshalb nicht in Konkurrenz zur Nahrungsmittelproduktion, weil mit den weniger anspruchsvollen Pflanzen große Teile der ariden Gebiete kultiviert werden können. Das Aufforstungspotential ist erheblich: So ist allein für die elf größten von 117 tropischen Ländern errechnet worden, daß sie ihr Waldpotential um 5,5 Mio. qkm ausdehnen könnten.[59] Da es wiederum unsinnig wäre, *alle* bestehenden Energiebedürfnisse durch Biomasse zu befriedigen, gibt es auch hier ein Übermaß an erschließbaren solaren Ressourcen.

All diese Berechnungen belegen, daß es bei den erneuerbaren Energien nicht die behaupteten Grenzen eines zu geringen Potentials gibt. Die Probleme liegen dagegen ausschließlich in der bisher fehlenden Aufmerksamkeit dafür und der mangelhaften Einführung solarer Umwandlungstechnologien. Dabei haben die hier angedeuteten Substitutionsrechnungen ohnehin nur einen illustrierenden Stellenwert, weil sie diejenigen Sektoren des Energieverbrauchs, die sich mit der fossilen Energiewirtschaft herausgebildet haben, jeweils isoliert betrachten. An späterer Stelle dieses Buchs wird gezeigt, daß sich mit erneuerbaren Energien ganz neue integrierte Nutzungsstrukturen mit viel höherer Effizienz herausbilden werden, die die gegenwärtige Aufteilung in die verschiedenen Energiesektoren großenteils obsolet machen.

Die Ketten solarer Ressourcennutzung

Den Energiebedarf aus erneuerbaren Energien zu befriedigen, ist überall möglich. Das natürliche Angebot der *Quellen* erneuerbarer Energien ist allerdings von Region zu Region, von Land zu Land und von Kontinent zu Kontinent verschieden. Die Intensität der Sonneneinstrahlung und des Winds; die Existenz oder das Fehlen natürlicher Wasserkraft; das Waldpotential zur Biomassenutzung bzw. die Bodenqualität oder Regenmenge zum Biomasseanbau beeinflussen die Entscheidung, in welcher Kombination sie in den verschiedenen Ländern eingesetzt werden können. Daraus folgt, daß verschiedene Energiebedürfnisse in unterschiedlichen Regionen auch unterschiedlich befriedigt werden. Diese strukturelle Vielfalt macht es Energiepolitikern, die seit Jahrzehnten an die Strukturen fossilen Energieverbrauchs gewöhnt sind, so schwer, sich in das Potential erneuerbarer Energien hineinzudenken: Wer dessen wirtschaftliche und technische, kulturelle und politische Chancen erkennen will, der kann und darf nicht mehr lediglich einzelne Energieleistungen miteinander vergleichen. Er darf sich auch nicht darauf beschränken, die extrem unterschiedlichen Umweltbelastungen lediglich *nach* einer Energieumwandlung zu betrachten. Ebenso wesentlich ist, was *vor* dieser Umwandlung abläuft. Jeder isolierte kalkulatorische Kostenvergleich mit den fossilen Energieträgern versperrt den Blick auf die Bandbreite der Nutzungsmöglichkeiten erneuerbarer Energien. Entscheidend ist der Vergleich der jeweiligen gesamten Energieketten.

Dieser muß die konstanten und die variablen Faktoren einbeziehen. Der konstante Faktor ist jeweils die Quelle, wobei die Quellen bei den erneuerbaren Energien nicht nur wesentlich vielfältiger sind, sondern vor allem global breit gestreut. Die variablen Faktoren ergeben sich – in den Grenzen der jeweiligen Quellenangebote – aus dem unterschiedlichen und laufend verbesserbaren technischen und damit wirtschaftlichen Aufwand, mit dem Energie gewonnen werden kann. Weil erneuerbare Energien aber überall von der jeweiligen natürlichen Umgebung angeboten werden, besteht die seit der Durchsetzung der industriellen Revolution zunehmend übersehene und deshalb heute ungeahnte Möglichkeit, sie an derselben Stelle – zumindest aber in derselben Region – zu ernten bzw. einzufangen und anschließend direkt zu nutzen oder umzuwandeln, wo sie auch gebraucht wird. Daraus ergibt sich, daß für die Deckung des Bedarfs durch erneuerbare Energien eine wesentlich kürzere Energiekette – oder auch gar keine – erforderlich ist. Dadurch kann, wiederum mit moderner Technik, eine regionale bzw. lokale Selbstversorgung an die Stelle globaler Abhängigkeit von fossilen Energiequellen treten – eine Chance zu neuen politischen, wirtschaftlichen und kulturellen Freiheiten.

Die Spielräume erweitern sich noch durch die Möglichkeiten der

Tabelle 2: Solares Ressourcenpotential und räumliche Verfügbarkeit

	Prinzipielle Unerschöpfbarkeit?	Ungefährdete Quellenlage?	Räumlich unbegrenzt einsetzbar?
Photovoltaische Stromerzeugung	ja	ja	**ja,** mit unterschiedlicher Ausbeute
Solarthermische Stromerzeugung	ja	ja	**nein,** abhängig von Art der Sonneneinstrahlung
Windkraft	ja	ja	**nein,** abhängig von Windverhältnissen
Wasserkraft	ja	ja	**nein,** abhängig von Wasserläufen und erfolgreichem Klima- und Waldschutz
Wellenkraft	ja	ja	**nein,** abhängig von Küstenlagen
Geothermie	nein	ja	**nein,** abhängig vom unterirdischen Potential
Luft- und Erdoberflächenwärme	ja	ja	**ja,** mit Wirkungsgradunterschieden
Wasseroberflächenwärme	ja	**ja,** allerdings abhängig vom globalen Klimaschutz	**nein,** abhängig von geographischen Bedingungen
direkte Sonnenwärme	ja	ja	**ja,** mit Wirkungsgradunterschieden
Luft-, Erd- und Wasserwärme	ja	ja	**ja,** mit Wirkungsgradunterschieden und abhängig von Stromverfügbarkeit
Biomasse für Energie und Rohstoffe	ja	**ja,** bei nachhaltigen Anbaumethoden	**nein,** abhängig von Anbaubedingungen und Landverfügbarkeit

Quelle: Hermann Scheer, Solare Weltwirtschaft

Substituierung fossiler durch solare Rohstoffe. Diese ermöglichen die Kultivierung einer eigenen Rohstoffbasis in Gegenden, in denen die dafür jeweils erforderlichen Anbau- und Klimabedingungen vorhanden sind. Zumindest verbreitert dies die Rohstoffbasis auf wesentlich mehr Länder; umfassende Verschiebungen industrieller Standorte können die

Folge sein sowie Veränderungen der Welthandelsströme und eine neue und differenziertere Arbeitsteilung in der Weltwirtschaft. Das gesamte solare Ressourcenpotential ist in Tabelle 2 aufgeführt, einschließlich seiner jeweiligen räumlichen Verfügbarkeiten.

Zwar ist das Potential direkt nutzbarer Sonnenwärme, von Sonnenlicht, Wind- und Wasserkraft nicht in jeder Weltregion in gleicher Weise verfügbar. Man kann aber sagen: Was man hat, das hat man. Grenzenlos im Rahmen der jeweils anfallenden Sonneneinstrahlung ist nur die direkte Nutzung des Sonnenlichts und der Sonnenwärme. Photovoltaische Stromerzeugung und solare Wärmenutzung bieten damit die umfassendsten Möglichkeiten. Ihre Energieketten sind zudem extrem kurz, was ihre technische Verfügbarkeit erhöht. Die anderen erneuerbaren Energien wie Wind oder Wasserkraft stehen nur räumlich begrenzt zur Verfügung; die Nutzung der Biomasse ist eingeschränkt durch das verfügbare Potential an kultivierbaren Böden und kultivierbaren Pflanzen, zumal natürlich auch der Nahrungsmittelbedarf von Mensch und Tierwelt in die Betrachtung einbezogen werden muß. Bei der Biomasse – sei es für den Bedarf an Nahrungsenergie, an anderer Energie oder an Rohstoffen – kann außerdem nur dann von Unerschöpflichkeit gesprochen werden, wenn die dafür genutzten Böden nicht durch falsche Anbaumethoden degradiert und Wälder einfach abgeschlagen werden, statt sie zu bewirtschaften und kontinuierlich nachzuforsten. Mit extensiven Anbaumethoden erschöpft sich auch ein im Prinzip unerschöpfliches Potential.

Nur im Fall der Biomasseketten ist eine größere Zahl von Kettengliedern nötig, weil hier die Primärenergie erst angebaut und geerntet werden muß. Wo diese Primärenergie von der Natur direkt am Umwandlungs- und Nutzungsort geliefert wird, sind jedoch auch hier nur wenige Kettenglieder nötig. Besonders relevant wird der Vorteil kurzer Ketten für die Stromerzeugung aus erneuerbaren Energien. Die Kette des »Grünen Stroms« beginnt außer bei der Biomassenutzung erst mit der Stromproduktion selbst. Die kurzen Ketten solarer Ressourcen haben einen doppelten ökologischen Vorteil: Neben schadlosen oder die Umwelt nur geringfügig belastenden Umwandlungsverlusten ist auch der Transportaufwand geringer. Wirtschaftlich bedeuten sie das Einsparen von Infrastrukturaufwendungen und die Mobilisierung »heimischer« wirtschaftlicher Potentiale.

Biomasseketten

Das erste Glied der Biomassekette ist die forstwirtschaftliche Waldpflege bzw. der Anbau von Pflanzen zur Energie- und Rohstoffgewinnung. Das zweite Glied ist die Ernte der Biomasse in Verbindung mit der Verkleinerung, z. B. Häckselung. Je nach Beschaffenheit wird die pflanzliche Masse dann in einer gesonderten Anlage für die Verbrennung vorbereitet, z. B. zu Pellets verarbeitet oder in Hochtemperaturanlagen gasifiziert; teilweise wird sie direkt zu einem Kraftwerk transportiert. Daraus ergeben sich ein bzw. zwei weitere Kettenglieder. Bei adäquater Biomassenutzung findet der Transport im Nahbereich statt, weil wegen des geringeren Energiegehalts der Tonne Biomasse im Verhältnis zur Tonne fossiler Energie der Transportaufwand zu hoch wäre. Dies motiviert dazu, die Biomasse möglichst in der Nähe der Erntegebiete energetisch umzuwandeln oder auch industriell aufzubereiten. Dafür gibt es einen weiteren, noch zwingenderen Grund: die Notwendigkeit der Rückführung von Nährstoffen auf die Anbaufelder und in die Waldgebiete. Da die in den Pflanzen enthaltenen Nährstoffe durch die Verbrennung nicht verlorengehen, ist es wirtschaftlich und ökologisch geboten, die Aschen wieder am Ernteort auszustreuen. Ohne Rückführung würde das Wachstumpotential der Biomasse zu sehr beeinträchtigt; anderenfalls würde die energetische Nutzung wegen der Notwendigkeit, Kunstdünger hinzuzufügen, unmittelbar weniger wirtschaftlich. Die Rückführung der Nährstoffe ist damit ein viertes bzw. fünftes Kettenglied. Anschließend wird die gasifizierte Biomasse an ihre Bestimmungsorte transportiert, um in Kraftwerken als industrielle Prozeßenergie oder in Motoren eingesetzt zu werden, woraus sich wiederum zwei weitere Kettenglieder ergeben. Dieser Transport kann dann auch weiträumig sein. Insgesamt ergeben sich sechs bzw. sieben Kettenglieder, und noch weitere für den zuvor schon geschilderten Stromtransport. Bei der Biomasse gibt es also kaum weniger Kettenglieder als bei fossilen Energien.

Beim Pflanzenöl als Energiequelle bestehen die Kettenglieder aus dem Anbau der Ölsaaten, der Ernte, dem Nahtransport zu Ölpressen, der Ölpressung und dem anschließenden Transport hin zum Einsatz in Kraftwerken oder Motoren. Inklusive Hin- und Rücktransport besteht die Pflanzenölkette aus sechs Kettengliedern. Bei Biogas ist die Kette kürzer: Einsammeln und Einbringen organischer Abfälle in Vergärungskammern; die Gasentnahme und der Transport des Biogases; Umwandlung in Generatoren und Motoren – also vier Kettenglieder. Wird diese

Kette verlängert durch die Nutzung der vergärten Biomasse als Dünge-
oder Pflanzenschutzmittel, entstehen daraus zwar zusätzliche Ketten-
kosten, aber auch ökologische und wirtschaftliche Vorteile, da die Bio-
gaskette im lokalen Rahmen funktioniert. Wie viele Kettenglieder es bei
der energetischen Biomassenutzung gibt, ist also je nach ihrer Nutzung
und Verwertung unterschiedlich. Deshalb sind die genannten Beispiele
nicht erschöpfend. Es gibt große Gestaltungsspielräume, die sowohl im
sechsten wie im siebten Kapitel anhand hochtechnologischer Varianten
der Biomassenutzung für energetische Zwecke und der immensen Fülle
von Möglichkeiten dargestellt werden, die fossilen Rohstoffe durch
Pflanzen zu ersetzen.

Gerade für letzteres ist es kaum möglich, die Zahl der dafür notwendigen Kettenglieder prototypisch zu beschreiben, weil die Stoffe und
ihre Verwendung im einzelnen zu unterschiedlich sind. Es können sehr
kurze Ketten mit vielen Gliedern sein, etwa beim Einsatz von regional
erzeugtem Holz als Baumaterial – und längere, etwa im internationalen
Holzhandel und bei der Produktion von Schmierfetten aus Pflanzenöl
oder der von Plastik aus pflanzlichen Rohstoffen. Man kann vereinfacht
sagen: Die Ketten sind besonders kurz, wenn das nachgefragte Pflanzen-
gut in der regionalen Umgebung des rohstoffverarbeitenden Industrie-
betriebs unter günstigen Bedingungen angebaut werden kann. Sie
werden demgegenüber zwangsläufig länger, wenn ein spezifisches Pflanzenmaterial gefragt ist, das nur in bestimmten Regionen wächst oder
nur dort in den geforderten Mengen kostengünstig angebaut werden
kann.

Doch grundsätzlich gilt: Fossile und metallische Rohstoffe müssen
die meisten Volkswirtschaften, weil sie keine eigenen Vorkommen haben, stets importieren. Viele solare Rohstoffe hingegen können sie selbst
anbauen, wie zahlreiche Beispiele von Nahrungsmitteln zeigen, die zunächst in einer Region beheimatet waren, aber heute nahezu überall
produziert werden: Kartoffeln und Mais etwa stammen aus Amerika,
inzwischen wachsen beide Pflanzen in jeder Weltregion. Ähnliches gilt
für Reis und Bananen, die ursprünglich aus Indochina kamen, ebenso
wie Bohnen aus den Anden oder Weizen aus Zentralasien. Pflanzenspezies sind natürlich nicht generell in andere Länder und Kontinente übertragbar; zu unterschiedlich sind die klimatischen Anbaubedingungen.
Aber die Möglichkeit besteht doch für eine relativ große Zahl von Arten,
vor allem, wenn Sonneneinstrahlung, Regenmenge und Bodenqualitä-

ten einander ähneln. Ohnehin bietet jede Region meist schon eine spezifische Vielfalt an verwertbaren Anbaupflanzen.

Unter den erneuerbaren Energien ist die Biomasse jedoch die einzige, die auf einen Lieferanten für die Primärenergie angewiesen ist. Deshalb sind hier, trotz der wirtschaftlichen Vorteile einer ernteflächennahen Umwandlung und Verarbeitung, durchaus globale unternehmerische Konzentrationsprozesse und damit verbundene Abhängigkeiten vorstellbar, wie wir sie von der fossilen Ressourcenförderung kennen. Um sich Anbaugebiete auch für die Nutzung der Biomasse als Rohstoff und Energielieferant zu sichern, kaufen multinationale Konzerne tatsächlich bereits große Land- und Waldflächen auf. Sie folgen dabei dem in dieser Hinsicht negativen Beispiel Brasiliens, wo der Bioalkohol für mehrere Millionen Fahrzeuge aus Zuckerrüben gewonnen wird, die in riesigen Plantagen angebaut werden. Um die Gefahren abzuschätzen, genügt es einen Blick auf die Nahrungsmittelindustrie zu werfen. Dort hat sich trotz der wegen der Bodenabhängigkeit zwangsläufig breitgefächerten dezentralen Erzeugung ein seit langem voranschreitender und stark internationalisierter Konzentrationsprozeß herausgebildet.

Das zentrale Monopolisierungsinstrument sind dabei direkte Produktions- und Lieferverträge mit den landwirtschaftlichen Betrieben. Den Erzeugern immer niedrigere Preise abzupressen war das erste Stadium des Monopolisierungsprozesses. Es folgte die »vertikale Integration«: Die Nahrungsmittelkonzerne gingen dazu über, die landwirtschaftliche Produktion unmittelbar zu kontrollieren – also darüber zu bestimmen, welche industriell optimal verwertbaren Früchte die Landwirte noch anbauen sollten. Dieses zweite Stadium der Monopolisierung ist eine logische Folge des ersten, nachdem die früher relativ freien Erzeuger zur Betriebsaufgabe oder in die Abhängigkeit gezwungen wurden. Das dritte Stadium ist die Monopolisierung des Saatguts von Pflanzen und des Samenguts von Tieren. Dieses Monopol soll nun durch die Patentierung von Genen weiter ausgebaut werden, insbesondere auf Druck der Chemiekonzerne, wie im siebten Kapitel näher dargestellt wird. All dies wird zusätzlich ermöglicht durch die Steuervergünstigungen im internationalen Agrarhandel und neuerdings durch die neue Welthandelsordnung, die Agrarprodukte prinzipiell mit Industrieprodukten gleichsetzt, worauf im neunten Kapitel näher eingegangen wird, und außerdem durch die direkte Subventionierung von Nahrungsmittelexporten durch die Industrieländer. Derartige Subventionen müssen allerdings laut WTO-Vertrag abgebaut werden, was der einzige positive Aspekt der WTO-Regelungen im Agrarsektor ist.

Ist es also nicht sehr wahrscheinlich, daß sich diese Strukturen auch bei der zunehmenden Verwendung von Biomasse als Energie- und Rohstoffquelle durchsetzen? Es wäre nicht das erste Mal, daß sich wider wirtschaftliche und ökologische Rationalität ein falscher Ansatz durchsetzt, weil große Wirtschaftskonzerne mit ihrem überragenden Einfluß auf Regierungen und Parlamente ihre Interessen durchdrücken. Die Landwirtschaft ist hierfür eines der prominentesten Beispiele. Ginge es allein um das Ziel der Ressourcensicherung für das nachfossile Zeitalter, den Schutz der Erdatmosphäre vor den Spurengasen aus fossiler Energiegewinnung und -umwandlung und um die Überwindung der existentiellen Abhängigkeiten energieimportierender von den wenigen Exportländern, wäre eine energetische Biomassenutzung auch unter der Kontrolle weniger Konzerne dem Einsatz fossiler Energien vorzuziehen. In beiden Fällen wären zwar die Verarbeitungs- und Vermarktungsstrukturen transnational konzentriert, aber es blieben die Vorteile der Biomasse gegenüber den fossilen Ressourcen. Mit einem beschleunigten Konzentrationsprozeß wären jedoch gleichwohl dramatische soziale Konsequenzen in den ländlichen Räumen verbunden, die bekannte Gefahr rücksichtsloser und extrem einseitiger Anbaumethoden und eine ökologisch ebenfalls problematische globale Umverteilung von Nährstoffpotentialen: Die riesigen Futtermitteltransporte von den USA nach Europa führen Mineralstoffe mit, zehren die dortigen Böden aus und überlasten die der Empfängerländer.

Der entscheidende Unterschied zwischen fossiler Energie und fossilen bzw. metallischen Rohstoffen einerseits und pflanzlichen Ressourcen andererseits ist jedoch ein anderer: Die Bildung globaler Ketten unter der Herrschaft transnationaler Konzerne ist bei ersteren zwangsläufig und unumkehrbar; *bei pflanzlichen Ressourcen sind dagegen globale Ketten und transnationale Unternehmenskonzentration keineswegs zwangsläufig und – sofern erfolgt – umkehrbar.* Es kommt entscheidend darauf an, *wer* die Nutzung pflanzlicher Ressourcen aufgreift und *wie* das geschieht; letztlich hängt es von den politisch gesetzten energie- und landwirtschaftlichen Rahmenbedingungen ab, ob es bei der Nutzung der Biomasse für Nahrungsmittel, Energie und als Rohstoff lange oder kurze Ketten, Konzentrations- oder Dezentralisierungsprozesse gibt. Mit anderen Worten: Ein Konzentrationsprozeß ist vermeidbar, besonders mit einer radikal veränderten Landwirtschaftspolitik und Energieversorgung. Konzentrations- und Monopolisierungsprozesse sind, solange die Böden kultivier- oder rekultivierbar sind, umkehrbar durch politisch erzwungene Landreformen oder regionale Marktordnungen.

Die Ketten großtechnischer Nutzung erneuerbarer Energien zur Stromerzeugung

Wo Energie konzentriert verfügbar ist, ist die Stromerzeugung mit Großturbinen betriebswirtschaftlich kostengünstiger als in kleiner dimensionierten Kraftwerken desselben Typs. Bei erneuerbaren Energien gilt das wegen der breiten Streuung ihres Angebots nur in vier Fällen: bei der Biomassenutzung, die auch in Kraftwerken bis zu 100 MW Kapazität möglich ist; bei konzentrierten Wassermengen – etwa hochkonzentrierten Fließwasserströmungen oder Meerengen, großen natürlichen Wasserfällen wie denen des Niagara; oder künstlich hergestellt durch Staudämme. Letzteres ist mit großen Eingriffen in regionale Naturkreisläufe verbunden und auch deshalb problematisch, weil Dämme brechen und ganze Regionen gefährden können. Die dritte Möglichkeit sind große Gezeitenkraftwerke, die an Meeresküsten den Unterschied zwischen Ebbe und Flut zur Stromerzeugung nutzen. Und die vierte ist der Einsatz großer solarthermischer Kraftwerke, um z. B. über Kollektoren die Sonnenwärme zu konzentrieren und damit Dampf zu erzeugen, der dann auf konventionelle Weise die Turbinen antreibt; oder in sogenannten Turmkraftwerken: Mit Hilfe einer breitflächig über den Erdboden gespannten Folienfläche und eines schornsteinähnlichen Turms wird ein Aufwind erzeugt, der durch den Turm geht und eine an dessen unterem Ende eingebaute Turbine zur Stromerzeugung antreibt. In all diesen Fällen beginnt die Stromerzeugungskette direkt am Kraftwerk. Wie der fossil/atomar erzeugte, so muß auch dieser Strom über Hoch-, Mittel- und Niederspannungsleitungen transportiert werden, bevor er als Licht- und Kraftquelle eingesetzt wird. Es ergeben sich also fünf Kettenglieder.

Die Kette direkter Stromerzeugung aus erneuerbaren Energien

Der Vorteil kurzer Ketten ist besonders ausgeprägt beim photovoltaischen Strom. Die Umwandlung von Sonnenlicht in elektrische Energie ist unter allen geographischen Bedingungen möglich, mit dem niedrigsten Verteilungsaufwand aller Stromerzeugungsmöglichkeiten überhaupt. Weil Strom zugleich der vielseitigste aller Sekundärenergieträger ist – geeignet für die Bereitstellung künstlichen Lichts, den Betrieb von Geräten, Maschinen und Motoren, für Wärmepumpen und Kühlanlagen ebenso wie für industrielle Prozesse – ist die Photovoltaik »die Primadonna« (Harry Lehmann)[60] aller Energieträger. Von ihrer potentiellen wirtschaftlichen Überlegenheit lenken gegenwärtig lediglich die (noch) relativ hohen Herstellungskosten der Photovoltaiktechniken ab.

Die Kette der Stromumwandlung beginnt hierbei erst mit dem installierten Modul, in dem Sonnenlicht direkt in Strom umgewandelt wird – ohne bewegliche Teile und damit praktisch ohne Verschleiß, vollkommen lautlos und ohne jede Emission. Natürlich muß zuvor das Modul hergestellt werden – wobei die Produktions- und Bereitstellungskette im wesentlichen aus der Produktion des dafür notwendigen Materials, gegenwärtig vor allem Silizium, der Zellenfertigung, der Modulfertigung, der Herstellung der Wechselrichter zur Umwandlung des produzierten Gleichstroms in Wechselstrom sowie der Installation bzw. dem Einbau der Module besteht. Doch die Produktionskette der Umwandlungstechnik wurde auch bei der Betrachtung der fossilen Ressourcenkette nicht gesondert thematisiert – weder für Kraftwerke noch für Raffinerien oder Transporttechniken. Handelt es sich beim Einsatz des Photovoltaik-Moduls um einen Inselbetrieb, also um ein für sich arbeitendes System zur Erzeugung von Strom am Ort seines Verbrauchs, ist damit der Bereitstellungsvorgang schon fast abgeschlossen, weil der Strom nur noch durch ein haus- oder geräteinternes Kabel geleitet werden muß, um Licht zu machen und Geräte zu betreiben: *Strom ohne Bereitstellungskette!* Die fundamentale Bedeutung dieses Vorgangs ist nur wenigen in ihrer Tragweite bewußt.

Selbst wenn photovoltaisch erzeugter Strom in den Netzverbund eingespeist und damit in eine Kette eingebunden wird, ist diese sehr kurz. Photovoltaischer Strom braucht für den Transport nur eine Niederspannungsleitung, weil er jeweils in verhältnismäßig kleinen Mengen, dafür aber an zahllosen Orten produziert wird und deshalb keine höhere Spannung erzeugt. Auch Strom aus Großkraftwerken erreicht den Endkunden letztlich wieder über Niederspannungsleitungen. Die bei fossilen Energien erforderlichen Umwege über den Aufbau höherer Spannungsebenen aber muß die Photovoltaik nicht gehen. Auch bei der Windkraft beginnt die Stromerzeugungskette mit der Windkraftanlage. Wird der Windstrom autonom genutzt, gibt es wie bei der Photovoltaik nur ein Element. Wird er ins Netz eingespeist, kommen – je nachdem, um welche Netzspannungsebene es sich dabei handelt – ein oder mehrere Kettenglieder hinzu.

Die Kette solaren Wasserstoffs

Eine bedeutende Möglichkeit zur Ausweitung des Spektrums erneuerbarer Energieträger ist die mit Strom aus erneuerbaren Energien erfolgende Erzeugung von Wasserstoff über die elektrolytische Trennung von Wasser in Wasserstoff und Sauerstoff. Nicht nur können auf diese Weise erneuerbare Energien gespeichert, sondern auch solarer Treibstoff, solare Prozeßenergie und ein solarer Grundstoff für die chemische Industrie gewonnen werden. Dieser Wasserstoffansatz wurde bisher überwiegend im großtechnischen Maßstab diskutiert: Mit dem Strom großer Sonnenkraftwerke in der Sahara oder riesiger Wasserkraftwerke in Kanada soll der Wasserstoff produziert und nach Europa transportiert werden. Wasserstoff aus dezentralen Anlagen der Stromerzeugung durch erneuerbare Energien oder aus der Biomassenutzung zu gewinnen, wird dagegen bisher kaum erwogen.

Dies muß aber schon deshalb in Betracht gezogen werden, weil die Kette der Wasserstoffbereitstellung sonst genauso lang wird wie bei fossiler oder atomarer Energieversorgung. Die Kette zentraler Wasserstofferzeugung beginnt mit der Produktion von Strom in großen Wasserkraftwerken bzw. solarthermischen Kraftwerken. Von dort muß dann der Strom in Hochspannungsleitungen zu einer großen Elektrolyseanlage geleitet werden. In dieser würde der Wasserstoff erzeugt und anschließend zu Flüssigwasserstoff umgewandelt, um ihn transportfähig zu machen. Der Flüssigwasserstoff müßte dann in der Nähe von Häfen in großen Behältern gespeichert werden. Darauf wird er eingeschifft und zum Zielhafen transportiert, wo er erneut gespeichert werden muß. Dann beginnt seine Weiterverteilung direkt zu Kraftwerken, Tankstellen und Haushalten, wo er erneut zwischengespeichert werden muß, bevor er eingesetzt wird: Einschließlich der Umwandlung in die Endenergie sind das elf Kettenglieder. Bei der Wasserstofferzeugung durch regionale Stromerzeugungsanlagen hingegen ist die Kette kürzer, weil Elektrolyse, Verflüssigung und Speicherung räumlich direkt verknüpft und sogar Stromerzeugung und Wasserstoffelektrolyse unmittelbar miteinander kombiniert werden können. Dadurch würde der Aufbau einer umfassenden Infrastruktur zum weiträumigen Transport von Wasserstoff unnötig.

Die wirtschaftliche Logik der solaren Ressourcenkette

Aus den Unterschieden zwischen fossilen und solaren Versorgungs- bzw. Nutzungsketten ergeben sich zwangsläufig ganz verschiedene Spielräume in der Verfügbarkeit und wirtschaftlichen Optimierung, einschließlich Ressourceneffizienz und Finanzierung. Neben den völlig unterschiedlichen Umweltfolgen bei der Nutzung fossiler oder solarer Ressourcen zeigen die Kettendifferenzen, wie abwegig es ist, die Bewertung der wirtschaftlichen Möglichkeiten von Energieträgern allein am Vergleich der Investitionskosten für Umwandlungsanlagen festzumachen. Solche abwegigen Bewertungen erklären die geistigen Barrieren gegenüber den erneuerbaren Ressourcenpotentialen.

In Abbildung 1 sind die solaren und die fossilen Energiebereitstellungsketten gegenübergestellt, aus denen sich ergibt:

1. Je kürzer die Kette ist bzw. je weniger Kettenglieder erforderlich sind, desto größer ist die Chance, die Kosten der Energiebereitstellung zu senken. Bei einer Verbesserung der solaren Umwandlungstechniken und breiten Einführung sind sie nicht nur die umweltschonendste Möglichkeit zur Befriedigung der Energiebedürfnisse, sondern auch die potentiell produktivste und damit wirtschaftlichste. Voraussetzung ist, daß die Vorteile nicht nur gesehen, sondern daraus entsprechende technische Konzepte und Nutzungssysteme entwickelt werden. Dies ist bisher nur unzulänglich geschehen, weshalb der potentiell größte wirtschaftliche Vorteil erneuerbarer Energien bisher nicht systematisch verfolgt wurde.

   Solange erneuerbare Energien integrales Element der herkömmlichen Energieversorgung sind, müssen ihre Betreiber und Nutzer die Kosten der fossilen Kette mitbezahlen und auf ihren potentiell entscheidenden wirtschaftlichen Vorteil freiwillig verzichten. Der isolierte Austausch einzelner Elemente der fossilen Energiestruktur durch Elemente erneuerbarer Energien lähmt diese strukturell in ihrer Entfaltung und verweist sie noch lange Zeit auf eine Statistenrolle in der Energieversorgung. Eine Versorgungsstruktur für erneuerbare Energien als Kopie der überkommenen Versorgungsstruktur zu konzipieren, ist der falsche Weg. Da z.B. mehr als die Hälfte der Kosten einer Stromversorgung für den Bau, den Unterhalt und den

Betrieb von Stromnetzen anfällt, liegt in der Einsparung dieser Faktoren *die* große Produktivitätschance von Strom aus erneuerbaren Energien.

Deren wirtschaftliche Chance liegt damit nicht bei Großkraftwerken mit weitgespannter Netzinfrastruktur. Dies spricht nicht gegen große solarthermische Kraftwerke, aber gegen den Versuch, damit eine interregionale oder gar internationale Stromversorgung aufzubauen. Einsatzziel solarthermischer Kraftwerke ist die Stromversorgung großer Städte in der Nähe der Kraftwerksstandorte: etwa von Kairo aus einem Kraftwerksstandort in der nahen Wüste.

2. Der Vorteil kurzer, teilweise sogar ganz wegfallender Energieketten wird damit auch zum Bewertungskriterium zwischen verschiedenen solartechnologischen Optionen. So hat Photovoltaik in zahlreichen ihrer kettenlosen Anwendungen potentiell ein wesentlich höheres Wirtschaftlichkeitspotential als großtechnische Anlagen zur Nutzung erneuerbarer Energien.

3. Ein entscheidender wirtschaftlicher Zukunftsvorteil der erneuerbaren Energien liegt in der *technisch und infrastrukturell relativ leicht zu realisierenden Stromerzeugung*. Weil Strom nahezu alle Energiebedürfnisse befriedigen kann, wird er zu Lasten anderer Energieformen in immer weiter steigendem Maße nachgefragt werden.

Innerhalb der konventionellen Energieversorgung ist die Bereitstellung von Treib- und Brennstoffen zur Direktverbrennung der relativ einfacher zu handhabende Weg, die Bereitstellung von Strom wegen des dafür notwendigen zusätzlichen Kettenaufwands der längere und technisch anspruchsvollere Weg. Bei erneuerbaren Energien ist es umgekehrt: Die Stromerzeugung aus Photovoltaik und Windkraft ist hier der kürzere und technisch einfachere Weg, die Bereitstellung von Kraftstoffen der aufwendigere und längere. Damit ist die Revolutionierung der Energieversorgung und -nutzung vorgezeichnet.

Die »Binnenketten« fossiler und solarer Energieträger

Der zentrale Vorbehalt gegenüber den Wirtschaftlichkeitschancen erneuerbarer Energien lautet, daß die Bereitstellung dezentraler Umwandlungstechniken einen wesentlich größeren Materialaufwand erfordere als zentral arbeitende Kraftwerke. Dieser Einwand ist vordergründig, weil er wiederum die langen fossilen Energieketten außer acht läßt. Er berücksichtigt nicht den Materialaufwand für Fördertechniken und

Abb. 1: Vergleich zwischen solaren und fossilen Energiebereitstellungsketten

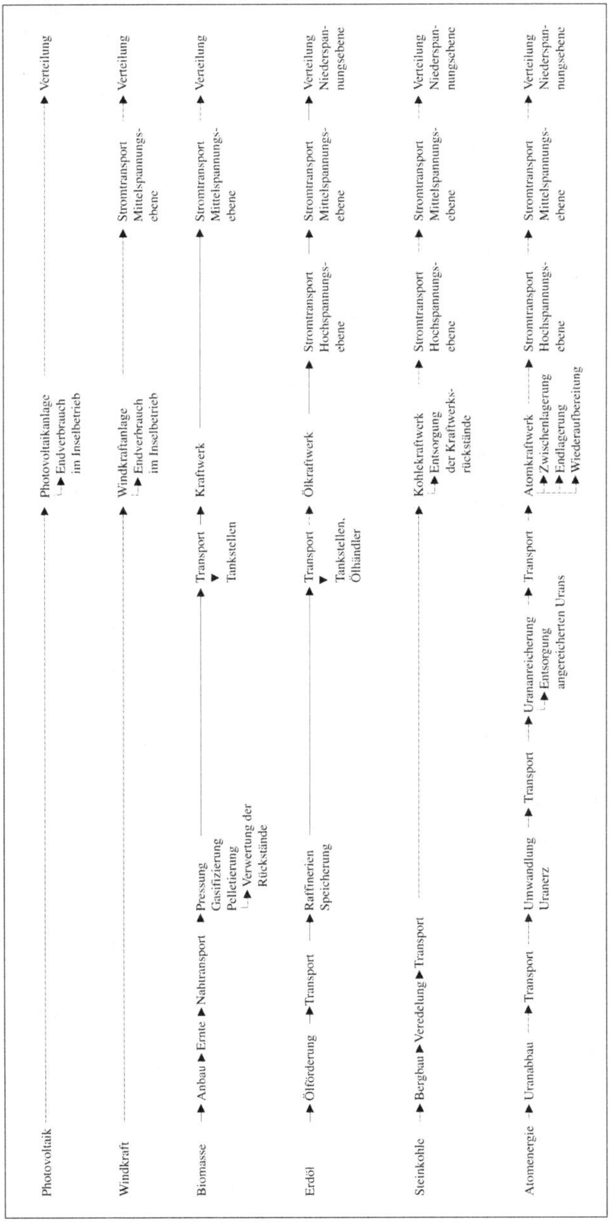

Quelle: Hermann Scheer, Solare Weltwirtschaft

Transportsysteme fossiler Energien. Und er ignoriert darüber hinaus die
unterschiedlichen »Binnenketten« der jeweiligen technischen Energieumwandlung: Auch diese sind bei fossilen Energien wesentlich komplexer, erfordern also einen verhältnismäßig größeren technischen Aufwand (siehe Abbildung 2). So wird in der fossilen »Binnenkette« eines
Kraftwerks ein fossiler Brennstoff zunächst im Brennraum umgewandelt (bei der Atomenergie wird analog dazu das Uran im Kernreaktor
gespalten), um daraus Wämeenergie zu gewinnen. Dazu kommen vier
weitere energetische Umwandlungsschritte: zunächst der thermodyna-
mische zu Wasserdampf; dieser treibt die Turbine an, um mit deren
mechanischer Energie schließlich den Strom im elektrischen Generator
zu erzeugen. Parallel dazu muß die Anlage gekühlt werden. Bei der
Solarstromerzeugung aus Photovoltaik gibt es dagegen nur zwei Vorgänge: in der Solarzelle die Umwandlung des Sonnenlichts in Gleich-
strom, sodann dessen Umwandlung mit Wechselrichtern in Wechselstrom. Bei Windkraftanlagen bestehen die Arbeitsschritte in der
Umwandlung des Windes in mechanische Energie mit Hilfe des Roto-
renantriebs, um mit dieser im elektrischen Generator den Strom zu
erzeugen. Ein Kühlsystem ist nicht erforderlich. Es leuchtet ein, daß sich
solche Anlagen nicht nur mühelos installieren lassen, sondern auch pro-
duktionstechnisch leichter standardisierbar sind. Sie erfordern darüber
hinaus kein Personal mehr für den Kraftwerksbetrieb – außer für gele-
gentliche Wartungsarbeiten.

  Die kurzen Bereitstellungsketten für eine solare Energieversorgung
und die relativ unkomplizierten Schritte in den Energieumwandlungs-
anlagen werfen um so mehr die Frage auf, warum Generationen von
Wissenschaftlern und Technikern sie nicht als Alternative akzeptierten
und statt dessen weiter auf umständliche Techniken setzten, ja sogar auf
äußerst komplexe und damit kaum kontrollierbare wie die Kernfusion.
Sie überhöhen komplizierte technologische Lösungen und hegen und
pflegen ihr Mißtrauen gegenüber vergleichsweise einfachen Technologien, die in der modernen Fortschrittskultur als rückständig gelten.
Phantasievoll werden Vorbehalte gegen »simple« Techniken konstruiert,
während hochkomplexe Ansätze mit groben Vereinfachungen gerecht-
fertigt werden.

Abb. 2: Vergleich der Binnenketten solarer und fossiler Energiewandlungen zur Stromerzeugung

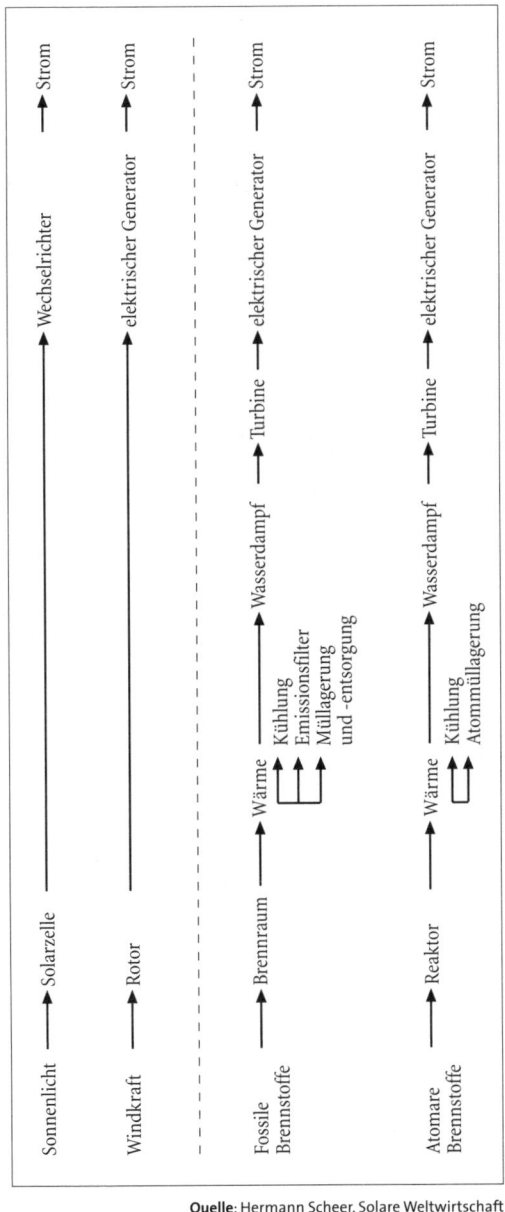

Quelle: Hermann Scheer, Solare Weltwirtschaft

Kurze Ketten: größere Produktivitätschance erneuerbarer Ressourcen

Geringerer technischer Aufwand bei der Energiebereitstellung bedeutet eine größere Chance zur produktiven und damit wirtschaftlichen Nutzung. Dies schlägt sich allerdings bisher für erneuerbare Energien nur in einzelnen Nutzfeldern nieder: zum Beispiel bei Kleinanwendungen wie in Taschenrechnern; bei der sogenannten »passiven Solarenergienutzung« zur Gebäudeheizung und Gebäudekühlung; bei den Solarkollektoren, wie sie in Israel oder Griechenland schon auf zahllosen Häusern installiert sind; oder bei den »Solar-Home-Systems« in ländlichen Räumen der Entwicklungsländer, wo die photovoltaische Stromerzeugung selbst in ihrem noch frühen Entwicklungsstand schon kostengünstiger ist als eine konventionelle Stromerzeugung und -versorgung: Photovoltaikanlagen ersparen den Einkauf von Stromgeneratoren, die Kosten für Dieselkraftstoff und erst recht den Aufbau kostspieliger Überlandnetze.

Die industrialisierten Länder betrachten solche Beispiele als Nebenaspekt oder als Hilfslösung für weniger entwickelte Länder. Dabei wird allzu schnell übersehen, daß die kurzen Ketten auch für sie selbst eine ungeahnte Chance zur Produktivitätssteigerung bieten. Die Voraussetzung dafür ist allerdings, sich gedanklich von der Vorstellung zu lösen, die erneuerbaren Energien in derselben Weise zu nutzen, wie es bei atomaren und fossilen Energien zur Gewohnheit wurde. Die Strukturen konventioneller Energiebereitstellung sind mit den wirtschaftlichen Erfordernissen solarer Energieversorgung nicht kompatibel.

Sonnenenergienutzung: Technik ohne Technokratie

Die Nutzungsvorteile einer dezentralen Energiebereitstellung, von denen im dritten und vierten Teil dieses Buchs gesprochen wird, könnten bei einem zentralisierten solaren Versorgungssystem kaum zur Geltung kommen – von Ausnahmefällen abgesehen: Große bestehende Stauwasserkraftanlagen zu schließen wäre unsinnig. Große solarthermische Kraftwerke für Großstädte im Sonnengürtel der Welt sind sinnvoll. Biomassekraftwerke über 100 MW wären wegen der Abkoppelung von der regionalen Ressourcenbasis jedoch unsinnig. Auch große Gezeitenkraftwerke entlang breiter Küstenstreifen sind kaum empfehlenswert: Windkraftanlagen sind die naheliegende, weniger aufwendige und landschaftsangepaßtere Alternative.

In jedem Fall müßte auch eine zentralisierte Stromerzeugung aus Solarkraftwerken in sonnenreichen Weltregionen zwangsläufig um dezentral operierende Photovoltaik-, Wind-, Kleinwasserkraft- und Biomasseanlagen ergänzt werden. Aber die Geschichte der Stromwirtschaft lehrt, daß große Kraftwerksanlagen zwar technisch mit kleinen kompatibel sind, sich jedoch strukturell nur schwer miteinander vertragen. Die Betreiber großer Anlagen müssen ihre kostspieligen großen Kapazitäten auch auslasten: Unberechenbar hinzukommende kleine Stromlieferanten sind für sie ein struktureller Fremdkörper im Versorgungssystem. Es gibt wenig Grund für die Annahme, daß sich große Sonnenkraftwerksbetreiber gegen Kleinbetreiber anders verhalten würden als große Atom- oder Kohlekraftwerksbetreiber. Die Fixierung auf die Großstrukturen der Energieversorgung folgt bei fossilen Energien deren inhärenten wirtschaftlichen Gesetzmäßigkeiten; bei solaren Energien ist eine solche Fixierung unreflektiert und Ausdruck der für das 20. Jahrhundert typischen großtechnischen Phantasien.

Mit dem aus der fossilen Energieversorgung erlernten Grundverständnis einer konzentrierten Energieversorgung gab und gibt es solche Phantasien auch in bezug auf die Nutzung erneuerbarer Energien. Sie entspringen einem Denken, das sich nur große Einzellösungen großer Probleme vorstellen kann.

Ein Beispiel dafür war der auf der Berliner Bauausstellung 1931 erstmals präsentierte Plan des Münchner Architekten und Schriftstellers Herman Sörgel: Die Verbindung zwischen dem Atlantik und dem Mittelmeer an der Straße von Gibraltar sollte mit einem Staudamm komplett zugebaut werden, um den Wasserzufluß aus dem Atlantik in das unter dessen Meeresspiegel liegende Mittelmeer zu steuern. Ein riesiges Wasserkraftwerk sollte dadurch entstehen, das Europa mit Strom beliefert. Gleichzeitig sollte der Wasserspiegel im Mittelmeer gezielt gesenkt werden, um an den Mittelmeerküsten zusätzliche Landflächen zu gewinnen und eine direkte Landverbindung zwischen Europa und Nordafrika zu bekommen. Die Adria würde zur Landfläche, Neapel wäre keine Hafenstadt mehr! Das Projekt war in aller Munde; es faszinierte Hitler wie Mussolini.[61] Daß ein solcher Eingriff in das mediterrane Ökosystem unberechenbare Folgen haben könnte, blieb außer Betracht. Zu gut paßte es in geopolitische Strategien, Nordafrika zu einem Teil und, einschließlich einer Sahara-Begrünung, zur Fruchtkammer Europas zu machen.

Ein weiteres, aktuelles Beispiel ist das GENESIS-Projekt (Global Energy Network Equipped with Solar Cells and International Superconductor Grids), das in manchen Köpfen herumschwirrt: einen verbundenen Sonnenkraftwerksgürtel rund um den Erdball entlang des Äquators zu errichten und mit diesem die gesamte Energieversorgung der Menschheit mit Supraleitern als Transportmedium zu realisieren. Der »Vorteil« wäre eine ununterbrochene Sonnenenergienutzung, weil der Unterschied zwischen Tag und Nacht und die jahreszeitlichen Schwankungen des Sonnenkraftangebots in den verschiedenen Erdhemisphären technisch aufgehoben wären.[62] Aber die Konsequenz wäre ein globaler Superzentralismus der Energieversorgung – die Weltherrschaft einer einzigen Betreiberstruktur, mit der längsten denkbaren Energiekette und einem ungeheuren Infrastrukturaufwand. Ein gigantomanisches Technoprojekt ohne jedweden energiesoziologischen und politischen Verstand!

Ein drittes, ebensolches Beispiel ist das von dem NASA-Ingenieur Peter E. Glaser vorgeschlagene Solarfarm-Konzept im Weltall, das auch immer wieder in Diskussionen aufflackert: Photovoltaik-Plattformen im Weltraum mit vielen Quadratkilometern Fläche sollen die Erde umkreisen und dabei wiederum unter Umgehung der Tag-Nacht- und Jahreszeitenzyklen Strom für alle Erdbewohner produzieren. Dabei wäre der Wirkungsgrad sehr hoch, da das Sonnenlicht außerhalb des Brechungswinkels (verursacht durch die Erdkrümmung) umgewandelt werden könnte. Dieser Strom soll in Form von Mikrowellen zur Erde geleitet werden, die einen Wellenkegel mit mehreren Kilometern Durchmesser bilden würden, um dann von einer fast 200 Quadratkilometer großen Empfangsstation aufgenommen und global weitertransportiert und -verteilt zu werden.[63] Für dieses Konzept gilt das gleiche wie für das GENESIS-Projekt: Es ist technisch vielleicht machbar, aber sonst in jeder Beziehung absonderlich und entbehrt jeder Risiko-, Wirtschaftlichkeits- und sozialen Überlegung, mißversteht zudem die wirklichen Möglichkeiten der Sonnenenergienutzung.

Aus dezentraler Nutzungsmöglichkeit ohne Kettenabhängigkeiten eine zentralabsolutistische Energieversorgung mit den größten denkbaren Abhängigkeiten machen zu wollen – solche Ideen entspringen einem gesellschaftsentfremdeten technologischen Denken, das die Weltgesellschaft schon ohne solche kosmischen Projekte dazu verführt hat, sich von Techniken funktionalisieren zu lassen – statt diese endlich zur Linderung der Not und zur Befriedigung unmittelbarer Bedürfnisse zu funktionalisieren. Auch ein Wasserstoff-»Sahara-Projekt«, das weniger monströs ist als das GENESIS- oder Weltraumprojekt, wird aus den angegebenen Gründen den vielfältigen wirtschaftlichen, sozialen und kulturellen Dimensionen der Sonnenenergie nicht gerecht. Was diese überall auf der Erde schon in dezentral und weitgehend kettenlos nutzbarer Weise anbietet, muß und sollte auf keinen Fall erst zentralisiert und hochkonzentriert umgewandelt werden, um es dann erst wieder an die Menschen zu verteilen. Wir müssen lernen und begreifen, daß man nicht den Umweg über komplexe Konzepte gehen muß, wenn es direkte und einfache Lösungen gibt. Die gesellschaftliche und wirtschaftliche Funktion von Technik kann erst dann verstanden und realisiert werden, wenn wir uns Technik ohne Technokratie denken.

Demonopolisierung und Reregionalisierung durch solare Ressourcen

Das dynamische Streben zur Unternehmenskonzentration gilt als ehernes Gesetz wirtschaftlicher Entwicklung. In der Tat macht dieser Prozeß vor immer weniger Wirtschaftsbereichen halt. Dies gilt selbst dort, wo kein »quellenbedingter« Konzentrationszwang besteht, wie er der fossilen Ressourcenwirtschaft aus den im vorhergehenden Kapitel beschriebenen Gründen vorgegeben ist. Deshalb nehmen auch viele Wirtschaftsanalytiker an, daß der Einführung solarer Ressourcen, auch wenn diese dezentral beginnt, gleichfalls eine Unternehmenskonzentration folgen werde. Die Installation dezentraler solarer Energiewandlertechniken wird deshalb vielfach nur als Vorstadium einer Entwicklung angesehen, die später in die Solarplantagen sonnenreicher Gebiete, etwa in Nordafrika, mündet. Tatsächlich aber ist eine solare Ressourcenbasis nur teilweise konzentrationsfähig. Im Gegenteil kann man bei ihr sogar von einem ehernen »Gesetz der Nichtmonopolisierbarkeit« reden, das konventionellen und scheinbar ewig gültigen Erfahrungen mit wirtschaftlichen Prozessen widerspricht. Das rechnerische Energieäquivalent zu einem 1000-Mega-Watt-Kraftwerk sind deshalb – je nach ihrer Kapazität im einzelnen – zwei- bis viertausend Windkraftanlagen, eine Million Photovoltaikanlagen, 50 größere oder 5000 kleine Biomasse-Kraftanlagen; das faktische Energieäquivalent ist ein Mix aus solchen Anlagen.

Im Unterschied zu den vier Unternehmenssäulen der herkömmlichen Energiewirtschaft – den Förder- und Handelsgesellschaften für
Erdgas und Uran; der Kraftwerkswirtschaft und den damit in der Regel
identischen Betreibern von Verbundnetzen; den Herstellern der Großkraftwerke und den Großbanken, die finanziell hinter all den Vorgenannten stehen – ist bei den erneuerbaren Energien nur ein Bereich
konzentrationsfähig und damit monopolisierbar: die Produktion der
Umwandlungstechniken, also die Herstellung von Solarkollektoren,
Solarzellen, Windkraftanlagen oder Biomassekraftanlagen.

Die Förder- und Handelsunternehmen der fossilen Primärenergie-
wirtschaft – also der Rumpf der beschriebenen Polypenökonomie –
werden, wenn sich die Nutzung erneuerbarer Energien einmal flächendeckend durchsetzt, Zug um Zug von der Bildfläche verschwinden. Die
Funktion eines Förderunternehmens für Erdöl, Erdgas, Kohle oder Uran
entfällt ebenso ersatzlos wie jene der Lieferanten, wenn diese Energien
durch Sonnenwärme, Sonnenlicht, Wind, Wellen oder Laufwasser
abgelöst werden. Franz Alt hat diesen Sachverhalt in das geflügelte Wort
gefaßt,»daß die Sonne keine Rechnung schickt«[64]. Das prinzipielle Problem, das die Träger der fossilen Energiewirtschaft mit den erneuerbaren Energien haben, ist die Unmöglichkeit, auf Sonne oder Wind ein
Patent anzumelden und entsprechende Nutzerlizenzen zu verkaufen.
Die von den raren fossilen Energiequellen ausgehende Hauptströmung
der wirtschaftlichen Globalisierung und der energiewirtschaftlichen
Konzentration versiegt mit der flächendeckenden Nutzung erneuerbarer Energien für den Energiebedarf. Schon allein damit wird ein Prozeß der Dekonzentration und Demonopolisierung sowie der Reregionalisierung der wirtschaftlichen Strukturen eingeleitet.

Die beiden weiteren Arme der fossilen Energiewirtschaft – die Betreiber von Großkraftwerken und jene von Verbundnetzen, Strom- und
Ferngasnetzen – büßen in einer dezentralen solaren Stromwirtschaft
ihre Rolle ebenfalls vollständig ein. Großkraftwerke brauchen große
Unternehmen als Wirtschaftsträger – für den Betrieb dezentraler Anlagen sind diese aber unnötig. Wenn der Weg zur Stromversorgung aus
erneuerbaren Energien nicht mehr aufzuhalten ist, werden die Stromkonzerne zwar versuchen, diese unter ihre Kontrolle zu bringen. Bei der
Photovoltaik ist das jedoch aufgrund der Dezentralität der Anlagen
praktisch aussichtslos. Bei der Windkraft, insbesondere bei Windparks
und Offshoreanlagen in Flachküstengewässern, wird ihnen das teilweise

gelingen – wie sehr, hängt davon ab, ob die Energiegesetzgebung es begünstigt. Aber da die einzelnen Anlagen zur Stromerzeugung aus erneuerbaren Energien von der Natur vorgegebene technische Kapazitätsgrenzen haben, die z. B. bei der Windkraft kaum über fünf MW pro Anlage liegen dürften, sind Großunternehmen zumindest nicht mehr die einzigen, die als Betreiber in Frage kommen. Es bilden sich – freien Marktzugang vorausgesetzt – viele neue Betreiberformen heraus: kommunale Unternehmen, eigenerzeugende Firmen, Produzenten-Kooperativen und zahllose individuelle Betreiber im regionalen und lokalen Rahmen. Die politische und wirtschaftliche Brisanz der erneuerbaren Energien liegt also in deren Dezentralität. Denn der Einfluß der Stromkonzerne wird dadurch zurückgedrängt und die Abhängigkeit der Gesellschaft und ihrer politischen Institutionen von den Energiekonzernen überwunden. Mit jedem ausgeschalteten Großkraftwerk, mit jeder neuen dezentralen Erzeugungsanlage und vor allem mit der Verbesserung der Stromspeichertechnik reduziert sich die zentrale Rolle des Verbundnetzes – schließlich bis zu deren Überflüssigkeit.

Das wirtschaftliche Skalengesetz, das den Trend zu konzentrierten Unternehmensstrukturen beschreibt, weil diese billige Massenprodukte herstellen und deshalb kleinere Hersteller verdrängen können, greift also bei erneuerbaren Energien nicht. Damit werden dem fossilen Polypen schon zwei seiner drei kräftigsten Arme amputiert. Und auch der dritte Arm, die dominierende Rolle der Großbanken im Energiesektor, wird mit dem Aufkommen erneuerbarer Energien und der Verdrängung von Großanlagen zumindest reduziert. Beim Szenenwechsel zu dezentralen Anlagen kommen alle Banken und möglichen Investoren als Kreditgeber ins Spiel; die Großbanken werden nur noch Mitspieler sein.

Konzentrations- und monopolisierungsfähig bleibt, wie gesagt, die Herstellung von Umwandlungstechniken für erneuerbare Energien. Es ist denkbar, daß für die Produktion von Solarzellen und den dazugehörigen Materialien, von Kollektor-, Windkraft- und Biomasseanlagen nach einer industriellen Anlaufphase global nur wenige Produzenten übrigbleiben. Darin liegt sogar eine große Diversifizierungschance für die jetzigen Kraftwerksproduzenten, wenn es ihnen gelingt, sich in ihrem Marktverhalten von wenigen Großkunden auf zahlreiche neue Kunden einzustellen – bei Photovoltaik- und Kollektoranlagen ist das ein noch größerer Kundenkreis, als ihn heutige Automobilproduzenten haben. Aber vollständig werden auch die Solartechnikproduzenten den

Tabelle 3: Vermeidbarkeit von Konzentration und Monopolisierung bei solaren Energieträgern

	Atom-energie	Kohle/ Gas/ Erdöl	Bio-masse	Photo-voltaik	Wind-kraft	Klein-wasser-kraft	Solar-wärme	Groß-wasser-kraft/ Solarth. Kraft-werke	Solarer Wasser-stoff (groß-techn.)	Solarer Wasser-stoff (klein-techn.)
Primär-energie-angebot	nein	nein	ja	–	–	–	–	–	–	–
Primär-energie-handel	nein	nein	ja	–	–	–	–	–	–	–
Energie-aufbe-reitung	nein	nein	ja	–	–	–	–	–	nein	ja
Herstel-lung von Umwand-lungstech-niken	nein	nein	nein	nein	nein	nein	ja	nein	nein	nein
Umwand-lung in Kraft-werken	nein	nein	ja	ja	ja	ja	–	nein	ja	ja
Strom-transport/ Sekundär-energie-handel	nein	nein	ja	ja	ja	ja	–	nein	nein	ja
Finan-zierung der Kraft-werke	nein	nein	ja	ja	ja	ja	ja	nein	nein	ja

nein: Konzentrations- und Monopolisierungsprozesse (KuM) sind vorprogrammiert (außer bei Kraft-Wärme-Koppelungsanlagen).
ja: KuM sind technisch wie politisch vermeidbar oder unmöglich.

Quelle: Hermann Scheer, Solare Weltwirtschaft

Markt nicht auf sich konzentrieren können. Außerdem sind sie von potentiell mehreren Milliarden Kunden abhängig, die den Markt für Solartechniken darstellen. Vielfältig wird der Bedarf an unterschiedlichen Modulen und integrierten Anwendungen sein: Herstellung und Vertrieb ermöglichen in diesem Fall ein breites Unternehmensspektrum und ein noch breiteres Angebot an technischen Ingenieurs- und Installationsdienstleistungen.

So ist im Drehbuch der erneuerbaren Energien für die Darsteller der fossilen Versorgungswirtschaft keine oder nur noch eine Nebenrolle vorgesehen. Für Unternehmen der konventionellen Energiewirtschaft ist auf dem Markt erneuerbarer Energien kein Platz mehr – zumindest nicht mit Umsätzen in jetziger Höhe. Ihre immensen Investitionen binden sie an alte, fossile Strukturen; mit ihrem von großtechnischen Anlagen geprägten Wissen und Denken stehen sie sich bei erneuerbaren Energien vielfach selbst im Wege. Auf einer solaren Ressourcenbasis wird sich also die bisherige energiewirtschaftliche Machtstruktur weder erhalten noch je wiederherstellen lassen. Die strukturelle Unvermeidbarkeit von unternehmerischen Konzentrations- und Monopolisierungsprozessen bei atomaren und fossilen Energieträgern einerseits und die strukturelle Vermeidbarkeit bzw. Unmöglichkeit solcher Entwicklungen bei solaren Energieträgern ist in Tabelle 3 gegenübergestellt.

Mit den kurzen Ketten der erneuerbaren Energien entfällt auch der von fossilen Ressourcen ausgehende Globalisierungszwang. Die Verkettung von Energieunternehmen untereinander und mit weiteren Unternehmen ergibt sich nicht mehr zwangsläufig aus den Energiequellen, wie das bei fossilen Energieträgern vorgegeben ist. Mit den kurzen Ressourcenketten erneuerbarer Energien ist es ebenfalls nicht mehr möglich, ganze Volkswirtschaften zu umschlingen. So befreien die erneuerbaren Energien die Gesellschaften von den fossilen Ressourcenabhängigkeiten und von der Polypenstruktur der fossilen Weltwirtschaft.

TEIL ZWEI

DIE PATHOLOGIE DER FOSSILEN RESSOURCENPOLITIK

Solange die fossilen Ressourcen als unverzichtbar und Alternativen als nicht realisierbar gelten, werden auch die bedrohlichen Begleiterscheinungen der weltweit zunehmenden Verbrennungsprozesse als unvermeidbar akzeptiert, ja, nicht einmal ausreichend reflektiert. Zwar erörtern Umwelt- und Energiepolitiker die Umweltfolgen des Energieverbrauchs, die Ressourcenkosten und die Fragen der Effizienz bzw. Produktivität sowie die der zeitlichen Verfügbarkeit von Energiequellen. Die Frage nach ihrer Substitution wird dabei jedoch meist nur wieder mit fossilen Alternativen zu fossilen Ressourcen beantwortet: gegenwärtig vor allem die Ersetzung von Erdöl, Kohle und auch Atomstrom durch Erdgas. Den erneuerbaren Ressourcen räumt man dagegen aktuell nur einen minimalen Stellenwert im Energiesektor und einen noch geringeren bei den Rohstoffen ein.

Dies gilt nicht nur für bereits industrialisierte Volkswirtschaften, sondern auch für die sich industrialisierenden in der sogenannten dritten Welt. Die Industriegesellschaften haben sich schrittweise, über viele Jahrzehnte hinweg, an immer komplexere Großtechniken und größere Versorgungsysteme und entsprechend veränderte Nutzungsbedingungen angepaßt. In den Entwicklungsländern aber erfolgt der Übergang zur Nutzung moderner Energiesysteme meistens in einem abrupten Sprung von der Agrargesellschaft in die zentralistischen Superstukturen. Deshalb sind die gesellschaftlichen und ökonomischen Krankheiten von Entwicklungsländern noch schmerzhafter als in etablierten Industriegesellschaften. Generell gilt jedoch, daß die Ursachen nicht als immanente Pathologie der fossilen Rohstoffbasis wahrgenommen werden. Die Mythen der Ressourcenwirtschaft verführen die Verantwortlichen dazu, in Ökonomie und Politik Unübersehbares zu übersehen.

3. Kapitel
Das Menetekel des 21. Jahrhunderts:
die politischen Kosten fossiler Ressourcenkonflikte

Als Kosten der fossilen Ressourcen werden meist nur die Marktpreise benannt. Die sehr viel problematischere zweite Dimension der Kosten endlich zur Kenntnis zu nehmen bedeutet aber, die vielfältigen Umweltzerstörungen durch die Nutzung von Kohle, Gas und Öl in die Kalkulation einzubeziehen. Aufgrund der Schwierigkeit, diese exakt zu berechnen, wird jedoch nahezu jede konkrete Zahl endlos und erfolgreich zerredet. Fest steht: Die Umweltkosten sind so immens, daß es unverantwortlich wäre, sie bloß deshalb zu ignorieren, weil sie nur schwer präzise zu beziffern sind. Hinzu kommen als dritte Dimension die politischen Kosten. Auch wenn sie schwerer zu quantifizieren sind, kann man sie doch politisch beschreiben und einschätzen.

Die schon jetzt sichtbaren ökologischen Verwüstungen der fossilen Weltwirtschaft erscheinen dabei als Menetekel, als Künder kommenden Unheils für das 21. Jahrhundert. Der Ressourcen-Raubbau ist darüber hinaus die Quelle für einen Weltkonflikt, der in den verschiedenen Hemisphären in unterschiedlichster Weise und zu unterschiedlichen Zeiten virulent werden wird, dabei überall die Werte der betroffenen Gesellschaften verändert und die Idee der »Einen Welt« zu beerdigen droht. Die Konflikte des 21. Jahrhunderts werden vielleicht einem »Kampf der Kulturen« entspringen, wie es Samuel Huntington prophezeit.[65] Doch die elementare gemeinsame Ursache dieser Konflikte übergeht der amerikanische Politikwissenschaftler: die als existentiell empfundene Sicherung der potentiell gefährdeten fossilen Ressourcenbasis.

Die vielfach beschriebene Hoffnung, daß die Abhängigkeit aller Menschen von den fossilen Ressourcen die weltwirtschaftlichen Akteure zu kooperativem Verhalten zwinge und deshalb friedensfördernd wirke, ist ein Wunsch- und Trugbild. Um die Zugänge zu diesen Ressourcen brechen immer mehr und sich absehbar verschärfende Konflikte aus. Bisher sind solche Krisen und Kriege, vom Irak bis Tschetschenien, zwar noch auf einzelne Weltregionen beschränkt geblieben. Doch sie sind nur ein Vorgeschmack auf eine Konflikteskalation, die die gesamte Weltzivilisation in existentieller Weise betreffen wird. Wie gefährdet die Zivilisation durch die Erschöpfung ihrer fossilen Ressourcenbasis ist, möchte ich im folgenden beschreiben.

Die kollektive Verdrängung der Verfügbarkeitsgrenzen

Der Widerspruch zwischen Lippenbekenntnissen und Faktenlage ist atemberaubend, aber wahr: Trotz aller Warnungen vor Umweltzerstörung durch verantwortungslosen Energieverbrauch; trotz aller politischen Absichtserklärungen und Beschlüsse auf nationaler und internationaler Ebene, ihn zu senken; trotz aller Fortschritte mit weniger energieintensiven Technologien und trotz der drohenden Erschöpfung der Ressourcen: Der Weltenergieverbrauch an fossilen Energien wächst stetig weiter, und zwar schneller denn je zuvor. Scheinbar unaufhaltsam nähern wir uns damit einem hochgefährlichen Kulminationspunkt: dem eines nicht mehr erfüllbaren Bedarfs an fossilen Ressourcen, deren Anbieter gleichwohl immer noch alles tun, um ihren Markt auszuweiten. Nach den Daten der Internationalen Energie-Agentur der OECD (IEA) stieg das kommerzielle Angebot zwischen 1971 und 1990 von 4,9 Mrd. Tonnen Rohöleinheiten (dem üblichen internationalen Vergleichsmaßstab für alle Energieträger) auf 7,8 Mrd., also um etwa 60 %. Für den Zeitraum zwischen 1990 und 2010 wird, ausgehend von einem »mittleren« Wachstumsszenario, eine weitere Steigerung auf 11,5 Mrd. vorausgesagt – also um 48 %, und bis zum Jahr 2020 auf 13,75 Mrd. –, also um 77 % gegenüber dem Jahr 1990.[66] Erinnern wir uns: Auf der Weltkonferenz über Umwelt und Entwicklung in Rio de Janeiro 1992 wurde das Ziel festgeschrieben, den klimaschädigenden Energieverbrauch auf den Stand des Jahres 1990 zu beschränken!

Man mag einwenden, daß bei solchen Prognosen die möglichen Energieeffizienzsteigerungen nicht berücksichtigt sind. Dem steht aber entgegen, daß diese IEA-Prognose von Preisannahmen ausgeht, die sogar höher liegen als real eingetroffen: Sie nimmt für den Zeitraum 1998 bis 2010 einen Preis für das Barrel Öl von 17 Dollar an; tatsächlich lag der Preis Anfang 1999 unter 13 Dollar. Da auch die Strompreise durch die Öffnung der Strommärkte laufend sinken, ist es sehr wahrscheinlich, daß der Energieverbrauch sogar noch schneller steigen könnte als von der IEA erwartet. Die einzige effektive Möglichkeit zu einer schnellen und deutlichen Verbesserung der Energieeffizienz sind steigende Energiepreise. Genau diese Steigerungen werden aber vor dem Hintergrund des globalwirtschaftlichen Wettbewerbsdrucks mehr denn je als Schreckensszenario verworfen und politisch tabuisiert. Energieweltmarkt vor Weltschicksal: Diese Rangordnung der Wertigkeit macht angesichts der ökologischen Folgen aus dem Marktprinzip ein extremistisches Dogma.

Der überwiegende Teil dieses Energieverbrauchs wird nach dieser Prognose fossile Energien betreffen, bei einem leicht steigenden Anteil der Atomenergie und einem nur geringfügigen Zuwachs bei den erneuerbaren Energien. Da die Internationale Energie-Agentur eine gemeinsame Einrichtung der OECD-Regierungen ist, orientieren sich die Investoren der fossilen Energiewirtschaft an ihren Prognosen und rechtfertigen damit entsprechende Investitionen. Die Regierungen der OECD-Länder, die sich verpflichtet haben, ihren Energieverbrauch zu senken, protestieren gleichwohl nicht gegen diese von ihrer eigenen gemeinsamen Energieagentur prognostizierten exorbitanten Steigerungsraten. Damit entlarven sie sich selbst als Lügner und Illusionisten. Dasselbe gilt für die Europäische Union, die gern die USA als die großen Energieverschwender unter den Industrieländern anprangert und im übrigen auf den großen Zuwachs in der dritten Welt verweist. Doch auch bei den europäischen OECD-Ländern, die mit den EU-Mitgliedsstaaten weitgehend identisch sind, ist von einem sinkenden Gesamtverbrauch an kommerziellen Energieträgern keine Rede: 1971 lag er bei 1,15 Mrd. t Rohöleinheiten und stieg bis 1990 auf 1,43 Mrd.; und bis 2010 bzw. 2020 werden 1,95 bzw. 2,05 Mrd. prognostiziert – also allein schon zwischen 1990 und 2010 eine Steigerung um 36 % und bis 2020 um 43 %.

Der Beitrag erneuerbarer Energien wird in der IEA-Prognose auch im globalen Betrachtungsrahmen weiterhin als marginal eingestuft. Lag er 1971 bei 110 Mio. Tonnen Rohöleinheiten und 1990 bei 218 Mio., so wird er bis zum Jahr 2010 lediglich auf 379 und bis 2020 auf 465 Mio. t Rohöleinheiten geschätzt. Träfen diese Voraussagen tatsächlich ein, würde die Diskrepanz zwischen den kommerziellen Angeboten konventioneller und denen erneuerbarer Energien drastisch steigen statt zu sinken. Ganz offenkundig schreiten wir auf dem bisher begangenen Weg trotz erkannter eklatanter Gefahren munter und mit erhöhtem Tempo fort. Dies zeigt sich auch an den globalen CO_2-Emissionen, die 1990 bei

21,4 Mrd. t lagen und allein bis zum Jahr 2010 auf 31,2 Mrd. t steigen würden – also eine Steigerung um 46 % in 20 Jahren statt einer Stabilisierung auf dem – ohnehin schon abenteuerlich hohen – Niveau des Jahres 1990. Schuld daran sind keineswegs nur die wirtschaftlichen Wachstumsschübe Chinas oder Indiens. Die Gründe liegen nicht zuletzt in dem rasant ansteigenden globalen Transportaufkommen und dem wachsenden Strombedarf – also in den Sektoren, die mit der politisch geförderten wirtschaftlichen Globalisierung bzw. wirtschaftlichen Modernisierung besonders eng verbunden sind. 1971 lag die Nachfrage nach Treibstoffen weltweit noch bei 22 % des Energieverbrauchs, 1995 schon bei 26%, und für das Jahr 2010 wird sie auf 28 % geschätzt. Der weltweite Anteil von Kohle, Erdöl und Erdgas an der Stromproduktion lag 1971 noch bei 22,7 %, stieg 1995 auf 26,8 % und wird für das Jahr 2010 auf 29,8 % hochgerechnet – nicht zuletzt als Folge der gierig Strom fressenden Informationstechnologien. Da Strom überwiegend in großen Kondensationskraftwerken produziert wird und diese auch in den weiteren Investitionsplänen Vorrang haben (obgleich sie die größten Verluste bei der Umwandlung von Primär- in Endenergie verzeichnen), konterkariert jede Steigerung fossilen Stromverbrauchs die Erfüllung von Klimaschutzverpflichtungen. Trotz der zwischenzeitlich realisierten und der noch zu erwartenden technischen Effizienzsteigerung bei der Energieumwandlung reduziert sich damit in der Gesamtenergiebilanz die Umwandlungseffizienz: Noch 1971 lag der Energieverbrauch bei 74 % des Primärenergieeinsatzes, 1995 nur noch bei 69,5 %. Gleichzeitig wächst die Abhängigkeit der Industrieländer von Primärenergieimporten.[67]

Selbst wenn es die Umweltschäden nicht gäbe bzw. wenn ihre Auswirkungen übertrieben würden: Die Folgen dieses verstärkten Einsatzes fossiler Ressourcen sind in jedem Falle alarmierend, weil damit deren Erschöpfung dramatisch beschleunigt wird. Aber je schneller wir uns dieser nähern, desto angestrengter wird offenbar der Gedanke an diese drohende weltwirtschaftliche Sackgasse verdrängt, obwohl spätestens seit dem »Global 2000«-Bericht an US-Präsident Carter aus dem Jahr 1980 (!) die wichtigsten Daten über die sich der Erschöpfung nähernden fossilen Energiequellen vorlagen[68]. An diesen Grunddaten über die Ressourcenreserven hat sich seitdem wenig geändert. Lediglich die damals unterstellten Steigerungsraten des Energieverbrauchs lagen deutlich über der tatsächlichen Entwicklung. Allein diese Veränderung verführte die fossile Energiewirtschaft und die ihren Analysen offenbar hörigen

Regierungen dazu, Entwarnung zu geben. Warnungen werden – zumal wenn sie häufig wiederholt werden und als übertrieben erscheinen – von der Öffentlichkeit immer weniger ernst genommen. Schon aus psychologischen Gründen greift sie nach jedem Strohhalm, der die beruhigende Vorstellung vermittelt, daß es doch nicht so schlimm kommen werde. Bereitwillig hört man auf Entlastungssignale, so wenn wieder einmal der Fund einer neuen Energiequelle verkündet wird – auch wenn deren potentieller Beitrag zum Weltenergieverbrauch marginal ist. So berichteten die Zeitungen im Dezember 1997, daß der französische Ölkonzern Elf ein »riesiges Ölfeld in Angola« mit einem Potential von 730 Mio. Barrel entdeckt habe – und vergaßen hinzuzufügen, daß diese Menge gerade mal den gegenwärtigen Weltölverbrauch von zehn Tagen ausmacht! Ein weiteres Verdrängungsmotiv ist, daß die Fakten schlicht nicht ins Gesamtkonzept der Energiewirtschaft und der wirtschaftlichen Entwicklung passen; insbesondere stören sie jede weitere Entfesselung der wirtschaftlichen Produktivkräfte im gerade rundum geöffneten Weltmarkt. Diskussionen über die nahende fossile Energieknappheit irritieren die Betriebspsychologie der Weltwirtschaft, deren Hauptakteure auf die beschleunigte Industrialisierung der dritten Welt und deren Massenmärkte setzen und auf Rußlands Ressourcenreserven bauen. Alles treibt auf die größte Wachstumsschlacht der Weltgeschichte zu, die wahrscheinlich ihre letzte sein und ins Chaos führen wird.

Verfügbarkeitsgrenzen fossiler Energien

Angesichts der unterschiedlichen Daten über die verbleibende Verfügbarkeit der fossilen Ressourcen sind die meisten Menschen versucht, stets den weitestreichenden Schätzungen Glauben zu schenken. Doch die gängig zitierten Reichweiten der Ressourcen könnten ebensogut geringer sein, als von der Expertenwelt angegeben: Förderländer neigen z. B. dazu, ihre Vorräte überhöht zu beziffern, um bei den jährlichen OPEC-Quotierungen proportional höhere Förderquoten zugestanden zu bekommen; außerdem verbessern große Vorratszahlen ihre internationale Kreditwürdigkeit. Allzu kraß differieren die Schätzungen bei Erdöl ohnehin nicht mehr voneinander (zumal es nicht so relevant ist, ob die Vorräte vielleicht nur zehn oder zwanzig Jahre länger reichen), und große Hoffnungen sind unangebracht: »Im wesentlichen ist bereits alles gefunden«, stellten die Autoren Jörg Schindler und Werner Zittel lakonisch fest.[69] Die Schätzungen der gesicherten *Ölreserven* reichen

nach einer Zusammenstellung der deutschen Bundesanstalt für Geowissenschaften und Rohstoffe (BGR) von 118 bis 151 Mrd. Tonnen:[70]

– United States Geological Survey: 118 Mrd. t
– World Oil, Annual International Outlook: 132 Mrd. t
– Oil and Gas Journal: 138 Mrd. t
– BP Statistical Review: 141 Mrd. t
– BGR: 151 Mrd. t

Im Juli 1999 ging eine neue Entwarnungsmeldung durch die Medien, die
auf der »BP-Amoco Statistical Review of World Energy 1999« basierte:
Der Weltenergieverbrauch sei 1998 erstmals seit 16 Jahren gesunken und
die weltweiten Ölreserven 1998 gegenüber dem Vorjahr um 1,5 % auf 141
Mrd. t gestiegen. Tatsächlich aber war, so konnte man bei näherem Hinsehen lesen, 1998 das bisherige Wachstum wegen der Asienkrise, des
geringen Wirtschaftswachstums in Europa und den USA gegenüber 1997
lediglich um 0,1 % zurückgegangen. Und die 1,5 % noch zusätzlichen
Ölreserven entsprechen dem Welterdölverbrauch von lediglich sieben
Monaten – sie liegen also im Rahmen der obengenannten Schätzungen.
   Darüber hinausgehende Mengeneinschätzungen schließen sogenannte nichtkonventionelle Ölressourcen ein: schwere Öle, Teersand,
Ölschiefer oder Ölvorkommen in Tiefengewässern und Polarregionen.
Deren Potential aber wird überschätzt, denn die Förderkosten sind
extrem hoch, die Förderraten gering und die zusätzlichen Umweltbelastungen schrecklich. Während Ölfelder lediglich angebohrt werden
müssen, müßten bei Teersand und Ölschiefer die gesamte Erd- bzw.
Schiefermasse abgebaggert und anschließend gewaschen und ausge-
preßt werden, etwa vergleichbar mit dem Braunkohlebergbau und
ebenfalls mit erheblichen Energieverlusten bei der Förderung verbunden. Colin J. Campbell von den Genfer »Petroconsultants«, einer der
angesehensten Beratungsfimen auf diesem Gebiet, kommt deshalb zu
dem Ergebnis, daß das tatsächlich greifbare Erdölpotential bei etwa 180
Mrd. t liege. Bereits nach dem Jahr 2000 werde es eine stetig absinkende
Förderrate geben.[71] Daraus ergibt sich, daß selbst bei einer auf dem
Stand des Jahres 1995 bleibenden Jahresölförderung von 3,32 Mrd. t die
Ölvorkommen etwa 2050 erschöpft wären. Bei den vom US Geological
Survey angegebenen 118 Mrd. t wäre es sogar bereits um 2030 soweit.
Geht man von der IEA-Prognose aus, derzufolge im Jahr 2010 sogar ein

Jahresverbrauch von 4,46 Mrd. t erreicht wäre, dann müßte die Erschöpfung der Erdölvorkommen selbst nach Campbells Berechnungen 2040 eintreten! Die IEA geht aber sogar davon aus, daß bis zum Jahr 2020 eine Jahresverbrauchsrate von 5,26 Mrd. t erreicht sein wird – was angesichts der stark wachsenden Automobilproduktion und des exorbitant steigenden Frachtverkehrs besonders in der Luftfracht keineswegs unrealistisch ist –, so daß die Vorräte schon im Jahr 2035 aufgebraucht sein könnten, und das bei optimistischster Schätzung des verfügbaren Potentials! Die Sturmglocken für die Weltpolitik läuten aber in jedem Fall schon früher, weil die daraus folgenden Krisen nicht erst eintreten werden, wenn der letzte Tropfen verbraucht ist.

Bei *Erdgas* differieren die Schätzungen, wiederum nach einer Zusammenstellung der BGR, im folgenden Rahmen:

- United States Geological Survey: 131,8 Bill. m^3
- World Oil, Annual International Outlook: 144,0 Bill. m^3
- Oil and Gas Journal: 144,3 Bill. m^3
- BP Statistical Review: 144,7 Bill. m^3
- BGR: 152,9 Bill. m^3

Daraus ergibt sich, daß bei gleichbleibender Jahresförderung von 2,3 Billionen m^3 die Reserven nach 57 bis 65 Jahren erschöpft wären. Aber gerade im Gasverbrauch gibt es die größten jährlichen Steigerungsraten, so daß die Reserven sogar vor dem Jahr 2040 erschöpft sein könnten. Zwar spekuliert man auch hier auf nichtkonventionelle Gasvorkommen[72]: In Speichergesteinen werden sie auf zwei Billionen m^3 geschätzt – was etwa einer heutigen Jahresförderrate entspricht und den immensen Aufwand neuer Fördertechniken kaum lohnt. Erdgas aus Kohleflözen soll 130 Billionen m^3 erbringen – ist aber an die volle Ausschöpfung der Kohlevorräte gekoppelt und steigert damit massiv die schon jetzt unerträglichen Umweltgefahren. Für Gaspotentiale aus den Sedimentbecken des tiefen Erdinneren von bis zu 10.000 Billionen m^3 gibt es keinerlei seriöse Schätzung der Förderkosten. Nicht zuletzt wird auf das Erdgas aus Hydraten spekuliert, eine Verbindung von Gas mit Wasser in den Permafrostgebieten von Alaska, Grönland, Kanada, Rußland, der Antarktis und am Kontinentalhang der Ozeane, dessen gewinnbare Ressourcen auf 1000 Billionen m^3 geschätzt werden. Doch um an diese Ressourcen heranzukommen, müßte man Abkommen wie den Antarktis-Vertrag wieder aufheben oder einen immensen technischen Aufwand betreiben; ganz zu schweigen von ökologisch hochbrisanten Eingriffen in das Öko- system der Ozeane. Es gibt also zahlreiche gute Gründe, lediglich von den genannten konventionellen Gasreserven auszugehen.

Bei *Steinkohle* geht man von Reserven in einer Größenordnung von etwa 560 Mrd. t aus.[73] Bei gleichbleibender Förderung würden sie 169 Jahre reichen. Aber gerade bei der Kohle kann von einem konstanten Förderniveau keine Rede sein, solange keine entscheidende Umorientie- rung auf erneuerbare Energien stattfindet. 1995 umfaßte die Jahresför- derung 2,35 Mrd. t; laut IEA wird sie schon bis 2010 voraussichtlich auf 3,3 Mrd. und bis 2020 auf 3,95 Mrd. t steigen. In diesem Fall würde sich die Verfügbarkeit auf 123 Jahre reduzieren. Hinzu kommen die massiven Steigerungsraten im Kohleverbrauch, sobald die Erdgas- und Erdölvor- kommen erschöpft sind: Würde sich die Weltenergiewirtschaft auch dann noch auf die fossilen Ressourcen stützen, müßte Kohle nicht mehr nur den Kraftwerks- und Heizungsbedarf decken, sondern auch den Treibstoffbedarf mit Hilfe der Kohlevergasung und -verflüssigung. Un- ter dieser Voraussetzung wären auch die Kohlevorkommen deutlich vor dem Jahr 2100 erschöpft. Zwar wird damit gerechnet, daß es über die gesamten Mengen hinaus noch etwa 500 Mrd. t Braunkohlevorräte gibt. Doch die können, wie im ersten Kapitel beschrieben, nur genutzt wer- den, wenn die Kohle am Förderstandort aufbereitet und verstromt wird, weshalb sie in den internationalen Statistiken meist gar nicht genannt werden. Außerdem ist die Braunkohle der mit Abstand emissionsträch- tigste aller fossilen Energieträger, so daß ihre vollständige Verbrennung zu einer weiteren massiven Steigerung der Klimaschäden führen würde.

Die Jahresförderrate von *Uran* beträgt gegenwärtig jährlich etwa 60.000 t, was sogar nach Angaben des Weltenergierats von 1993 bei gleichbleibendem Verbrauch eine Reichweite von 41 Jahren ergeben würde – also bis Mitte der 30er Jahre des 21. Jahrhunderts.[74] Die Reser- ven werden nach ihren ganz unterschiedlichen Fördermöglichkeiten bzw. -kosten unterteilt: Jene, die in der Förderung bis zu 80 US-Dollar pro kg kosten, werden insgesamt auf 2 Mio. t geschätzt. Weitere 2 Mio. t entfallen auf die Kostenklasse bis 130 US-Dollar/kg, und für darüber hinausgehende Kosten werden spekulative Vorräte zwischen 8 und 10 Mio. t angegeben.[75] Fraglich ist allerdings, ob es hier überhaupt noch Zuwachsraten gibt, da zunehmend mehr Länder aus der Atomenergie aussteigen – in den USA ist seit 1973 kein neuer Reaktor mehr gebaut worden, in Deutschland seit 1987, und der Ausstieg ist geplant. Schweden, die Schweiz und Kanada steigen aus. Wie viele der Ersatz- bzw. Neureaktoren in Rußland noch realisiert werden, ist ebenso ungewiß wie Reaktorpläne in Japan, China, Indien, Brasilien oder einigen anderen Ländern. Frankreich, Großbritannien und Belgien haben keine weiteren Reaktorpläne. Die Fortsetzung und Verlängerung der Atomenergielinie über den Schnellen Brüter ist nach dem Abbruch des Kalkar-Projekts in Deutschland, nach dem Abschalten des Super-Phenix in Frankreich nach weniger als 200 Tagen Betriebsdauer sowie nach den negativen Erfahrungen in Japan obsolet. Auch die weiteren atomaren Blütenträume sind ausgeträumt, etwa der Übergang von der Atomspaltungs- zur Atomfusionsenergie, der ab dem Jahr 2050 versprochen wird. Er welkt mit der nachlassenden Bereitschaft der Regierungen, für den nächsten Versuchsreaktor weitere zweistellige Milliardenbeträge zur Verfügung zu stellen.[76] Allerdings spekuliert die Atomwirtschaft auf die Erschöpfung fossiler Energievorräte und darauf, daß die erneuerbaren Energien wirtschaftlich nicht zum Zuge kommen – um dann wie Phönix wieder aus der Asche steigen zu können.

Verfügbarkeitsgrenzen der metallischen Rohstoffe

Wenn es um die Verfügbarkeitsgrenzen der erschöpflichen Rohstoffe geht, dann bezieht sich dies entweder auf die in der chemischen Industrie eingesetzten fossilen Kohlenwasserstoffe oder auf metallische Rohstoffe. Die Verfügbarkeitsgrenze ersterer ist identisch mit der von Erdöl, Erdgas und Kohle; lediglich wenn der fossile Energieverbrauch drastisch zurückginge, würde sich die Verfügbarkeit für die fossile Stoffchemie verlängern: Etwa ein Drittel der fossilen Ressourcen wird statt als Treib- oder Brennstoff als chemischer Rohstoff genutzt. Bei den metallischen Rohstoffen gibt es aufgrund ihrer Vielzahl, der dadurch teilweise möglichen wechselseitigen Ersetzbarkeit und der Wiederverwertbarkeit sehr viel mehr Flexibilität als bei den fossilen Energien. Metallische Rohstoffe sind für die Herstellung besonders spezialisierter Materialien von großer Bedeutung, etwa für Hochtemperaturanlagen, im Flugzeugbau und in der Militärtechnik.

Tabelle 4 zeigt, daß es bei einigen Metallen trotz aller Flexibilität in absehbarer Zeit durchaus Verfügbarkeitsprobleme geben könnte. Die Wiederverwertung ist nicht in jedem Fall möglich; sie hängt davon ab, wie die Rohstoffe verarbeitet und welche metallischen Verbindungen

Tabelle 4: Verfügbarkeit von Rohstoffen[77]

Rohstoff	Vorräte sicher & wahrscheinlich (in 1000 t)	1996 Weltförderung	Verfügbarkeit (in Jahren)
Bauxit	22.983.000	114.000	202
Blei	63.400	2.912	22
Kupfer	311.500	11.006	28
Nickel	35.814	1.051	34
Zink	143.200	7.283	20
Zinn	7.190	196	37
Eisen	68.880.000	549.000	125
Chromit	1.496.000	12.000	127
Manganerz	875.600	8.000	113
Kobalt	11.615	23	499
Molybdän	5.645	128	44
Niob	4.513	16	182
Tantal	25	0.4	65
Vanadium	7.480	35	213
Wolfram	2.244	32	70
Gold	37	2.3	17
Silber	288	15	19
Platin-Metalle	57	0.3	198

Quelle: BGR

dabei produziert wurden. Zwar gibt es bei den meisten metallischen Rohstoffen die Möglichkeit, auch die fein verteilten Vorkommen abzubauen. Doch das hat deutlich höhere Preise und verstärkten Energieeinsatz in den einzelnen Förder- und Umwandlungsschritten zur Folge.

Der Weltkonflikt zwischen zur Neige gehenden Ressourcen und weltweit wachsendem Bedarf

Gewiß könnten sich die skizzierten Verfügbarkeits- und Nachfragegrenzen der Ressourcen noch durch Fortschritte in der Produktivität und die daraus resultierende geringere Nachfrage verändern. Nach dem letzten Tropfen Öl auch das letzte Stückchen Kohle aus dem Erdreich zu quetschen, wäre beim fossilen Energieverbrauch allerdings ein wahnwitziges Unterfangen. Das zeigen nicht nur die wissenschaftlichen Erkenntnisse über Klimaanomalien und -katastrophengefahren, es ergibt sich auch aus der evolutionsgeschichtlichen Betrachtung: Erst durch die Photosynthese, die Kohlenstoff in Pflanzen band, wurde der Sauerstoff freigesetzt, mit dem sich die lungenatmenden Lebewesen entwickeln konnten. Deren Lebensbasis verschwindet, wenn dieser Sauerstoff durch die Verbrennung der Kohlenstoffspeicher oxidiert wird. Die Menschheit darf nicht zulassen, daß die jetzt bekannten Lagerstätten vollständig aufgebraucht werden. Die Zumutbarkeitsgrenzen der fossilen Energieverbrennung sind mit hoher Wahrscheinlichkeit früher erreicht als die Grenzen ihrer physischen Verfügbarkeit. Wenn die Menschheit die Kreuzungspunkte zwischen fossilem Energieverbrauch und der Belastungsgrenze des globalen Ökosystems erreicht, werden die Schäden nicht mehr korrigierbar und weder politisch noch wirtschaftlich verkraftbar sein: dramatische Abkühlung oder Erwärmung von Kontinenten, Überflutungen oder vernichtende Orkane oder Hurrikane.

Aber selbst wenn sich die Lage sehr viel später als erwartet zuspitzt – die Kurven der abnehmenden physischen Verfügbarkeit vor allem fossiler Energieressourcen und jene des Verbrauchs kreuzen sich unweigerlich. Schon wenn wir uns diesen Kreuzungspunkten nähern, ist ein wirtschaftliches Chaos unausweichlich. Diese existentielle Krise wird nicht nur diejenigen Länder treffen, die sich höhere Energiepreise auf keinen Fall leisten können, also in erster Linie jene der dritten Welt. Sie wird auch in den etablierten Industrieländern zahllose Marktverzerrungen und -einbrüche, für die Allgemeinheit unerträglich hohe Energiepreise und sprunghaft steigende Arbeitslosigkeit provozieren, synchron dazu eskalierende politische Spannungen und Gewalthandlungen. Und würde der Kreuzungspunkt tatsächlich erreicht, drohte das wahrscheinlich größte Gemetzel seit Menschengedenken – ein Höllenstück, in dem rationales organisiertes Handeln kaum noch möglich sein dürfte.

Dieses apokalyptische Szenario ist leider nicht abwegig: Dramatische verbrauchssteigernde Faktoren machen es noch wahrscheinlicher. So wird die Weltbevölkerung von 5,3 Mrd. Menschen im Jahr 1990 allein bis 2010 auf über 8 Mrd. wachsen. Außerdem wird erwartet, daß die städtische Bevölkerung überall zunimmt: 75 % der Nordamerikaner lebten 1990 in Städten – 2025 sollen es voraussichtlich 80 % sein. In Westeuropa wird für denselben Zeitraum eine Steigerung von 80 auf 85 % erwartet, in Osteuropa von 65 auf 75 %, in Lateinamerika von 70 auf 84 %, in Afrika von 33 auf 55 % (!), in China von 32 auf 54 % (!) und in Süd- und Südostasien von 28 auf 48 % (!) stets einhergehend mit der gewollten Industrialisierung der genannten Länder. Verstädterung bedeutet eine

Abb. 3: Reserven und zeitliche Verfügbarkeit von Öl und Erdgas.

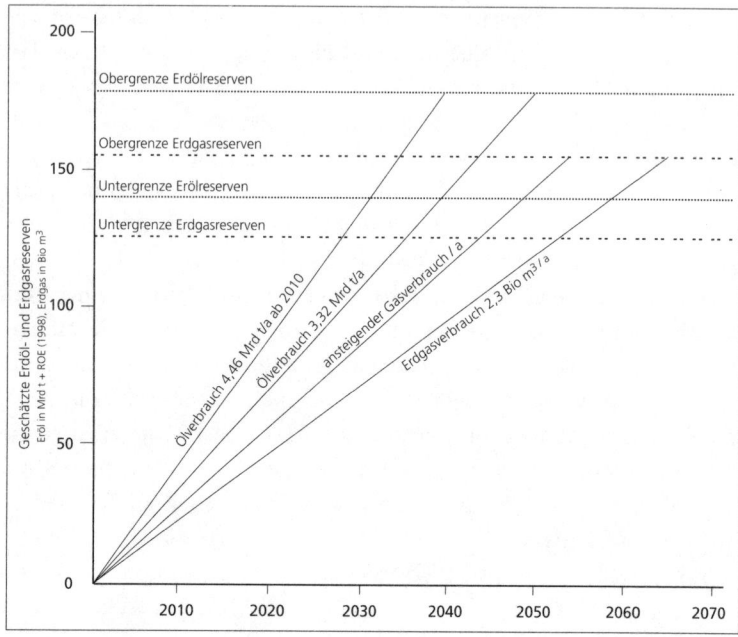

Quelle: Hermann Scheer, Solare Weltwirtschaft

massive Steigerung des Energie- und Ressourcenverbrauchs. Angesichts dieser Daten zerplatzen Dematerialisierungsthesen und -hoffnungen wie Seifenblasen. Es werden mit sehr viel größerer Wahrscheinlichkeit eher die hohen als die niedrigen Zuwachsraten eintreten – das heißt, die Weltwirtschaft wird eher schneller als langsamer auf die Erschöpfung der fossilen Ressourcen zutreiben. Da die Erschöpfung der konventionellen Öl- und Gasreserven wahrscheinlich zwischen 2030 und 2040 erreicht sein wird, beschreibt dieser in der Abbildung 3 skizzierte Zeitraum auch den der finalen Agonie der fossilen Weltwirtschaft. Dann wird die Menschheit einen historisch beispiellosen Existenzkampf führen. Und ihn verlieren, wenn die fossile Weltwirtschaft ihre Verbrauchsorgien bis zum äußersten treibt. Wenn die Menschheit an diese Kreuzungspunkte zwischen Verfügbarkeit und Bedarf getrieben wird, droht der brutalste militärische Konflikt seit Menschengedenken – *der* Weltkonflikt überhaupt.

Dies alles wird von der Protagonistengemeinde der fossilen Energiewirtschaft verdrängt. Ihre eigenen Reserveprognosen kollidieren mit
den eigenen Zuwachsraten. Es werden nicht einmal Querrechnungen
darüber angestellt, um wieviel schneller eine weitere fossile Quelle versiegt, wenn sie eine bereits versiegte ersetzen muß. So wirken die Energieketten auch als geistige Fessel. In diesem autistischen Zustand wird
die naheliegende Konsequenz, massiv auf die erneuerbaren Ressourcen
zu setzen, bisher – wenn überhaupt – höchstens kleinmütig und ängst-
lich gezogen. Die letzten Reste unter der Erde werden von den selbst-
ernannten Realos der etablierten Ressourcenwirtschaft hochgerechnet,
während sie die erneuerbaren Potentiale herunterschreiben. Jede fossile
Utopie gilt noch als realistisch, jede umfassende solare Perspektive als
unrealistisch. Was endlich ist, wird wie unbegrenzt behandelt; was
unendlich ist, wird als begrenzte Möglichkeit hingestellt. Dies war schon
der Widerspruch des 20. Jahrhunderts. Bleibt es dabei, wird er zur
Tragödie des neuen Jahrhunderts.

Aufrüstung zum Ressourcenkonflikt

Die einzige zuverlässige Möglichkeit zur Vermeidung des globalen Res-
sourcenkonflikts ist, alle Anstrengungen darauf zu konzentrieren,
schnellstens mit dem Entzug von der fossilen Energiedroge zu beginnen.
Doch statt dessen werden die Fördertrassen fossiler Ressourcen noch
ausgebaut, um die Ströme noch besser fließen lassen zu können. Und es
wird aufgerüstet zum Ressourcenkonflikt. Die längst überwunden
geglaubte »Geopolitik« erlebt eine Renaissance: Zivile Grundwerte wie
der Einsatz für Demokratie und Menschenrechte werden – siehe Golfkrieg – meist nur dann bemüht, wenn der Einsatz für ihre Verteidigung
zufällig zu anderen Ambitionen paßt. Politische Rauminteressen galten
in früheren Zeiten der Gebietserweiterung, ob aus Machtehrgeiz von
Potentaten, langfristigem Sicherheitsinteresse für die Kernterritorien,
oder um zusätzliche Besiedlungsräume zu erschließen. Dergleichen
Ambitionen, andere Gebiete einfach zu annektieren, werden heute
durch das moderne Völkerrecht und die Weltöffentlichkeit erschwert.
Und wegen der hochentwickelten Agrartechnik und der Bevölkerungs-
stagnation in den großen Industrieländern haben diese auch keinen
Grund mehr, Gebietserweiterungen anzustreben. Schnelle Transport-

und Kommunikationswege sowie die Struktur der Weltkonzerne machen es unnötig, neue Märkte unter direkte eigene politische Kontrolle stellen zu müssen.

Die klassische Methode der geopolitischen Ressourcensicherung war der Gebietskolonialismus. Doch für Kolonien mußte auch politische Verantwortung übernommen und mußten Truppen unterhalten werden. Kolonialismus wurde ineffizient und inopportun, seit – ermutigt durch die sich im 20. Jahrhundert durchsetzende demokratische Idee – Befreiungsbewegungen mit internationaler Unterstützung dagegen aufbegehrten; spätestens seit der Unabhängigkeit Indiens und der erfolgreichen kommunistischen Revolution in China unmittelbar nach dem Zweiten Weltkrieg.

Der moderne Kolonialismus des Weltkapitalismus ist wesentlich effektiver, aber nur realisierbar mit Hilfe der Ressourcenkonzerne. Niemand braucht mehr direkte politische Verantwortung zu übernehmen, man spart die Kosten für Verwaltung und Polizei. Es muß nur sichergestellt werden, daß die Regierungen der Rohstoffländer den Ressourcenfluß in die Industrieländer nicht unterbrechen. Alle Störversuche wurden deshalb bisher über kurz oder lang zerschlagen.[78] Stets ging es dabei um die Frage gesicherter politischer Zugänge und möglichst niedriger Preise für Rohstoffe. Wenn Regierungen der Rohstoffländer die Fördergesellschaften nationalisierten, um sich einen höheren Renditeanteil zu sichern, reichte und reicht der Handlungskatalog bis zum Wirtschaftsembargo, um sie zur Korrektur zu zwingen. Die modernste Methode ist, Kredite etwa des Internationalen Währungsfonds an die Auflage zu binden, daß die Wirtschaft dereguliert und Staatsbetriebe privatisiert werden. Auch das OPEC-Kartell, das zwischen 1973 und 1982 durch bis auf das Dreifache angehobene Ölpreise eine weltweite Wirtschaftskrise auslöste, kann kaum noch einmal in gleicher Weise stören: Die Ölförderländer haben in den Industrieländern große Unternehmensbeteiligungen gekauft, so daß sie nicht an wirtschaftlichen Einbrüchen in den Industrieländern interessiert sind. Außerdem nutzen die Industrieländer divergierende Interessen und politische Konflikte zwischen den Ölförderländern geschickt aus – nach dem bekannten Prinzip »Teile und herrsche«.

Der Versuch der Rohstoffländer, ihre gemeinsamen Interessen an gesicherten Einnahmen im Rahmen der UNCTAD (United Nations Conference on Trade and Development) durchzusetzen, griff dagegen nie. Zu breit gestreut und meist zu kurzfristig angelegt waren die Interessen der Rohstoffländer; zu sehr ließen sie sich durch vordergründige Entwicklungshilfeangebote gefügig machen; zu groß waren bei manchen die Bindungen der Eliten an die ehemaligen Kolonialmächte oder die direkten und indirekten Einflüsse der westlichen Ressourcenmultis in ihren Ländern; zu groß auch der westliche Einfluß auf die internationalen Organisationen, als daß jeder Versuch, eine Gegenmacht zu schaffen – eine Art »Gewerkschaft« der Rohstoffländer gegen die Industrieländer –, hätte gelingen können.

Äußerst zweifelhaft waren und sind oft die Methoden der Industrieländer, ihre Rohstoffinteressen durchzusetzen. Dazu gehört das Schüren, zumindest das gezielte Ausnutzen von Konflikten und Kriegen zwischen verschiedenen ressourcenexportierenden Ländern. Saddam Hussein etwa diente in den 80er Jahren als Schwert der westlichen Industrieländer gegen den islamischen Fundamentalismus des Iran: Man ließ ihn einen brutalen Krieg führen, bevor er selbst seinen westlichen Gönnern ins Gehege ihrer eigenen Ölinteressen kam. Westliche Industrienationen schreckten auch nicht davor zurück, Kleptokraten zu unterstützen, die ihre Länder ruinierten, solange sie nur die Rohstoffflüsse sichern halfen. Das zeigt etwa der Sturz Mobutus in Zaire, dessen Nachfolger Kabila mit amerikanischer Unterstützung an die Macht gelangte, da er die amerikanischen Ressourceninteressen besser zu bedienen versprach. Als erstes verteilte Kabila in den eroberten Gebieten die Schürfrechte neu. Hinter dem bewaffneten Widerstand, der sich inzwischen gegen ihn formiert, stehen wieder andere Ressourcenkonzerne. Oder man finanziert Warlords, um andere Warlords auszuschalten, die den Ressourcenfluß behindern könnten: In Somalia gibt es weiterhin keinen funktionierenden Staat, aber inzwischen sprudeln die Ölquellen amerikanischer Firmen. Selbst fundamentalistische Religionskämpfer wie die Taliban in Afghanistan wurden von den USA unterstützt, auch noch nachdem die russischen Truppen dort längst abgezogen waren und das kommunistische Regime schon beseitigt war – und dies trotz der negativen amerikanischen Erfahrungen mit dem islamischen Fundamentalismus im Iran. Die einzig mögliche Erklärung für diese politische Absurdität ist die Zusicherung der Taliban, den Öltransit aus den transkaukasischen Staaten der ehemaligen Sowjetunion durch Afghanistan für amerikanische Ölkonzerne zu gewährleisten.[79] Eine in ihrer Direktheit neue Qualität bringen die mit modernsten Waffen und Flugzeugen ausgerüsteten »Söldnerkonzerne« in die Rohstoffabsicherung ein. Etwa die »Strategic Resource Corporation« des Südafrikaners Barlow mit noblem Firmensitz in London, die selbst im Ressourcengeschäft tätig ist: Sie übernimmt Sicherheitsaufgaben für den Schutz von Bergwerken und Ölminen und läßt sich von Regierungen oder Oppositionskräften in Afrika für Kampfeinsätze anheuern.[80]

Wenn die Rohstoffländer unregierbar geworden sind, wenn sogar von den Ressourceninteressen der Weltwirtschaftsmächte kontrollierte Regierungen ihre Autorität verloren haben und nicht erneut durch besser funktionierende ersetzt werden können – dann kommen auch die Armeen des Westens wieder. Meist wird versucht, dies mit humanitären Hilfsaktionen zu begründen, und tatsächlich herrscht ja in vielen Regionen das Chaos. Für »humanitäre Aktionen« gibt es sogar ein UN-Mandat. Doch die Entscheidung darüber, wo solche Helfer erscheinen, respektive wo sie nicht erscheinen, hängt bei näherem Hinsehen – besonders in Afrika – mit Rohstoffinteressen zusammen. Die NATO-Gipfelkonferenz in Rom vom 7./8. November 1991, die nach dem Zerfall des Warschauer Pakts das »Neue Strategische Konzept des Bündnisses« formulierte, ließ in der Abschlußerklärung verlautbaren: »Unser strategisches Konzept unterstellt, daß die Sicherheit des Bündnisses im globalen Zusammenhang gesehen werden muß. Es zeigt vielfältige Risiken auf, einschließlich der Verbreitung von Massenvernichtungswaffen, Unterbrechung der Versorgung mit lebenswichtigen Ressourcen sowie Terror- und Sabotageakte.« Als Antwort darauf wurde die Bildung von »Sofort- und Schnellreaktionsverbänden der Land-, Luft- und Seestreitkräfte, die in der Lage sind, auf ein breites Spektrum von vielfach unvorhersehbaren Eventualfällen zu reagieren«, beschlossen.

Die neu kultivierte Geopolitik ist also die alte Ressourcenpolitik. Immer unverhohlener ordnen die Repräsentanten der industriellen Hauptmächte das Wohl und Wehe ganzer Regionen ihren Rohstoffinteressen unter und opfern dafür auch andere Maximen internationaler Politik. Wenn die Verfügbarkeit der Ressourcen gefährdet ist, geht es ums wirtschaftliche Ganze – und damit ums nackte Eigeninteresse. Am deutlichsten wird dies im Verhalten gegenüber der ehemaligen Sowjetunion, insbesondere gegenüber Rußland. Nicht die Stabilisierung Rußlands und die Unterstützung demokratischer Bestrebungen stehen im Vordergrund politischer Strategien und auch nicht der Versuch, den überaus bedrohlichen Verfall eines Staates aufzuhalten, der immer noch

Atommacht ist. Vorrang hat vielmehr auch hier die Kontrolle über die Ressourcenquellen, unter Ausschaltung russischen Einflusses. Ziel ist es, die Ressourcen der neuen selbständigen Staaten um das Kaspische Meer, von Aserbaidschan und Kasachstan bis Turkmenistan, in die westlichen Interessenkanäle zu lenken. Das allein ressourcenbestimmte amerikanische Engagement im inneren Asien ist, wie Zbigniew Brzezinski, der ehemalige Chef des Nationalen Sicherheitsrats der USA, in seinem Buch »The Grand Chessboard« (Das große Schachspiel) betont, für die »globale Vormachtstellung« der USA von »entscheidender Bedeutung«.[81] Mit seinen Thesen straft er die zahlreichen Beschöniger Lügen, die die kommenden Ressourcenengpässe als Hirngespinst oder als bloßes technologisches und kalkulatorisches Problem abtun.

In der Praxis wird diese Politik nicht mehr nur im Nahen Osten und in Afrika verfolgt – und sie dient auch zur Sicherung anderer Rohstoffe über die fossilen Energien hinaus. »Apocalypse soon … in Minerals« lautete bereits 1980 die alarmierende Überschrift eines Artikels im amerikanischen Sicherheitsorgan »Defense Weeks«.[82] Für die rohstoffreiche Südafrikanische Union hatte diese Angst sogar einen positiven Effekt: Nachdem die Westmächte lange Zeit das Apartheid-Regime gestützt hatten, gingen sie – nach einem Kurswechsel des seinerzeitigen amerikanischen Präsidenten Carter – schließlich zu ihren Rassistenfreunden auf Distanz, als der politische Schaden insbesondere durch den zunehmenden Einfluß der Sowjetunion im nachkolonialen Afrika zu groß zu werden drohte. Es war jedoch nicht nur der ideologisch aufgeladene Ost-West-Konflikt, der das Handeln der amerikanischen Außenpolitik in dieser Zeit dominierte, wie es in den meisten Studien und Kommentaren hingestellt wird. Das geostrategische Ressourceninteresse spielte vielmehr stets eine maßgebliche, oft sogar die dominierende Rolle, auch im Ost-West-Konflikt selbst. In den USA wurde das auch offen diskutiert, während die Europäer diesen Umstand in nachkolonialer Scham eher verdrängten. Der Begriff der »strategischen Materialien« hat eine doppelte Wortbedeutung: Wo ein wichtiger Rohstoff unter der Erde eines Landes liegt, gehört dieses Land auch zum strategischen Interessengebiet amerikanischer Außenpolitik.[83] Das politische Interesse der USA am Kaukasus und an Mittelasien hat denselben Grund. Systematisch wird deshalb durch eine »Neo-Containment-Politik« mit »deutlich antirussischem Akzent« – wie es Gernot Erler in »Global Monopoly« beschreibt[84] – versucht, jeglichen russischen Einfluß auf diese Regionen dauerhaft zu unterbinden. An diesen eurasischen Gebieten kreuzen sich aber die Interessen Rußlands, der beiden bevölkerungsreichsten und damit ressourcenhungrigsten Länder China und Indien, der islamischen Hemisphäre und auch die der Europäischen Union. Sie drohen zum Hauptkampfplatz um global zur Neige gehende Ressourcen zu werden.[85]

Im April 1999, anläßlich der Gipfelkonferenz der NATO in Washington zu deren 50jährigem Jubiläum, wurde die 1991 in Rom eingeleitete Strategie bekräftigt und unverblümt formuliert, die NATO zu einem Hegemonialbündnis für die Sicherung westlicher Werte und Interessen zu entwickeln, wobei beide Begriffe als Synonyme verstanden werden. Inzwischen wurden nicht nur in nahezu allen NATO-Staaten sogenannte »Krisenreaktionskräfte« aufgebaut, die weiter wachsen sollen. Die NATO behält sich nunmehr auch ausdrücklich vor, notfalls auch ohne UN-Mandat in anderen Regionen militärisch einzugreifen. Vor allem betreibt sie eine gezielte Ausweitung der Mitgliedschaft.

Nach der Osterweiterung der NATO steht eine Asienerweiterung an. Schon jetzt sind die Öl- bzw. Gasförderländer Kaukasiens und Transkaukasiens sogenannte »NATO-Kooperationsländer« – von Aserbai-

Tabelle 5: Steigerungsraten des fossilen Energieeinsatzes in Asien (in Mio. t)

	1976	1981		1986	
	Jährliche Menge	Jährliche Menge	Steigerung gegenüber 1976 (in %)	Jährliche Menge	Steigerung gegenüber 1981 (in %)
China Fossiler Brennstoffverbrauch in Kraftwerken	175,80	253,28	44	355	40
Ölverbrauch	77,7	83,1	7	97,2	17
Indien Fossiler Brennstoffverbrauch in Kraftwerken	57,51	89,89	56,3	142,39	96,7
Ölverbrauch*	24,86	35,55	43	45,70	28,5
Asien insgesamt Fossiler Energieeinsatz in Kraftwerken	300,68	468,10	44,7	812,91	73,7
Ölverbrauch	161,3	219,7	58,4	255,1	16,1

* ohne die OECD-Länder Japan, Südkorea und die asiatischen Teile der ehemaligen Sowjetunion (Daten zusammengetragen aufgrund der IEA-Statistiken)

dschan bis Kasachstan, Turkmenistan, Kirgistan, Usbekistan und Tadschikistan. Diese Länder sind allesamt keine Demokratien, sondern werden von Clans und Oligarchien beherrscht. Dennoch werden sie als Anwärter auf eine NATO-Mitgliedschaft gehandelt. Das einzige Motiv der NATO sind die Ressourcen dieser Länder, die unter militärischem Begleitschutz der NATO den Weg in den Westen finden sollen. Diese Entwicklung läßt ahnen, welche Probleme entstehen könnten, wenn die NATO sich auf diesem Weg einen privilegierten Zugang zu den letzten großen fossilen Energiereserven sichern will, unmittelbar vor der Haustür Chinas und Indiens, die mit ihrer wachsenden Bevölkerung von zusammen derzeit zwei Milliarden Menschen den größten zusätzlichen Ressourcenbedarf haben; zugleich mitten im Territorium der ehemaligen Sowjetunion, die sich durch diese Asienerweiterung der NATO gedemütigt fühlen muß. Ein Dreierbündnis zwischen China, Indien und Rußland wäre die logische Konsequenz, damit eine nach Asien verschobene Neuauflage eines Ost-West-Konflikts, der zugleich ein Nord-Süd-Konflikt wäre – mit allen damit verbundenen neuen, nicht zuletzt atomaren Aufrüstungsrunden.

	1991		1996	
	Jährliche Menge	Steigerung gegenüber 1986 (in %)	Jährliche Menge	Steigerung gegenüber 1991 (in %)
China Fossiler Brennstoffverbrauch in Kraftwerken	552,46	55,6	877,77	58,9
Ölverbrauch	119,6	23	172,6	44,3
Indien Fossiler Brennstoffverbrauch in Kraftwerken	237,29	66,6	357,54	50,7
Ölverbrauch*	59,96	23,8	82,19	37
Asien insgesamt Fossiler Energieeinsatz in Kraftwerken	1065,20	31	1657,57	55,6
Ölverbrauch	339,90	33,2	481,1	41,5

* ohne die OECD-Länder Japan, Südkorea und die asiatischen Teile der ehemaligen Sowjetunion (Daten zusammengetragen aufgrund der IEA-Statistiken)

Quelle: International Energy Agency

Wie brisant dieses Konfliktpotential ist, zeigt sich besonders vor dem Hintergrund des wachsenden Energiehungers Chinas und Indiens. 1976 lag der Bedarf Chinas an fossilen Brennstoffen für Kraftwerke noch bei 175,80 Mio t ROE. Er stieg auf 877,8 Mio. t im Jahr 1996 – also eine Verfünffachung in nur 20 Jahren! Allein der Verbrauch an Erdöl, bei dem China lange Zeit noch Selbstversorger war, stieg zwischen 1986 und 1996 um 85%, was fast einer Verdopplung in nur zehn Jahren gleichkommt, bei deutlich wachsendem Importbedarf. Der fossile Brennstoffbedarf Indiens für die Stromproduktion stieg zwischen 1976 und 1996 von 57 auf 357 Mio. t ROE – also um das Sechsfache. Der fossile Brennstoffverbrauch in Kraftwerken stieg zwischen 1976 und 1996 von 300 Mio. auf 1,66 Mrd. t ROE – eine Steigerung um das Fünfeinhalbfache. Der Erdölverbrauch Asiens – ohne Japan, Korea und die asiatischen Teile der ehemaligen Sowjetunion – verdreifachte sich seit 1976 und verdoppelte sich zwischen 1986 und 1996[86] (siehe Tabelle 5).

Solche Bedürfnisse stoßen sich am trotz all dieser Steigerungsraten immer noch weit überproportionalen und weiter steigenden Energieimportbedarf der führenden Industrieländer. Diese Entwicklung läßt neben Umweltkatastrophen kalte Wirtschaftskriege und heiße Waffengänge befürchten.

Doch statt auf erneuerbare Ressourcen zu setzen, richtet sich die Ressourcen-Geopolitik darauf ein, potentielle Konkurrenten gegeneinander auszuspielen oder matt zusetzen, und zwar auf zwei Wegen: Der eine ist der rigorose Versuch, den Weltmarkt als globales wirtschaftliches Ordnungsprinzip einzuführen, um alle Türen für den ungehinderten Import geöffnet zu halten. In diesem Weltmarkt könnten sich die »westlichen« Industrieländer mit ihren transnationalen Unternehmen, ihrer Kapitalkraft für Investitionen, ihrer Kaufkraft, ihrem Technikvorsprung und ihrem dominierenden Einfluß auf die internationalen Institutionen den Raubtieranteil an den Ressourcen sichern. Auf dem zweiten Weg bauen sie ihre militärtechnologische Überlegenheit und globale Operationsfähigkeit aus, um die Nachfragekonkurrenten notfalls militärisch in die Schranken weisen zu können.

Viele Experten rechnen damit, daß die Konflikte um den Zugang zu lebensnotwendigen Wasserreserven am schnellsten zu Kriegen eskalieren könnten. Solche Konflikte schwelen vor allem zwischen den Ländern, deren Wasserversorgung von denselben großen Strömen abhängt. Wer geographisch an der Quelle sitzt, hat die Möglichkeit, sich zu Lasten der anderen Anrainer zu bedienen: entlang des Nils der Sudan gegenüber Ägypten oder entlang des Euphrat die Türkei gegenüber dem Irak.[87] Auch diese Konflikte sind existentiell, aber sie bleiben auf bestimmte Regionen begrenzt. Im Unterschied dazu haben die Konflikte um die fossilen Ressourcen globale Dimensionen, auch wenn sie bisher vordergründig regional ausgetragen wurden. Doch mit zunehmender Ressourcenverknappung wird sich die weltpolitische Szenerie in den nächsten Jahrzehnten nahezu zwangsläufig von Grund auf ändern. Auch wenn es nicht zu großen Kriegen kommen sollte: Die große Aufrüstung ist bereits im Gange.

Unverkennbar ist etwa der Zusammenhang zwischen der atomaren Aufrüstung im islamisch-indischen Raum und dem Ressourcenkonflikt. Die führenden Industrienationen beteiligten sich seit dem Sturz des Schahs 1979 ebenso solidarisch an der Isolierung des Iran, wie sie im Jahr 1991 bei der unvollendeten Exekution des Irak zueinanderstanden. Daß es dabei um Strafmaßnahmen ging, weil diese Staaten die Ressourcendominanz in Frage zu stellen wagten, ist naheliegend. Bei den folgenden gelegentlichen Raketenstrafaktionen gegen den Irak geht es um die Unterbindung von dessen atomaren Rüstungsambitionen. Doch ebendiese Aktionen bringen andere Länder im globalen Ressourcenkonflikt dazu, ihre atomaren Rüstungsanstrengungen zu beschleunigen: Sind sie erst einmal Atommacht, so ihre Folgerung aus dem Irak-Konflikt, so wird die amerikanische Supermacht mit ihnen nicht mehr so umspringen können wie mit dem Irak. Diese Überlegung erklärt die iranischen Atomwaffenpläne. Mag die indische und die pakistanische atomare Aufrüstung, die zu den spektakulären Atomtests von 1998 führte, auch in erster Linie im pakistanisch-indischen Konflikt begründet sein – das darüber hinausgehende Motiv ist, sich durch atomare Stärke weniger erpreßbar zu fühlen. Chinesische Politiker begründen ihr kompromißloses Festhalten an Atomwaffen explizit damit, bei ihrem rapide wachsenden Bedarf an Importressourcen eine Position der Stärke anzustreben.

Insgesamt sind die westlichen Rüstungsausgaben keineswegs in dem Maße gesunken, wie es das Ende des Ost-West-Konflikts geboten hätte, trotz nahezu überall um sich greifender Krisen der Staatsfinanzen. Lagen, den Berechnungen des »International Institute for Strategic Studies« in London zufolge, die NATO-Rüstungsausgaben 1986 bei 585 Mrd. Dollar und die der Sowjetunion bei 343 Mrd. Dollar, so beliefen sich die der NATO 1997 immer noch auf 454 Mrd. Dollar, während die

Rußlands auf 64 Mrd. Dollar sanken. Lagen 1985 noch 48% aller weltweiten Rüstungsausgaben bei den NATO-Mitgliedsländern, so sind es
jetzt 57% – und dies ohne die zahlreichen »NATO-Kooperationsländer«.
Terrorismusgefahren sind eine fadenscheinige Begründung für diese
Aufrüstung, denn Terroristen können nicht mit Armeen bekämpft werden. Eine Bedrohung durch Rußland ist angesichts des inneren Über-
lebenskampfs und einer sich auflösenden Armee unwahrscheinlich. Es
bleiben als Legitimation die Interventionsmöglichkeiten in regionalen
Krisen, die in zunehmendem Maße direkt oder indirekt Ressourcenkonflikte sind. Es ist weltpolitisch abzusehen, daß jene Länder, die einen
wachsenden Bedarf an fossilen Ressourcen haben, in Zukunft einen
deutlich größeren Anteil am zur Neige gehenden Gesamtangebot beanspruchen und daher Allianzen schmieden werden gegen die ameri-
kanisch-europäisch-japanische Trilaterale, die bisher den Zugang zu
Rohstoffen kontrolliert. Bündnisse nicht nur Chinas mit Rußland oder
Indien, auch vielleicht Rußlands mit dem Iran und sogar demnächst mit
einer von der EU abgewiesenen Türkei oder vielleicht der Türkei mit
dem Iran, Pakistan und China könnten die Folge sein. Oder Japan schert
aus und verbündet sich mit China, um gemeinsam – und vielleicht auch
mit Indien und Indonesien – den Blick auf die australischen Ressourcen
zu richten. Daß die Türkei nicht zuletzt auf ausdrückliche amerikanische Empfehlung Mitglied der Europäischen Union werden soll, hat
ebenfalls ressourcenpolitische Gründe, damit dieses Land keine anderen
Bündnisse eingeht. Nicht zufällig sind Süd-, Südost- und Zentralasien
die einzigen Regionen, in denen die Rüstungsausgaben stark ansteigen:
zwischen 1985 und 1997 von 120,6 Mrd. auf 160,8 Mrd. Dollar, gemessen
am Währungswert des Jahres 1997.

Mit Ressourcenegoismus zum Werte- und Gesellschaftszerfall

Ob in Rußland oder Somalia, in Indonesien oder Mexiko, im Kongo
oder in Sri Lanka, in Jugoslawien oder Algerien, in Angola oder Geor-
gien, in Nigeria oder Afghanistan, in Ruanda oder Usbekistan: Die Beispiele zerfallender politischer Ordnungen und blutiger Auseinander-
setzungen häufen sich. Sie sind ethnisch, religiös oder nationalistisch
motiviert und bieten einen Vorgeschmack auf Konflikte, die auf uns
zukommen werden, weil

- sich die schon jetzt höchst ungleiche Verteilung der fossilen Weltreserven mit deren unausweichlicher Verknappung scharf zuspitzen
  wird;
- die sich ausbreitenden, fossil bedingten Umweltkatastrophen – neben eventuellen atomaren Unfällen – die Lebenschancen von immer
  mehr Menschen gewaltsam beschneiden.

Daraus entstehen Lebensraum- und Lebensnotstände, die zur Saat ufer-
loser Gewalt und blutiger Exzesse werden. In diesen werden dann die
historisch eingeübten Mechanismen der Auslese von Menschen durch
Menschen willkürlicher und unerbittlicher denn je praktiziert. Was auf
den ersten Blick als ethnischer oder religiöser Konflikt erscheinen mag
und das Einschreiten der aufgeklärten Ordnungsmächte im Namen der
Menschenrechte erzwingt, wird in Wahrheit durch deren Ressourcen-
egoismus verursacht.

Am Horizont des 21. Jahrhunderts zeichnet sich eine Verrohung und
Brutalisierung der inner- und zwischenstaatlichen Beziehungen und die
fortschreitende Auflösung von Staatensystemen ab: entweder in einen
anarchischen Zustand wie in Somalia oder in immer weitere Aufsplitte-
rungen wie in der Sowjetunion und möglicherweise bald auch in Rußland selbst, die vielleicht auch irgendwann in Indonesien, China und
Indien stattfinden könnten. Es ist nicht damit zu rechnen, daß die Auflösung politischer Ordnungen immer so glimpflich – also ohne Gefährdung des Weltfriedens – verläuft wie bisher in der Sowjetunion. Daß der
Bestand der Europäischen Union selbst dann gesichert wäre, wenn ein
Ressourcennotstand zu tiefgreifenden wirtschaftlichen Erschütterungen
führt, ist ebenfalls mehr als fraglich.

Mit Elementen einer »global governance« gelang es wiederholt, Konflikte einzudämmen, die die unmittelbaren Kontrahenten nicht mehr
lösen wollten oder konnten. »Autoritäten« von außen können gelegent-
lich mäßigend wirken und dabei helfen, einen neuen gesellschaftlichen
Ordnungsrahmen zu konstruieren. Dies ist möglich, solange die Inter-
essengegensätze noch überbrückbar und die Konfliktgründe nicht
heillos sind, und wenn die helfenden Hände sich tatsächlich für allge-
meingültige Werte – den Schutz von Menschen und einen fairen Interessenausgleich – engagieren. Bei Ressourcenkonflikten jedoch ist der
Nerv der großen Industrienationen unmittelbar getroffen, verfolgen die
politischen und wirtschaftlichen »global players« hemmungs- und

kompromißlos ihre Eigeninteressen. Und weil den dominanten Mächten infolgedessen nicht nur die notwendige Glaubwürdigkeit fehlt, um als übergeordnete und von gegnerischen Konfliktparteien akzeptierbare Autorität aufzutreten, sondern auch der tatsächliche Wille zum Interessenausgleich, müssen »global governance«-Ansätze versagen, wenn es um ihre Ressourceninteressen geht.

Die *politischen* »global players« sind allesamt zumindest indirekt Provokateure ökologischer Lebensraumvernichtung sowie der sozialen Engpässe, die aus der disproportionalen Ressourcenverfügbarkeit entstehen. Sie waren bisher zu globaler Verantwortung nicht fähig, obwohl sie eine einzigartige globale Macht repräsentieren. Sie setzen in allererster Linie weiter auf die wirtschaftlichen Träger, die sich für die Nutzung der Nahrungs-, Energie- und Rohstoffressourcen herauskristallisiert haben. Diese haben sich nicht nur dabei bewährt, die Gesellschaft mit ihren Lebensstoffen kostengünstig zu versorgen. Die wirtschaftlichen »global players« in Form von »corporate empires« haben sich in einer weltwirtschaftlichen Marktordnung allen anderen praktizierten Wirtschaftsformen als überlegen erwiesen, sowohl in ihrer Effektivität wie in ihrer Angebotsbreite. Daraus wird die Konsequenz gezogen, an diesen Strukturen nicht rütteln zu lassen, sondern sie sogar weiter auszubauen. Die Rechtfertigung ist, daß ohne sie keine wirtschaftliche Existenzsicherung mehr möglich sei.

Aber der Widerspruch ist evident:

– Hier die transnationalen Unternehmen, deren Spielraum nicht nur von ihnen selbst, sondern durch politische Entscheidungen ständig wahllos ausgeweitet wird: nicht nur durch den Welthandelsvertrag, der zwischen umweltschädigenden und umweltschonenden, erschöpflichen und unerschöpflichen Produkten nicht unterscheidet, sondern auch dadurch, daß Regierungen auf nationaler und internationaler Ebene immer mehr dazu übergehen, den transnationalen Unternehmen die Aktionsmöglichkeiten zu erleichtern. Es gibt kaum noch eine Investition eines solchen Unternehmens, für die es keine Subvention gibt – ob durch kostenlose Bereitstellung von Standorten und der notwendigen Infrastruktur, durch jahrelange Freistellung von Steuern oder direkte Investitionszuschüsse. Es gibt kaum eine Großfusion von Unternehmen, die von Regierungen ihrer Sitzländer nicht begrüßt oder sogar aktiv unterstützt würde. Weil sich Regierungen zu eigenen Zukunftsgestaltungen nicht mehr in der Lage sehen, erhoffen sie sich diese von den transnationalen Unternehmen. Die Initiative für das MAI-Abkommen (MAI steht für »Multinational Agreement on Investment) entspringt diesem Gedankengut. Mit diesem Abkommen, das im Sommer 1998 wenigstens vorläufig gestoppt wurde,[88] sollten Auslandsinvestitionen – und bei einem transnationalen Konzern sind das nahezu alle Investitionen – vor neu hinzukommenden politischen Aufgaben mit ungeplanten Kostenfolgen geschützt werden, d.h. in erster Linie vor Sozial-, Steuer- oder Umweltgesetzen. Die Regierungen wären gegenüber den Konzernen für deren durch solche Gesetze steigende Kosten schadenersatzpflichtig geworden. Dies wäre gleichbedeutend mit der Freistellung der »corporate empires« von nationalen Rechtsordnungen, so daß sie zu extraterritorialen Institutionen mit uneingeschränkter Vollmacht, aber ohne politische und soziale Haftung würden.

– Dort neben den globalen Umweltfolgen die sozialen Konsequenzen, die nirgendwo schwerwiegender sein werden als in den ländlichen Räumen der dritten Welt, wo sich das größte soziale und kulturelle Debakel der Weltgeschichte zusammenbraut. Dort leben drei Milliarden Menschen – also die Hälfte der Weltbevölkerung – von landwirtschaftlicher Arbeit. Mit der Weltmarktausrichtung der Landwirtschaft werden diese Menschen von den transnationalen Nahrungsmittelkonzernen noch abhängiger, die, ihrer betriebswirtschaftlichen Logik gemäß, auf Massenerzeugung in landwirtschaftlichen Großbetrieben zielen. Mit ihren Einkaufsmonopolen können sie einen entsprechenden Wandel der Betriebsstrukturen gebieterischer denn je – eben »marktwirtschaftlich« – erzwingen.[89] Die erwartbare Konsequenz ist, daß wahrscheinlich zwei dieser drei Milliarden – bleibt es bei diesem Leitbild landwirtschaftlicher Modernisierung unter Weltmarktbedingungen – ihre Existenz verlieren, ohne daß es für sie eine andere Perspektive gibt. Bis zu 170 Mio. ländliche Beschäftigte werden zu Beginn des neuen Jahrhunderts in China arbeitslos sein, so eine Schätzung des chinesischen Sozialwissenschaftlers Feng Lenrui. Das ist ein Viertel der Beschäftigten Chinas.[90]

Daraus ergibt sich: Entweder wird der Weg zu einer solaren Ressourcenbasis und gleichzeitig zu landwirtschaftlichen Strukturen eingeschlagen, die nicht dem weltmarktorientierten industriellen Leitbild folgen – oder es wird zu einer Aufkündigung der tragenden Werte der Neuzeit kommen, weil der weltwirtschaftliche »Realismus« angeblich keine andere Welt zulasse: Von der Idee des internationalen Interessenausgleichs bis zu der des Erhalts der natürlichen Lebensgrundlagen, von der des sozialen Ausgleichs innerhalb der Staaten bis zu der des demokratischen Verfassungsstaats wird dann alles dem ungehinderten Zugang zu Ressourcen und ihrer optimalen wirtschaftlichen Nutzung untergeordnet. Dann wird in der Zukunft alles möglich – von der lethargischen Inkaufnahme ruinöser Entwicklungen bis zu deren lautstarker Verdrängung in der »Spaßgesellschaft«, von tumultartigen Konflikten in sich auflösenden Gesellschaften bis zur unverhohlenen Anwendung militärischer Gewalt für wirtschaftliche Interessen, vom Verfall nationaler Ordnungen bis zum Zusammenbruch der mühsam und unzulänglich aufgebauten internationalen Ordnung; zur »Herrschaft des Chaos« (Samir Amin).[91]

   Da nichts so existentiell ist wie eine gesicherte Ressourcenbasis, ist deren Gefährdung für einen Teil der Menschheit oder für diese insgesamt gleichbedeutend mit der Bereitschaft zu extremster Rücksichtslosigkeit und Grausamkeit. Die Rücksichtslosigkeit ist bereits vorhanden, die Grausamkeiten werden folgen, sobald die Gefährdung akut wird. Man kann es sich kaum ausmalen, was der Weltgesellschaft bevorsteht, wenn sie die Wahlmöglichkeit des Wechsels zu solaren Ressourcen nicht ergreift – einschließlich der Rückkehr zu landwirtschaftlichen Produktionsweisen, die die nicht vermehrbaren Böden fruchtbar und die nicht vermehrbaren Wasserquellen sauber halten.

   Gäbe es einzig die politischen Optionen Ressourcenverbrauch oder Verzicht, hätte die Menschheit höchstwahrscheinlich keine Chance, ihrer Selbstzerfleischung zu entgehen. Denn Verzicht ist, so plausibel die Forderung danach erscheinen mag, wahrscheinlich keine realisierbare Alternative: Auf die Frage, wer Verzicht durchsetzen sollte, bei wem, zu wessen Gunsten und zu wessen Schaden, gibt es keine befriedigende Antwort. Zu elementar sind die Ressourcenbedürfnisse und zu ungleich verteilt sind die Zugänge, als daß darüber auch nur ein nationaler, geschweige denn ein globaler Konsens hergestellt werden könnte. Sehr viele brauchen und wollen mehr – aber zum Weniger ist keiner bereit.

   Der Ausweg kann deshalb nur in einer erneuerbaren Ressourcenbasis liegen. Daß sie diesen Weg nicht einmal halbherzig beschreiten, rechtfertigen die Anhänger der fossilen Weltwirtschaft mit einer ebenso fossilen Argumentation: Bevor man sich in Zeiten des globalisierten Wettbewerbs um die Umwelt kümmern könne, müsse man sich diesen »Luxus« durch weiteres konventionelles Wirtschaftswachstum erst erwirtschaften. Diese »Wirtschaftsphilosophie« ist eine Nekrosophie – eine Todesweisheit. Denn ihre absurde Konsequenz ist, daß der Preis für den Schutz der Umwelt die anhaltende Freiheit sei, diese – wie lange noch? – weiter beschädigen zu dürfen. Wir dürfen dieser »Weisheit«, deren kulturelle Hegemonie schon viel zu lange dauert, nicht länger folgen.

4. Kapitel
Die sozialen und kulturellen Verwerfungen durch fossile Ressourcenketten

Die gesellschaftsprägenden Folgen der fossilen Ressourcenketten sind besonders deutlich erkennbar an den beiden gegensätzlichen soziokulturellen Polen dieses Globus: auf der einen Seite den Großstädten der Industriegesellschaften – auf der anderen den ländlichen Räumen der dritten Welt. Die wachsenden Megastädte der industriellen Moderne wurden erst möglich durch die fossilen Energieketten. Nun, mit der nahenden Erschöpfung fossiler Energien, droht den Megastädten der Kollaps.

Je mehr das fossile Energiesystem dominierte, schließlich bis zur globalen energetischen Monokultur, desto tiefgreifender wurden gleichzeitig die Rückstoßeffekte auf die ländlichen Räume. Was in den Industrieländern Vergangenheit ist, ist in den Entwicklungsländern die Gegenwart. Von dort wandern die Menschen selbst bei einem üppigen Angebot an Sonnenenergie in stetig steigender Zahl in die ohnehin schon verslumten Städte, weil sie für sich keine Möglichkeiten mehr sehen, ihren Lebensunterhalt mit landwirtschaftlicher Arbeit zu bestreiten. Eine Ursache dafür ist die mangelnde Verfügbarkeit leistungsfähiger Energiesysteme, ohne die sich weder die landwirtschaftlichen Strukturen noch neue wirtschaftliche Initiativen entwickeln können. Überall Sonne, aber keine Energie für die wirtschaftliche Entwicklung: Das ist die groteske Lage der Entwicklungsländer. Ihre Situation erinnert an ein Schiff, dessen Mannschaft das Trinkwasser ausgegangen ist, und dem Kapitän bleibt nichts als der hilflose Ruf: »Überall ist Wasser, aber kein Tropfen zu trinken.« Mit einer Meerwasserentsalzungsanlage an Bord könnte dieses lebensbedrohliche Problem nicht entstehen. Die dritte Welt braucht dringend eine industriell entwickelte technische Solarenergienutzung, um ihre Lebenschancen zu verbessern.

Energievorkommen und -formen haben die Siedlungsgeschichte und den sozialen Wandel der Gesellschaften stets grundlegend bestimmt.[92] Um so wichtiger ist es, angesichts der Dämmerung des fossilen Energiezeitalters über die existenzbedrohenden Probleme der beiden diametral gegensätzlichen Siedlungsformen Land und Stadt und ihre mögliche Entwicklung im postfossilen Zeitalter nachzudenken. In nahezu allen Erörterungen über die künftigen Lebenschancen in den unterschiedlichsten Siedlungsräumen wird der Zusammenhang mit der Energiefrage vernachlässigt – so bisher auch auf den von den Vereinten Nationen initiierten Habitat-Konferenzen, die die Perspektiven urbaner Lebensweisen behandeln.[93]

Aufstieg und Niedergang der fossilen Stadt

Solange es in der Siedlungsgeschichte der Menschheit keine effizienten Energietechniken, keine schnellen und großvolumigen Transportkapazitäten und keine Verkehrsinfrastruktur gab, mußten die Siedlungsgebiete unmittelbar an die Räume der Energiegewinnung und der Nahrungsmittelproduktion gekoppelt bleiben. Die Felder und Waldgebiete, die in vorindustriellen Zeiten die Energieressourcen für die Städte lieferten, mußten – je nach Bodenqualität und klimatischen Anbaubedingungen – etwa 40- bis 100mal größer sein als die eigentlichen Siedlungsflächen. Solange diese natürliche Wachstumsgrenze respektiert wurde, waren Versorgungskrisen unwahrscheinlich. Die wirtschaftlichen Verhältnisse erlaubten selten übermäßigen Reichtum; dafür war ihre Stabilität auch nur durch Kriegseinwirkungen gefährdet.[94] Zwar gab es Unterschiede in den Lebensverhältnissen, naturbedingt oder als Folge eines unterschiedlichen Stands der technischen und kulturellen Entwicklung. Doch sie waren im vorindustriellen Zeitalter geringer, als sie sich im fossilen Industriezeitalter im globalen Maßstab herausbildeten; insbesondere seit das fossile Energiesystem in der ersten Hälfte des 20. Jahrhunderts zunächst konzentriert und monopolisiert und in der zweiten Hälfte endgültig globalisiert wurde.

Rom hatte in der Hochphase des Römischen Imperiums, im 1. Jahrhundert n. Chr., etwa eine halbe Million Einwohner. Erst die industrielle Revolution schaffte mit ihren Möglichkeiten konzentrierter Energiebereitstellung und den laufend verbesserten Transportmöglichkeiten überhaupt die Grundlage für ein Anwachsen der Ballungsräume und damit die Verlagerung der Siedlungsschwerpunkte vom Land in die Städte. Bedingung für diese Entwicklung war, Nahrungsmittel und

Energie aus immer entlegeneren Gebieten technisch immer müheloser und wirtschaftlich immer kostengünstiger in die städtischen Siedlungsräume transportieren zu können. 1800 gab es auf dem Globus eine einzige Stadt mit einer Million Einwohner; 1900 waren es dreizehn; 1990 bereits 300.[95] Die industriellen städtischen Zentren breiteten sich zunächst in den Revieren mit großen Kohlevorkommen, später entlang der Hauptlinien und Großströme der sich konzentrierenden Energieversorgung aus. Auf dieser Basis wurden sie auch zu Zentren der energieintensiven Dienstleistungen. Je schneller die fossilen Megastädte wuchsen, desto unorganischer wucherten sie.

Die ersten Wachstumsphasen der fossilen Stadt vollzogen sich relativ langsam, weil noch nicht alle energietechnischen Möglichkeiten der fossilen Energietechniken und des Energietransports zur Verfügung standen. Erst gab es nur die Möglichkeit, große Mengen an Primärenergie auf Frachtschiffen in die Hafenstädte oder in flußläufige Städte zu transportieren. Dann folgte der Transport auf Eisenbahnwaggons, der auch großstädtisches Wachstum im Binnenland und fern von großen Flüssen oder Kanälen ermöglichte. Es folgten die Stromleitungen, die den Energietransport noch schneller und breiträumiger machten. Gleichzeitig vermehrten sich die Techniken zur Energienutzung. Je vielfältiger diese Transport- und Nutzungstechniken wurden, desto stärker wurde die Infrastruktur der Energieversorgung und des Verkehrs ausgebaut und desto breiter und schneller ergossen sich die Energieströme in die industriellen Metropolen. Die schnellsten und größten Wachstumsschübe ermöglichten der überregionale Stromverbund sowie die Massenproduktion des Automobils, das die Stadtentwicklung immer stärker prägte. Doch besonders in der Anfangsphase der Entfaltung fossiler Städte gab es noch Spielräume für eine allmähliche Anpassung an die industrielle Entwicklung – und damit Chancen, diese Schritt für Schritt zu gestalten.

Nahezu alle Stadtsoziologen rechnen heute mit einer weiteren Verlagerung der Siedlungsbedürfnisse in kontinuierlich wachsende Megastädte, als handele es sich dabei um einen unumkehrbaren Trend weltgesellschaftlicher Kulturangleichung. Doch wenn sie diese Entwicklung quasi als schicksalhaft und unbeeinflußbar hinnehmen, ignorieren sie, wie fragil deren energetische Voraussetzungen werden bzw. in den Entwicklungsländern schon längst sind. Sie kommen meist gar nicht mehr auf die Idee, daß eine andere Zivilisationsentwicklung nicht nur wünschenswert, sondern auch möglich und zwingend nötig ist. Mühsam versuchen sie die einzelnen Probleme aufzuzählen und jedes einzeln für sich zu kanalisieren – und können doch nicht verhindern, daß die Problemmengen zunehmen und die Kanäle überlaufen. Die Entwicklung der Städte, die die fossile Abhängigkeit nur weiter verstetigt, läßt bei kaum einem Akteur ein Bewußtsein davon erkennen, daß dieses Energiesystem lediglich ein Intermezzo der Geschichte ist. Nur wenn das fossile Energiesystem samt der Atomkraftwerke durch ein anderes zentralisiertes Energiesystem abgelöst werden könnte, wäre es theoretisch möglich, dem Trend zu megastädtischen Strukturen weiter nachzugeben. Aber auch das hätte eine weitere Zerstörung der ländlichen Lebenskulturen zur Folge.

Auch die Lebensweisen in den Städten sind durch das zentralisierte Energieversorgungssystem zunehmend uniformiert, monotonisiert, ökonomisch und kulturell verarmt. Als das fossile Energiesystem die industriellen Zentren hervorbrachte, zogen sie die Menschen magnetartig an. Die Großstädte versprachen Arbeit und schnellen Reichtum. Frühindustrielle Ausbeutung und Massenelend, wie sie von den ersten modernen Sozialkritikern in grellen Farben beschrieben wurden, konnten unter dem wachsenden Einfluß der organisierten sozialen Bewegung überwunden bzw. gelindert werden. Die Städte prägten das alleingültige Zivilisationsmodell: Industriearbeit, Vielfalt an Bildungs-, Berufs-, Freizeit- und Kulturangeboten, Massenkommunikation. Mit dem akkumulierten Kapital konnten großartige Bauten errichtet werden: Konstruktionen für Fabriken, Gas- oder Wasserwerke, die heute luxuriöse Wohnräume beinhalten; Konstruktionen in Eisen – von Hallendächern bis zu Bahnhöfen und Brücken – mit transparenten Gitterwerken und verspielten Gußformen.[96] Die Zeichen standen auf Aufstieg – bis die Industriestädte selbst in die fossile Wachstumsfalle gerieten: weil den Millionenstädten die industrielle Arbeitsbasis verlorenging, ihr darauf abgestimmtes inneres Gefüge brüchig wurde und die Umweltlasten überhandnahmen.

Die Gleichschaltung des Stadtraums durch zentralisierte Energiesysteme
Solange Energieknappheit zum Alltag nahezu jeder Zivilisation zählte, war man stets darauf angewiesen, die Lebensräume unter Berücksichtigung der jeweiligen bioklimatischen Verhältnisse und mit lokal verfügbaren Materialien zu gestalten: je nach bioklimatischer Lage die Sonne

nutzend oder schattenspendend, wärmedämmend oder kühlend. Man nutzte Bäume als Windschutz, Neigungsflächen zur Heizung, Windschneisen zur Kühlung, Rundbauten zur Energieeinsparung, Waldholz, lokale Gesteine oder Erdmassen als Baumaterial.[97] So entstand global in Städten wie Dörfern eine jeweils lokal geprägte Vielfalt der Baustrukturen, Baustile und Baumaterialien, eine »Evolution der solaren Architektur« (Behling).[98] Diese Entwicklungsgeschichte des Bauens brach im Lauf des 20. Jahrhunderts ab. Wo Kohle, Öl, Gas und Baustoffe mühelos verfügbar wurden, verloren die Bauwerke ihren klima- und damit regionaltypischen Charakter.

Weil der Fluß von Energie- und Materialien keine Rücksicht auf bioklimatische und geographische Gegebenheiten mehr erforderten, gewannen die Architekten und Stadtplaner jede Freiheit zu umgebungsunabhängiger Gestaltung – und endeten dadurch ironischerweise bei einer globalen Einheitsarchitektur. Sie fühlten sich davon befreit, natürliche Kühlsysteme nutzen zu müssen; die Stromnetze brachten ja im Überfluß Energie für die Kühlung. Sie fühlten sich frei, natürliche Wärmeangebote zu ignorieren, weil es kein Problem mehr war, die Wärmeenergie über den halben Erdball anliefern zu lassen. Sie sahen die Chance, mit zentralisierten Energie- und Materialangeboten industriell und damit kostengünstiger zu bauen – und schufen Gebäude, die immer weniger Originalität verkörperten, ihren Identifikationswert schnell einbüßten und in immer kürzeren Zeitfrequenzen erneuert oder abgerissen werden mußten. Ob in Berlin oder Rio, in Paris oder Athen, in Sidney oder Boston – die Gebäude der architektonischen Moderne wurden uniform, austausch- und verwechselbar.

Die Philosophie der fossilen Stadtplanung wurde in den 40er Jahren von Le Corbusier in seiner »Charta von Athen« formuliert: die funktionelle Trennung der städtischen Bereiche des Wohnens, des Arbeitens, des Einkaufens, der Freizeitaktivitäten und des Verkehrs.[99] Diese Charta war eine Antwort auf die Probleme der fossilen Stadt, ohne ihre Grundlage in Frage zu stellen. Die Wohnbevölkerung sollte vom wachsenden Verkehr verschont werden – um den Preis einer Vervielfachung der Verkehrsströme. Was funktionaler werden sollte, wurde komplexer, zeitraubender und zerstörte Kommunikationsstrukturen. Die Symbole der fossilen Stadt sind die Funktionszentren als Ausdruck entkoppelter Lebensräume: Gewerbegebiete, Einkaufs-, Sport-, Gesundheits-, Freizeit- und Kulturzentren. So entstand ein vorwiegend an der Mobilität ausgerichteter, separierender Funktionalismus mit immer größerem Raumbedarf für Straßen und Autos, der das organische Leben von Stadtteilen zerschnitt. Die Verkehrswege wurden zum einzigen und damit dominierenden Bindemittel und damit auch zur Hauptlast der Millionenstädte.

Wenn aber das Schlüsselelement dieser Arbeitsteilung, die Erwerbsarbeit in den industriellen Zentren, in großem Umfang ausfällt, droht der fossilen Megastadt der innere Zerfall. Davon sollen derzeit Zukunftsbilder ablenken, die von der Verwandlung der Megastadt in die »Global City« schwärmen: eine Großstadt, in der sich die Zentralen der »global players« befinden und in der sich die Consulting-, Informations- und Finanzdienstleister tummeln, die Werbeagenturen, Hotelketten und Softwarefirmen.[100] Doch wie viele Städte des Globus können eine solche Rolle spielen – angesichts des globalen Trends zu Großfusionen, damit auch weniger Hauptquartieren von Unternehmen, aber immer mehr Menschen in Städten?

Strukturwandel der Arbeit und Erosion der Megastadt

Solange sich die Infrastruktur konzentrierter Energieangebote noch auf die Städte konzentrierte, waren sie die privilegierten Wirtschaftsstandorte. Diese Bindung wurde mit dem globalen Ausbau und der weiträumigen Vernetzung der fossilen Energiesysteme und mit dem globalen industriellen Strukturwandel hinfällig. Die Standorte von Unternehmen können in vielen Branchen immer leichter und schneller verlagert werden, so daß nicht einmal die gestiegene Mobilität der Menschen mithalten kann.

In den Megastädten hinterläßt die neue Mobilität der Gewerbestandorte die Menschen in ihren zuvor funktional separierten Wohnquartieren, von denen aus sie zur Arbeit, zum Einkauf und zur Freizeitbetätigung ausschwärmten. Städtische Funktionsteilung ohne ausreichende Arbeit und Erwerbseinkommen als Ferment wird sinnlos und führt zur Ghettoisierung. Den modernen, teilweise hochbezahlten Dienstleistungsberufen stehen immer mehr einfache Dienstleistungstätigkeiten gegenüber, in Gaststätten, für Zubringerdienste, in Reinigungsberufen, mit meist niedriger Entlohnung in stundenweiser Bezahlung. In der »selbstzerstörerischen Sehnsucht nach der Global City«, wie Hartmut Häußermann die Lobpreisungen dieses städtischen »Modernisierungsmodells« beschreibt, wächst mit der Zahl der Arbeitslosen und der Billig-

jobs auch die Zahl derjenigen, die von kommunalen und/oder staatlichen
Sozialleistungen abhängig sind.[101] Im Gegenzug sinken die städtischen
Steuereinnahmen. Durch die kommunale Finanzkrise werden die Städte
gezwungen, kommunale Aufgaben zu privatisieren und bisher kostenlose
oder preisgünstige öffentliche Dienstleistungen zu kommerzialisieren.
Der Zugang zu öffentlichen Räumen wird so für viele erschwert oder gar
unerschwinglich. Die sozialen Differenzen und Spaltungen nehmen zu
und mit diesen die Spannungen und die Kriminalität. Der Niedergang
der Stadt ist programmiert, er ist längst sichtbar – und am Horizont auch
schon der freie Fall, wenn auch noch die fossilen Energiequellen zur
Neige gehen und die Lebenskosten für immer mehr Stadtbewohner endgültig nicht mehr bezahlbar werden. Unaufhaltsam sinken die ersten
Megastädte der etablierten Industriegesellschaften, immer weitere Teile
ihrer Bewohner erfassend, auf das Niveau von Dritte-Welt-Städten ab.
Dabei war doch die Entwicklung genau umgekehrt gedacht. Die fossile
Megastadt ist ein ausweglodes Zivilisationskonzept, die »Global City«
wird für die meisten Städte und Stadtbewohner zur Fata Morgana.

Welchen Einfluß hat nun das fossile Energiesystem auf diese Ent-
wicklung? Die Stadtbevölkerung zahlt die direkten und indirekten
Kosten des fossilen Energiesystems für die laufende Brennstoff- und
Stromversorgung, die Heiz- und Kühlanlagen und die Kraftfahrzeuge.
In Deutschland werden im Jahresdurchschnitt pro Kopf mehr als 4000
DM für Energie ausgegeben. Dieser Betrag ist nicht identisch mit der
Energierechnung des einzelnen, weil darin auch die Energiekostenan-
teile in Anspruch genommener Dienstleistungen und die der gewerblichen Aktivitäten enthalten sind. Wenn die gesamte Energie einer Stadt
aus fossilen Zulieferungen stammt, bedeutet das allein bei einer Stadt
mit einer Mio. Einwohnern eine Geldmenge von vier Mrd. DM, die den
städtischen Wirtschaftskreislauf Jahr für Jahr verläßt. Hinzu kommt ein
Nahrungsmittelbedarf von pro Kopf 3000 DM, also weiteren drei Mrd.
DM. Insgesamt muß diese Eine-Million-Einwohnerstadt also jährlich
sieben Milliarden DM für den Import von Nahrungsmitteln und Energie zahlen.

Diese laufenden Kosten fossiler Energieversorgung müssen durch
städtische Wertschöpfung in anderen Bereichen wieder eingespielt werden. Das funktionierte lange Zeit, weil sich die wertschöpfende Wirtschaftskraft in den Städten entfaltete und genug Erwerbsarbeit für die
städtische Bevölkerung angeboten wurde. Wenn die Industrie zu ihrer

Produktion immer weniger Menschen braucht oder anderswo billigere Arbeitskräfte findet, wenn die Möglichkeiten auskömmlicher Erwerbsarbeit in den Megastädten laufend schwinden und die Arbeitslosigkeit auf um die 20% und mehr steigt, dann ist die Megastadt einem wirtschaftlichen Auszehrungs- und Verarmungsprozeß ausgesetzt. Da aber die täglichen elementaren Grundbedürfnisse für Ernährung und Energie in jedem Fall befriedigt, aber in die Stadt importiert und finanziert werden müssen, sind sie auch immer schwerer zu sichern. Die Folge ist eine zunehmende innerstädtische Verelendung.

Damit wird deutlich, wo die Perspektive der Städte liegen muß – nicht die »Global City«, sondern die »Solar City« ist das Modernisierungskonzept.[102] Die Quelle der Energiebereitstellung muß in die Stadt zurückgeholt werden, nicht allein um die Städte wieder bewohnbar zu machen. »Stadtluft macht frei«, hieß es viele Jahrzehnte, als die Städte der aufkommenden Industriegesellschaften eine Fülle neuer Lebens- und Aufstiegschancen boten. Sonnenenergie als freie Energie löst von individuellen und wirtschaftlichen Abhängigkeiten. Sie macht frei von laufenden Energierechnungen und erleichtert die Selbstversorgung für unverzichtbare Grundbedürfnisse des Lebens. Diese sind die Ernährung, die Energieversorgung, das Wohnen und die Möglichkeit der Teilnahme am kulturellen Leben. Die »Solar City« stärkt die Wirtschaftskraft um die Menge der in der Stadt selbst bereitgestellten erneuerbaren Energien.

Wie aktuell dieser Gedanke ist, zeigt sich daran, daß der Anteil von in Großstädten individuell erzeugten Nahrungsmitteln sogar in Industrieländern kontinuierlich steigt, weil zunehmend mehr Menschen ihre Lebenshaltungskosten auf diesem Wege senken können. »Urban farming« ist nicht nur in Dritte-Welt-Großstädten gang und gäbe. Dort gibt es Beispiele, daß bereits doppelt so viele Einkommen durch innerstädtischen Nahrungsmittelanbau erzielt werden wie durch Beschäftigungsverhältnisse mit Mindestlöhnen. In Rußland wären in den letzten Jahren wahrscheinlich viele Millionen Menschen in den Großstädten ohne eigenen Nahrungsmittelanbau verhungert. Aber sogar in den USA gab es bereits in den 80er Jahren ein Wachstum städtischen Nahrungsmittelanbaus von 17%.[103] Natürlich ist das nicht in jeder Großstadt möglich, weil diesem Trend zur Selbstversorgung Anbaugrenzen gesetzt sind. Aber der Trend indiziert, wie sehr die Stadtentwicklung zunehmend davon abhängig wird, daß Menschen sich mit primären Gütern wieder selbst versorgen können. Für die künftige Entwicklung signalisiert das, wie wesentlich es wieder wird, daß im Umland von Städten landwirtschaftliche Betriebe existieren.

Die Spielräume zur unmittelbaren Selbstversorgung mit Energie auch in Megastädten sind ungleich größer, als es bei Nahrungsmitteln der Fall sein kann. Allein mit Sonnenenergie ist das möglich – tendenziell sogar bis zur vollständigen energetischen Selbstversorgung von Megastädten. Sie kann den Niedergang der Stadt vielleicht allein nicht aufhalten. Aber sie ist eine elementare Vorbedingung für einen Regenerationsprozeß der Städte.

Die dritte Welt in der fossilen Ressourcenfalle

Die Städte der Dritten Welt orientierten sich in der nachkolonialen Ära wie selbstverständlich am Vorbild der industriegesellschaftlichen Entwicklung und damit an deren energieintensivem Wachstumsmodell. Dadurch wurden und werden sie unvermittelt und ohne Zeit zur Anpassung einer Wachstumsflut ausgesetzt. Ein beispielloser Zuzug überschwemmt die Städte der dritten Welt und überfordert in kürzester Zeit ihre Infrastruktur. Die Städte werden mit schnell hochgezogenen und rasch verkommenden Betonbauten »erschlossen«, mit wuchernden Straßen- und Kabelnetzen versehen; Siedlungsringe und schwärende Elendsviertel breiten sich um die Stadtzentren aus, die permanent unter einer Smogwolke liegen. Städte wie Mexiko City, São Paulo, Lima, Kairo, Neu-Delhi, Bombay, Djakarta, Istanbul oder Karachi, die die Zehn-Millionen-Einwohnergrenze längst überschritten haben, belegen eklatant die Aussichtslosigkeit des fossilen Zivilisationsmodells.

Die Megastädte der Industriegesellschaften haben die Grenze ihres Wachstums mehrheitlich erreicht; ihre Bevölkerungszahlen insgesamt stagnieren, und in den ländlichen Räumen lebt durch die Marginalisierung des landwirtschaftlichen Sektors bereits nur noch ein geringer Teil der Bevölkerung. Die Megastädte der dritten Welt dagegen sind mit einer kaum enden wollenden Zuwanderung konfrontiert, der sie hilflos gegenüberstehen. In den Ländern der dritten Welt lebt der überwiegende Teil der Bevölkerung immer noch in ländlichen Räumen: 80,4% in China, 77% in Indien, im übrigen Asien insgesamt 75%, im subsaharischen Afrika 73%. Damit stehen noch riesige Menschenmassen vor ohnehin schon hoffnungslos überlasteten Städten. »Least Development Countries« heißt dieser »Entwicklungsstand« unter Dritte-Welt-Experten. Dieser Sprachgebrauch verrät, daß ein Land als besonders niedrig entwickelt gilt, wenn der Anteil der ländlichen Bevölkerung besonders hoch ist – wie in Burundi (95,7 %), Ruanda (94,3 %), Burkina Faso (91,5 %), Uganda (91,2 %), Malawi (90,9 %), Äthiopien (89,5 %), Niger (87,5 %), Eritrea (86,5 %), Tansania (82,2 %) oder Kenia (83,9 %) – oder in den asiatischen Ländern Nepal (93,5 %), Bangladesch (88,7 %), Kambodscha (87,6 %), Laos (86,6 %).[104] Die Botschaft »Nichts wie weg« steckt unausgesprochen in dieser Kategorisierung – als wäre die Vorhölle der Großstadtslums eine höhere Entwicklungsstufe.

Die Landflucht hat ihre wesentlichen Gründe in einer verfehlten oder völlig vernachlässigten Entwicklung der Landwirtschaft:

– Die »Modernisierung« der landwirtschaftlichen Erzeugung hat – wie schon beschrieben – dem Kleinbauerntum seine Existenzgrundlage genommen.
– Die ländliche Bevölkerung kann sich die für die wirtschaftliche und kulturelle Entwicklung notwendigen kommerziellen Energiequellen entweder gar nicht leisten oder sie sind ihr technisch gar nicht zugänglich, weil die Regierungen den Schwerpunkt der Energieversorgung einseitig auf die Städte legten.

Diese strukturellen Ursachen der Landflucht bzw. des katastrophalen Wachstums der Städte machen die Tragweite der energetischen Sackgasse für die gesamte Entwicklung der dritten Welt sichtbar[105]. Am härtesten trifft es Afrika, den ärmsten Kontinent, der – wie Axelle Kabou in ihrer »Streitschrift gegen Eliten und weiße Helfer« schreibt – »gleichzeitig unterentwickelt und unteranalysiert« ist. Aus dieser Sackgasse gibt es nur einen einzigen Weg: die Nutzung erneuerbarer Energien, so daß in den ländlichen Räumen Strom und Treibstoff für landwirtschaftliches, handwerkliches und kleinindustrielles wirtschaftliches Wachstum verfügbar sind.

Es ist ein intellektuelles Armutszeugnis, wenn diese fundamentale Energiekrise in wissenschaftliche Betrachtungen über die Ursachen von Unterentwicklung und Gewaltexplosionen überhaupt nicht einbezogen wird. Ein Beispiel dieser Problemausblendung ist die Veröffentlichung der Stiftung Wissenschaft und Politik, des offiziellen außenpolitischen

Beratungsinstituts der deutschen Regierung, zur Frage der Verhinderung und Lösung gewaltsamer Konflikte in Afrika: kein Wort zur Energiekrise, die unmittelbar zu Lebensraumkonflikten führt.[107] Noch Ende der 50er Jahre hatte der Amerikaner Walt Rostow fünf wirtschaftliche Wachstumsstadien beschrieben, die in immer gleicher Weise aufeinander folgen: Sie führen von der traditionellen Gesellschaft zu ersten industriellen Aktivitäten; von da zu einem breit angelegten industriellen Schub, zu dessen Transformation in marktwirtschaftliche Strukturen und schließlich zu wirtschaftlichem Wohlstand in Stadtzivilisationen.[108] Daß den meisten Ländern der dritten Welt das Entwicklungsmodell der industriellen Revolution einfach übergestülpt wurde, ist inzwischen vielfach in all seinen kulturellen und sozialen Folgen beschrieben worden. Auch die Versuche eines Entwicklungsländersozialismus, der an die lokalen Kulturtraditionen anknüpfen sollte, schlugen fehl. Denn auch sie fanden auf die wirtschaftlichen Basiserfordernisse der Entwicklungsländer keine adäquate Antwort: Ihnen fehlte das Konzept, das anstelle einer stagnierenden Subsistenzwirtschaft in ländlichen Räumen eine dauerhafte wirtschaftliche Entwicklung ermöglicht hätte. Sie folgten ebenfalls dem Industrialisierungsmuster, nur eben mit planwirtschaftlichen Methoden, und kollektivierten die kleinbäuerlichen landwirtschaftlichen Strukturen. Oder sie versuchten diese Strukturen zu erhalten, allerdings ohne die dafür entscheidende Voraussetzung sicherstellen zu können: die technische und wirtschaftliche Verfügbarkeit von Energie für den Betrieb von Motoren, landwirtschaftlichen Geräten, Produktionsmaschinen. So wurden die kleinbäuerlichen und handwerklichen Strukturen – im Verhältnis zu großindustriellen Strukturen – immer unproduktiver und immer mehr an den Rand der Gesellschaft gedrängt.

Die Alternative dazu wäre gewesen – und ist es mehr denn je –, autonom arbeitende dezentrale Energiesysteme einzuführen. Die technischen Möglichkeiten dafür sind seit langem vorhanden, wie die Technikgeschichte solarer Energiesysteme zeigt[109] – von Kleinwasserkraftwerken bis zu kleinen Windstromanlagen, von Biogasanlagen bis zu Motoren auf der Basis von Holzvergasung. Doch nur in wenigen Ländern wurden sie zumindest partiell eingeführt. Eine Ausnahme blieben etwa die vielen Millionen Biogasanlagen, die chinesische Kleinbauern selbst aufbauen konnten.[110] Doch auch diese beschränkten sich darauf, den Koch- und Wärmebedarf zu decken, ohne darüber hinaus Strom oder Treibstoffe für Motoren bereitzustellen, mit denen arbeitserleich-

ternde Geräte betrieben werden könnten. Auch in den Entwicklungsländern waren eben die Strategien der Energiebereitstellung für Strom
und Treibstoff auf jene zentralen Angebotsstrukturen ausgerichtet, die
als fortschrittlich und vorbildlich galten. »Moderne« zentrale Energiesysteme entkoppelten aber die wirtschaftliche Entwicklung von ihrer sozialen und kulturellen Basis. 97 % der Stromerzeugungskapazitäten von
Tansania stehen z. B. allein den Städten zur Verfügung, auf die sich der
Ausbau der Verteilernetze beschränkte – und aus wirtschaftlichen Gründen auch beschränken muß, solange die Elektrifizierung über zentrale
Kraftwerke im Vordergrund steht.[111] In Lesotho werden 93 % des Stroms
durch Großwasserkraftwerke produziert und privilegieren damit struk-
turfremde wirtschaftliche und soziale Trends; nur 7 % kommen aus
strukturgemäßeren Kleinwasserkraftwerken.[112]

Die Weltbank (und in ihrem Gefolge andere Entwicklungsbanken
und die jeweiligen nationalen Entwicklungsstrategien) hat diese energetische Fehlschaltung über Jahrzehnte hinweg gezielt betrieben, in enger
Anlehnung an die Interessen der Industrieländer und der fossilen Ressourcenkonzerne. In kritischen Analysen der Politik der Weltbank ist
dies anhand vieler Beispiele dokumentiert. Von den 292 Mio. Dollar, mit
denen die Weltbank zwischen 1952 und 1963 Projekte in Brasilien gefördert hatte, wurden 264 Mio. allein für die Elektrifizierung durch Großkraftwerke verwendet. Ein Großteil der Entwicklungskredite zielte und
zielt wie eh und je auf den Energiebedarf der Rohstoffkonzerne, um den
Bedarf der Industrieländer an Rohstoffen aus der dritten Welt sichern zu
können. Viele Großwasserkraftwerke wurden nur gebaut, um billigen
Strom für die Bergwerksaktivitäten und die minennahe Metallaufberei-
tung bereitzustellen – oft mit fatalen Folgen für die Umwelt. Etwa die
Hälfte der weltweiten Aluminiumproduzenten bezieht ihre Energie aus
solchen Kraftwerken.[113] Gezielt wurde die Abhängigkeit der Entwicklungsländer von den Erdölmultis gefördert – etwa bei Kreditentschei-
dungen für Straßen statt für Eisenbahnlinien, oder sogar indem Entwicklungsländern Kredite für ihre eigene Ölförderung bzw. den Aufbau
von Raffinerien verweigert wurden, weil solche eigenen Kapazitäten den
Marktinteressen der westlichen Ölkonzerne entgegenstanden.[114] Ebenfalls unter deren massiver Einflußnahme finanzierte die Weltbank andererseits Düngemittelfabriken: Stolze 58 % aller Kredite im Jahr 1979 wurden dafür vergeben. Statt des Kleinbauerntums wurde mit Priorität das
»commercial farming« gefördert, also der Einsatz landwirtschaftlicher

Großgeräte und Pestizide auf Erdölbasis.[115] Begründet wurde dies stets mit niedrigeren Investitionskosten im Verhältnis zu den jeweiligen Energie-, Rohstoff- und Nahrungsmittelerträgen – wobei die Weltbank-Verantwortlichen die eigentlich zentrale Fragestellung schlicht ignorierten: nämlich ob dies für die volkswirtschaftliche Bilanz der Dritte-Welt-Länder und für ihre soziostrukturelle Entwicklung förderlich sei oder im Gegenteil kontraproduktiv.

Daß diese Weltbank-Politik nicht auf die 50er, 60er und 70er Jahre beschränkt blieb, in denen die Industrialisierungskonzepte des Nordens dem Süden aufgedrängt wurden, zeigen aktuellere Analysen. So haben 1997 amerikanische und europäische Nicht-Regierungs-Organisationen in einer Gemeinschaftsstudie ermittelt, daß die Weltbank seit der Verabschiedung der Weltklima-Konvention im Jahr 1992 mehr Projekte zur Finanzierung von fossilen Energieanlagen unterstützt hat, die zu einer Steigerung statt zur Reduzierung klimazerstörender Emissionen führen. Mittlerweile sind Kreditprogramme für erneuerbare Energien angelaufen. Aber immer noch fördert die Weltbank mit vielfach höheren Summen Investitionen in neue Erdöl- und Erdgasfelder, den Kohlebergbau und fossile Kraftwerke. Sie fördert darüber hinaus ausländische Beteiligungen und Übernahmen von Energieunternehmen in der dritten Welt – und damit den Konzentrationsprozeß in der globalen Energiekette. 90 % der Projekte gehen an Energiekonzerne der sieben großen Industrienationen. Nur 5 % des Energiebudgets gehen in die ländlichen Räume der Entwicklungsländer, und nur 3 % fließen in Projekte erneuerbarer Energien.[116]

Zwar deckt die Weltbank mit ihren Krediten nur drei Prozent des globalen Finanzbedarfs für Energieinvestitionen, aber sie beeinflußt in hohem Maße die Kreditstrategien anderer Banken. Dies alles geschieht, geradezu schizophren, im diametralen Gegensatz zu hausinternen Analysen: Auch Weltbank-Experten haben längst festgestellt, daß die Energiebereitstellung durch erneuerbare Energien für die Mehrheit der Menschen in den ländlichen Räumen der Entwicklungsländer ein zwingendes Erfordernis ist. Und auch dies steht in Weltbank-Studien: Erneuerbare Energien seien nicht allein aufgrund ihrer Umweltfreundlichkeit dringlich zu fördern, sondern sie seien für die ländlichen Strukturen auch die ökonomisch schlüssigste Option, weil sie von einer infrastrukturellen Vernetzung und einem zentralen Versorgungssystem unabhängig sind. Es gibt durchaus eindrucksvolle Beispiele für die Elektrifizierung mit dezentralen und netzunabhängigen Anlagen zur Nutzung erneuerbarer Energien – etwa die »Solar Home Systems« mit Photovoltaik, wie sie in ländlichen Gebieten der dritten Welt inzwischen zunehmend eingeführt werden.[117] Es gibt umfassende Durchführbarkeitsstudien zur Breiteneinführung, etwa jene über »Photovoltaic for the Worlds Villages«, die im Auftrag der EU-Kommission erstellt wurde.[118] Aber von einer den Notwendigkeiten und Möglichkeiten auch nur annähernd entsprechenden Realisierung kann keine Rede sein. Diese würde einen vollständigen Strategiewechsel in der Entwicklungspolitik der Industrieländer voraussetzen. Ein Umdenken hin zu erneuerbaren Energien verhindern bis heute die maßgeblichen Entscheidungsträger, die eingebettet sind in das Interessengeflecht der fossilen Ressourcenwirtschaft, einschließlich der Regierungen der Dritte-Welt-Länder selbst. Viele obstruieren diese Entwicklung mit hartnäckiger Selbstverständlichkeit. Von der globalen Energiekette sind sie auch ideologisch so sehr gefesselt, daß sie an die naheliegendste Möglichkeit zu allerletzt denken.

Das vielleicht deutlichste Beispiel dafür ist das Projekt einer Hochspannungsleitung nebst angeschlossenen Großkraftwerken im südlichen Afrika, die von der SADC (Southern African Development Community) geplant ist. Angola, Botswana, Lesotho, Malawi, Mosambik, Namibia, Swasiland, Tansania, Sambia und Simbabwe haben in diesem Zusammenschluß 1996 ein gemeinsames Energieprotokoll verabschiedet.[119] Geplant ist ein Stromnetz vom Äquator bis zum Kap – die längste Stromleitung des Erdballs. Es soll gespeist werden mit Strom aus großen, zum Teil noch zu errichtenden Staudamm-Kraftwerken, aus Kohle- und Atomkraftwerken der Südafrikanischen Union und einigen Gaskraftwerken.[120] Dieser »Power Pool« unter faktischer Federführung des südafrikanischen Stromgiganten Eskom gilt als beispielhaft, ist aber tatsächlich ein Monstrum organisierter zivilisatorischer Fehlentwicklung und Kulturzerstörung. Aus Kostengründen ist es unmöglich, den über die Hochspannungsleitungen transportierten Strom in die Dörfer zu lenken, wo drei Viertel der Gesamtbevölkerung des Subkontinents leben. Daraus ergibt sich die glasklare Konsequenz, daß die Hochspannungsleitung die Wirtschaftsaktivitäten magnetartig anziehen und entlang der Stromlinie konzentrieren wird. Diese Leitung provoziert also Landflucht. Dabei lassen die aus den ländlichen Räumen Abwandernden die Alten in den Dörfern zurück, die Familienstrukturen werden zerrissen. Und in ihrer neuen Heimat in den Wellblechunterkünften der

Slums blühen Prostitution, Verwahrlosung und Gewalt. Der jähe Sprung von ländlichen Dorfstrukturen in ein zentralisiertes Energiesystem wird damit für die meisten zum Sturz ins Bodenlose. Das Konzept wirtschaftlicher »Modernität«, die Menschen zu den fossilen Energiesystemen zu holen, statt die Energiesysteme dort bereitzustellen, wo sie leben und mit der Natur arbeiten könnten, erweist sich einmal mehr als verhängnisvolle Fehlentwicklung.

Ressourcenabhängigkeit trotz Ressourcenreichtum

Die Länder des Südens haben den größten Reichtum an Ressourcen – sowohl an fossilen wie an solaren bzw. biologischen Rohstoffen. Dennoch stecken sie in der Falle des globalisierten fossilen Ressourcenzentralismus, weil sie auf Gedeih und Verderb von dessen Ketten abhängig gemacht werden bzw. sich selbst gemacht haben. Am deutlichsten zeigt sich dies an der wachsenden Geldmenge, die die Volkswirtschaften der dritten Welt im Verhältnis zu den Exporteinnahmen für den Import von fossiler Energie ausgeben müssen. Der Weltentwicklungsbericht gibt für den Zeitraum von 1960 bis 1985 folgende Zahlen an:

Tabelle 6: Prozentualer Anteil der Energieimporte im Verhältnis zu den Exporteinnahmen in ausgewählten Entwicklungsländern

	1960	1965	1976	1985
Äthiopien	11	8	27	43
Brasilien	11	13	28	37
Indien	11	8	26	30
Kenia	18	k.A.	54	k.A.
Madagaskar	9	8	22	34
Mali	13	16	25	55
Marokko	9	5	23	50
Pakistan	k.A.	7	k.A.	52
Philippinen	k.A.	12	k.A.	44
Sierra Leone	11	11	10	63
Sri Lanka	12	11	28	33
Sudan	8	5	26	51
Syrien	16	13	16	76
Thailand	12	11	28	33

Quelle: Weltentwicklungsberichte

Die Tabelle zeigt rasant steigende Kosten für Energieimporte seit Mitte der 60er Jahre. Die beiden Ölkrisen zwischen 1973 und 1982 können nicht die allein ausschlaggebenden Faktoren dafür sein.

Das Bild wäre noch deutlicher, stünden in den jüngeren Weltentwicklungsberichten auch die Angaben für die Jahre nach 1985. Alles spricht dafür, daß der Energieimport auch seitdem immer größere Anteile der Gesamteinnahmen aus Exportaktivitäten frißt. Ursache dafür ist vor allem der wachsende Treibstoffbedarf für die rapide zunehmende Motorisierung und den Flugverkehr durch den Tourismus. Dabei ist in der Statistik nicht einmal die Höhe jenes Anteils der Exporteinnahmen enthalten, der zusätzlich für den Import von Kraftfahrzeugen und Kraftwerken zur Umwandlung der importierten Energie ausgegeben werden muß. Ebensowenig sind die Geldmengen ausgewiesen, die für den Import von Düngemitteln aufgebracht werden.

Der Energieeinsatz steht am Beginn jeder Wertschöpfungskette. Wird er immer teurer, so ergibt sich daraus die dramatische Erkenntnis: Die Entwicklungsländer haben schlicht keine wirtschaftlichen Entwicklungsmöglichkeiten, solange sie von Primärenergieeinfuhren abhängig sind. Die Energieeinfuhren fressen die wirtschaftlichen Erträge, die aus dem Energieeinsatz erwachsen sollen, oft von vornherein auf. Wahrscheinlich hat angesichts der seit den 60er Jahren rapide steigenden Kurve mittlerweile die Mehrzahl der Dritte-Welt-Länder einen Energieimportanteil, der über 50 % der Exporteinnahmen liegt, und bei manchen nähert sich die Kurve schon den 100 % oder geht gar darüber hinaus.

Die geringere volkswirtschaftliche Belastung der Industrieländer durch Energieimporte – bzw. die relativ höheren wirtschaftlichen Umsätze im Verhältnis zu den Energieumsätzen in der Volkswirtschaft – drücken den relativen Vorteil aus, den diese innerhalb des globalen Energiesystems haben. 1985 lag der Anteil der Energieimporte im Verhältnis zu den Exporteinnahmen in Japan bei 32 %, in Italien bei 30 %, in den Niederlanden bei 21 %, in Schweden und Österreich bei 18 %, in Deutschland bei 17 %, in Großbritannien bei 14 % und in der Schweiz bei 11 %. Innerhalb der EU-Länder weichen lediglich Spanien mit 45 % und Griechenland mit 66 % von dieser Größenordnung ab und sind im volkswirtschaftlichen Schwitzkasten unverhältnismäßig hoher volkswirtschaftlicher Energiekosten gefangen.

Die Aussichtslosigkeit der auf fossiler Energie basierenden wirtschaftlichen Entwicklung vor allem für die dritte Welt wird noch evidenter, wenn man in die Analyse mit einbezieht, in welchen Sektoren diese Energie vorwiegend eingesetzt wird. Offenbar wegen des mangelhaften

Problembewußtseins unter Wirtschaftswissenschaftlern liegen zu dieser Thematik gar keine statistischen Angaben vor (bzw. waren von mir trotz langer Recherche nicht auffindbar). Ein erheblicher Teil der Energie-importe wird innerhalb der Rohstofförderländer in den Minen für das Schmelzen und den Transport mineralischer Rohstoffe eingesetzt. Bei einigen der Rohstofförderländer macht der Export dieser Rohstoffe weit über 50 % aller Exportaktivitäten, bei manchen sogar mehr als 90 % aus (Neukaledonien 99 %, Sambia 92 %, Namibia 77 %, Guinea 70 %, Togo 66 %, Zaire 60 %, Marokko 52 %).[121] Es wäre interessant auszurechnen, wieviele der Deviseneinnahmen aus dem Export dieser Rohstoffe allein für den Import des Energiebedarfs für die Rohstofförderung und -liefe-rung ausgegeben werden müssen. Dies macht den volkswirtschaftlichen Wert dieser Rohstoffe für die Exportländer wahrscheinlich noch zwei-felhafter, als er ohnehin schon ist – abgesehen von den falschen poli-tisch-ökonomischen Weichenstellungen in Richtung auf ein zentra-lisiertes Energiesystem.

In seiner Schrift »Africa Undermined« schreibt Greg Lanning: »Die Kupfer-Nickel-Mine wird von einer südafrikanischen Bergwerksgesell-schaft finanziert. Sie nutzt einen finnischen Schmelzprozeß und eine amerikanische Raffinerieanlage aus Louisiana. Der Minenertrag wird an Garantiekäufer aus Deutschland verkauft. Vielleicht ist es lästig zu fra-gen, welchen Beitrag diese Operation für die wirtschaftliche Entwick-lung von Botswana leistet?«[122] Wahrscheinlich sind es allein die Beschäf-tigten im Rohstoffsektor und korrupte Regierungen und Staatsbeamte, die von der Rohstoffwirtschaft profitieren. Und noch wahrscheinlicher ist, daß die umfassende Bilanzierung der fossilen Energiesysteme ein-schließlich der importierten Kraftwerke und Kraftfahrzeuge unter dem Strich einen Negativsaldo für die Volkswirtschaften der meisten Länder in der dritten Welt ergibt. Vor dem Hintergrund der sich zuspitzenden globalen Energiekrise und der erwartbaren Preissteigerungen laufen diese Gefahr, von der fossilen Energiekette stranguliert zu werden.

5. Kapitel
Die Mythen der fossilen Energiewirtschaft

Ein Mythos – so der französische Philosoph Roland Barthes – verwandelt einen gegebenen unnatürlichen Zustand, der von Menschenhand entstanden ist, in einen vermeintlich unabänderlichen. Er verkehrt »Anti-Natur in Psycho-Natur« und hebt diese in den Rang des Objektiven, damit sie nicht als einseitig, unwillkürlich oder interessengebunden erscheint. Ein mythologischer Zustand wird für alternativlos erklärt und ruft gegenüber Alternativen »einen künstlichen Aufschub hervor, in dem er sich behaglich einrichtet«. Er macht aus sich einen »sprechenden Kadaver«. Ein Mythos leugnet nicht unbedingt die Probleme, er »reinigt sie nur einfach, er macht sie unschuldig«. Alternativen werden »zum Spectaculum, zum Kasperle« erklärt, damit nur noch wenige sie zu vertreten wagen – mit dem Ziel, »die Welt unbeweglich zu machen«. Der Mythos soll Handlungsgrenzen aufzeigen, innerhalb derer es den Menschen »erlaubt ist zu leiden, ohne die Welt zu verändern … Man braucht nicht mehr zu wählen, man muß es ertragen.«[123]

Diese Beobachtung umschreibt treffend auch den mythologisierten Zustand der globalen Energiewirtschaft. Ihre Repräsentanten, ihre politischen Schirmherren und Schirmhalter, ihre zahlreichen Söldner und Adepten in Wissenschaft und Publizistik halten an fossilen Quellen und deren spezifischen Produktions- und Versorgungsstrukturen fest, obwohl sie die daraus erwachsenden Gefahren kennen. Sie rechtfertigen das damit, daß eine umfassende und vor allem rasch einzuleitende Umorientierung auf erneuerbare Energien aufgrund wirtschaftlicher und technischer Zwänge nicht möglich sei. Das Festhalten an den fossilen Energien erscheint als eherner Sachzwang, den die Gesellschaft auf Gedeih oder Verderb zu respektieren habe; der schnell und unverzüglich einzuleitende Wechsel zu erneuerbaren Energien wird dagegen als unverantwortlich denunziert.

Die Störung der Lebenskreisläufe und die Inkaufnahme aller weiteren Risiken des fossilen Energiesystems werden also »energieökonomisch« begründet. Die Sturmvögel mögen schon aufziehen und die

Geier über den Katastrophenopfern kreisen, doch die Karawane zieht weiter in die sich ausbreitende Wüste, während die in fossilen Strukturen gefesselte Energiewirtschaft weiter Anspruch auf Unverzichtbarkeit erhebt. Statt sich in den Dienst der wirtschaftlichen und gesellschaftlichen Aktivitäten der Menschen zu stellen, mythologisiert sie sich als heiligen Gral der Ökonomie.

Einseitige und widersprüchliche ökonomische Theorien und Praktiken hat es immer gegeben. Je mehr sie dogmatisiert wurden, desto schwerwiegender wurden die Ab- und Irrwege ihrer praktischen Umsetzung. Am schlimmsten wird es, wenn das Dogma zu einer Wissenschaft mit mathematischem Genauigkeitsanspruch hochstilisiert wird. Solange daraus entstehende Fehlentwicklungen nicht in irreversibler Weise gegen Naturgesetze verstoßen, sind sie zu mehr oder weniger hohen sozialen Kosten korrigierbar. Zur »Antiökonomie« wird ein Dogma, das insinuiert, wir könnten und dürften vom fahrenden Zug der globalen fossilen Energiewirtschaft nicht abspringen, obwohl er mit zunehmender Geschwindigkeit in die Ausweglosigkeit steuert.

Aus diesem geistigen Gefängnis kann nur ausbrechen, wer endlich erkennt, daß die wirtschaftlichen Bewertungsmaßstäbe der fossilen Energiewirtschaft nicht auf erneuerbare Energien anwendbar sind. Die »Energieökonomie« entstand als Hilfsinstrument der hochzentralisierten atomar/fossilen Energiewirtschaft, als deren Parteiwissenschaft. Energie wird dabei gleich Energie gesetzt und ausschließlich an der jeweiligen Leistung gemessen – ohne die entscheidenden Unterschiede der Herkunft fossiler und solarer Energiequellen, die jeweiligen Strukturen ihrer Umwandlung und Nutzung und ihre Umweltqualität in die Bewertung einzubeziehen. Mit dieser Gleichsetzung aber verschließt die »Energieökonomie« ihre Augen vor dem wirtschaftlichen Entwicklungs- und Gestaltungspotential alternativer Lösungen. Sie stellt ihre spezifischen Handlungsgesetze über die Interessen der gesamten Wirtschaft und Gesellschaft.

Im folgenden werden die Denk- und Handlungsmuster dieser »Energieökonomie« hinterfragt und die Grundzüge eines umfassenden energiewirtschaftlichen Denk- und Handlungsrahmens entwickelt, der den Eigenarten und dem Potential alternativer Energien angesichts makroökologischer Herausforderungen gerecht wird; der zudem den Blick öffnet für entscheidend neue wirtschaftliche Chancen.

Die Legenden der konventionellen Energiestatistiken

Die Frage, welchen Beitrag erneuerbare Energien gegenwärtig zur Energieversorgung leisten, wird von den zahlreichen vorliegenden Statistiken über Energieangebote und -nachfrage nur scheinbar zuverlässig beantwortet. Tatsächlich verdient die Aussagekraft dieser Statistiken für erneuerbare Energien die Note ungenügend. Denn ihre Erhebungsmethoden, zugeschnitten auf kommerzielle konventionelle Energieträger, blenden zahlreiche Potentiale erneuerbarer Energien aus. Sie spiegeln die Wirklichkeit nicht wider.

So erfassen die Energiestatistiken überhaupt nur jene Energiearten, die von der Energiewirtschaft bilanziert werden: Festgehalten werden die Mengen der geförderten bzw. importierten Primärenergien, also von Kohle, Erdgas oder Erdöl, der im Handel vertriebenen Brenn- und Treibstoffe oder der produzierten und nachgefragten Elektrizität. Ganz unterschiedliche Bilder ergeben sich schon dadurch, daß manche Länder in ihren Energiestatistiken den Primärenergieeinsatz in Raffinerien oder Kraftwerken berechnen, andere aber den bilanzierten Verkauf von Gas, Benzin, Diesel oder Strom. Deshalb sind statistische Vergleiche von Land zu Land oft fragwürdig. So kann z. B. ein Land, das den Anteil der Atomenergie an der Stromversorgung daraus ermittelt, wieviel Wasserdampf durch den Reaktor erzeugt wird, einen wesentlich höheren proportionalen Anteil an Atomenergie in seinen Statistiken »dokumentieren« als ein Land, das den Atomenergieanteil ausschließlich anhand der tatsächlich erzeugten Menge Atomstroms ermittelt. Ein weiteres Beispiel für die Relativität der Aussagen: In den Statistiken über die Stromversorgung wird – so bei »Eurostat«, dem Statistischen Amt der EU-Kommission – lediglich der produzierte Strom aufgeführt, ohne dabei die unterschiedlichen Energieverluste bei der Stromerzeugung zu berücksichtigen. Dies führt zumindest bei einer ökologischen Bewertung zu abwegigen Schlußfolgerungen. Denn für diese ist entscheidend, wieviel umweltschädliche Primärenergie zur Stromerzeugung eingesetzt wurde. Wird der Strom im Kraft-Wärme-Koppelungsverfahren erzeugt, also mit einer Energieeffizienz von 70 % und mehr, dann kann man ihn einfach nicht genauso bewerten wie Strom aus einem Kraftwerk mit einer 40 %igen Umwandlungseffizienz.

Wird der Strom aus erneuerbaren Energien erzeugt, gibt es zwar auch

Energieverluste. Da aber die unvollständige Ausnutzung der Wasserkraft, von Wind und Sonnenlicht keinerlei negative Umwelteffekte haben, müßte bei einer korrekten Bewertung der ökologischen Gesichtspunkte und des Ressourcenverbrauchs – also den beiden wesentlichen Kategorien – der tatsächliche quantitative Substitutionswert erneuerbarer Energien im Verhältnis zu atomar/fossilen Energien in der Statistik erfaßt werden: d. h., die Daten müßten die Frage beantworten, wieviel fossile Primärenergie durch den Strom aus erneuerbaren Energien überflüssig bzw. ersetzt wird – und nicht nur wieviel fossil erzeugter Strom. Am fossilen Primärenergieverbrauch gemessen, liegt der tatsächliche Beitrag erneuerbarer Energien zum tatsächlichen Gesamtenergieverbrauch dann eindeutig höher, als es in den Energiestatistiken zum Ausdruck kommt. Wolfgang Palz von der EU-Kommission hat z. B. ausgerechnet, daß der Anteil erneuerbarer Energien in der EU, den Eurostat 1991 für den Stromsektor mit 3,7 % bzw. 45,4 Mio. t Rohöleinheiten beziffert, tatsächlich um mehr als ein Drittel höher liegt. Ihr Substitutionswert ist 68 Mio. t.[124] Selbst diese Zahl ist noch zu niedrig bemessen, wenn bei der fossilen Primärenergie auch noch die Energieverluste mitberechnet werden, die in der Energiekette vor dem Einsatz in Kraftwerken und nach der Stromproduktion anfallen. Nach den Berechnungen des Stockholmer Umwelt-Instituts liegen die Verluste bei Öl vor der Raffinerie (Förderung und Transport) bei 2 %, in der Raffinerie bei weiteren 8 %, gemessen an der ursprünglichen Fördermenge. Bei Gas liegen die Verluste vor dem Kraftwerkseinsatz bei 10 %, bei Kohle bei 7 %. Wird aus diesen Quellen jeweils Strom produziert, ergeben sich durch dessen anschließenden Transport und seiner Verteilung weitere Verluste von etwa 8 %.[125] Dies bedeutet, daß in der Kaskade der Energieverluste von der Förderung bis zur Verteilung nicht nur ein Verlust von 60 % bei der Stromerzeugung vorliegt, sondern von 69 % bei Strom aus Öl- und Gaskraftwerken und von 67 % bei Strom aus Kohlekraftwerken. Wird das Erdöl als Treibstoff eingesetzt, so liegen – einschließlich der Umwandlungsverluste im Kraftfahrzeug selbst – die Energieverluste bei 90 %, wie eine Energieflußrechnung des Luxemburger Unternehmens MDI (Motor Development International) ergeben hat. Nichts davon findet sich in den Energiestatistiken wieder, die damit zu einem Instrument der Irreführung von Entscheidungsträgern und Öffentlichkeit werden.

Vollkommen abwegig ist auch die in Statistiken übliche simple Gegenüberstellung von fossilen Ressourcenpotentialen und denen der

Biomasse. Auch hier können die jeweiligen Tonnagen nicht einfach miteinander verglichen werden. Während das Biomassepotential in der Regel als Trockenmasse gezählt wird, also die bei der Trocknung wegfallenden Wassergewichte von der ursprünglichen Erntemasse bereits abgezogen sind, tauchen in den Statistiken die fossilen Fördermengen komplett auf, so als gäbe es keine Umwandlungsverluste für deren Bereitstellung als Energie oder als industrieller Rohstoff – und als gäbe es keine wirtschaftlichen Verwertungsmöglichkeiten der Biomasse als Ganzpflanze, also einschließlich ihres Wassergehalts. Doch die statistischen Mängel bei der Bewertung erneuerbarer Energien gehen weit über die genannten Beispiele hinaus.

Zahllose Energieleistungen der Sonne, von denen Menschen profitieren, werden überhaupt nicht berechnet, weil der statistische Erhebungsaufwand dafür sehr hoch wäre und weil die Vorstellung davon, was Energie bedeutet, zu eng ist.[126] Ein Beispiel: Die Menschen haben für ihr Wohlbefinden einen durchschnittlichen Wärmebedarf. In den warmen Klimazonen brauchen sie deutlich weniger Heizenergie, weil ihr Wärmebedarf von der Sonne gedeckt wird. Der verminderte Bedarf, der für einen großen Teil der Weltbevölkerung gilt, müßte dem Anteil erneuerbarer Energie am Weltenergieverbrauch statistisch hinzugerechnet werden. Es handelt sich hierbei nicht um kleine, sondern um sehr große Energiemengen.

Ähnliches gilt für den selbstverständlich in Anspruch genommenen solaren Energiebeitrag, der sich z.B. anhand der Differenz zwischen der unterschiedlichen Nachfrage nach kommerziellen Energieträgern zwischen Sommer- und Winterzeiten ermitteln ließe. Der Verbrauch an Öl oder Gas für die Beheizung von Gebäuden konzentriert sich in Mitteleuropa überwiegend auf den Zeitraum eines halben Jahres. Dennoch macht er – zusammen mit dem auch im Sommer durch fossile Energien befriedigten Warmwasserbedarfs – 40 % des statistischen Gesamtanteils des Energieverbrauchs aus. In den Monaten, in denen kein fossiler Heizenergiebedarf besteht, befriedigt die Sonne das Wärmebedürfnis. Dieses Solarpotential wiederum wird, trotz oder wegen seines allgegenwärtigen Stellenwerts für die Menschen, statistisch als Nullum behandelt, als habe es keinerlei praktische Relevanz.

Wenn Menschen den Heizenergiebedarf ganz oder teilweise durch Solarkollektoren oder durch Holzverbrennung in Kachelöfen decken, wenn sie ihre Häuser nach der Sonne ausrichten, um mehr Sonnenwärme einzufangen, wenn sie die Sonne mit Hilfe von Wintergärten, transparenter Wärmedämmung oder einer dämmenden Verglasung einfangen, wenn die Wärme der in den Gebäuden lebenden oder arbeitenden Menschen zurückgewonnen wird, Wärmetauscher mit der natürlichen Umgebung eingesetzt werden oder Erdwärme genutzt wird: All diese solaren Wärmegewinne bleiben in der Energiestatistik unberücksichtigt.

Weitere Beispiele: Menschen brauchen Licht nach Anbruch der Dunkelheit und bis zum Sonnenaufgang. Bei Tageslicht wird der Bedarf von der Sonne befriedigt. In den beiden hellen Jahreszeiten mit mehr Sonnenstunden ist der Bedarf geringer als in den beiden dunkleren Jahreszeiten mit weniger Sonnenstunden. Allein die Differenz des Strombedarfs zwischen diesen Jahreshälften zeigt, wieviel Lichtbedarf durch die Sonne befriedigt wird, weshalb in dieser Zeit weniger Strom verbraucht wird.

Dies alles wird, weil selbstverständlich, ignoriert, und hat doch hohe praktische Relevanz: Durch Bauplanung, die eine Verschattung von Gebäuden vermeidet, und durch Gebäudekonstruktionen, die viel Tageslicht in die Gebäude lenken und dies durch technische Systeme (»daylighting«) unterstützen, lassen sich erhebliche Einsparungseffekte erzielen. Energiebewußte Bauplanungen und Hauskonstruktionen berücksichtigen das – doch nichts davon findet sich in der Energiestatistik. Gleiches kann von Kühlsystemen gesagt werden, wenn künstliche Kühlung, durch Dieselaggregate oder stromgetrieben, durch natürliche Kühlung und flexible Beschattungseinrichtungen ersetzt wird.

Die energiestatistische Ignoranz erstreckt sich auch auf die aktive Stromnutzung. Was nicht durch Netze geleitet wird, wird auch nicht gezählt. Nicht eine einzige Form der Energiegewinnung in autarken Systemen wird von der Energiestatistik erfaßt! Dabei reichen diese von Armbanduhren bis zu Taschenrechnern, von Wasserpumpen bis zu stromautarken Häusern, von Solarlampen bis zu photovoltaikbeleuchteten Straßenschildern, von entsprechenden Ladegeräten bis zu den »Solar Home Systems« in den Dörfern der dritten Welt und kleineren Windkraftanlagen. Die Liste der Beispiele – ob für Wärme oder Strom – ließe sich beliebig verlängern: Sie umfaßt auch die solare Trocknung von Ernten, die Windräder für landwirtschaftliche Bewässerung, die biologische Düngung, das Fahrradfahren, das photovoltaisch betriebene Boot und vieles mehr, was alles den Einsatz von fossilen Energien vermeidet bzw. gezielt ersetzt. Wie im sechsten Kapitel gezeigt wird, liegt aber gerade in den autonomen Systemen der Sonnenenergienutzung ein unübersehbar großes, vermutlich das größte technische Potential zur Substitution fossiler bzw. atomarer Energien. Die Ignoranz, all diese Energiepotentiale nicht als wirtschaftliches Faktum zur Kenntnis zu nehmen, reicht bis in den Sprachgebrauch hinein, wie er selbst von Befürwortern der Sonnenenergie unbewußt übernommen wird. Allgemein üblich ist etwa der Begriff des »Nullenergiehauses« – obwohl er eine physikalische Unmöglichkeit bezeichnet. Gemeint ist, daß das Haus keine *fossile* Energie mehr braucht und seine Energie allein von der Sonne bezieht. Deshalb sind Begriffe wie »Nullemissionshaus« oder »Solarhaus« richtig – das Wort »Nullenergiehaus« trägt zur Mißachtung der Sonnenenergie bei.

Mit all ihren blinden Flecken schaffen die an den kommerziellen und leitungsgebundenen Energieträgern ausgerichteten Energiestatistiken ein nur ausschnitthaftes und damit völlig unzulängliches Bewußtsein von Energie. Sie lassen vergessen, daß tatsächlich selbst in der Gegenwart des Massenverbrauchs atomar/fossiler Energie die Sonnenenergie die meistgenutzte Energiequelle der Menschen ist. Sie lenken damit auch von zahlreichen Möglichkeiten der Substitution atomar/fossiler Energie durch Sonnenenergie ab, wie sie in Kapitel sechs beschrieben werden. Rein theoretisch wäre es bei solchen Statistiken möglich, daß bereits mehr als die Hälfte der fossilen Energie durch Techniken aktiv genutzter Sonnenenergie ersetzt wäre – und ihr statistischer Anteil dennoch unverändert geringfügig bliebe. Systematisch wird dadurch verhindert, daß die Einführungserfolge erneuerbarer Energien statistisch erkennbar werden. Die Energiestatistiken sind deshalb allenfalls solche der atomar/fossilen Energiewirtschaft, und selbst diese sind noch verkürzt dargestellt. Sie sind keine Energiestatistiken, sondern Atomenergie-, Erdöl-, Gas- und Kohlestatistiken. In ihrer Beschränktheit verdrängen sie die überreichlich laufenden Energieströme der Sonne und die damit verbundenen Möglichkeiten mit mathematischer Präzision aus dem Bewußtsein.

Die Insuffizienz der Energieprognosen

Auch die zahlreichen Prognosen über die erwarteten Zuwachsraten der jeweiligen Energieträger haben höchstens für die fossile Energiewirtschaft selbst Aussagewert. Für die Prognose über den künftigen Beitrag erneuerbarer Energien sind sie weitgehend unbrauchbar, weil sie deren entscheidenden strukturellen Unterschied zu fossilen Energien verwischen. Wie willkürlich Prognosen über erneuerbare Energien erstellt werden, ist am Beispiel der regelmäßigen Veröffentlichungen der Vereinigung der deutschen Elektrizitätswerke (VDEW) über die erwartete Zusammensetzung der Energieträger darstellbar. Die Mitgliedsunternehmen dieses Stromwirtschaftsverbandes werden jeweils über ihre Investitionspläne befragt. Die Antworten resultieren daraus, welche Nachfrageerwartungen die Unternehmen haben, wie sie die Restlaufzeiten ihrer vorhandenen Kapazitäten einschätzen, welche längerfristigen Verträge über Zulieferungen anderer Energieunternehmen abgeschlossen wurden und welche Neuinvestitionen geplant sind, darunter auch solche für erneuerbare Energien. Die Summe der Angaben ergibt dann die Prognose, und diese liegt anschließend auch den Einschätzungen der wissenschaftlichen Institute zugrunde.

Das alles beschreibt ein selbstreferentielles System der Energiewirtschaft. Unterschiede zwischen verschiedenen Prognosen ergeben sich in der Regel höchstens noch aus voneinander abweichenden Grundannahmen über die allgemeine wirtschaftliche Entwicklung oder die Preisentwicklung auf den Primärenergiemärkten. Entsprechen diese Annahmen ungefähr der Entwicklung der jeweils folgenden zehn oder zwanzig Jahre, können diese Prognosen durchaus treffend sein – jedoch nur, solange die erneuerbaren Energien aus dem Spiel bleiben bzw. solange allein berücksichtigt wird, in welchem Ausmaß die bisher dominierenden Unternehmen der etablierten Energiewirtschaft in sie investieren.

Deren Prognosen über den künftigen Beitrag erneuerbarer Energien gehen also stillschweigend von der Wunschvorstellung der Energiewirtschaft aus, daß sie das als angestammt empfundene Anbietermonopol auch für erneuerbare Energien behalten kann. Die zahlreichen restriktiven Prognosen über einen auch in naher und mittlerer Zukunft nur geringfügigen Anteil erneuerbarer Energien sind deshalb ein Muster ohne realen Aussagewert. Sie verraten höchstens, daß die Prognostiker und ihre Auftraggeber kein Interesse, keine Ambitionen oder nicht genug Phantasie haben, den fossilen Hauptstrom zu verlassen. Wenn es dann regelmäßig heißt, Solarenergie »wird« in überschaubarer Zeit nur einen bescheidenen Beitrag zur Energieversorgung leisten und »kann« die fossilen Energieträger nicht ersetzen, ist das nichts anderes als eine pseudowissenschaftliche Rechtfertigung des energiewirtschaftlichen Strukturkonservatismus. Selbst öffentliche Prognoseinstitute wie die Internationale Energie-Agentur beteiligen sich daran, wenn sie etwa den Anteil erneuerbarer Energien an der Weltenergieversorgung bis zum Jahr 2020 mit 3,1 % im Vergleich zu 3,0 % im Jahr 1995 veranschlagen, einschließlich der Großwasserkraft, aber ohne die nicht kommerziell genutzte Biomasse, die insbesondere in der dritten Welt eine große Rolle spielt.[127] Zwar wird den erneuerbaren Energien eine jährliche absolute Zuwachsrate von 1,5 % zugerechnet, aber wegen des gleichzeitig wachsenden Gesamtenergiebedarfs bedeutet das kaum eine Erhöhung des proportionalen Anteils.

Inzwischen sind zwei der bedeutendsten global operierenden Energieunternehmen – die Mineralölkonzerne BP und Shell – mit vielzitierten Studien aus dem konventionellen Prognosemuster der Energiewirtschaft ausgebrochen und sagen deutlich höhere Anteile erneuerbarer Energien voraus. Die »Shell-Studie« spricht davon, daß die Weltenergieversorgung bis zum Jahr 2060 zu 50 % aus erneuerbaren Energien kommen werde.[128] Diese Studie wird von dem Teil der Öffentlichkeit zitiert, der auf erneuerbare Energien setzt. Sie trägt dazu bei, die Denunzierung der erneuerbaren Energien zu beenden: »Wenn Shell das schon sagt ...« Doch so nützlich diese Studie war, das Eis gegenüber erneuerbaren Energien brechen zu helfen, und so richtig es ist, den erneuerbaren Energien die Möglichkeit eines zumindest paritätischen Beitrags zur Weltenergieversorgung zu bescheinigen – auch diese Prognose spiegelt eher die Ambitionen des sie veröffentlichenden Unternehmens wider, als daß sie einen wissenschaftlich fundierten Aussagewert über die tatsächlich eintreffende Entwicklung beanspruchen könnte. Denn parallel zum höheren Anteil erneuerbarer Energien prognostiziert die Shell-Studie weltweit einen doppelt so hohen Energiebedarf, der noch zur Hälfte durch fossile Energieträger gedeckt werden soll. Es wird also ein etwa gleichbleibender Erdöl- und Erdgasverbrauch bis 2060 unterstellt. Diese Erdöl- und Erdgasmengen sind aber unrealistisch, weil – wie im dritten Kapitel beschrieben – die fossilen Reserven bei anhaltender

Verbrauchsmenge bis zu diesem Zeitpunkt ausgehen. Die Shell-Studie vermeidet aus wahrscheinlich taktischen Gründen, aus Rücksicht auf ihr fossiles Energiegeschäft und die Shell-Aktionäre, von der Substitution fossiler Angebotsmengen zu sprechen. Zwar soll die Tür zu einer neuen Strategie mit erneuerbaren Energien geöffnet werden – jedoch ohne das laufende fossile Energiegeschäft zu delegitimieren. Shell und BP – mit ihren eigens gegründeten Tochtergesellschaften Shell-Solar und BP-Solar – sind neuerdings die größten Einzelinvestoren in erneuerbare Energien. BP, schon vor Shell aktiv geworden, hat angekündigt, bis 2010 jährlich 20 Mio. Dollar in erneuerbare Energien zu investieren, Shell 500 Mio. Dollar in fünf Jahren. Aber gleichzeitig investierte nach Angaben von »German Watch« BP allein im Jahr 1997 vier Mrd. Dollar in das fossile Energiegeschäft, Shell 7,5 Mrd. Dollar. Dies läßt sich für beide betriebswirtschaftlich rational begründen: Die Investitionen in erneuerbare Energien sollen aus dem fossilen Energiegeschäft finanziert werden. Wegen ihrer Einbindung in die globalen fossilen Energieketten haben die beiden Weltkonzerne zudem für sich kaum eine andere Wahl, als gleichzeitig weiter im fossilenergetischen Teufelskreis zu operieren.

Daß es Mineralölkonzerne sind, die als erste »global players« aus der Front der hermetischen Abriegelung gegenüber erneuerbaren Energien ausbrechen, ist kein Zufall, weil Erdöl eben als erste fossile Energiequelle erschöpft sein wird. Jahrzehntelang waren es gerade die Ölmultis, die politische Initiativen für erneuerbare Energien zu blockieren suchten; so in der berüchtigten »Global Climate Coalition«, die u.a. auf Weltklimakonferenzen Lobbyarbeit gegen politische Beschlüsse für CO_2-Minderungen betrieb. BP und Shell sind inzwischen aus dieser Koalition ausgetreten.

Ob Prognosen also die erneuerbaren Energien optimistisch oder pessimistisch bewerten – ihre wissenschaftliche Aussagekraft ist fast immer gering. Erneuerbare Energien, das wurde deutlich, passen einfach nicht in eine Prognosemethodik, die sich an fossilen Strukturen orientiert. Bei ihrer Nutzung geht es um potentiell unzählige Kleininvestitionen, davon viele außerhalb der energiestatistisch erfaßbaren Energiekette. Wie rasch und wie breit dieses Potential entfaltet wird, hängt von der Motivation vieler Millionen Menschen ab, vom energetischen Kulturbewußtsein und vor allem von den Spielräumen, die ihnen politisch eröffnet werden müssen: durch den Abbau rechtlicher Hemmnisse gegen die Nutzung erneuerbarer Energien, durch echte Energiesteuern, die Gestaltung von Energiemarktordnungen und Einführungsprogrammen. Zur Zeit bläst der Rückenwind in den verschiedenen Gesellschaftskulturen und Rechtsordnungen unterschiedlich stark. Ablesbar ist das an den verschiedenen Einführungsraten erneuerbarer Energien in Europa: In Deutschland waren Mitte 1999 etwa 3500 MW Windkraftanlagen und in Dänemark 1560 MW installiert, in Frankreich lediglich 19 MW und in Irland 73 MW – obwohl es in Frankreich und Irland aufgrund ihrer Atlantiklage wesentlich mehr windgünstige Standorte gibt als in Deutschland und Dänemark. Die Differenz ist also nicht geographisch erklärbar, sondern allein mit den für Windkraftbetreiber günstigen Rahmenbedingungen – sprich: den gesetzlich garantierten Einspeiseregelungen in Deutschland und Dänemark. Es ist in Deutschland oder Dänemark zudem offenkundig aus politisch-kulturellen Gründen mehr Bereitschaft zu privaten ökologischen Investitionen vorhanden.

In Italien trat z.B. zeitgleich mit Deutschland ein Stromeinspeisungsgesetz für erneuerbare Energien mit ähnlich günstigen Einspeisetarifen in Kraft, blieb jedoch praktisch ohne Folgen für Investitionen unabhängiger Betreiber: Die Hegemoniestellung des staatlichen Stromkonzerns ENEL ist in Italien ungebrochen. Griechenland hat etwa ein Sechstel der Einwohner Italiens und ein geringeres Bruttosozialprodukt mit niedrigerem Durchschnittseinkommen. Gleichwohl hat Griechenland 80mal mehr installierte Solarwärmekollektoren als Italien. Selbst in Deutschland, Dänemark und Österreich sind mehr Kollektoren installiert als im größten und reichsten Mittelmeerland. Dies beweist, daß es keineswegs allein die Kosten sind, die darüber entscheiden, wann wo wie viele Solaranlagen installiert werden.

Die Relativität bis Irrelevanz präziser Prognosen ergibt sich auch aus den prinzipiell unvergleichbaren Investitionsvoraussetzungen der kettengebundenen fossilen Energieträger und der erneuerbaren Energien:

– Die Technik der fossilen Energieträger ist weitgehend entwickelt: Große Anlagen haben lange Vorlaufzeiten; große Effizienzsteigerungssprünge sind nicht mehr zu erwarten, die Herstellerstruktur der Umwandlungsanlagen ist weitgehend etabliert; die Infrastruktur für Transport und Verteilung ist in den Industrieländern weitgehend ausgebaut; die Vermarktungsstrukturen sind eingespielt und großenteils monopolistisch kontrolliert.

- Bei erneuerbaren Energien ist dagegen das Spektrum der Umwandlungstechniken noch vielfach erweiterbar; die bereits eingeführten
Techniken sind noch jung und sehr entwicklungsfähig, die erwartbaren Effizienzsprünge groß; die industrielle Anlagenherstellung
befindet sich erst im Frühstadium; stark optimierte Produktions-
techniken und große Fortschritte bei der Kostensenkung durch
Serienproduktion und Massenmärkte sind zu erwarten, wie jeder
Blick in die Geschichte anderer Technologien zeigt. Vermarktungsstrukturen sind bisher nur in Anfängen vorhanden.

Ebensowenig ist vorhersehbar, wie groß der Anteil dieser oder jener
Nutzungsart sein wird. Dessen Höhe hängt neben den genannten Gründen auch von den spezifischen geographischen Bedingungen ab und
davon, welche Technologie zur Nutzung erneuerbarer Energien sich am
schnellsten industriell profiliert und zu Kostensenkungen führt. Was
sich voraussagen läßt, sind prinzipiell erhebliche Unterschiede in der
Art der energetischen Bedürfnisbefriedigung von Region zu Region und
Kontinent zu Kontinent und entsprechend wesentlich vielfältigere Ge-
samtsysteme der Energieversorgung und -nutzung.[129]

Vorrechnen läßt sich, daß der gesamte Energiebedarf durch erneuerbare Energien befriedigt werden kann.[130] Aber alles weitere hängt von
technischen, wirtschaftlichen und politischen Impulsen und Initiativen
ab. Erneuerbare Energien erfordern nicht nur eine andere Nutzungsstruktur, sondern brauchen auch andere Träger und eine andere Investi-
tionskultur.

Wie schnell die mögliche vollständige Ablösung atomarer und fossiler Energien realisiert werden kann, ist wissenschaftlich nicht voraus-
sagbar, weil es unmöglich ist, die industrielle Entwicklung der Solartechnik und das Verhalten von potentiell Milliarden Energienutzern
vorwegzunehmen. Der Anteil erneuerbarer Energien kann Mitte des
21. Jahrhunderts geringer sein, als die Shell-Studie voraussagt. Er kann
ebenso deutlich höher liegen, bis hin zur vollständigen Ablösung atomarer und fossiler Energien zu diesem Zeitpunkt. Dieses Ziel muß auch
angestrebt werden. Unrealistisch ist es keineswegs: Je zügiger diese Entwicklung realisiert wird, desto mehr werden zwar die erschöpflichen
fossilen Potentiale auf der Zeitachse gestreckt – aber desto teurer werden
sie auch, weil die wirtschaftlichen Skaleneffekte – also die anteiligen
Kosten der gelieferten Energiemengen an der Infrastruktur der verkette-

ten konventionellen Energieversorgung – reduziert werden. Das Ziel, einerseits die konventionellen Energien durch Verknappung des sich erschöpfenden Angebots, verschlechterte »economies of scale« und Energiesteuern kontinuierlich zu verteuern, andererseits erneuerbare Energien durch vielfältig akzelerierbare Effekte und in jedem Fall stetig verbesserte Skaleneffekte in der Produktion laufend zu verbilligen, macht ohnehin alle Energieprognosen gegenstandslos, die sich über einen Zeitraum von mehr als zwanzig Jahren erstrecken. Erneuerbare Energien machen zwangsläufig, sobald sie voll ins Spiel kommen und nicht mehr durch »roll-back«-Versuche aufgehalten werden können, alle Langfristprognosen zur Makulatur – oder zum bloßen Glasperlenspiel.

Daß aber optimistische Zukunftsperspektiven bis hin zur Möglichkeit, auf atomare und fossile Energien vollständig verzichten zu können, immer und immer wieder bestritten werden, hat einen zentralen Grund: Mit der Anerkennung dieser Perspektive würde sich der Mythos der Energiewirtschaft in Luft auflösen. Es gäbe dann keinerlei Rechtfertigung und keine Zustimmung mehr, weiterhin umfänglich in atomare und fossile Energieanlagen zu investieren. Ebensowenig würde dann akzeptiert werden, daß weiter Milliarden öffentlicher Mittel für die Entwicklung der Atomfusion bereitgestellt werden, allein mit dem Argument, mit erneuerbaren Energien ließe sich der künftige Weltenergiebedarf nicht decken.[131]

Subventionsorgien für konventionelle Energiesysteme

Gebannt von den lockenden Sirenengesängen niedriger Energiepreise läßt sich die Zivilisation immer schneller in ihren Untergang ziehen. Mit ihren Dumpingpreisen versucht die zentralisierte Energiewirtschaft besonders auf einem offenen Energiemarkt ihre Behauptung zu belegen, die prinzipiell kostengünstigste Möglichkeit der Energieversorgung und damit volkswirtschaftlich unverzichtbar zu sein. Doch solche Thesen können nur auf fruchtbaren Boden fallen, weil die Energiediskussion mit unscharfen Begriffen geführt wird. So stellt die atomar/fossile Energieökonomie ihre aktuellen betriebswirtschaftlichen Vorteile regelmäßig als volkswirtschaftliche dar. Dabei wird alles, was vor und nach den direkten Energiebereitstellungskosten der Energiewirtschaft liegt, schlichtweg ausgespart: Direkte und indirekte, frühere oder aktuelle Energiesubventionen, die Belastung von Volkswirtschaften durch Energieimporte, die Kosten der Ressourcenvernichtung und der Umweltschäden kommen nicht vor. Mit der begrifflichen Aufhebung der entscheidenden Differenzen zwischen betriebs- und volkswirtschaftlicher Rechnungsweise reklamiert die Energiewirtschaft praktisch Allzuständigkeit in Energiefragen – und spricht sich gleichzeitig frei von allen volkswirtschaftlichen, ökologischen und sozialen Konsequenzen ihres Tuns.

Energiesubventionen: der wirtschaftliche Offenbarungseid der konventionellen Energiesysteme

Schlagendster Beweis für die Wirtschaftlichkeitslüge über atomare und fossile Energien ist die Vielzahl direkter und indirekter öffentlicher Subventionen. Damit sind nicht allein jene immensen Starthilfen etwa für die Atomenergie aus früheren Zeiten gemeint, in Größenordnungen, welche erneuerbaren Energien immer versagt blieben. Die exorbitanten öffentlichen Geldgeschenke für die atomare und fossile Energieindustrie gehen auch weit über Forschungs- und Entwicklungsförderungen hinaus. Sie reichen von Maßnahmen zur Marktstützung und Infrastrukturförderung bis zur Subventionierung des Energieverbrauchs großer Industrieunternehmen über zahlreiche Steuer- und Versicherungsprivilegien und zur Übernahme von polizeilichen und militärischen Sicherheitskosten. Ganz zu schweigen von der Übernahme aller Folgekosten für die Schäden an Umwelt, Gesundheit und Klima. Die tatsächliche Höhe dieser Folgekosten und Subventionen ist kaum zu errechnen. Sie erreicht wahrscheinlich die weltweiten Rüstungsausgaben von jährlich 850 Mrd. Dollar. Dieser Vergleich macht auch deutlich: Der Weltkrieg gegen die Naturkreisläufe ist öffentlich.

Bereits unverhältnismäßig hoch, aber am Gesamtaufwand gemessen noch relativ niedrig sind die atomaren und fossilen Energiesubventionen in Forschung und Entwicklung. In meinem Buch »Sonnenstrategie« sind für alle OECD-Länder für den Zeitraum von 1984 bis 1995 9,27 Mrd. US-Dollar Förderungen für erneuerbare Energien errechnet, für fossile Energien 17,48 Mrd., für Atomspaltungsenergie 56,43 Mrd. und für Atomfusion 14,64 Mrd.[132] In diesen Summen sind die militärischen Atomforschungsmittel der Atomwaffenländer, die indirekt auch der zivilen Atomenergie zugute kommen (und umgekehrt), nicht enthalten. Die direkten staatlichen Subventionen – also jene für Forschung, Entwicklung und Marktstützung – hat Greenpeace in einer 1997 veröffentlichten Studie für die EU und ihre Mitgliedsländer erfaßt. Sie betrugen 1995 9,68 Mrd. Dollar für fossile Energien, 4,1 Mrd. für Atomenergie, aber nur 1,24 Mrd. für erneuerbare Energien.[133] Für die USA hat die Alliance to Save Energy 1994 jährliche Energiesubventionen in der Größenordnung von mindestens 21 Mrd. Dollar errechnet, die zu etwa 95 Prozent den atomaren und fossilen Energien gutgeschrieben wurden.[134]

Nicht erfaßt sind dabei die zahlreichen versteckten Subventionen. Am meisten fällt sicher die Treibstoffsteuerbefreiung für den zivilen Luftverkehr ins Gewicht, die – gemessen an den durchschnittlichen Treibstoffsteuersätzen für den Straßenverkehr – bei weit über 100 Mrd. Dollar jährlich liegen dürfte, mit steigender Tendenz wegen des wachsenden Flugverkehrs.[135] Ebenfalls stark ins Gewicht fällt die Treibstoffsteuerbefreiung für den internationalen Schiffsverkehr, für den jedoch – ebenso wie beim Flugverkehr – keine statistischen Angaben vorliegen. Das Kostenvolumen dürfte in etwa dem für die Steuerbefreiung von Flugtreibstoff entsprechen. Weitere Beispiele sind etwa die in der Europäischen Union geltende Mineralölsteuerbefreiung für mineralölverarbeitende Betriebe, die den Ölbedarf nicht nur für die Raffinerien, sondern auch für die chemische Industrie subventioniert. Ebenfalls steuerbegünstigt sind im Regelfall die Suche nach und das Erschließen von Öl- und Gasfeldern und die Förderung dieser Quellen. Das gleiche gilt für Uran.

Zu den versteckten Subventionen gehört auch die staatliche Mitfinanzierung von Hafenanlagen bis zum Bau von Pipelines, Hochspannungsleitungen, wofür in dem Buch von Steven Gorelick, »Small is Beautiful, Big is Subsidised«, zahlreiche Beispiele aus vielen Ländern aufgeführt werden.[136] Eine durchgängige versteckte Subvention der Atomenergie erfolgt nahezu in allen Atomkraftwerke betreibenden Ländern durch großzügige Freistellungen von einer Haftpflichtversicherung gegen atomare Unfälle; in den USA wurde zwar 1988 die bis dahin vorgeschriebene Haftungssumme von 560 Mio. auf 7 Mrd. Dollar angehoben – doch blieb dabei die Begünstigung aufrechterhalten, daß die Versicherungsprämien erst im Fall eines tatsächlichen Atomkraftwerkschadens – also nachträglich – bezahlt werden müssen.[137] Und selbst diese 7 Mrd. Dollar sind extrem niedrig, wenn sie an den für den GAU in Tschernobyl ermittelten Schäden von über 350 Mrd. Dollar gemessen werden. Unberücksichtigt bleiben dabei ohnehin die Leiden der tödlich

Erkrankten, die bekanntlich nicht monetarisierbar sind. Versteckte Subventionen sind die polizeilichen Kosten für atomare Sicherheit, etwa bei Atommülltransporten, und jene für die militärische Sicherung der Ölquellen. Diese hat die amerikanische Organisation Citizen Action allein für die USA mit jährlich 57 Mrd. Dollar beziffert.[138]

Die UNDP, die Entwicklungshilfeorganisation der UN, spricht in ihrem 1996 veröffentlichten Report »Energy after Rio« von etwa 300 Mrd. Dollar jährlicher Subventionen für konventionelle Energie. Darin eingerechnet sind auch subventionierte Energiepreise für jene Energieverbraucher in Entwicklungsländern, für die die Weltmarktpreise zu hoch sind. Allein die Strompreisstützen in Entwicklungsländern schätzte die Weltbank 1994 auf 90 Mrd. Dollar. Weit überwiegend kommen sie, wie schon im vorhergehenden Kapitel behandelt, der städtischen Bevölkerung zugute.[139] Auch die UNDP-Analysen berücksichtigen nicht das gesamte Ausmaß der zuvor genannten versteckten Subventionen.

Ausgespart aus den wirtschaftlichen Bewertungen konventioneller Energiesysteme im Stromsektor bleiben auch die Gebietsmonopole. Solange diese galten bzw. trotz neuer Strommarktgesetze noch gelten, mußten Investitionen nicht präzise kalkuliert werden. Deshalb verfügen die Monopolunternehmen über einen großen Kraftwerksbestand, der weitgehend abgeschrieben ist, weil alle Investitionskosten risikolos an die Stromkunden weitergereicht werden konnten. Faktisch ruhen die Stromkonzerne damit in einer von Stromkunden subventionierten Struktur. Diese können sie nun gegenüber »Newcomern« ausspielen, die wegen ihrer hohen Neuinvestitionen im Wettbewerb um sinkende Strompreise nicht mithalten können. Auch unter den Bedingungen eines offiziell freien Strommarkts können also die großen Stromkonzerne ihre Position behaupten, ja sogar ausbauen: Jedem neu in den Markt eintretenden und investierenden Unternehmen können sie mit Preisdumpingangeboten entgegentreten. Der freie Strommarkt wird zu einem Wettbewerb überwiegend unter großen Unternehmen führen. Solange die großen Stromkonzerne wegen ihrer traditionellen Überkapazitäten noch keine Neuinvestionen tätigen müssen, werden die Preise dabei sinken. Doch sobald diese Phase vorbei und der Monopolisierungsprozeß weiter vorangeschritten ist, ist schon wegen des Bedarfs an Neuinvestitionen wieder mit großen Preissteigerungen zu rechnen. Bis dahin, so das Ziel, sollen Stadtwerke und »Newcomer« wegplaniert werden. Wie groß die private Subventionierung der Stromkonzerne durch die Energieverbraucher war, zeigt die Diskussion über deren »stranded investments« nach der Öffnung der Energiemärkte, die allein in den USA auf mindestens 50 Mrd. Dollar geschätzt werden.[140] Unter »stranded investments« versteht man solche Investitionen, die am tatsächlichen Bedarf vorbei getätigt wurden. Daß Stromkonzerne versuchen, diese Fehlinvestitionen zu vertuschen, indem sie sich von den Regierungen einen gesicherten Absatz einräumen lassen – so z.B. die Abnahme des aus Braunkohle produzierten Stroms in Ostdeutschland –, ist ein Offenbarungseid ihrer tatsächlichen Wirtschaftlichkeit. Solche Schutzklauseln werden für die etablierte Stromwirtschaft für selbstverständlich gehalten, jedoch nicht für erneuerbare Energien oder für Stadtwerke.

Es mag eingewandt werden, daß die Subventionsflut für atomare und fossile Energien nicht überall gleich hoch brandet und daß sie allein nicht ausreicht, um die These des prinzipiellen Kostenvorteils konventioneller Energieangebote gegenüber erneuerbaren Energien zu widerlegen. Aber das in Teil I beschriebene System der konventionellen Energieketten demonstriert, daß es nur durch riesige Angebotsmengen und Subventionen möglich ist, die zahlreichen Kostenelemente fossiler wie atomarer Energien aufzufangen und zu verstecken. Je größer die vielfach subventionierten Energieflüsse, desto billiger das Angebot, wo immer es auf den Markt kommt. Je billiger das Angebot, desto größer die konventionellen Energieflüsse. Wo immer die konventionellen Energieketten subventioniert werden, reduziert die Subvention im globalen Ausmaß die Kosten fossiler Energie. Würden alle konventionellen Energiesubventionen gestrichen, wären angesichts hochschießender Preise vielleicht gar keine öffentlichen Förderprogramme für erneuerbare Energien mehr erforderlich. Würden die Subventionen allerdings nur in einem Land gestrichen, so könnte das den globalen Vorsprung konventioneller Energien noch nicht aufheben. Der Mythos des Preisvorteils konventioneller Energien kann nur durch die kalkulatorische Undurchsichtigkeit der globalen Ketten aufrechterhalten werden.

Die Produktivitätslüge atomar/fossiler Energien

Der Prozeß der Produktivitätssteigerung ist ein Kontinuum des Wirtschaftsprozesses, für das es mehrere Motive gibt – und keineswegs nur das des Wettbewerbs, um nicht wegen zu hoher Kosten von einem produktiveren Konkurrenten verdrängt zu werden. Weitere Motive sind das der Gewinnsteigerung, der Arbeitserleichterung und -vereinfachung, der größeren Nutzerfreundlichkeit und damit verbesserter Marktchancen, der Umweltentlastung oder der Zeitersparnis. Welche dieser Motive im Vordergrund stehen, ist je nach äußeren Bedingungen unterschiedlich. Solange Energie teuer war, konzentrierten sich die Bemühungen um Produktivitätssteigerungen auf deren Einsparung. Seit die menschliche Arbeitskraft teurer wurde, konzentriert sich alles auf deren Substitution.

Die unproportional niedrigen konventionellen Energiepreise sind die meistgenannte Ursache dafür, daß die Energieproduktivität weit unter ihrem Optimum liegt. Doch dafür gibt es weitere Gründe. Rein ideologisch ist etwa die Fixierung der Wirtschaft auf aktuelle Preise, die dem mikroökonomischen Kalkulationsdenken des neoliberalistischen Zeitalters entsprechen. Und viel zu kurz gedacht ist die alleinige Konzentration auf technische Lösungen bei der Suche nach mehr Energieeffizienz, weil sie energiesoziologische Zusammenhänge völlig unberücksichtigt läßt.

1. Die Fixierung auf aktuelle Preise

Ob eine Energiebereitstellung als wirtschaftlich gilt, wird in der vermeintlichen Moderne fast ausschließlich danach beurteilt, wie hoch ihr Preis ist. Dieser wird mit den aktuellen Kosten gleichgesetzt, und beide Begriffe werden wie austauschbar verwendet. Doch solche Wirtschaftlichkeitsbetrachtungen sind anachronistisch. Kosten und Preise sind keineswegs identisch: Die gesamte Entwicklung seit der industriellen Revolution beweist, daß Produktivitätssteigerungen mit Hilfe intelligenter Energienutzung und effizienter Umwandlungstechnologien es immer wieder ermöglicht haben, die Energiekosten trotz bleibender oder gar höherer Energiepreise zu senken. So haben die USA die niedrigsten Energiepreise aller OECD-Länder u.a. wegen extrem niedriger Energiesteuern. Dies bedeutet aber nicht, daß die Industrie oder die privaten Haushalte automatisch auch niedrigere Energiekosten haben: Niedrige Preise reizen zu deutlich höherem Energieverbrauch und geben keine Impulse für Investitionen zu verbesserter Energieeffizienz. Kein Wunder, daß die Amerikaner das Zwei- bis Dreifache an Treibstoffen und Strom pro Einwohner verbrauchen, was alle Preisvorteile bei den Kosten aufhebt.[141]

Die Gleichsetzung bzw. Verwechslung von Preisen und Kosten ist ein Argument aus dem vortechnologischen Zeitalter und Ausdruck strukturkonservativer Denkhaltung. Gleichwohl beherrscht es die Energiediskussion: Jede geplante Energiesteuererhöhung steht unter dem Trommelfeuer der Kritik, daß die darauffolgende Energiepreissteigerung zu entsprechend höheren Kosten führen müsse und deshalb die internationale Wettbewerbsfähigkeit einer Industriegesellschaft gefährde. Prompt werden überall, wo bisher ökologisch begründete Erhöhungen der Energiesteuern vorgenommen würden – ob in Dänemark, den Niederlanden oder Deutschland –, Ausnahmen für die energieverbrauchsintensive Industrie gemacht. Dabei spricht viel dafür, daß die Spielräume zur Effizienzsteigerung genau dort am größten sind, wo der Energieverbrauch durchschnittlich höher liegt. Die antiproduktive Einstellung zu Energiepreiserhöhungen reicht bis in die internationalen Energiekostenvergleiche, die tatsächlich lediglich das Niveau von Energiepreisvergleichen haben. Ihr wirtschaftlicher Aussagewert ist infolgedessen gering. Bei produktivitätsorientierter Betrachtung müßte sinnvollerweise verglichen werden, wie hoch der jeweilige Energiekostenanteil privater Haushalte und analoger Industrie- und Dienstleistungssektoren ist. Daß solche Statistiken nicht erstellt werden, führt zu systematischen energiepolitischen und -wirtschaftlichen Fehlurteilen, die die Gesellschaften an das konventionelle Energiesystem fesseln und die Notwendigkeit grundlegender Veränderungen tabuisieren.

2. Die Unproduktivität der zentralisierten Energieversorgung

Daß die atomar/fossile Energieversorgung zwar inhärent effektiver gestaltet, aber niemals wirklich produktiv sein kann, wird durch die im ersten Kapitel beschriebenen langen Ketten augenfällig. Die üblichen Effizienzrechnungen verlieren darüber, wie gesagt, kein Wort. Soweit es um die Stromversorgung geht, konzentrieren sie sich auf den energetischen Wirkungsgrad der Stromerzeugung im Verhältnis zur dafür eingesetzten Energie. Übersehen werden dabei im allgemeinen nicht nur die im Abschnitt über die Energiestatistiken beschriebenen Energieverluste in der gesamten Kette, auch die in der Produktion der Förder- und Transporttechniken sowie der Kraftwerkstechnik selbst bleiben außer Betracht.

Doch die strukturelle Unproduktivität zentralisierter Energiesysteme geht noch weiter. So gelten z.B. die nominellen Wirkungsgrade der je-

weiligen Großkraftwerke nur dann, wenn diese mit den eingesetzten
Brennstoffen tatsächlich Strom erzeugen. Das ist aber nicht ständig der
Fall: Da die Kraftwerke eine fluktuierende und nie präzise voraussehbare Stromnachfrage befriedigen müssen, müssen sie den die Turbine
antreibenden Dampf ständig zur Verfügung haben – also selbst dann
Brennstoffe verfeuern, wenn Strom gar nicht entsprechend nachgefragt
wird. Sinkt die Nachfrage, muß ausgedampft werden. Je nach konkreter
Kraftwerksauslastung fallen also unweigerlich weitere Energieverluste
an. Kondensationskraftwerke können ihren optimalen Wirkungsgrad
im Verhältnis zur eingesetzten Energie nur bei durchgängig gleicher
Nachfrage erreichen, weshalb die Stromproduktion für die Grundlast
die billigste ist. Unausgelastete Kapazitäten und überflüssiger Energieeinsatz sind also ein Charakteristikum von Großkraftwerken.

Dezentrale Anlagen brauchen all das nicht. Wenn statt großer Kondensationskraftwerke viele dezentrale Motorkraftwerke eingesetzt werden, die in Sekundenschnelle an- und abgeschaltet werden können,
dann bedarf es keiner ständig unter Dampf stehenden Turbinen und
Leistungsreserven. Kleine Kraftwerkseinheiten, die typisch für die meisten Nutzungsformen erneuerbarer Energien sind, repräsentieren ein
modulares System, das à la carte auf die Marktbedürfnisse zugeschnitten werden kann. Das Risiko von Fehlinvestitionen ist viel geringer, weil
jedes Modul für sich arbeiten kann. Da die Installationszeiten sehr kurz
sind, kann auf Nachfragesteigerungen schnell reagiert werden; ein
»return on investment« findet ohne Zeitverzögerung statt.

3. Isoliertes ökologisches Effizienzdenken

Daneben werden aber auch ökologische Argumente gegen eine schnelle
Prioriätenverlagerung auf erneuerbare Energien angeführt. Wegen
deren hohen Investitionskosten könne eine Entlastung der Umwelt
rascher erreicht werden, wenn dieselbe Investitionssumme fürs Energiesparen bzw. für Effizienzsteigerungen bei der fossilen Energienutzung
eingesetzt würde. Dieses Argument wirkt auf den ersten Blick überzeugend und läßt sich sicher in vielen Fällen auch kalkulatorisch belegen.
Dennoch ist es in seiner Pauschalisierung fragwürdig bis abwegig. So ist
die Umwelteffizienz bei vielen Anwendungsfällen der Nutzung erneuerbarer Energien bereits jetzt mit jener für Einspar-Investitionen vergleichbar. Das gilt etwa für die »passive« Solarenergienutzung in Gebäuden. Besonders häufig wird sogar vom Umweltbundesamt[142] das

Sparargument gegen den Einsatz von Pflanzenöl als Treibstoff vorgebracht und gegen das Ziel ausgespielt, treibstoffsparende Kraftfahrzeuge (»Drei-Liter-Auto«) einzuführen. Dabei wird übersehen, daß der Pflanzenölmotor genauso treibstoffsparend hergestellt werden kann wie der Diesel- oder Benzinmotor. Wer also mit dem »Drei-Liter-Auto« gegen das Pflanzenölauto argumentiert, gibt fossiler Energie den Vorrang vor erneuerbarer Energie – was ökologisch unsinnig ist. Selbst bei der Stromerzeugung aus Photovoltaik, die gegenwärtig noch die teuerste Solartechnologie ist, trifft das ökologische Kosteneffizienzargument nicht mehr in allen Anwendungsfällen zu. Wo Leitungen und Netze gespart werden können, ist die Photovoltaik oft schon heute kosteneffizienter als jede Form konventionellen Energieeinsatzes. Jeder Ansatz, die technische Nutzung erneuerbarer Energien mit dem Argument der fossilen Energieeffizienz zurückzustellen, ist also provinziell, ja ökologisch wie entwicklungspolitisch unverantwortlich gedacht. Ob Investitionen in fossile Energieeffizienzsteigerungen oder in erneuerbare Energien angebracht sind oder auch in beide zugleich, hängt also von der konkreten Situation ab.

Auch wo die Umweltentlastung durch Effizienzsteigerungen bei fossilen Energien aktuell größer ist, muß kalkuliert werden, ob dies auch noch zutrifft, wenn die gesamte Arbeitszeit einer Energietechnik berücksichtigt wird. Es dürfen nicht nur die aktuellen Investitionskosten der fossilen mit denen für eine solare Energieanlage miteinander verglichen werden, sondern auch die laufenden Energiekosten einer effizienzgesteigerten fossilen Energieanlage mit den Null-Energiekosten einer solaren Energieanlage. Darüber hinaus sind die Möglichkeiten zur Steigerung fossiler Energieeffizienz nicht unbegrenzt. In der Regel nehmen die Kosten der Effizienzsteigerung mit jedem fossilen Einsparschritt zu. Demgegenüber wird durch die Nutzung erneuerbarer Energien die dafür notwendige Technik laufend billiger. *Das entscheidende wirtschaftliche Kriterium ist also die Richtung der Kostenentwicklung.* Jede perspektivische Betrachtung muß dies beachten.

Wirtschaftssoziologisch unsinnig ist im übrigen die pauschale Behauptung, Energiesparinvestitionen hätten den besseren aktuellen Kosten-Nutzen-Effekt für Klima- und Umweltschutz. Was soll z. B. ein Landwirt, der seine landwirtschaftlichen Reststoffe in einer Biogasanlage energetisch verwerten oder auf seinen Feldern eine Windkraftanlage errichten will, mit einer solchen Empfehlung anfangen? Oder ein Hauseigner, der seine individuellen Energiesparmöglichkeiten ausgeschöpft hat und nun seinen Strom mit Hilfe einer Photovoltaikanlage selbst erzeugen will? Sollen sie tatsächlich auf ihre Investitionen für ein Projekt verzichten, mit dem sie sich identifizieren und dessen Realisierung in ihrem eigenen Entscheidungsspielraum liegt, zugunsten irgendeiner fossilen Effizienzinvestition an einem anonymen Ort? Wollte man der Annahme, daß größere Energieeffizienz »mehr« Umweltentlastung bringe, konsequent folgen, wäre sie systematisch nur realisierbar durch eine zentrale Meldestelle für alle Energieinvestitionen. Diese müßte dann planwirtschaftlich entscheiden, wo und wie das bereitgestellte Investitionskapital am effektivsten eingesetzt wird. Diese Beschreibung klingt wie eine Karikatur, aber sie ist die unausgesprochene Konsequenz mancher effizienzdogmatischen Studien. Wirtschaftliche Entwicklungs-prozesse bedürfen einer Vielfalt von Motiven. Die Reduktion aller Inve-stitionsmotive auf unbedingte kalkulatorische Kosten-Nutzen-Effizienz lähmt jede wirtschaftliche Dynamik und fördert die Konformität.

Die herrschende fossile Lehre versucht, ihren »wirtschaftlichen« Trumpf gegen erneuerbare Energien auszuspielen, indem sie jede alter-native Energieinitiative mit der Frage konfrontiert, ob sich diese »rech-ne«. Doch wie viele Dinge würden die Menschen nicht tun, wäre dies das einzige Kriterium beim Geldausgeben? Von Verschönerungen der Woh-nungen und Häuser bis zu Urlaubsreisen in sonnige Gebiete, von Restaurantbesuchen bis zum Kauf gestylter Autos: Ob sich all das rech-net, entscheidet jeder für sich. Auch das Bedürfnis nach sauberer Ener-gie ist ein emotionales, ethisches, aber auch ein rationales Bedürfnis. Es durch den Hinweis auf Anfangskosten zu relativieren, ist eine Argu-mentationsfalle, in die sich selbst Befürworter umweltverträglicher Energien locken lassen. So wird die Einstellung der Menschen zu Ener-giefragen von ihrem sonstigen Konsumverhalten abgekoppelt, und die Energiebereitstellung bleibt eine spezialisierte Aufgabe der Energiewirt-schaft.

4. Die grundsätzliche Ineffizienz fossiler Energieträger

Die Sonne ist bekanntlich die primäre Quelle aller bekannten Energien. Öl, Gas und Kohle sind Derivate der von der Sonne in einem Zeitraum von etwa einer Milliarde Jahren erzeugten Biomasse. Sie wurden durch geologische Prozesse wie Druck und Luftabschluß in jene Form umge-wandelt, die heute gefördert und verbrannt wird. Da aber im Erdreich nur einige Millionstel Anteile dieser Biomasse zu Erdöl, Gas oder Kohle umgewandelt wurden, ist davon nur noch 0,000011 % als Energiequelle verfügbar. Demgegenüber ist die Energiemenge aktuell entnommener Biomasse nach ihrer Trocknung voll verfügbar.

Dies ist mehr als eine theoretische Betrachtung, weil die Ausschöpfung der fossilen Ressourcen unter keinen Umständen ohne schwerwiegende Folgen bleibt. Sie geschieht nach der Methode der Berechnung von Geldkreisläufen, in denen die Vermehrung der Geldmenge mit Wachstum gleichgesetzt wird. Man tut so, als gäbe es zwei Unendlichkeiten: die des fossilen Potentials und die einer grenzenlos füllbaren Müllhalde für die Abfallprodukte und Emissionen der Energie- und Stoffumwandlung. Doch derart organisierte wirtschaftliche Kreisläufe führen nicht zu einem Zuwachs, sondern zu zweifachem Verlust: dem an Ressourcen und dem an lebensfähiger Umwelt. Weil die Natur keine buchhalterische Rechnung erstellt, wird übersehen, daß der monetäre Gegenwert für diesen Abbauprozeß fossiler Energieträger unberechenbar hoch ist. Die fossilen Energien haben die Vielfalt und damit die mögliche Multifunktionalität ihrer solaren Urquelle notgedrungen verlassen. Das breitbandige Spektrum der Sonnenstrahlung – von der UV-Strahlung bis zum Licht – erlaubt dagegen eine selektive Nutzung der verschiedenen Wellenlängenbereiche für verschiedene Zwecke: vom Licht zur Stromerzeugung bis zur Nutzung des langwelligen Spektrums für Wärmezwecke. Mit einer sonnenseitig von einer dünnen Wasserschicht umströmten Zelle wird diese zugleich zum Kollektor für die Wärmegewinnung, so daß der Effizienzgrad von derzeit 10–15 % auf über 50 % steigt. Da diese solaren Ernteflächen aber gleichzeitig Bauelemente für Dächer, Fassaden oder Fenster, für Zäune oder Balkone sein können, geht deren Mehrfunktionalität noch weit über die bisher genutzte hinaus. Die vielfältigen Nutzungsmöglichkeiten völlig neuer solarer Energiesysteme ergeben völlig neue Effizienzrechnungen.

Wie weit dies gehen kann, demonstriert die Natur am Beispiel jedes einzelnen Baums: Dieser ist CO_2-Absorber und Sauerstoffproduzent, Verdunstungskiller, Rohstoff- und Energiespeicher, teilweise Nahrungsproduzent, Windbarriere, Erosionsschutz – und überdies ein ästhetischer Anblick. Allein solare Ressourcen können diese multifunktionale Effizienz übernehmen. Sie ist der Maßstab für die technische und wirtschaftliche Entfaltung der solaren Ressourcenpotentiale, wie sie in Teil III behandelt wird.

Die ideologisierte Energiephysik

Auch die Mehrzahl der Physiker tut das nutzbare Potential der erneuerbaren Energien bis heute als unzureichend und unbrauchbar ab. Sie halten es für ausgeschlossen, daß damit alle Angebote atomarer und fossiler
Energien ersetzt werden könnten. Notorisch argumentieren sogar sie
damit, daß in den Zeiten, in denen keine Sonne scheine oder kein Wind
wehe, zwangsläufig fossile oder atomare Energien verfügbar sein müßten. Auf die einfache Idee, daß solche Unterbrechungen des Stromangebots auch mit erneuerbaren Energien selbst verhindert werden könnten,
scheinen sie nicht zu kommen: Das Zu- und Abschalten von Strom in
den verschiedenen Lastnachfragezeiten ist ja ohnehin in der Stromversorgung gängige technische Praxis, wenn auch die Gründe andere sind.
Ferner wird behauptet, die Grundlast der Stromversorgung sei nicht mit
erneuerbaren Energien zu leisten. Auch das ist längst empirisch widerlegt.[143] Die Frage ist also, warum selbst unter Physikern und anderen
Naturwissenschaftlern derartige Thesen dennoch hartnäckig kreisen.
Auch Politiker, die kaum etwas von Physik verstehen, unterlegen ihre
Kritik an den vermeintlich überdimensionierten Erwartungen, die an
erneuerbare Energien gerichtet würden, mit dem Hinweis auf die
»Gesetze der Physik«. Dieser Verweis soll flachen Argumenten den Eindruck wissenschaftlichen Tiefgangs verschaffen.

Auch in der Physikerzunft orientiert man sich nicht nur an Naturgesetzen, sondern auch an zeitgeistgeprägten Glaubenssätzen: »Nach
unseren Gesetzen der Physik kann die Hummel nicht fliegen. Sie weiß es
nur nicht«, leitet Armin Witt ironisch sein Buch über unterdrückte
Erfindungen ein.[144] Ein bekanntes Argument gegen die Möglichkeit
einer vollständigen solaren Deckung der menschheitlichen Energiebedürfnisse ist das ihrer mangelnden »Energiedichte«. Der Begriff steht
für zweierlei: zum einen für den Energiegehalt eines bestimmten
Energievolumens, zum anderen für die räumliche Konzentration eines
Energieangebots. Daß eine Tonne Rohöl oder Steinkohle mehr Energieinhalt hat als eine Tonne Biomasse, erlaubt aber keineswegs die
wissenschaftliche Schlußfolgerung, Biomassenutzung sei nicht möglich
oder sinnvoll. Es bedeutet lediglich, daß der Transport der Biomasse auf-
wendiger ist, weshalb die Transportwege kürzer sein müssen. Die räumliche Verdichtung großer fossiler oder atomarer Energieströme in Groß-

kraftwerken ist aber für die Deckung des Massenbedarfs keineswegs zwingend. Ob der virtuelle »Stromsee« in Form der unter Spannung stehenden Netze von wenigen großen Kraftwerken oder zahlreichen kleinen »gefüllt« wird, ist dem Strombezieher völlig egal. Ebenso unerheblich ist die Größe des Netzverbunds, in den Strom eingespeist oder aus dem er bezogen wird. Wichtig ist nur, daß in das Netz – ob international oder geschlossen national, ob regional oder lokal – jeweils so viel eingespeist wird, wie es der jeweiligen Nachfrage entspricht. Deshalb wirken Vergleiche von Leistungsdichten suggestiv, die etwa für die Sonnenstrahlung in Deutschland 0,1, für Windenergie 3, für Kohle 500 und Atomenergie 650 kw/m^2 angeben. Diese Zahlen sollen den Eindruck erwecken, großer Strombedarf erfordere zwingend große Kraftwerke, die auf engstem Raum große Strommengen produzieren können. Dabei wird überdies bei Kohlestrom und Atomenergie der Raumbedarf übersehen, der in der gesamten Bereitstellungskette fossiler Primärenergie bis zum Großkraftwerk, für den Stromtransport und die Abfallbeseitigung aus hochverdichteter Stromproduktion erforderlich ist. Die Energiedichte-Argumentation ist ein mit physikalischem Vokabular getarntes Vorurteil gegenüber erneuerbaren Energien.

Die einzige Schlußfolgerung, die der Vergleich von Energiedichten ermöglicht, ist die sich daraus ergebende erforderliche technische Struktur der Energiebereitstellung. Hohe Energiedichte bedeutet in der Regel zentrale Strukturen – niedrige dagegen dezentrale.[145] Wer auf hohen Energiedichten besteht, kann sich allein mangels technischer Phantasie oder will sich mangels Interesse nichts anderes als Großsysteme der Energieversorgung vorstellen. Was treibt selbst Physiker dazu, sich auf so dünnem Eis zu bewegen? Warum sind so viele unter ihnen aktive Unterstützer des Mythos der zentralisierten atomar/fossilen Energieversorgung? Warum beteiligen sich namhafte Physiker oder gar die altehrwürdige, einst von Max Planck mitgegründete Deutsche Physikalische Gesellschaft an der technikfeindlichen systematischen Kleinrederei des Potentials erneuerbarer Energien?

Nur ein Beispiel dafür ist das Buch »Die Energiefrage« von Klaus Heinloth, der als namhafter Physikprofessor Mitglied der Enquete-Kommission des Bundestags war und sich in seinen Aussagen auch auf das International Panel on Climate Change stützt – eine UN-Organisation, die die Forderungen der Weltklimakonvention wissenschaftlich begleitet und sicher nicht zu denjenigen zählt, die die globalen Gefahren

fossilen Energieverbrauchs verleugnen.[146] Heinloth versucht das »realisierbare Potential« erneuerbarer Energien in Deutschland und weltweit bis zum Jahr 2050 zu berechnen, das er für «maximal ausschöp-
fungsfähig« – also im optimalen Falle für erreichbar – hält. Für Wärme,
Raumheizung und Warmwasser liege dies in Deutschland bei zwei Drit-
teln des künftigen Bedarfs, für Treibstoffe bei 10 bis 15 %, für elektrische
Energie bei 20 % und für (Hochtemperatur-)Prozeßwärme sei es »wie
bisher nur unwesentlich«. Weltweit könnte der Beitrag erneuerbarer
Energien für Heiz- und Prozeßwärme bei 10 % liegen, für Treibstoffe bei
30 %, für Strom »im günstigen, optimistischen Fall« bei etwa 30 bis 35 %,
»sofern« die Wasserkraft zwischen 1995 und 2050 verdoppelt werde,
200.000 MW solarthermischer Kraftwerksleistung im Sonnengürtel installiert würden, die Windenergiekapazitäten um mehr als das Hundert-
fache stiegen (von etwa 3000 MW installierter Kapazität 1995) und 2000
qkm Solarzellenflächen genutzt würden.

Immerhin: Heinloth geht mit seinen Annahmen schon weiter als
viele andere Physiker. Aber einen wissenschaftlichen Beleg gibt er nicht
an, warum die gesamte produzierte Energieumwandlungskapazität in
Form von Windkraftanlagen bis zum Jahr 2050 nicht größer sein könne
als die gegenwärtige Einjahresproduktion von Personenkraftwagen nur
in Deutschland; oder warum es bis dahin weltweit weniger Solarzellenflächen geben soll, als es Dachflächen allein in Deutschland gibt; oder
warum weltweit nur 10 % des Wärmebedarfs mit der Sonne befriedigt
werden könnten, obwohl doch die Mehrheit der Menschen im sonnenreichen Süden lebt und schon jetzt sogar im nördlichen Skandinavien
ganze Ortschaften zu 50 % mit Solarwärme versorgt werden; oder warum er für Deutschland einen Strombedarf aus erneuerbaren Energien
– bei bis 2050 gleichbleibendem Strombedarf – von lediglich 20 % an-
gibt, was schon nach gegenwärtigem Stand der Technik mit 30.000
Windkraftanlagen der 1,5-MW-Klasse erreichbar wäre: Allein zwischen
1990 und 1998 – in den Initialjahren der modernen Windkrafttechnik –
wurden bereits 5000 Anlagen, zunächst noch mit geringer Kapazität,
installiert! In ihren »Energiememoranden« kam 1995 auch die Deutsche
Physikalische Gesellschaft zu der Forderung, bis zum Jahr 2030 ein Drittel des Strombedarfs in Deutschland aus erneuerbaren Energien zu
decken, was aber ihrer Ansicht nach nur erreichbar wäre mit großen
Anteilen Importstroms aus solarthermischen Anlagen in Nordafrika.[147]
Doch es bleibt wiederum völlig unklar, warum all diese Zahlen nicht

höher angesetzt werden; zumindest fehlt jedes physikalische Argument. Als Grund für die Begrenztheit des Potentials erneuerbarer Energien geben die zitierten Schriften statt dessen vor allem die angeblich begrenzte volkswirtschaftliche Belastbarkeit aufgrund höherer Kosten an. Doch damit argumentieren sie außerhalb ihres Metiers und übernehmen ungeprüft Behauptungen der etablierten atomar/fossilen Energiewirtschaft, die höhere Kosten bis ins Jahr 2050 hinein voraussagt. Über die Seriosität solcher Prognosen wurde in diesem Kapitel wohl genug gesagt. So macht auch die Deutsche Physikalische Gesellschaft den unhaltbaren Versuch, wissenschaftliche Aussagen aus willkürlichen Annahmen abzuleiten.

Der italienische Wissenschaftshistoriker Federico Di Trocchio beschreibt, wie häufig neue Entwicklungen auch von etablierten Wissenschaftlern verleugnet wurden. Ihr Mißtrauen geht seiner Ansicht nach zurück auf die »Struktur der vorausgehenden Theorie selbst«: »Da Theorien nicht aus sich selbst heraus fortbestehen, ohne von Wissenschaftlern getragen zu werden, sind es in der Praxis gerade die Wissenschaftler, die anderen Wissenschaftlern Pseudonotwendigkeiten entgegenhalten, besonders jenen Kollegen, die daran arbeiten, neue Möglichkeiten zu suchen. Dies ist der psychologische und erkenntnistheoretische Ursprung des starrsinnigen Festhaltens an alten Theorien, auch wenn sie längst in den Rang von Vorurteilen herabgesunken sind.«[148]

Diese haben sich auch deshalb verfestigt, weil erneuerbare Energien als wissenschaftlich-technischer Rückschritt wahrgenommen werden. Fortschritt wurde und wird stets nur in größeren und komplexeren Technologien gesehen, die etwa im Fall der Atomphysik zweifellos erhöhte Anforderungen an die physikalische Wissenschaft stellen. Große Lösungen erforderten nach diesem Denken Großforschung für große Projekte: Schnelle Brüter, Fusionsreaktor etc. Daß die große Lösung nicht aus der Hochenergiephysik, sondern aus der Festkörperphysik, nicht aus einem großen technischen Entwurf, sondern aus zahllosen kleinen Initiativen; nicht aus immer komplexeren, sondern aus vergleichsweise einfacheren wissenschaftlichen Erkenntnissen kommen kann, gilt als Entwertung des erreichten Erkenntnisstands – der für sich gesehen selbstverständlich höchst eindrucksvoll ist. Gerade deshalb können und wollen es Physiker nicht wahrhaben, daß sie gesellschaftlich nutzlos oder gar zerstörerisch wirken könnten.

Alles, was erforscht und entwickelt sei, werde auch genutzt werden –

diese oft gehörte Pauschallegitimation soll suggerieren, daß die Umsetzung wissenschaftlicher Erkenntnisse ohnehin nicht aufzuhalten sei. Tatsächlich aber hat die Gesellschaft nie alles, was sie hätte machen können, praktisch umgesetzt. Immer wieder wurden technische Lösungen an den Rand gedrängt, nicht weiterverfolgt oder sogar schlicht vergessen – bevor sie vielleicht erst Jahrzehnte später wiederentdeckt und in Kombination mit neuen technischen Lösungsansätzen eingeführt wurden. Gerade die Geschichte der energetischen Umwandlungstechniken zeigt eine Fülle solcher Beispiele: das lange vergessene Luftschiff, das endlich zu einer Renaissance ansetzt; das Elektroauto, das als Idee ebenso alt ist wie jenes mit Verbrennungsmotor; die elektrolytische Wasserstoffgewinnung und die Brennstoffzelle; die Windstromanlagen und vieles andere mehr. Die Frage, was geforscht, entwickelt und eingeführt wird, hängt mehr von gesellschaftlichen Werten und Machtinteressen ab als von den Resultaten der Wissenschaft.

»Gerade in der Unterstellung, daß aus wissenschaftlichen Erkenntnissen das folge, was ich zu tun habe, liegt die größte Hybris, die größte Vergewaltigung und der blindeste Irrtum des Menschen – denn in ihr liegt die Vernichtung des Individuums«, schreibt der Wissenschaftsphilosoph Viktor Gorgé.[149] Mit der Naturwissenschaft – so der Naturforscher T. von Uexküll – »kann sich der Mensch die Natur rekonstruieren, in der er leben muß, er kann daraus aber nicht die Maßstäbe ableiten, nach denen er dort als Mensch leben muß. Die Maßstäbe unseres Verhaltens zum anderen Menschen, zur Gemeinschaft und zu uns selbst werden weder durch die Biologie noch durch die Physik erlangt. Ja, auch die Maßstäbe dafür, wie er die Möglichkeiten der Physik und der Biologie menschlich verwenden soll, werden ihm durch die Methoden nicht aufgezeigt.«[150] Dennoch hat es insbesondere im 20. Jahrhundert eine Reihe von bedeutenden Wissenschaftlern gegeben, die es ablehnten, gesellschaftliche Zusammenhänge ihrer Forschungen zu bedenken, wodurch sie für verheerende Folgen und Mißbräuche mitverantwortlich wurden. Die Kernbegründung dafür, die besonders im Zusammenhang mit der Atomtechnik angegeben wird, lautet: Weil das erforschte Wissen um eine Möglichkeit nicht mehr zu löschen sei, bleibe nur die praktische Umsetzung übrig. Wenn man dies nicht selbst tue, machten es andere. Damit wird man schnell zum Verbündeten und Helfer derjenigen, die ein kommerzielles oder ein machtpolitisches Interesse an einer verwertbaren naturwissenschaftlichen Erkenntnis haben.

Die Geschichte der wissenschaftlich-technischen Entwicklung der letzten zwei Jahrhunderte zeigt einen klaren Zusammenhang zwischen Erkenntnissuche und wirtschaftlichem Verwertungsinteresse. Dieser Zusammenhang ist heute besonders deutlich in der Genforschung zu beobachten, und er prägte stets auch die Energiewissenschaft. Die Mitte des 19. Jahrhunderts kann als das Zeitalter der Wärmelehre gesehen werden, die, ausgehend vom Canotschen Kreisprozeß (1815) über Joule und Kelvin ihren Höhepunkt in der Beschreibung des zweiten Hauptsatzes der Thermodynamik fand. Dies geschah praktisch gleichzeitig mit dem Siegeszug der Dampfmaschinen, deren Energiebedarf den Beginn der Energiewirtschaft einleitete. Die Energiephysik orientierte sich am praktisch Naheliegenden, beschränkte damit aber ihren Horizont auf die fossile Energienutzung. Maxwell entwickelte Ende des 19. Jahrhunderts seine umfassende Beschreibung der Phänomene von Elektrizität und Magnetismus. Der Weg war nun frei für die Elektrizitätswirtschaft, und der Erfolg Maxwells war geknüpft an die stetig zunehmende industrielle Notwendigkeit, Energie zu erzeugen, zu verteilen und in industriellen Prozessen anzuwenden.

Zu Beginn des 20. Jahrhunderts schien das Gebäude der Physik annähernd vollendet: Man war nicht nur in der Lage, die Phänomene der Natur zu beschreiben und vorherzusagen. Die scheinbar rein physikalisch-gesetzmäßige Grundlage der industriellen Entwicklung wurde als Krönung des Erfolgs der Physik verstanden, sie brachte ihr den Titel der Königin der Wissenschaften ein. Die Epoche der technischen Erfindungen war eingeleitet; es galt fortan, diese Entwicklung, die die grundsätzliche Überlegenheit der Physik dokumentieren, weiterzuführen. Die Entdeckung der Radioaktivität durch Marie Curie im Jahr 1898 eröffnete ein neues Kapitel der Physik, dessen Konsequenzen allerdings zu diesem Zeitpunkt noch niemand absehen konnte. Das goldene Jahr der Kernphysik kam erst 1932, es war das Jahr der Entdeckung des Neutrons und der ersten Kernumwandlung mit Beschleunigern. Der Zweite Weltkrieg mobilisierte in den USA auch die finanziellen Mittel für die Atomforschung, die nicht nur zu den Massenvernichtungswaffen, sondern auch zur »friedlichen Nutzung der Atomenergie« und damit zur »Atomwirtschaft« führte.

Das Verhältnis der Energiephysiker zu den Machtstrukturen der Gesellschaft wurde mit der Atomtechnologie immer symbiotischer. Die ursprünglichen Motive des Wissenschaftlers mögen selbstlos sein und im Engagement für ein besseres Leben liegen; sie mögen egozentrisch sein und auf Spieltrieb und Neugierde basieren oder auf der verbissenen Suche nach wissenschaftlicher Anerkennung im Kollegenkreis und nach Finanzquellen, die die weitere Forschung sichern. Dieser Finanzbedarf aber wächst, je komplexer, größer und riskanter die Technologien werden. Dies machte die Natur- und Technikwissenschaften immer anfälliger gegenüber Machtinteressen, welcher Ideologie auch immer. Je stärker die Technologien die wirtschaftliche und gesellschaftliche Entwicklung prägten, desto mehr maßten sich Naturwissenschaftler an, auch die damit zusammenhängende gesellschaftliche Entwicklung vorbestimmen zu wollen – als könnten sie die gesellschaftlichen Zusammenhänge als geschlossenes System betrachten und deren Verlaufsrichtung vorhersagen wie physikalische Prozesse.

Energiephysiker spielen in diesem Prozeß eine besondere Rolle. Ihre gesellschaftliche Glaubwürdigkeit diente stets dazu, bestimmte Bestrebungen zur Verwirklichung von Projekten entweder argumentativ zu untermauern oder jede Technologieentwicklung zu bremsen und zu denunzieren, welche die eingeschlagene Entwicklung und die geschaffenen Strukturen konterkariert. Dieses Ausspielen der Wissenschaftler und ihrer unterschiedlichen Meinungen durch die ökonomisch Mächtigen läßt sich nicht nur bei der Entwicklung der Atomwirtschaft zwischen 1950 und 1970 beobachten, wie sie Joachim Radkau beschrieben hat.[151] Damals kam den Wissenschaftlern zugute, daß sie nach den Kriegsjahren das neue Image des Fortschritts, der Prosperität und der Zukunftsorientierung des Staats personifizierten. In kürzester Zeit wurde der Ideologiesprung von der Zündung der ersten Nuklearwaffen zum Mythos der nie versiegenden Energiequelle vollzogen, dem die energiephysikalische Aufmerksamkeit für erneuerbare Energien für Jahrzehnte zum Opfer fiel. In der Verwirklichungsphase von Technologien, d.h., wenn das wirtschaftliche Interesse von Unternehmen geweckt und mobilisiert wird, dienen Wissenschaftler und noch mehr Ingenieure dazu, die gemachten Erfindungen zu optimieren. In dieser Phase wird dann die Debatte über Wirkungsgrade entfacht: für den Wissenschaftler eine Herausforderung zur Untermauerung seiner Konzepte; für den Ingenieur ein weiteres Feld, bessere und leistungsfähigere Kraftmaschinen zu bauen; und für den Kapitalgeber schlicht ein höherer Kapitalertrag. Aus diesem Interessendreieck ergibt sich: Wer vermutet, ein in das konventionelle Energiesystem eingebundener Energiephysiker sei wissenschaftlich per se objektiv oder auch nur sachverständig, wenn von erneuerbaren Energien die Rede ist, der unterschätzt die Interessenverflechtung der physikalischen Wissenschaft und überschätzt die Freiheit ihrer Denkstrukturen und ihr Bewußtsein über die Technikfolgen. Im Anhang zu seinem Theaterstück »Die Physiker« schreibt Friedrich Dürrenmatt: »Der Inhalt der Physik geht die Physiker an, die Auswirkung alle Menschen. Was alle Menschen angeht, können nur alle lösen.«

Die Angst vor dem Kleinen

Die Mythen der fossilen Energiewirtschaft setzen auf eingespielte Erfahrungen und Denkgewohnheiten. Über ein ganzes Jahrhundert hinweg haben sich die Menschen in den Industriegesellschaften in die zentralisierten Strukturen des fossilen Energiesystems eingelebt. Diese sind so selbstverständlich geworden, daß eine Energiebereitstellung in anderen Strukturen den meisten nicht vorstellbar ist. Das gilt gleichermaßen für Energieunternehmen und politische Institutionen, für Normalbürger und Wissenschaftler, oft selbst für Befürworter erneuerbarer Energien. Entsprechend groß ist das Mißtrauen gegenüber der Vorstellung, allein erneuerbare Energien könnten durch eine Vielzahl dezentraler Anlagen die Energiebereitstellung gewährleisten. Dieses Mißtrauen wächst sich zu einer regelrechten Angst vor dem Kleinen aus: Mit kleinen Anlagen könnten der industrielle Standard und der Konsumstandard der Gesellschaft nicht aufrechterhalten werden.

Ökologisch Denkende folgen mit ihrem Ziel einer dezentral organisierten Energieversorgung vor allem Ernst Fritz Schumachers Votum »small is beautiful«. Dezentralisierte Strukturen sind jedoch kein Selbstzweck, der unter allen Umständen erstrebenswert ist und in jedem Fall den Menschen zugute kommen muß. Sie sind nicht in jedem Fall bedarfsgerecht, zumal auch niedrige Kosten durch Massenproduktion allgemeiner Verbrauchsgüter zu den sozialen Bedürfnissen gehören. Die Wasserversorgung von Großstädten zum Beispiel ist in der Regel ohne ein zentrales System kaum denkbar. Die Zentralisierung der Stromversorgung wurde in allen Ländern politisch gefördert, um Strom für alle unabhängig von ihrem Verbrauchsstandort zu möglichst niedrigen und gleichen Tarifen sicherzustellen. Auch Umweltgründe wurden dafür geltend gemacht, weil etwa die zahllosen Einzelfeuerungsanlagen in

Häusern umweltbelastender sind als zentrale Wärmekraftwerke. Dezentralität ist also nicht unter *allen* Umständen erstrebenswert.

Das Problem der Zentralisierung ist, daß sie zur Ideologie erhoben und daher selbst in solchen Fällen praktisch verfolgt wurde, in denen sie kontraproduktiv war. Großkraftwerke, die an die Stelle von Kraft-Wärme-Koppelung treten und eine wirtschaftlich und ökologisch begründete Wärmenutzung blockieren; oder zentralisierte Müllentsorgungskonzepte, die etwa wegen der nunmehr notwendigen Mülltransporte mehr Umweltprobleme schaffen, statt sie zu reduzieren, sind Beispiele dafür, daß der Zentralisierungsschub kontraproduktiv sein kann. Wäre eine solare Energiebereitstellung nur mit Hilfe zentralisierter Anlagen möglich, müßten diese aus grundsätzlichen ökologischen Erwägungen und wegen der dauerhaften Ressourcenverfügbarkeit natürlich auch dann einer fossilen Versorgung vorgezogen werden, wenn letztere dezentral strukturiert wäre. Doch solare Energien erreichen erst in dezentralisierten Strukturen ihr jeweiliges Produktivitätsoptimum – deshalb, also aufgrund technologischer Gesetzmäßigkeiten, ist der Übergang zur Dezentralität zwingend. Er bedeutet gleichzeitig den Übergang vom Gedanken der *Fremdversorgung* mit Energie zur *Selbstversorgung*, also zu individueller Autonomie und Unabhängigkeit. So populär diese als Grundüberzeugung auch sein mögen, so wenig schlagen sie sich im praktischen Alltagsleben nieder. Mehr Autonomie ist mit zusätzlichen geistigen und praktischen Anforderungen an den einzelnen verbunden, und die allgemeine Kulturentwicklung tendiert zum Gegenteil: zum Konsumieren zentraler Angebote.

In der gesellschaftlichen Kommunikation bilden sich Hierarchien heraus, durch wirtschaftliche Konzentrationsprozesse und durch Massenmedien. Auch die politische Willensbildung zentralisiert sich immer stärker durch ein dichteres und immer enger geknüpftes internationales Vertragsrecht. Immer mehr Menschen werden so auf die Rolle als Waren- und Dienstleistungskonsument, als Akklamateur oder Zuschauer reduziert. Wenn die Zukunft von ihnen wieder eine aktive Rolle verlangt, fühlen sich viele überfordert. Dies erschwert eine Rückkehr zu integrierten, die funktionelle Arbeitsteilung der Energieversorgung überwindenden solaren Energiesystemen.

Doch gibt es auch gesellschaftliche Felder, in denen eine Dezentralisierung gesellschaftlicher Funktionen stattgefunden hat bzw. stattfindet. Ein Beispiel ist der Individualverkehr mit Automobilen, der zahllosen Menschen mehr individuellen Freiraum gegeben, sie zu Kennern dieser Technologie gemacht und das öffentliche Verkehrssystem zurückgedrängt hat. Ohne diese Erweiterung der individuellen Bewegungsfreiheit wäre das Automobil nicht so populär geworden, das ja immerhin bei präziser Berechnung aller Kosten in den meisten Fällen entschieden teurer ist als die Nutzung öffentlicher Verkehrssysteme – und dessen Kauf und sachgerechte Wartung ähnlich wie bei Energiesystemen Zeit und Eigeninitiative erfordert. Ein zweites Beispiel sind die Informationstechnologien, die den individuellen Zugang zu Informationen und deren Weitergabe wesentlich erleichtern und standortunabhängig machen. Die grundsätzliche Bereitschaft, mehr Alltagsbewältigung in die eigene Hand zu nehmen, kann also unterstellt werden, wenn auf der Plus-Seite des Vergleichs Freiheitsgewinne stehen. Bei den beiden beschriebenen Individualisierungserfolgen waren allerdings erhebliche gesellschaftliche und ökologische Nachteile die Konsequenz. Beim Automobil ist das umweltzerstörende Wirken evident. Bei den neuen Informationstechnologien ist der Papierverbrauch im vielgepriesenen »papierlosen Büro« massiv gestiegen. Die Bestellung der billigsten Warenangebote aus dem Internet wird den Transportaufwand explodieren lassen. Die Telematik-Anwendungen machen den Automobilverkehr individuell attraktiver und bewirken dessen weiteres Wachstum. Solche Effekte sind vom einzelnen Benutzer dieser Technologie zwar nicht beabsichtigt, sie werden aber in Kauf genommen. Sie steigern den fossilen Ressourcen- und den Naturverbrauch weiter zu einer für die Zukunft untragbaren Hypothek.[152]

Die Energiebereitstellung dezentral in Bürgerhand zu legen, hätte indes keinerlei nennenswerte negative Effekte. Individuelle Entfaltungsfreiheit und gesellschaftliche Mitverantwortung für die Zukunft stehen nicht im Widerspruch, sondern korrespondieren miteinander. Was gibt es wünschenswerteres, als Techniken zu produzieren, deren Nutzung die Umwelt saniert statt schädigt? Um sie endgültig populär zu machen, müssen sie greifbare Freiheits- und Entfaltungsvorteile für die Menschen haben, also auch einfacher statt umständlicher sein.

Umständlich ist die solare Energiebereitstellung aber gegenwärtig noch, weil es bisher an Angeboten, Informationen und Beratung mangelt; weil es noch immer zahlreiche bürokratische Hemmnisse gibt; weil weder die unternehmerische noch die technische und personelle Infrastruktur dafür ausreichen. Umständlich ist sie auch, weil die meisten individuellen Nutzungsformen noch Teillösungen darstellen, die neben der atomar/fossilen Energieversorgung existieren, statt diese schon voll zu substituieren: Die meisten Kollektoranlagen in Häusern decken bisher nur einen Teil des Wärmebedarfs und die meisten Photovoltaikanlagen nur einen Teil des Strombedarfs. Die Betreiber dieser Anlagen müssen also gleichzeitig mit konventionellen und alternativen Systemen arbeiten, was zweifache Kosten für die technische Bereitstellung hervorruft. Auch der PC wäre sicher nicht so schnell und breit eingeführt worden, hätte er nicht die Funktion der Schreibmaschine voll und verbessert übernehmen können.

Auch deshalb kann die fossile Energiewirtschaft weiter mit ihrem Faustpfand vermeintlicher Unverzichtbarkeit trumpfen. Sie liefert frei Haus, wobei die unvergleichbar größere Umständlichkeit ihres Versorgungssystems den Energieverbrauchern verborgen bleibt. Je mehr praktische Hindernisse bei der solaren Energienutzung überwunden werden, desto schneller fallen auch die psychologischen Hürden – vielleicht schneller als bei den genannten Beispielen dezentraler Verkehrs- und Informationstechnologien. Denn mit Solartechnologie entsteht kein negativer Umwelteffekt, der Anlaß zu schlechtem Gewissen geben könnte. Ist die Angst vor dem Kleinen erst ausgeräumt, weil erneuerbare Energien demonstriert haben, daß sie das Ganze ersetzen können, dann wird sich die zentralisierte atomar/fossile Energiewirtschaft schnell gesellschaftlich entzaubern. Solange ihr Mythos weiterhin unangetastet bleibt, stellt er die Menschheit vor die absurde Alternative, aus Angst vor der greifbaren Lösung des Energieproblems lieber Selbstmord zu begehen.

Dabei haben die »kleinen Leute« bloß Angst vor der Alternative, weil sie ihnen von den »Großen« eingeflößt wird. Diese vor allem sind im großtechnologischen Mythos befangen. Aus vielen Gründen, die schon genannt wurden: die psychologische Gleichsetzung großer Lösungen mit Großtechnologien; das Setzen auf techno-hierarchische Umsetzung statt auf eine aktive Gesellschaft; strategische Phantasielosigkeit; übertriebener Respekt und Kritiklosigkeit gegenüber naturwissenschaftlich-technischen Hochleistungen, auch wenn sie noch so problematisch sind; die Feigheit politischer Institutionen vor den Großkonzernen der Energiewirtschaft oder das allzu intensive Beziehungsgeflecht zwischen beiden. Die Angst vor der sich in unzähligen kleinen Schritten realisierenden Alternative ist in das allgemeine Bewußtsein transplantiert worden

– von denen, die tatsächlich Angst davor haben müssen, weil die Bestandsinteressen der Energiewirtschaft gefährdet sind. Die Angst letzterer ist real, die der Allgemeinheit ist dagegen mental – ein Produkt des Mythos der Energiewirtschaft, den es zu entlarven gilt.

TEIL DREI

POTENTIALE ZUR SPRENGUNG
FOSSILER RESSOURCENKETTEN

Ein unter Energieökonomen weit verbreitetes Spiel ist, die Entwicklung der Marktanteile der jeweiligen Energieträger in Zeitkurven zu zeichnen. Stets steigt die Verbrauchskurve am Beginn der Einführung eines neuen Energieträgers sehr langsam, dann aber steil an – bis sie sich allmählich wieder senkt und dem Nullwert nähert. Die Erkenntnis, die diese Kurven vermitteln sollen, ist banal. Daß die Einführung eines neuen Energieträgers normalerweise lange dauert, ergibt sich schon aus der dafür erforderlichen industriellen Anlaufzeit. Nicht banal ist es, wenn solche Kurven vermitteln sollen, daß die Markteinführung erneuerbarer Energien nicht überstürzt erfolgen dürfe und könne.

Solche Botschaften vernebeln, daß sich die Ausgangsbedingungen bei erneuerbaren Energien grundlegend von denen der fossilen und der atomaren Energieträger unterscheiden. Die Erfahrungen aus den heute etablierten Energieträgern können nicht auf die erneuerbaren Energien übertragen werden. Solare Ressourcen können schneller eingeführt werden, als bisherige Erfahrungen vermuten lassen, weil ihre technische Nutzung und wirtschaftliche Verwertung nicht wie die der fossilen Ressourcen auf eine vielgliedrige Versorgungskette angewiesen sind. Um dies zu ermöglichen, muß die technische und wirtschaftliche Nutzung solarer Ressourcen sehr viel bewußter und präziser als bisher auf die diesen gemäßen Entfaltungsmöglichkeiten zugeschnitten und ausgerichtet werden.

Die technischen Pioniere der industriellen Revolution und die Unternehmen, die die technologische Moderne auf den Weg brachten – Edison, Siemens, Bosch, Daimler, Ford und andere –, standen vor einem freien Feld ökonomischer Entwicklung. Wohl hatten auch sie mit Widerständen, Unglauben, Vorurteilen und Angst vor Veränderungen zu kämpfen, aber noch nicht mit etablierten und machtvollen Industrien. Diese Situation ist höchst ambivalent: Technische Innovationen, die einen Entwicklungssprung auszulösen versprechen, können sich unter diesen Bedingungen schneller denn je durchsetzen, wenn sie den eingespielten Interessen entsprechen und die Großkonzerne sich davon eine Marktsicherung und -ausweitung versprechen. Falls sie jedoch deren Marktinteressen zuwiderlaufen oder diese gar gefährden, stellt sich ihnen die ganze Macht engverflochtener wirtschaftlicher Strukturen in den Weg. Sie betreten dann nämlich das von Megaunternehmen besetzte und bestellte Feld.

Nur etwa ein Viertel aller von James M. Utterback vom Massachusetts Institute of Technology analysierten Fälle radikaler technischer Innovationen sind von etablierten Konzernen realisiert worden. Diese geben lieber Hunderte von Millionen aus, um eingespielte Produkte weiterzuentwickeln (»incremental change«), als wenige Millionen für neue Produkte, für die ein Markt erst noch erschlossen werden muß. Der erscheint anfänglich noch »zu klein«, das Risiko »zu hoch«. Einem etablierten Unternehmen liegt der Gedanke fern, bewährte Techniken und/oder eingespielte Märkte aufzugeben. Das neue Produkt, so die zögerliche Überlegung, wird zu lange brauchen, bis es sich, wenn überhaupt, durchsetzt. Nur die sichere Erwartung oder Erfahrung rechtfertigt für größere Unternehmen einen Wechsel ihrer Strategie oder das Beackern eines neuen Feldes. Deswegen gehen sie entweder gar nicht oder nur halbherzig an radikal neue Technologien heran, die bisherige Produkte ersetzen. Für deren Durchsetzung ist jedoch, so Utterback, »totales Engagement« nötig.[153] Wenn gar wie bei der Energiewirtschaft noch die Fesselung durch die bestehenden Ketten hinzukommt, wird die zögerliche Haltung von Großkonzernen gegenüber den erneuerbaren Energien noch schlüssiger.

Gerade deshalb ist es von zentraler Bedeutung, die Umwandlungs- und Nutzungstechniken solarer Ressourcen so zu konzipieren, daß diese, ähnlich wie einst die Dampfmaschine, zum unaufhaltsamen wirtschaftlichen Selbstläufer werden. Die entscheidende Frage ist: Welche Ansätze solarer Ressourcennutzung sind so attraktiv für die Gesellschaft und wirtschaftlich so interessant, daß sie von einer schnell wachsenden Zahl von Menschen und Unternehmen aufgegriffen werden – die damit den Rahmen der fossilen Ressourcennutzung verlassen und von ihm unabhängig werden?

6. Kapitel
Energie ohne Netzverbünde

Effektivere und umfassendere Energieversorgung gilt als gleichbedeutend mit der Einrichtung und dem Ausbau von Netzen. Diese wurden zum Synonym für wirtschaftlichen Fortschritt und Wohlstand. Mit den Netzen aber hörte die autonome Energieversorgung auf, scheinbar unwiederbringlich. Je breiter die Netzauslegung, desto größer werden die Anbieter und umgekehrt, gleich ob es sich um Netzleitungen für Strom, Gas, Wasser und Wärme handelt oder um die Vertriebsnetze für Öl oder Kohle. Besonders der Stromnetzverbund gilt als Abrundung und Vollendung energetischer Modernität. Deshalb werden die Techniken zur Stromerzeugung danach bewertet und ausgewählt, wie sie in diesen Netzverbund passen. Folglich werden auch die Techniken einer Stromversorgung mit erneuerbaren Energien daraufhin entwickelt, um sie nahtlos in den Netzverbund integrieren zu können.

Netzautonome solare Energietechniken werden hingegen energiestrategisch kaum ernst genommen, sie gelten als Sonderfall, Notbehelf oder Kinderei, geeignet allenfalls für Nischenanwendungen oder rückständige Siedlungsräume in der dritten Welt. Als sonderlich bewertet die energiehungrige Gesellschaft die ideellen und politischen Motive jener, die eine vollständig autonome Energienutzung im Auge haben. Diese wurde vor allem in den USA der 70er Jahre propagiert, in enger Anlehnung an die individuellen Freiheitsideale der Bürgerrechtsbewegung: ein Leben in energieautarken Häusern mit vielen energieautarken Elektrogeräten und Solarfahrzeugen.[154] Doch über solche Entwürfe wird meist lächelnd hinweggegangen. In der Entwicklung der Solartechniken wurden deshalb diejenigen vernachlässigt, die eine Stromversorgung ohne Netze ermöglichen könnten – mit Ausnahme von Photovoltaikanlagen für Dörfer in der dritten Welt, die keinen Netzanschluß haben. Wie sehr ansonsten die Integration erneuerbarer Energien in den Netzverbund im Vordergrund der Aufmerksamkeit steht, zeigt sich vor allem in der Vernachlässigung technischer Entwicklungen für die Speicherung von Strom.

Tatsächlich liegt in der allein mit erneuerbaren Energien möglichen Energiebereitstellung ohne Netze bzw. mit kleinräumigen Netzen die größte Chance, die Energieketten zu sprengen und die wirtschaftlichen Strukturen zu revolutionieren. Welche technischen Optionen es dafür gibt, wird im folgenden betrachtet.

Strom ohne Kabel: das Potential solarer Stand-alone- und Stand-by-Techniken

Netzunabhängige photovoltaische Techniken sind mittlerweile überall zu sehen. Es begann mit Taschenrechnern, Solaruhren, Taschenradios und kleinen Wasserpumpen für Hausgärten oder für Leuchtbojen, die ihren Strombedarf aus eingebauten Photovoltaikzellen beziehen. Das Spektrum weitet sich zunehmend aus, und die meisten Geräte sind über einschlägige Kataloge zu bestellen. Die prominentesten Vertreiber sind die »Real Goods«-Organisation in Kalifornien und in Deutschland das Fürther Solartechnik-Versandhaus GWU[155]. Das Spektrum netzunabhängiger Techniken reicht von mit integrierten Photovoltaikmodulen betriebenen Verkehrsschildbeleuchtungen, Parkautomaten, Weidezaungeräten, Elektrorasierern, Kameras, Handbohrmaschinen, Garagentorantrieben, Notrufsäulen, Solarlampen, Rasenmähern, Handstaubsaugern, Ventilatoren, Monitoren für Hausalarmanlagen, Automaten, Standleuchten bis zu durch solare Schiebedächer betriebenen Klimaanlagen in Autos u.a.m. Am Freiburger Fraunhofer-Institut für solare Energiesysteme gab es in den 8oer Jahren ein vom Bundesforschungsministerium gefördertes Forschungs- und Entwicklungsprogramm für solche Kleingeräte unter der Leitung von Adolf Götzberger und Jürgen Schmidt, das allerdings später nur noch in kleinem Rahmen weitergeführt wurde.[156]

Dabei erstrecken sich solare Stand-alone-Geräte längst auch auf technisch anspruchsvollere Geräte und Anlagen: Ladegeräte für Batterien oder für Handys; in Handys oder Powerbooks direkt integrierte Photovoltaikmodule; Leuchttürme und Richtfunkanlagen; nur mit Solarzellen betriebene Boote oder Lastkraftwagen, die gekühlte Waren transportieren und den Strom dafür aus ihrem mit Photovoltaikmodulen bestückten Wagendach gewinnen. Und diese Möglichkeiten sind nahezu beliebig erweiterbar, potentiell auf alle Geräte, die gegenwärtig noch mit Strom aus der Steckdose oder aus Batterien versorgt werden: Schreibtisch- oder Stehlampen in geschlossenen, aber gut belichteten Räumen, Fernbedienungsgeräte, das gesamte Spektrum elektrischer Haushaltsgeräte bis zu Kühlschränken, deren Tür ein Solarmodul sein könnte. Jede einzelne Anwendung läßt sich als Nebensache abtun. Doch ihre Summe könnte sie – vorausgesetzt, daß sie zum selbstverständlichen Gebrauchsgegenstand und Massenprodukt werden – schnell zu einer Hauptsache werden lassen.

Die Stromversorgungsunternehmen sind nicht so großzügig, daß sie das Potential von Kleingeräten für ihren Stromabsatz je unterschätzt hätten. Eine Fülle von »Nischengeräten« trägt zum Massenverkauf von Strom bei. Daß der Stromverbrauch in den letzten Jahrzehnten in Häusern und Büros deutlich zugenommen hat, geht in hohem Maße auf den Nutzerkomfort zahlloser elektrisch betriebener Kleingeräte zurück, auf die systematische Elektrifizierung alltäglicher Gebrauchsgegenstände. In Deutschland werden jährlich 200 Mrd. kWh – 38 % des gesamten Stromabsatzes – in Büros und Haushalten verbraucht.

Stand-alone-Systeme sind sowohl solche, die an ein Kabel angeschlossen und ständig betriebsbereit sind, als auch solche, die völlig freistehend ohne Kabelanschluß arbeiten bzw. arbeiten könnten. Nehmen wir ein scheinbar kleines Beispiel: die Klingelanlagen von Häusern. Ein Klingeltrafo verbraucht zwischen 9 bis 22 kWh pro Jahr. Für die etwa 37 Mio. Haushalte in Deutschland ergibt das einen Verbrauch von über 500 Mio. kWh/a, was dem Stromverbrauch einer 100.000-Einwohner-Stadt entspricht. Ein einziges an die Außenklingel angeschlossenes Photovoltaikmodul in Streichholzschachtelgröße würde ausreichen, um den Klingelbetrieb aufrechtzuerhalten. Man kann auch sagen: Dies entspräche der Installation von 500 MW Photovoltaik, dem Vierfachen der Weltproduktion des Jahres 1998. Mehr noch: Die Stand-alone-Klingel mit Solarmodul braucht keinen Trafo und in Einfamilienhäusern nicht einmal eine Netzkabelinstallation. Sie wäre billiger oder zumindest nicht teurer als die konventionelle Klingelanlage.

Unter den Stand-alone-Geräten sind viele, die mit nichtnachladbaren oder nachladbaren Batterien betrieben werden. Wie groß deren Potential ist, läßt sich am Weltmarkt für Batterien ablesen. Dieser lag 1997 bei einem Umsatz von 35 Mrd. Dollar, wobei die Industrie – besonders wegen des elektronischen Kleingerätebedarfs – mit jährlichen Steigerungsraten von 5 % rechnet.[157]

Die meisten sowohl der nachladbaren Batterien (Akkumulatoren) als auch der nichtladbaren könnten durch geräteintegrierte Solarmodule oder solare Ladegeräte ersetzt werden. Damit würden die Geräte sogar benutzerfreundlicher: Das Nachladen kann meist nebenher stattfinden und ist unabhängig von der Verfügbarkeit von Steckdosen; zudem muß man sich, etwa beim solaren Taschenrechner, nicht mehr um den Austausch nichtnachladbarer Batterien kümmern. Nichtnachladbare Batterien würden weitgehend vom Markt verschwinden. Solarmodulierte Handys, die sich selbst unter jedem Sonnenlicht nachladen, nehmen Benutzern die Angst, zu unpassender Zeit keinen Strom mehr zu haben; ebenso tragbare PCs mit solarmoduliertem Deckel, die sich während der Benutzungszeit aufladen können. Ein Handy hat einen durchschnittlichen Jahresstrombedarf von gegenwärtig 35 kWh, eine schnurlose Telefonladestation verbraucht 42 kWh. Die Eigenversorgung dieser Gerätekombination mit Hilfe von Solarstrommodulen bedeutet für den einzelnen Gerätenutzer eine jährliche Kostenersparnis von 20 DM. Bei 12 Millionen dieser Geräte – was dem geschätzten Potential an Mobiltelefonen in Deutschland entspricht – wären bereits jährlich mindestens 900 Mio. kWh konventionell erzeugten Stroms durch Solarstrom ersetzt. Der energetische Substitutionswert ist noch dreimal höher, da die tatsächlichen Umwandlungsverluste in der Primärenergiekette bis zur Stromproduktion berechnet werden müßten.

Da Photovoltaikmodule ein integriertes Bauelement jedes Geräts sein können, gibt es mit den sich ständig verbessernden Wirkungsgraden von Solarzellen, der größeren Stromnutzungseffizienz der Geräte und der optimierten Speicherfähigkeit von Batterien immer mehr Möglichkeiten, bei einer wachsenden Zahl von Geräten auf das Stromangebot über das Netz nicht mehr zurückgreifen zu müssen. In den USA gab es 1978 einen ersten großen Plan zur Industrialisierung der Photovoltaik (der schon beschlossen worden war und dann doch nicht umgesetzt wurde), die Armee flächendeckend mit photovoltaikbetriebenen Feldfernmeldegeräten auszustatten, um damit auf Batterien verzichten zu können – schon damals wurde errechnet, daß dies weniger kosten würde als die bisherige konventionelle Energiebereitstellung für diese Geräte.[158] Hinzu kommt, daß integrierte Solarmodule auch kein größeres Entsorgungsproblem aufwerfen; ganz im Gegensatz zu den Batterien, die ein ernstes Giftmüllproblem darstellen.

Die üblichen Kilowattstunden-Preisvergleiche spielen bei als Bauelement genutzter Photovoltaik keine Rolle mehr, weil man genausowenig danach fragen würde wie bei Batterien. Wie hoch der konventionelle Stromverbrauch für das Nachladen von Batterien ist, läßt sich statistisch nicht berechnen. Deren notwendige Aufladezeit wird in aller Regel weit überschritten, teilweise über Stunden oder gar Tage, wobei Stromverluste eintreten, die reine Vergeudung sind. Sie erhöht vermutlich den Stromverbrauch etwa für Mobiltelefone weit über deren tatsächlichen Bedarf. Erhebliche Energieverluste verursachen auch Akkus und zu deren Speisung dienende Transformatoren: Wenn Geräte über einen längeren Zeitraum nicht benutzt werden, wird der durch die selbsttätige Entladung entstehende Energieverlust erheblich, er kann bis zu 95 % der tatsächlich verwendeten Energie betragen. Bei der Transformation der Stromspannung von 230 Volt auf die üblichen Gerätespannungen zwischen 1,5 und 60 Volt verbrauchen die Transformatoren Strom, sie tun dies sogar dann, wenn die von ihnen versorgten Geräte abgeschaltet sind.

Mit Hilfe von Verbraucherumfragen einigermaßen konkret berechnet sind die Leerlaufverluste der durch ständigen Anschluß ans Stromnetz garantierten Stand-by-Funktionen bei Fernsehgeräten, Videogeräten, HiFi-Anlagen, Faxgeräten, Warmwasserboilern, Haushaltsgeräten mit eingebauter Uhr, Nebenstellen von Fernsprechanlagen, Anrufbeantwortern, CD-Geräten, PCs mit Monitor oder Rechnermodems in Haushalten und Büros. Wenn in einem Haushalt nur jeweils ein Fernsehgerät, ein Satellitenempfänger, ein Videorecorder, ein Anrufbeantworter, eine HiFi-Anlage und ein Faxgerät im Betrieb sind, so ergibt dies bei den ermittelten durchschnittlichen Leerlaufleistungen einen jährlichen Strombedarf für den Stand-by-Betrieb von fast 600 Kilowattstunden – und damit Mehrkosten von mindestens 120 DM. Für alle Stand-by-Geräte in Deutschland sind Verluste von mehr als 20 Mrd. Kilowattstunden pro Jahr errechnet worden, bei Mehrkosten von über 4 Mrd. DM; dies entspricht dem Stromverbrauch von Hamburg, Berlin, München und Frankfurt. Zum Vergleich: Der statistische Anteil von Strom aus erneuerbaren Energien lag 1998 in Deutschland bei etwa 25 Mrd. kWh. In der Europäischen Union sind 100 Mrd. kWh Jahresverbrauch im Leerlauf ermittelt worden: Das entspricht einem Fünftel des deutschen Stromverbrauchs von etwa 500 Mrd. kWh und einer konventionellen Kraftwerkskapazität von etwa 20.000 MW. Dabei sind die partiellen Leerlaufverluste noch nicht einmal berechnet, die dadurch entstehen,

daß elektronische Geräte komplett angeschaltet sind, obwohl nur eine
Baugruppe des Geräts gebraucht wird – vergleichbar einem Haus, in
dem es nur einen Lichtschalter gäbe und deshalb ein Zimmer nicht für
sich beleuchtet werden könnte.

Über die Leerlaufzeiten von Stand-by-Geräten gibt es inzwischen
heftige Debatten. Der Forderung nach neuen stromsparenden Geräten
wird dabei die anwendungsbedingte und damit unvermeidbare Notwendigkeit der Stand-by-Funktion etwa bei Anrufbeantwortern oder
Faxgeräten entgegengehalten.[159] Ein beträchtlicher entwicklungstechni-
scher Aufwand wird betrieben und weiterer gefordert, um den Stromverbrauch dieser Geräte zu senken und damit Leerlaufverluste zu vermeiden bzw. zu reduzieren. Aufklärungs- und Informationskampagnen
und Expertenworkshops werden durchgeführt für Produzenten, Händler und Kunden; Kennzeichnungspflichten gefordert u.a.m. Doch kaum
einer wirbt für den Gedanken, der am nächsten läge: daß diese Probleme
mühelos durch den Einbau von Solarmodulen in die Stand-by-Geräte
überwunden werden könnten.

Würde das Stand-alone- und Stand-by-Gerätespektrum künftig
überwiegend solarbetrieben – wofür Kostengründe, größere Benutzer-
freundlichkeit und ökologische Gründe sprechen –, dann würde der
Anteil der erneuerbaren Energien wahrscheinlich bereits auf deutlich
mehr als 10% des Strombedarfs steigen, was allein in Deutschland konventionelle Stromkapazitäten von 10.000 Megawatt und mehr ersetzen
könnte. Dies entspräche etwa dem Zehnfachen aller weltweit in den 90er
Jahren produzierten Photovoltaik-Kapazitäten – und könnte diese Technik so dynamisieren, daß sie bald auch für alle anderen Anwendungen
größeren Umfangs schneller und kostengünstiger einsetzbar würde. Da
der Strom für den Stand-by-Betrieb aus der Grundlastversorgung
kommt, die angeblich mit Strom aus Photovoltaik nicht bedient werden
kann, würden solarmodulierte Geräte nebenbei auch ein Standardargu-
ment gegen diesen Solarstrom praktisch widerlegen.

Es handelt sich damit um Potentiale in Größenordnungen, von
denen die Promotoren der Photovoltaik für überschaubare Zeiträume
kaum zu träumen wagen und deren Durchsetzung praktische Entwick-
lungsphantasie und Marketingideen industrieller Anbieter erfordert,
um überlegene Geräte anbieten und auf dem Markt durchsetzen zu
können. Für die Anbieter von konventionellen Stand-alone- und Stand-
by-Geräten wäre diese Anstrengung nur eine Innovation ohnehin

marktgängiger Produkte, also kein Sprung in völliges Neuland. Für die Stromwirtschaft allerdings würde sie einen empfindlichen Marktverlust bedeuten.

Die beschriebenen Möglichkeiten für Strom ohne Kabel zeigen gleichzeitig, wie solare und energiesparende Nutzungstechniken einander optimal ergänzen können, statt gegeneinander ausgespielt zu werden. Denn je mehr das technische Sparpotential optimiert wird, desto schneller kann sich Solartechnik durchsetzen – und dazu beitragen, daß die vernetzten Strukturen der konventionellen Energiewirtschaft erodieren. Der Ingenieur Hans-Joachim Bruch, Berater des Umweltbundesamts und Experte für Stand-by-Geräte, hat für dieses Buch errechnet, wie groß und wie leistungsfähig ein geräteintegriertes Photovoltaikmodul sein müßte, um über den Umweg Stromnetz den Stand-by-Betrieb übernehmen zu können (siehe Tabelle 7). Da diese Module aber nicht nur den Leerlauf, sondern auch den Vollbetrieb übernehmen könnten, könnten Stand-by-Geräte mit Photovoltaikmodulen das Doppelte des für den Leerlaufbetrieb ermittelten konventionellen Strombedarfs von 20 Mrd. kWh substituieren, also 40 Mrd. kWh. Unter Einberechnung der Energieverluste in der gesamten Stromerzeugungskette würde das sogar einer Substitution von 120 Mrd. kWh Primärenergie gleichkommen!

Wirtschaftliche Gründe stehen dieser Entwicklung nicht entgegen, sondern allein die Einfallslosigkeit und das Desinteresse etablierter Industrien bzw. die gegenläufigen Interessen der Batterieindustrie und der Stromkonzerne. Es zeugt nicht gerade von Zukunftsorientierung, daß sich Weltkonzerne für Elektrogeräte, z.B. Bosch, sogar diesem (solar-) technischen Innovationspotential bisher weitgehend verschlossen haben.

In Japan ist das schon etwas anders. Bei dem von der Regierung initiierten »Sunshine«-Projekt wirken fast alle großen Unternehmen der Elektrogeräte- und der Glasindustrie an der Photovoltaikentwicklung mit und stecken auch – neben den Regierungsgeldern – weit mehr eigene Forschungsmittel in diese Entwicklung als die Unternehmen anderer Länder – und dies schon seit Jahren. Allein zwischen 1981 und 1995 wurden von der japanischen Industrie über 6000 Photovoltaikpatente angemeldet, darunter in erheblichen Maße für Kleingeräte.[160] Die europäische Elektrogeräte- und Glasindustrie dagegen dämmert in dieser Frage, von wenigen Ausnahmen wie Siemens oder Pilkington abgesehen, vor sich hin. Philips hat seine anfänglichen Photovoltaikaktivitäten sogar eingestellt.

Das Potential technischer und natürlicher solarer Energiespeicherung

Die mangelhafte Speichermöglichkeit von Strom gilt als das große Handicap von Photovoltaik- und Windstrom. Die geläufige Antwort ist, die Speicherfunktion indirekt dem Stromnetz zu überlassen: Das Netz nimmt den Strom aus erneuerbaren Energien auf; wenn kein Wind- oder PV-Stromangebot da ist, wird konventionell erzeugter Strom produziert und geliefert.

Dagegen setzen die Betreiber konventioneller Kraftwerke jedoch das Argument, die Jahreslaufzeit von Windkraft- und Photovoltaikanlagen sei aufgrund der Wind- und Lichtausfallzeiten so gering, daß auch mit einer größeren Anzahl von Photovoltaik- und Windkraftanlagen, die Strom ins Netz einspeisen, eine wirtschaftliche Stromerzeugung nicht realisierbar sei. Bei Windkraftanlagen sind es in guten Windlagen etwa 2000 Vollaststunden von 8760 Jahresstunden, mit durch verbesserte Technik allerdings leicht steigender Tendenz; bei der Photovoltaik sind es in Deutschland weniger als 1000. In Wirklichkeit laufen die Anlagen länger, bei Windkraft etwa 4000 Stunden im Jahr, jedoch mit geringerer Leistung. Dadurch relativiert sich das Lamento der Stromwirtschaft, daß ihre Kapazitäten zwar für die Ausfallzeiten von PV- und Windstrom bereitstehen müssen, aber bei ins Netz eingespeistem PV- und Windstrom ungenutzt bleiben. Solange dieser Strom keinen relevanten Teil der gesamten Stromerzeugung ausmacht, sind solche Argumente fadenscheinig: Es gibt so viele nicht voll genutzte Kapazitäten der Stromproduzenten.

Dennoch wird sich bei sehr großen Anteilen in das Stromverbundnetz eingespeisten PV-Stroms ein sogenannter »capacity-effect« einstellen, es würden dann also tatsächlich gesondert bereitstehende Reservekapazitäten benötigt, die während der Windstrom- und PV-Stromlieferzeiten unausgelastet blieben. Mit dem angestrebten wachsenden Anteil von Windkraft und Photovoltaik an der Stromversorgung sind damit reale Kapazitätskonflikte zwischen den Trägern von Windkraft- und Photovoltaikanlagen und den konventionellen Stromerzeugern vorprogrammiert. Von der Stromwirtschaft wird deshalb gefordert, Stromeinspeisegesetze für erneuerbare Energien fallenzulassen oder Obergrenzen für solche »Zwangseinspeisungen« einzuführen.

Tabelle 7: Energieverbrauch im Stand-by-Modus und Solaraufwand über das Netz

	Leerlaufleistung		
	Durch-schnitt des Geräte-bestands	Bei sparsamen Neugeräten	Höchst-werte-gruppe[1]
	(Watt)	(Watt)	(Watt)
Im Bereich der **Unterhaltungselektronik**			
Fernsehgeräte	12	0,1	20
Videogeräte	15	1,0	28
Satellitenempfänger	20	3,0	35
HiFi-Komplettanlagen	12	1,0	14,5
CD-Geräte	6	0,1	7
Bei **Haushaltsgeräten**			
Elektroherd mit Uhr	6	3,0	7
Mikrowelle mit Uhr	3	3,0	4
Kaffeemaschinen mit Uhr	4	2,0	5
Bei **Kommunikationsgeräten**			
Fernsprechanlagen mit 2–10 Nebenstellen	20	8,0	25
Anrufbeantworter	4	1,6	12
Faxgerät	12	1,0	100
Im **EDV-Bereich** (Haushalt)			
PC mit Monitor	100	2,5	200
Tintenstrahldrucker	10	2,0	70
Rechnermodem	8	3,3	10

[1] Höchstwertegruppe: vorwiegend Altgeräte

Zwar ist es möglich, den Kapazitätskonflikt zwischen PV- und Windstrom und konventionellen Kraftwerken durch einen immer weiträumigeren Netzverbund aufzuschieben. Daß sich jedoch dezentrale Anlagen für einen wirtschaftlichen Betrieb ausgerechnet auf einen Großverbund stützen sollen, ist ein Widerspruch in sich – und macht die Bereitstellung von Strom aus Photovoltaik und Windkraft unnötig teuer. Immerhin liegt der Anteil von Stromübertragung und -verteilung an den Gesamt-

Leerlaufstromverbrauch pro Jahr bei 19–24 Stunden/Tag und EDV-Anlagen 1 Stunde/Tag			Erforderliche PV-Modulgröße für den jeweiligen Geräteleerlaufverbrauch bei PV-Netzeinspeisung (Leistung und Fläche)[2]					
Durchschnitt des Gerätebestands	Bei sparsamen Neugeräten	Höchstwertegruppe[1]	Durchschnitt des Gerätebestands		Bei sparsamen Neugeräten		Höchstwertegruppe[1]	
(kWh/a)	(kWh/a)	(kWh/a)	W	m²	W	m²	W	m²
Im Bereich der **Unterhaltungselektronik**								
83	1	139	95	0,87	1,2	0,01	160	1,45
126	8	235	145	1,32	9,2	0,08	270	2,45
139	21	242	160	1,45	24,1	0,22	278	2,53
96	8	116	110	9,00	9,2	0,08	133	1,21
50	1	59	57	0,52	1,2	0,01	68	0,62
Bei **Haushaltsgeräten**								
48	24	56	55	0,50	27,8	0,25	64	0,59
26	26	35	30	0,27	30,0	0,27	40	0,37
12	6	15	14	0,13	6,9	0,06	17	0,16
Bei **Kommunikationsgeräten**								
161	4	200	185	1,68	73,6	0,67	230	2,09
35	14	104	40	0,37	16,1	0,15	120	1,09
104	9	870	120	1,09	10,3	0,09	1000	9,09
Im **EDV-Bereich** (Haushalt)								
44	1	88	51	0,46	1,2	0,01	101	0,92
4	1	31	5	0,04	1,2	0,01	36	0,32
2	1	2	2	0,02	1,2	0,01	2	0,02

[2] Leistung in Watt pro Modul (optimal orientiert) für Jahresäquivalent bei Leerlaufstromverbrauch; notwendige PV-Fläche in m² bei einem Wirkungsgrad von 11 % ohne Netz- und Umwandlungsverluste.

Quelle: UBA/Hans-Joachim Bruch

kosten der elektrischen Energie bei ca. 60–80 %. Dies fällt nur deshalb nicht auf, weil die Stromrechnungen darüber keine Auskunft geben und die Stromwirtschaft keine konkreten Zahlen dazu veröffentlicht.

Um die der Photovoltaik und der Windkraft innewohnende wirtschaftliche Dynamik voll entfalten zu können, müssen deshalb zwei Fragen anders als bisher beantwortet werden:

1. Wie können künftig kostspielige Ausgleichsreserven vermieden werden?

2. Wie kann der einzigartige wirtschaftliche Vorteil erneuerbarer Energien, daß zu ihrer Nutzung keine Energieketten bzw. kein Gesamtsystem der Energieversorgung nötig sind, bei PV- und Windstrom tatsächlich ausgespielt werden? Zugespitzt formuliert: Wie werden diese unabhängig von anonymen Reservekapazitäten und sogar unabhängig von Hochleistungsnetzen?

Hybridsysteme: nachfrageorientierte Stromlieferung ohne anonyme Ausgleichskapazitäten

Zunächst ist festzuhalten, daß Reservekraftwerke ihre Bedeutung dann verlieren, wenn eine Vielzahl – entsprechend kleinerer – dezentraler Kraftwerke in das Netz einspeisen: Im Unterschied zum Ausfall eines Großkraftwerks fällt der eines kleinen Kraftwerks nicht ins Gewicht; ein System mit vielen kleinen Kraftwerken ist »eigensicher«. Zum anderen ist die »Stetigkeit« des Stromangebots in einer marktwirtschaftlichen Ordnung kein vernünftiges Argument; der Wert eines Wirtschaftsguts ergibt sich im Markt aus dem jeweiligen Angebot und der jeweiligen Nachfrage. Zum dritten aber ist auf das Argument, daß der Wind nicht weht, wenn die Wäsche gewaschen werden soll, zu antworten, daß die Wäsche aber dann gewaschen werden kann, wenn der Wind weht.

Ein Vorschlag zur Lösung wären sogenannte Hybridsysteme der Stromerzeugung, also Anlagen, die Strom aus zwei verschiedenen Quellen herstellen können – und vor allem die Mobilisierung aller bekannten und noch unbekannten technischen Möglichkeiten zur Speicherung erzeugten Stroms. Mit Wasserkraft aus Stauseen ist es bekanntlich möglich, den gesamten Strombedarf aus einer einzigen Quelle zu beziehen. Auf alle Bedarfsschwankungen kann spielend reagiert werden durch das schnelle Steuern der Wasserflüsse und damit das Ein- oder Ausschalten der Turbinen zur Stromerzeugung. Wenn ausreichende Potentiale zur Verfügung stehen, wie z. B. in Norwegen, kann auf diese Weise mühelos die Stromversorgung eines ganzen Landes gesichert werden. Auch viele kleinere Regionen könnten sich mit der Wasserkraft von anderen Stromlieferungen unabhängig machen. Doch sie ziehen es vor, ihren Wasserkraftstrom weiträumig zu verkaufen, weil er sich vorzüglich für den Spitzenstrombedarf eignet und deshalb hohe Preise erzielt. Kombiniert mit einem ausreichend hohen Wasserkraftpotential, reicht jede weitere Stromerzeugungsart für die Vollversorgung eines Strommarkts aus – unabhängig davon, ob diese zweite Bezugsquelle fossil ist oder erneuerbar. Frankreich hat ein Hybridsystem von Wasserkraft mit Atomkraft im Verhältnis von 1 : 3. Was als komplettes Stromangebot auf nationaler Ebene möglich ist, ist erst recht als komplettes Stromangebot im kleinen Maßstab möglich – ohne Atomkraft und ohne fossile Energie, aber auch ohne die nicht überall verfügbare Wasserkraft aus Stauseen.

Eine andere Hybridmöglichkeit wäre die Kombination einer Windkraftanlage mit einer Biomasseanlage: Sobald kein Wind weht, aber eine hohe Nachfrage nach elektrischer Energie besteht, würde ein synchron geschaltetes Motorkraftwerk, in dem Biogas, Pflanzenöl oder gasifizierte Biomasse verfeuert werden, automatisch anspringen und bei Deckung des Bedarfs durch die Windkraftanlage wieder stoppen. Eine solche Anlage könnte bedarfsgerecht Strom ins Netz liefern oder eine vollständig autonome Stromversorgung sicherstellen. Das Argument, ohne Rückgriff auf die aus geographischen Gründen begrenzten Wasserkraftreserven sei eine von fossilem Strom unabhängige Stromversorgung aus erneuerbaren Energien nicht möglich, ist damit sofort widerlegbar. Daß ein solches Hybridangebot nicht die einzige und noch nicht einmal die optimale Möglichkeit für Stromangebote aus erneuerbaren Energien ist, hat andere Gründe: Der Biomassegenerator wäre in seiner Reservefunktion allein für die Windkraft nicht voll ausgelastet, weil er rund um die Uhr laufen kann. Er könnte auch allein kontinuierlich Strom liefern, ebenso wie die Wasserkraft. Außerdem kann er die umgewandelte Energie optimaler nutzen, wenn auch die bei der Stromerzeugung entstehende Wärme verwertet wird. Im durchgängig ausgelasteten Betrieb Strom- und Wärmeabsatz gleichzeitig und vollständig sicherzustellen, ist aber wegen der jahreszeitlichen Unterschiede in der herkömmlichen Praxis der Energieverwertung kaum möglich. Aus all diesen Gründen drängt sich die Frage des direkten Speicherns von Energie auf.

Technische Speicher von Sonnenenergie

Die Gesellschaft für innovative Energieumwandlung und -speicherung (EUS) hat 1999 eine Batteriespeicheranlage in Bocholt in Betrieb genommen. Diese speichert den Strom aus vier Windkraftanlagen mit einer Gesamtkapazität von 3,5 MW in eine 1,6-MW-Batterie und speist ihn immer dann in das Netz ein, wenn die Stromnachfrage am höchsten ist. Wegen des gesteigerten Stromertrags wird sich dieses System voraussichtlich nach etwa sechs Jahren amortisiert haben – und das schon bei der ersten Anlage dieser Art.[161] Mit diesem oder anderen Verfahren der Stromspeicherung eröffnen sich weitgreifende wirtschaftliche Möglichkeiten einer vollen Entfaltung erneuerbarer Energien im Strommarkt. Ist die Speicherung sichergestellt, können alle Kapazitäts- und Produktivitätsargumente gegen eine Stromerzeugung aus erneuerbaren Energien widerlegt – und auch die bisherigen Argumente für einen Stromverbund gegenstandslos werden. Kostengünstige Speichertechnologien ermöglichen den qualitativen Sprung zur Nutzung erneuerbarer Energien in der gesamten Stromversorgung – hin zu einer unaufhaltsamen dezentralen Revolutionierung der Energiebereitstellung.

Das Spektrum der potentiell einsetzbaren Stromspeicher reicht von elektrochemischen, elektrostatischen und elektromechanischen bis zu thermischen und chemischen Speichermedien. Breit eingeführt sind bisher vor allem die elektrochemischen Speicher in Form der Batterien. Damit hat sich die Industrie lange Zeit begnügt, weil kein relevanter Bedarf für andere und bessere Speichermöglichkeiten gesehen wurde. Einen Marktruck gab es aus mehreren Gründen nicht. Das seit 100 Jahren bekannte Elektroauto wurde so selten eingesetzt, daß kein industrieller Druck für die Herstellung leistungsfähiger und leichterer Batterien entstand. Wegen der Gebietsmonopole hatten auch die Stromkonzerne kein Motiv, etwa für die Nachfrage nach Spitzenstrom neue Stromspeicher zu entwickeln – lieber stützten sie sich auf Speicherseen mit Staudämmen und Pumpspeicherwerken. Lediglich für U-Boote wurden leistungsfähigere Blei-Akkus entwickelt, die dann später die gesamte Batterietechnik beherrschten.

Der bisher wirkungsvollste Druck, neue Speichertechniken zu entwickeln, kam in den vergangenen zwei Jahrzehnten zunächst aus der Umweltbewegung, die entsorgungsfreundliche Batterien verlangte, sowie von der elektronischen Industrie und aus der Raumfahrt. Für letztere sind winzige, netzunabhängige Geräte mit extrem geringem Verbrauch nötig. Dies führte zur Einführung jener elektrostatischen Superkondensatoren, die auch die technische Vorbedingung für die vorgenannten Möglichkeiten von solarmodulierten Stand-alone- und Stand-by-Geräten darstellen. Neuerdings benötigt die Automobilindustrie leistungsfähige Batterien für die Optimierung des Elektroautos. Der dafür bisher wirkungsvollste Anstoß war die kalifornische Umweltgesetzgebung. Diese fordert, daß bis 2003 10 % aller in diesem Staat verkauften Autos mit »Null-Emission«, also schadstofffrei betrieben, werden müssen. Die amerikanische Regierung legte Mitte der 90er Jahre ein 260-Mio.-Dollar-Forschungsprogramm für Batterien auf, an dem sich alle amerikanischen Automobilproduzenten beteiligen.[162]

Im Rahmen des öffentlichen Solarforschungsprogramms spielt die Stromspeicherung bisher eine nebensächliche Rolle, obwohl sie in allererster Linie für erneuerbare Energien von größter Bedeutung ist. Um so wichtiger ist es, das Spektrum der Stromspeichermöglichkeiten zu beachten. Keine dieser Speicherformen kann wegen der jahrzehntelangen Vernachlässigung der Speichertechnologien technisch ausgereift sein. Aber das Spektrum der Möglichkeiten ist größer, als vielen bewußt ist, und kann sich zum Teil auf lang erprobte Techniken stützen, die nun – mit erneuerbaren Energien kombiniert – zu neuer und ungeahnter Anwendung kommen.

1. Elektrochemische Akkus

Bei diesen Akkus wird von außen zugeführte elektrische Energie von einer Elektrode aufgenommen und von einer zweiten wieder abgegeben. Dabei wird der Energieinhalt der zwischen den Elektroden liegenden chemischen Substanz erhöht. Dieser umkehrbare Vorgang kann sich in tausend und mehr Zyklen wiederholen. Am meisten verbreitet sind geflutete oder gasdichte schwefelsäurehaltige Bleibatterien, die technisch weitgehend ausgereift sind. Sie sind kostengünstig und haben einen hohen Wirkungsgrad, aber eine nur geringe Energiedichte; außerdem verursachen sie größere Entsorgungsprobleme. Günstiger in der Energiedichte, jedoch mit geringerem Wirkungsgrad arbeiten Nickel-Metallhydrid-Batterien, doch auch bei ihnen gibt es Entsorgungsprobleme.

Eine neue Variante sind die Redox-Batterien mit einem zähflüssigen Elektrolyten: Die stromentleerte Substanz wird an »Tankstellen« abgesaugt und durch eine stromgeladene ersetzt. Dadurch soll dem Akkubenutzer die stundenlange Ladezeit erspart werden, was diese Batterien besonders für den Einsatz in Elektroautos qualifiziert. Darauf zielen auch die Bemühungen um eine drastische Gewichtsreduzierung der Batterien. Sie würde die Reichweite des Elektromobils verlängern.

Vielversprechender für die hier verfolgte Fragestellung sind jedoch die Lithium-Ion- oder Lithium-Polymer-Akkus, die die Form einer dünnen Folie haben. Ihr Reifegrad ist noch gering, die Kosten sind noch hoch. Dafür haben sie einen hohen Wirkungsgrad, kaum Gewicht, eine

hohe Energiedichte, zahllose Zyklen, sind umweltfreundlich und praktisch wartungsfrei. Lithium-Ion-Akkus brauchen kein gesondertes
Ladegerät. Für die Photovoltaik sind sie auch deshalb sehr interessant,
weil sie in die Module integriert werden können, so daß Stromerzeugung und -speicherung ein System darstellen. Gebäudedächer und
-fassaden sind ebenfalls als Speicherfläche geeignet.

2. Elektrostatische Speicher

In diese Kategorie fallen die Superkondensatoren, die ohne chemische
Umwandlung funktionieren. Sie speichern den Strom verlustfrei in
einem festen Elektrolyten, sind leicht und können extrem klein sein. Ihr
Reifegrad ist noch sehr niedrig, ihre Energiedichte ist hoch, ebenso ihr
Wirkungsgrad und ihre Umweltfreundlichkeit. Ihre Lade- und Entlade-
zyklen übertreffen alle anderen Batterien bei weitem und gehen in die
Millionen. Allerdings sind sie noch teuer und nicht sehr leistungsfähig,
weil sie für den Niedrigbedarf elektronischer Geräte entwickelt wurden.
Die ersten Superkondensatoren speicherten nur wenige Amperesekun-
den, inzwischen ist ihr Potential auf eine Amperestunde gesteigert worden. Sie finden sich z. B. in Armbanduhren, Miniradios und Meßgeräten
und sind zur technischen Verbesserung der Stand-alone- und Stand-by-
Geräte wichtig. Sie repräsentieren ein enormes zusätzliches Stromspar-
potential im gesamten Gerätesektor und verbessern damit die Voraussetzungen für eine kostengünstige Einführung der Photovoltaik.

3. Schwungräder

Das Schwungrad ist eine Form elektromechanischer Speicherung: Ein
zylindrischer Körper dreht sich um eine Achse. Der Energiegehalt
wächst proportional zur Masse und im Quadrat zur Rotationsgeschwin-
digkeit. Die so gespeicherte Energie läßt sich entweder als Antrieb für
Motoren oder als Ausgleichsenergie bei kurzzeitigen Schwankungen des
Energieangebots bzw. des Energieflusses nutzen. Für die Schwungrad-
technik gibt es vielfältige Anwendungen, vom Kassettenrekorder bis zu
Motorrädern, aber auch bei Kraftfahrzeugen bzw. in Motorenkraftwer-
ken. Der Reifegrad ist noch durchschnittlich, weil diese Technik lange
vernachlässigt wurde; die Energiedichte ist relativ günstig. Ein Entsorgungsproblem gibt es nicht.

　　Neuere Versuche zielen darauf, mit Magnetfeldern die durch die
Gewichte entstehenden Reibungsverluste in der Lagerung zu minimie-

ren und die Drehzahl zu erhöhen. Das Schwungrad wird durch elektrischen An- und Abtrieb in Bewegung gesetzt, mit gegenwärtig etwa 120.000 Umdrehungen pro Minute. Es ist auch im kleinen Format einsetzbar und einfach zu handhaben. Damit eignet es sich für dezentrale Selbstversorgung, um Ausfallzeiten von Windstrom oder PV-Strom zu überbrücken.

4. Druckluft

Eine bekannte – und für die Speicherung von Strom sofort verfügbare – Technik ist die Druck- bzw. Preßluft. Damit wurden früher die Produktionsmaschinen von Fabriken angetrieben; sie wird heute in Formel-1-Motoren und Flugzeugtriebwerken zur Leistungssteigerung eingesetzt. Mit Hilfe von Strom wird Luft unter hohem Druck in Behälter gepreßt, um dann bei Bedarf den Generator oder einen Motor antreiben zu können. Es handelt sich damit ebenfalls um eine elektromechanische Speichermethode. Der Reifegrad der Druckluftbehälter ist groß, die Kosten sind relativ niedrig, bei durchschnittlicher Energiedichte.

Ein Automobil, das allein mit Druckluft fährt, ist von dem Franzosen Guy Negre, einem früheren Formel-1-Motorenkonstrukteur, und dem Luxemburger Unternehmen MDI (Motor Development International) 1999 erstmals öffentlich präsentiert worden. Für den Kompressionsdruck zum Füllen eines Tanks mit einem Volumen von 300 Liter sind 20 kWh Strom nötig. Damit erzielt der Motor eine innerstädtische Reichweite von über 200 km. Die Höchstgeschwindigkeit liegt bei 110 km/h. Bei einem Strompreis von 0,10 Euro ist es also möglich, für 2 Euro 200 km zu fahren. Der Motor saugt normale Umgebungsluft in eine zylindrische Kammer, der gleichzeitig die Preßluft zugeführt wird. In dieser Kammer dehnen sich die Preßluft und die angesaugte Luft durch Erhitzung aus und entweichen in einen Zylinder daneben, dessen Kolben das Fahrzeug antreiben. Der Zweizylindermotor wiegt lediglich 35 kg. Das relativ geringe Gewicht des Druckluftbehälters ist ein evidenter Vorteil gegenüber den extrem schweren Batterien von heutigen Elektroautos, die deren Reichweite beeinträchtigen. Bei stationären Kompressoren, z. B. über Drucklufttankstellen, ist eine Volltankung in weniger als drei Minuten möglich; bei einem bordeigenen Kompressor, der an ein Kabel angeschlossen wird, dauert die Druckluftladung vier Stunden. Die Wartungsintervalle sollen bei 100.000 km liegen. Emittiert wird gekühlte Luft. Der Wirkungsgrad liegt bei 85 % des für die Kompression erforderlichen Stroms.

Der Einsatz von Druckluft ist jedoch nicht nur für Fahrzeuge relevant. Im stationären Betrieb ist sie noch einfacher zu handhaben – etwa
als Energiespeichermedium in Gebäuden. Bei einem Speichervolumen
von 15.000 l, was einem etwas größeren Öltank eines Einfamilienhauses
entspricht, würden sich 1000 kWh speichern lassen, um daraus mit Hilfe
eines Motors wieder Strom zu erzeugen – genug, um eine Selbstversorgung mit Strom zu ermöglichen, was bisher nur mit einem Keller voller
Batterien möglich ist, die nur bis zu 2000 Aufladezyklen haben. Die
Preßzyklen im Druckluftbehälter sind unbegrenzt. Die Abkoppelung
vom Netz für kleine Selbstversorgungseinheiten wird dadurch möglich.
Wird die PV-Stromerzeugung am Gebäude ergänzt um einen kleinen
Windkonverter mit einer Leistung von vielleicht 1 kW oder einen kleinen Stirlingmotor, der auch in sonnenarmen Zeiten die Zuführung von
Druckluft ermöglicht, kann das Volumen des Druckluftbehälters kleiner
werden, so daß dieser nicht größer ist als ein durchschnittlicher Öltank.
Denkbar sind auch Windkraftanlagen, die zu Drucklufttankstellen werden oder die mit Hilfe eines größeren Druckluftmotors tatsächlich rund
um die Uhr zu allen Lastzeiten Strom liefern können.

5. Elektrodynamische Speicherung

Das Medium dafür ist ein Elektromagnet, analog zur Zündspule im
Auto. Über supraleitende Spulen wird mit Hilfe von Strom ein Magnet-
feld erzeugt, aus dem der Strom wieder entnommen wird. Allerdings ist
der Grad der technischen Ausgereiftheit bisher sehr niedrig. Die supra-
leitenden Spulen müssen auf 170 Grad gekühlt werden. Noch ungeklärt
ist das sich daraus ergebende Verhältnis zwischen Input und Output des
gespeicherten Strom. Das System ist zudem hoch komplex und schwer.

6. Solarer Wasserstoff

Die in der Anwendung vielseitigste Möglichkeit zur Stromspeicherung
ist die Umwandlung des Stroms in Wasserstoff. Dadurch wird aus elektrischer Energie eine chemische. Dies ist ein altbekanntes Verfahren,
dessen Weiterentwicklung sich vor allem auf die Erhöhung des Wirkungsgrads konzentriert. Die Elektrolyseanlage besteht aus einer Kathode (dem Minuspol) und einer Anode sowie einem dazwischen liegenden
wäßrigen Elektrolyten. Die Elektronen werden aus der Kathode in den
Elektrolyten gedrückt, über die dadurch ausgelöste chemische Reaktion
wird Wasserstoff produziert. Die gegenüberliegende Anode (Pluspol)

saugt die Elektronen auf; eine weitere chemische Reaktion bewirkt, daß Sauerstoff produziert wird. Unbedingt vermieden werden muß dabei die Vermischung von Wasserstoff und Sauerstoff. Wasserstoff hat eine hohe Energiedichte, braucht also ein relativ kleines Speichervolumen. Er kann für jeden energetischen Zweck eingesetzt werden, ist also der ideale Energieträger.[163]

Die entscheidende Frage ist, wie er produziert wird. Würde er mit Hilfe von Strom aus Atom- oder Kohlekraftwerken erzeugt, läge ein ökologischer Selbstbetrug vor. Zwar hat man auch dann einen sauberen Energieträger – mit Ausnahme des Wasserdampfs, der bei der Verbrennung von Wasserstoff durch die Oxidation mit Sauerstoff als »Emission« entsteht –, aber keine Substitution von fossiler oder atomarer Energie.

Die Wasserstoffkonzepte auf der Basis erneuerbarer Energien zielen überwiegend darauf ab, mit Hilfe großer Stromerzeugungsanlagen – große Stauwasserkraftwerke oder solarthermische Kraftwerke in ariden oder semiariden Gebieten – Wasserstoff in großen Mengen zu erzeugen und dann zu seiner Endbestimmung zu transportieren. Die andere Möglichkeit zur Gewinnung solaren Wasserstoffs wäre dezentral, und zwar mit Strom aus Photovoltaik- oder Windkraftanlagen. Gründe dafür, diesen Erzeugungsweg zu gehen, ergeben sich aus den damit verbundenen Möglichkeiten einer individuell autonomen Erzeugung von Treibstoff sowie aus der individuellen Speichermöglichkeit von erzeugtem Strom, statt diesen ins Netz einzuspeisen.

7. Thermische Solarspeicherung

Auch für die Nutzung der Solarwärme stellt sich die Frage, wie bessere Speichermöglichkeiten die Energie-Selbstversorgung gewährleisten bzw. weiterentwickeln können. Es ist selbstverständlich, daß zu jedem Solarkollektor ein Warmwasserspeicher gehört. Der Regelfall ist jedoch bisher, daß damit nur ein Teil des Wärmebedarfs abgedeckt wird, so daß für den darüber hinausgehenden Wärmebedarf zusätzlich auf konventionelle Wärmeversorgung zurückgegriffen werden muß. Um so naheliegender ist der Gedanke, sich endlich ganz von fossiler Zusatzversorgung unabhängig zu machen. Technisch ist dies kein Problem, es müssen lediglich die Kollektorfläche vergrößert, die Speicherkapazität erhöht und gleichzeitig der Wärmebedarf von Gebäuden verringert werden – durch verbesserte Wärmedämmung, Wärmeaustausch, Wär-

merückgewinnung und optimale »passive« Solarwärmenutzung des
Gebäudes insgesamt. In diese Richtung gingen bereits zahlreiche erfolgreiche Versuche von »Null-Emissionshäusern«, wie es sie inzwischen
auch im Fertighausangebot gibt.

Aber die Antwort muß nicht unbedingt in der Vergrößerung von
Kollektorflächen und Speicherkapazitäten liegen. Eine erweiterte Möglichkeit zur solarthermischen Speicherung ist der von Hans und Jürgen
Kleinwächter in Kooperation mit den Max-Planck-Instituten Mülheim/
Ruhr entwickelte solare Magnesiumhydridspeicher. In diesem Fall wird
spiegel-konzentrierte Sonnenwärme in den Speicher gelenkt, wodurch
der Wasserstoff vom Magnesium getrennt wird. Der Wasserstoff kann
dann als Wärmetransportmedium für den Betrieb eines Stirlingmotors
eingesetzt werden, der daraus Strom und heißes Wasser für die Heizung
produziert, bevor er sich wieder mit dem Magnesium verbindet.[164]

Auch für thermische Anlagen stellt sich die Option, jahreszeitliche
Wärmeverhältnisse besser zu nutzen. Dies ist auch für die Zukunft der
Wärme-Kraft- bzw. der Kraft-Wärme-Koppelung von zentraler Bedeutung, die bisher noch überwiegend auf fossiler Energiebasis erfolgt.
Deren Problem ist, daß sie mit zunehmendem Ausbau vor der Schwierigkeit steht, die Wärme auch absetzen zu können. Sinnvoller wäre es
aber, mit der Wärme Stirlingmotoren für eine weitere Stromerzeugung
zu betreiben. Dieser Strom kann entweder direkt verbraucht oder – wie
zuvor beschrieben – gespeichert werden. Stirlingmotoren sind Wärme-
kraftmaschinen, die nicht auf einen bestimmten Brennstoffbedarf fest-
gelegt sind. Sie können jede von außen zugeführte Wärmemenge in
mechanische Energie bzw. in Strom umwandeln.[165]

Energiespeicher vor oder nach der Energieumwandlung

Alle vorgestellten Energiespeicher sind in Tabelle 8 im Überblick dargestellt und hinsichtlich ihres technischen Reife- und energetischen
Wirkungsgrads, ihrer Energiedichte (die Auskunft gibt über das Speichervolumen), ihrer möglichen Speicherzyklen und damit ihrer möglichen Gesamtleistung sowie ihrer Umweltbelastung grob bewertet. Sie
erlauben Unabhängigkeit von Netzverbünden und deren strukturprä-
genden Prämissen im Bereich der Stromversorgung. Mit den Speichermöglichkeiten kann das technisch nutzbare Potential photovoltaisch
und mit Windkraft erzeugten Stroms sowie das der Sonnenwärme zur
Substitution von konventioneller Energie rasch ausgeweitet werden.

Tabelle 8: Technische Energiespeicher

Speicherform	Technischer Reifegrad	Wirkungs- grad	Kosten	Energie- dichte (Platzbedarf)	Zyklen	Umwelt- belastung	Bemerkung
Elektrochemisch							meistbenutzt
Bleisäureakku							
– / – geflutet	3	3	3	1	1000	1	
– / – gasdicht	3	3	2,5	1	1500	1	
NiCd	3	2,5	3	2	2000	1	
NiMH	2	2	2	2	1500	3	weitverbreitet
Li-Ion	2	3	1	3	5000	3	kommend/ vielversprechend
Li-Polymer	1	3	1	3	>5000	3	
Elektrostatisch							
Superkondensatoren	1	4	2	3	unbegrenzt	3	vielversprechend
Elektromechanisch							
Schwungräder	2	3	3	2,5	>10000	3	vielversprechend
Druckluft	3	3	4	2	unbegrenzt	3	sehr vielversprechend
Elektrodynamisch							
Supraleitende							
Magneten	1	3	?	1	unbegrenzt	3	Anwendung fraglich
Chemisch							
Wasserstoff	2	2	2	4	begrenzt durch Lebensdauer der Brennstoffzelle	3	multiple Anwendung
Thermisch/Thermochemisch							
Warmwasserspeicher	3	3	2	2	unbegrenzt	3	meistbenutzt
Magnesiumhydrid	3	3	2	3	unbegrenzt	3	vielversprechend

(Wertung: 1 = ungünstig; 2 = relativ günstig; 3 = günstig; 4 = außergewöhnlich günstig)

Quelle: Hermann Scheer, Heinz Ossenbrink

Kein Energieversorgungssystem kommt ohne Energiespeicher aus. Bei den fossilen Energien sind es die Kohlehalden, die Gasbehälter, Öldepots und -tanks. Da die Biomasse ebenso lagerbar ist wie fossile Primärenergien, gäbe es kein gesondertes Speicherproblem mit erneuerbaren Energien, würde die gesamte Energieversorgung der Zukunft mit Biomasse realisiert. Dies ist, wie im zweiten Kapitel gezeigt wurde, theoretisch möglich, aber praktisch vollkommen unnötig und aus vielerlei Gründen nicht zu empfehlen:

Das Potential der Biomasse ist auch als industrieller Rohstoff von ausschlaggebender Bedeutung für dauerhaftes Wirtschaften.

Mit Biomasse als Energieträger kann zwar sichergestellt werden, daß es zu keiner weiteren Ansammlung von Treibhausgasen in der Erdatmosphäre kommt. Aber durch die Pyromanie mit fossilen Energien ist die Erdatmosphäre in einem solchen Ausmaß mit zusätzlichem CO_2 überfrachtet, daß es um mehr gehen muß, als lediglich den CO_2-Gehalt nicht weiter zu erhöhen: Er muß abgebaut werden. Da Pflanzen in ihrem Wachstumsprozeß CO_2 aufnehmen, den Kohlenstoff speichern und der Umwelt Sauerstoff zur Verfügung stellen, ist es allein mit ihrer Hilfe möglich, eine große Rückholaktion von CO_2 aus der Atmosphäre zu starten. Dies bedeutet: Über das ohnehin erfolgende natürliche Pflanzenwachstum hinaus muß ein zusätzliches Wachstum, vor allem durch Aufforstung, initiiert werden – in einer Größenordnung, die zu mehr Kohlenstoffbindung und Sauerstoffproduktion durch Pflanzen führt als weiteres CO_2 in die Erdatmosphäre emittiert wird. Folglich ist die Verbrennung von stets in gleicher Menge nachwachsender Biomasse zwar neutral zum jeweiligen Zustand der Erdatmosphäre. Dieser wird dadurch – im Gegensatz zur Verbrennung fossiler Energien – nicht weiter verschlechtert, aber auch nicht verbessert.

Ein Prinzip der Nutzung erneuerbarer Energien ist, für einen konkreten Verwendungszweck stets diejenige Energieart auszuwählen, die – sofern nötig – den praktikabelsten Speicheraufwand hat. Dafür ist die Frage relevant, ob Energie *vor* oder *nach* der technischen Umwandlung gespeichert werden kann. Ersteres ist die systemtypische Speicherung fossiler Energien. Sie zielt auf Umwandlung durch Verbrennungsvorgänge. In der originären Eigenschaft der jeweiligen erneuerbaren Energien kann diese Funktion nur von der Biomasse übernommen werden. Die Speicherung nach der Umwandlung ist systemtypisch für diejenigen erneuerbaren Energien, die Nutzenergie ohne vorherige Verbrennungsvorgänge bereitstellen können: die direkte Verstromung von Sonnenlicht, Windkraft und Laufwasserkraft oder die direkte Nutzung von Sonnenwärme.

Daraus folgt, daß die für die Biomasse geeignete energetische Nutzung darin liegt, die Energiefunktionen zu erfüllen, die einen vorgeschalteten Energiespeicher benötigen. Dies gilt insbesondere für Kraftmaschinen, die nach dem Verbrennungsprinzip arbeiten – nicht zuletzt im Fahrzeugbereich. Biomasse oder solarer Wasserstoff sind hierfür die geeigneten speicherfähigen Energiearten zur Substitution fossiler Energien. Gegenüber solarem Wasserstoff hat die Biomasse aber unverkennbare Nutzungsvorteile. Solarer Wasserstoff als hauptsächlich genutzter Treibstoff für den Massenbedarf der Verkehrsmittel läuft fast zwangsläufig auf ein Großsystem der Wasserstoffversorgung hinaus, weil nur so große Treibstoffmengen bereitgestellt werden können. Der Fahrzeugantrieb, der in diesem Zusammenhang in den Vordergrund der Aufmerksamkeit gerückt ist, ist das Brennstoffzellen-Auto.[166] Es steht auch im Mittelpunkt des Interesses der Automobilproduzenten, die allmählich beginnen, sich auf die Zeit nach der Erschöpfung des Erdöls einzustellen. Der Unterschied zum »Solarauto«, wie es bisher diskutiert wurde, besteht in der Stromerzeugung im Automobil selbst – statt den Strombedarf einem Batteriesystem zu entnehmen.

Die Brennstoffzelle ist eine Stromerzeugungsanlage: Wasserstoff oder ein anderer gasförmiger Energieträger wird damit durch eine Art kalten Verbrennungsvorgang – in einer Umkehrung des geschilderten Elektrolyseverfahrens zur Wasserstofferzeugung – wieder in Strom umgewandelt. Im Brennstoffzellen-Auto geschieht das unmittelbar an Bord, um damit einen Elektromotor anzutreiben. Es soll im ersten Jahrzehnt des 21. Jahrhunderts serienmäßig produziert werden, wird fast lautlos fahren und außer Wasserdampf keine Emissionen hinterlassen. Solange der Wasserstoff noch nicht in ausreichender Menge produziert wird, sollen die Brennstoffzellen mit Erdgas arbeiten.

Bleibt das Brennstoffzellen-Auto also doch, wegen des großen Treibstoffbedarfs, abhängig von interkontinentalen Energieketten? Nicht mehr unbedingt vom Stromnetz, aber von globalen solaren Brennstofflieferanten? Bleiben die Motoren, für deren Treibstoffbedarf die Globalisierung der Energiewirtschaft im 20. Jahrhundert eingeläutet wurde, derjenige Faktor, der auch für die nachfossile Zeit eine globale Energiewirtschaft erfordert – auf der Basis der technisch faszinierenden Brennstoffzelle und des Wasserstoffs, der mit Strom aus solaren Großkraftwerken erzeugt wird?

Das Spektrum der Möglichkeiten erneuerbarer Energien auch für den Treibstoffbedarf ist sehr viel breiter – auch unabhängig von der Möglichkeit, mit Hilfe effektiverer und leichterer direkter Stromspeicherung Automobile anzutreiben. Wasserstoff kann auch aus Biomasse

gewonnen werden, also aus regionaler Produktion.[167] Die Brennstoffzelle braucht auch nicht unbedingt Wasserstoff als Energieträger. Sie
kann auch betrieben werden

– mit aus Biomasse gewonnenem Alkohol (Ethanol). Diese muß nicht
  aus fernen tropischen Zuckerrohrplantagen kommen, der Alkohol
  kann aus Zuckerhirse oder aus dem Lignin-Anteil von Holz gewonnen werden. Für eine Tonne Holztrockenmasse wurde ein Ethanol-
  potential von 387 l errechnet;[168]
– mit gasifizierter Biomasse, wobei die Gasifizierunganlage wahllos
  jedwede Biomasse verarbeiten kann, so daß diese unter Umständen
  gar nicht erst getrennt oder aufbereitet werden muß – also als Ganzpflanze genutzt werden kann;[169]
– mit Methanol, das aus der Synthetisierung von pflanzenextrahiertem
  Kohlenstoff mit Wasserstoff hergestellt werden kann;[170]
– mit Biobenzin, das aus gasifizierter Biomasse durch Synthetisierung
  mit Wasserstoff hergestellt werden kann, der wiederum mit Strom
  aus dezentralen Windkraftanlagen erzeugt würde;[171]
– oder mit Biogas, das aus der anaeroben Vergärung von organischen
  Abfällen entsteht.

Es ist also nicht zwingend geboten, allein auf die Brennstoffzelle zu setzen, weil Verbrennungsmotoren auch direkt mit Pflanzen- statt Dieselöl,
mit gasifizierter Biomasse statt Erdgas, mit Bioethanol, Biomethanol
oder Biobenzin angetrieben werden können. Es ist an dieser Stelle nicht
möglich, alle diese – und noch weitere bestehende – Varianten zu erläu-
tern. Darüber gibt es eine Fülle an Literatur und Berechnungen, die sich
immer bereits auf praktische Beispiele stützen.[172]

Die Sprengsätze: Mehrrollenkonzepte, Quersubstituierung und All-Last-Kleinkraftwerke

Die besondere Bedeutung der individuellen Stromspeicherung und
generell des Energiespeichers liegt bei der damit möglichen effizienten
und kostengünstigen vollen Energieversorgung mit Strom, Wärme und
sogar Treibstoffen. Kleine Motorkraftwerke im eigenen Gebäude zur
eigenen Stromerzeugung gibt es, seit es Motoren gibt. Der Einsatz sol-

cher Motoren konnte bisher nur dann im Vergleich zum Strombezug über das Netz wirtschaftlich sein, wenn damit Kraft-Wärme-gekoppelte Anlagen betrieben wurden. Doch durch die wechselseitige Abhängigkeit der Wärme- von der Stromerzeugung oder der Strom- von der Wärmeerzeugung und das damit verbundene Problem der Über- oder Unterproduktion blieb es bei der Netzabhängigkeit, um bei Überproduktion Strom verkaufen zu können (meist zu unfairen Preisen) und bei Unterproduktion Strom zukaufen zu können. Mit der Stromspeicherung hebt sich das Problem von Über- und Unterproduktion für den Betreiber auf – und damit die Netzabhängigkeit. Jede Überproduktion kann gespeichert werden, sei es die von Strom oder die von Wärme, weil auch diese in Strom umgewandelt werden kann. Jeder Strom kann selbst verwertet werden, entweder erneut für den Gebäude- oder Gerätestrombedarf, für den Fahrzeugbetrieb oder für den Wärmebedarf.

Durch die dezentralen Speichermöglichkeiten werden zwei dezentrale Energieumwandlungstechniken optimal verknüpfbar: die zur Gewinnung erneuerbarer Energien und die der Motoren. Die Motorindustrie ist der große potentielle Verbündete der erneuerbaren Energien. Sie muß sich dazu nur auf die Produktion von Motoren einstellen, die mit dem direkt nutzbaren oder gespeicherten Potential erneuerbarer Energien angetrieben werden. Dies wird nicht nur ein einziger Motortyp sein, sondern sehr verschiedene – je nachdem, wie die konkrete Energiequellenlage ist und welches Konzept der Energiebereitstellung gewählt wird.

Um diese autonome Energiebereitstellung allgemein attraktiv zu machen und eine unaufhaltsame Dynamik – im Sinne einer solaren »Dampfmaschine« – anzufachen, wird es nötig sein, die Zahl der jeweils ineinandergreifenden Techniken klein zu halten. Mit einer hauseigenen Kraft-Wärme-Koppelungsanlage in Verbindung mit einem Stromspeicher können die Anwohner in der Strombereitstellung autonom und zu Selbstproduzenten von Treibstoff für ihr Fahrzeug werden. Sie brauchen dann aber noch die Lieferung des Brennstoffs für die Kraft-WärmeKoppelungsanlage, die in diesem Fall der Dreh- und Angelpunkt des Energiekonzepts ist.

Haben sie ein Brennstoffzellen-Auto, können sie dieses in Verbindung mit einer Stromspeicherung entsprechend nutzen: Sie könnten die Brennstoffzelle im Auto während dessen Standzeiten in der Garage zur Erzeugung von Strom einsetzen – und legen einen Stromvorrat für den Hausbedarf für Zeiten an, in denen das Auto unterwegs ist. Das Stromerzeugungsaggregat ist mit dem Autokauf bezahlt worden. Ist gleichzeitig eine PV-Anlage in Verbindung mit einer Elektrolyseanlage eingesetzt, kann der Treibstoff für das Brennstoffzellen-Auto ganz oder teilweise selbst erzeugt werden. Dies sind nur einige beispielhafte Vorgriffe auf künftige Möglichkeiten unter vielen anderen denkbaren. Denkbar sind z. B. Gebäude, in denen der Wärme-, Strom- und Treibstoffbedarf selbst gedeckt wird, ausschließlich aus der Sonnenkraft – also unabhängig von *allen* Energienetzen.

Gebäude als Energiesammler und -wandler

Ein Gebäude ist nicht nur ein Energieverbrauchssystem, sondern muß künftig auch als solares Energiesammel- und Energiewandlungssystem verstanden werden. Der ressourcenbewußte und -sparende Architekt bzw. Bauherr muß bei seinem Entwurf u. a. daran denken,

– das natürliche Sonnenlichtpotential optimal auszunutzen, indem er soviel Tageslicht wie möglich in das Haus fallen läßt. Dazu kann er, über die Fensterflächen hinaus, neuartige Lichtspeicher einplanen;
– die Umgebungswärme für das Gebäude nutzbar zu machen, um daraus Sekundärwärme zu gewinnen; die Neigungswinkel des Gebäudes zur Sonne optimal zu gestalten und Beschattungen zu vermeiden; die besonnten Seiten des Gebäudes durch Glasflächen zur Sonne zu öffnen und die anderen Seiten zu dämmen; die optimalen Gebäudeteile für Solarkollektoren und Photovoltaik einzuplanen;
– die Windverhältnisse um das Gebäude zu berücksichtigen, um auf diesem Weg eine natürliche Ventilation erreichen zu können;
– die Wahl der Baumaterialien nach ihrer Kühl- oder Wärmedämmqualität und nach ihrem eigenen Energiebedarf auszurichten – d. h. zu entscheiden, wo Beton und Aluminium jeweils durch Holz, Lehm oder Stahl ersetzt werden können;
– die gebäudeinterne Luftzirkulation zu berücksichtigen, die ebenfalls saisonal für Kühlung oder Heizung genutzt werden kann.

Es geht also wieder um ein »Bauen in Klimazonen«, wie es der Bauingenieur Klaus Daniels formuliert: »Intelligent geplante und betriebene Häuser zeichnen sich vor allem dadurch aus, daß sie in der Lage sind, Nutzeransprüche unter Umgehung des Einsatzes technischer Einrichtungen direkt aus der Umwelt zu bedienen: natürliche Belichtung,

Tabelle 9: Strategien zur Energieregulierung in biologischen Systemen, verglichen mit bestehenden und möglichen Anwendungen in der Architektur (Ausgew. Beispiele)

Strategien zur Energieregulierung in biologischen Systemen	Bestehende und mögliche Anwendungen in der Architektur
• Regulierung der Hautdurchblutung zur Kontrolle des Wärmeverlusts	• Regulierbare Außenhaut von Gebäuden
• Gegenstrom- und Wärmetauschprinzip (z. B. Walflossen, Beine von Seevögeln, Fischkiemen)	• Wärmetauscher bei Entlüftungs- und Abwasseranlagen
• Wärmedämmung durch Zonung, Einschränkung von Blutkreisläufen bei Kälte (z. B. arktische Tiere, Insektenbauten)	• Häufig angewandt in traditioneller Architektur (z. B. Bauernhäuser in Niedersachsen und Süddeutschland, Wintergärten)
• Veränderung der Pigmentierung zur solaren Wärmesammlung (z. B. Iguana, Chamäleon)	• Regulierung der Lichtabsorption und Lichtreflektion mit Jalousien, Glasabdeckungen von Gewächshäusern
• Vergrößerung und Verkleinerung von Isolationsschichten (Aufplustern von Gefieder, Winter-, Sommerfell)	• Regulierbare Wärmedämmung, Sommer- und Winterwohnung in traditioneller Architektur, Winterfenster usw.
• Sammeln von Licht zur Wärmeerzeugung (durchscheinende Felle, Haarschichten z. B. bei Hochgebirgspflanzen, Eisbär)	• Moderne transparente Isolierung, Glasfassaden
• Sammeln von Wärme durch Vergrößern von Auffangflächen für Sonnenlicht (Ausbreiten von Flügeln, Ausrichtung von Breitseiten)	• Regulierbare Fassaden, Vorbauten
• Kühlung durch Verdunstung (Schwitzen der Haut, Hecheln, Wasserverdunstung durch Bäume)	• Wärmeableitende und -abstrahlende Fassadenteile
• Schaffung von Konvektion durch Schattenstrukturen (z. B. Rippen von Kakteen)	• Geeignete schattenspendende Fassadenstrukturen zur Gebäudekühlung
• Filtern und Verteilen von Licht (z. B. bei südafrikanischen Fensterpflanzen)	• Fenster mit Glas verschiedener Farbqualität und Beschaffenheit, Gitter, Rippen
• Einschleusen von Licht (Lichtleitung in Pflanzentrieben)	• Tageslichtsysteme, Einschleusen von Licht über Lichtleiter
• Ventilierung (Bauten von Termiten, Präriehunden)	• Kamine, Windtürme (Arabien, Iran)
• Zentrale Regulierung des Energieaustauschs (Funktion der Haut, des Verhaltens)	• Computergesteuerte Solarhäuser, bei denen vielfältige Energie-Einrichtungen optimiert werden

Quelle: Helmut Tributsch, Wohnen mit der Sonne

natürliche Belüftung, veränderbare Gesamtenergiedurchlaßgrade, angepaßte Tagesbelichtungen usw.«[173]

All diese baukonzeptionellen Möglichkeiten sind in der – unter Federführung des Münchner Architekten Thomas Herzog im Jahr 1996 entworfenen – »Europäischen Charta für Solarenergie in Architektur und Stadtplanung« detailliert aufgeführt.[174] Wie groß das energetische

Potential intelligenter Materialien sein kann, hat Helmut Tributsch vom Berliner Hahn-Meißner-Institut anhand der Energieregulierung biologischer Systeme beispielhaft aufzuzeigen versucht.[175] Sein Votum, aus solchen sich selbst regulierenden Energiehaushalten für die Architektur zu lernen und sie bei Materialien und Gestaltungsweisen zu kopieren, öffnet den Blick auf zahllose neue multifunktionale Materialien (siehe Tabelle 9). Es zeigt sich, wie unendlich vielfältig die Möglichkeiten energieautarker Gebäude für deren Benutzer sind – und auch, daß wir erst am Anfang dieser Entwicklung stehen.

Es geht dabei nicht um eine bloße Hinzufügung von Technik, sondern um eine neue Architektur, die – so Sir Norman Foster über die prominenten Beispiele – »von außerordentlicher Eleganz ist, die aus einer richtigen Antwort auf das Umgebungsklima und den Umgebungsort entsteht«.[176] Die Gebäudeelemente erhalten dabei eine mehrfache Funktion: Sie sind Dach, Wand, Fenster und zugleich Energiesammler, -speicher und -tauscher. Die Architektur wird wieder vielfältiger. Da in Gebäuden der größte Anteil des fossilen Gesamtenergieverbrauchs stattfindet, wird das solare Bauen zur gesamtgesellschaftlichen sozialen Aufgabe der Umwelterhaltung und zur gesamtwirtschaftlichen Aufgabe der Substitution von Energieimporten. Wenn aber Gebäude zunehmend energieautark werden können und ihr unmittelbarer Zulieferbedarf an Strom und Wärme ohne Licht- und Wärmeverzicht gegen null geht, dann erhalten die in die Gebäude integrierten Solaranlagen die Funktion von Kraftwerken, die die nicht selbst gebrauchte Energie weiterverkaufen können. Aus Energiekosten werden Energiegewinne.

Das technische Know-How der Revolutionierung der Energieversorgung
Die hier beschriebenen technischen Möglichkeiten sind in ihrer Anwendung Sprengsätze zur Revolutionierung der Energieversorgung:

1. Die verschiedenen verfügbaren Energiequellen und die autonom betriebenen Umwandlungs- und Speichertechniken machen es möglich, Energie und Techniken für mehr als eine Nutzerfunktion einzusetzen. Dies erlaubt
– die *Quersubstituierung* von Energiequellen, also von Strom durch Wärme oder Treibstoff, von Wärme durch Strom und Treibstoffe, von Treibstoffen durch Strom und Wärme. Dies macht den Energieeinsatz *flexibler* und *effizienter;*

– den Einsatz von Techniken – von Heiz-, Kollektor-, PV-, Kraft-Wärme-Koppelungs-, Speicheranlagen, von Geräten und Fahrzeugen – jeweils in mehreren Rollen. Diese *Mehrrollenkonzepte* im Einsatz der Techniken machen deren Einsatz *produktiver*.

2. Trotz steigenden Strombedarfs wird die Nachfrage nach geliefertem Strom nachlassen, wenn immer mehr Geräte ihren Strom selbst erzeugen und speichern können. Gleiches gilt wegen der umfassenden Möglichkeiten solaren Bauens für die Nachfrage nach Wärmeenergie.

3. Die Speicherung von Strom in Verbindung mit Motorkraftwerken macht das *dezentrale All-Last-Kleinkraftwerk* möglich, das alle Lastzeiten bedienen kann – einem Automobil mit Schaltautomatik vergleichbar, das je nach angezeigtem Bedarf vom Leerlauf bis in den fünften Gang schaltet. Dies macht die Stromverbundwirtschaft mit ihrem Last-Management, d.h. dem Strombezug aus mehreren Kraftwerken mit unterschiedlichem Leistungsprofil, überflüssig. Die Stromnetzkosten werden durch die Kosten für die Speicherung und für die Reservestromerzeugung ersetzt. Erstmals entsteht eine echte Kostentransparenz. Sobald die wirtschaftlichen Vorteile erkennbar werden, läuft die Uhr der Stromwirtschaft ab. Die Landschaft wird entdrahtet, weil Hochspannungsleitungen allmählich verschwinden.

4. Die bisherige Arbeitsteilung der Energiewirtschaft wird aufgehoben. Sie besteht aus den jeweils *zentral* organisierten Angeboten von Strom, Treibstoff, Wärme und Prozeßenergie. Sie kann durch eine *durchgängig dezentrale* Energiebereitstellung ersetzt werden.

5. Voraussetzung hierfür ist der Einsatz erneuerbarer Energien, weil nur diese überwiegend ohne lange Energieketten zur Verfügung stehen. Erst damit wird aus dezentral einsetzbaren Techniken ein wirklich dezentrales Energiesystem. Der Strom- und Wärmebedarf ist dabei am leichtesten und schnellsten durch erneuerbare Energien zu decken. Für den Treibstoffbedarf kann man ebenfalls auf regionale Angebote zurückgreifen – soweit die Treibstoffe nicht selbst durch Strom substituiert werden, was von der Wahl der Fahrzeugtechnik abhängt.

Es kommt also darauf an, diese Möglichkeiten nicht nur zu sehen, sondern im Zusammenhang zu praktizieren, zielstrebig in sie hineinzuwachsen und Modul für Modul die Möglichkeiten zu erweitern. Es wird

zahlreiche individuelle und zahlreiche neue gemeinschaftliche Energie-
konzepte auf lokaler und regionaler Ebene geben. Mit jeder technischen
und konzeptionellen Weiterentwicklung erhöht sich ihre wirtschaftliche
und kulturelle Attraktivität, wird ihre Sprengkraft für das konventionelle Energiesystem größer. Die Ressourcenketten werden gesprengt.

Solare Technikrevolution und solare Informationsgesellschaft

Die individuelle bzw. lokale Energieautarkie erscheint auf den ersten
Blick eine komplexe Struktur zu erfordern, ihre breite Umsetzung
unpraktisch und daher kaum realistisch zu sein. Doch dieser Eindruck
entsteht vor allem, weil es sich fast durchgängig um neue Techniken mit
neuen Nutzungsformen handelt, auf die das allgemeine Bewußtsein und
die Verhaltensgewohnheiten noch nicht eingestellt sein können. Komplexer – und damit weniger komfortabel – als die jetzige Struktur der
Energieversorgung ist das autarke System bei näherem Hinsehen nicht.

Ist der autonome dezentrale Energieverbund einmal eingespielt, wird
er weniger Aufwand und Eigeninitiative erfordern, als die konventionelle Energiebeschaffung dem Verbraucher heute abverlangt. Dieser bekommt ja seine Energie keineswegs allein dadurch, daß er den Strom-
schalter betätigt und ein Kabel an die Steckdose anschließt. Er muß die
Stromrechnung bezahlen und sollte sie auch kontrollieren. Er muß sich
bei zahlreichen Geräten um Reservebatterien kümmern und an Auflade-
zeiten denken; den Betrieb seines Heizbrenners kontrollieren, Gas oder
Öl für die nächste Heizsaison bestellen; sein Fahrzeug regelmäßig auf-
tanken, an Ölwechsel und Wartung denken und Abgasuntersuchungen
durchführen lassen. Er wird künftig in einem offenen Strommarkt Preis-
vergleiche vornehmen und dementsprechend seinen Lieferanten aus-
wählen – so wie er zunehmend dazu übergeht, unterschiedliche Telefon-
dienstleistungen zu nutzen. Demgegenüber liegen die Zugangsschwie-
rigkeiten für solare Energietechniken eher darin, daß es noch zu wenig
Information und Beratung gibt und die Einführung der Techniken bisher nur bruchstückhaft – also ohne ganzheitliche Konzepte – erfolgte.
Die Realisierung solcher Konzepte wird durch die Informationstechnologie und die mit ihr arbeitenden Dienstleistungen wesentlich erleichtert. Die Energieverbraucher müssen sich dann nicht mehr jede einzelne
der vielen beanspruchten Energiedienstleistungen gesondert besorgen.

Neue technische Lösungen kommen nur zur Geltung, wenn ihre Promotoren den Rahmen der bisherigen Nutzungsstrukturen von Techniken verlassen. Kann die neue Technik dennoch nicht aufgehalten werden, löst sie eine strukturelle Revolution aus, und die früheren Opponenten versuchen, diese in ihre Hand zu nehmen. Die Einführung der Informationstechnologie verlief nach diesem Muster, mit positiven und negativen sozialen und ökologischen Folgen. Die negativen ergeben sich daraus, daß diese dezentralen Technologien zum großen Teil wieder von den etablierten Großkonzernen vereinnahmt werden konnten, weil sie nicht wirklich unabhängig von zentralen Infrastrukturen genutzt werden können.

Tatsächlich sind Informationstechniken und solare Energiewandler- und Nutzungstechniken ideale Partner. Sie können sich wechselseitig unterstützen: Die Solartechnik kann Informationstechniken energieautonom und damit noch mobiler und unabhängiger nutzbar machen; die Informationstechnik kann die Geräteintelligenz von Solartechniken erhöhen. Durch die Mikroelektronik ist Kommunikation zwischen verschiedenen Energietechniken möglich, um die Arbeit der einzelnen Geräte mit entsprechender Programmierung integrieren und steuern zu können. Mit der Telematik kann der unabhängig arbeitende solare Energieverbund bzw. das Mehr-Rollen-System laufend überprüft, können Simulationen durchgeführt, analysiert, modelliert, eingestellt und betreut werden.[177] Damit erleichtert sie den Übergang vom weiträumigen Verbund von Energienetzen zum unabhängigen Mininetz. Was bis in die 70er Jahre hinein nur der Großrechner leisten konnte, kann heute vom PC geleistet werden. Analog dazu können künftig kleine solare Energiesysteme die Großtechniken der atomaren und fossilen Energieversorgung ablösen.

Die Informationstechnologien haben das Schlagwort »Informationsgesellschaft« mit sich gebracht, das mehr als alles andere die wirtschaftliche und gesellschaftliche Moderne charakterisiert und vielfach euphorisch interpretiert wird. John Naisbitt, einer ihrer populären Interpreten, sieht darin die »Maschine des Individualismus«, die alle wirtschaftlichen und politischen Strukturen radikal verändern werde: »Die Machtzentren wechseln vom Staat zum Individuum. Von vertikal zu horizontal. Von Hierarchie zu Netzwerken.«[178] Je größer die Weltwirtschaft werde, desto machtvoller würden die »small players«, während die »big players« in ihrer Bedeutung schrumpften. Dies sei das »globale

Paradox«. Mit den »gemischten Technologien« der Telefon/Fernseh/
Computer-Hybriden kann jeder mit jedem und von jedem Standort aus
kommunizieren. Der »Personal Telecomputer« führt zu »drahtloser
Produktivität«, mit Techniken, die laufend billiger, leichter, kleiner und
mobiler werden; die »effizienteste und effektivste wirtschaftliche Einheit
wird das Individuum«. Es arbeitet in einem Netzwerk, das selbst Element eines globalen Netzwerks ist. In diesem könne auch kein einzelnes
Unternehmen und kein einzelnes Land mehr ein erfolgreicher Spieler
im »global game« sein. Deshalb seien strategische Allianzen globaler
Spieler zwingend geboten.

Genau darin liegt das Trugbild der Informationsgesellschaft. Alles
trifft zu, was sie technisch ausmacht und ermöglicht: die schnelle Kommunikation von jedem mit jedem, die Unabhängigkeit vom Standort.
Aber die Macht verteilt sich dennoch nicht horizontal, sondern vertikal,
und die Machtzentren werden nicht kleiner, sondern noch hierarchi-
scher und größer als zuvor. Dieser Widerspruch zwischen technik-
immanenter Dezentralisierung und tatsächlicher Machtzusammenbal-
lung begründet sich darin, daß Machtzentren mit den Informationen
mehr anfangen und schneller zugreifen können, weil sie durch ihre
größere Organisations- und Investitionskraft bessere Möglichkeiten zur
praktischen Umsetzung haben. Wo es ein technisches Netzwerk gibt,
wird dieses auch von jemandem kontrolliert. Die 13 weltweit größten
Internet-Provider sind in amerikanischer Hand. Um ein europäisches
Gegengewicht zu schaffen, wird das Engagement von Stromkonzernen
auf diesem Sektor politisch begünstigt. Die »unsichtbaren Hände der
Netze«, schreibt Philippe Quéau in »Le Monde Diplomatique«, »spin-
nen selbständig an einem einheitlichen Web. Die Funktionslogik der
Netze begünstigt Zusammenschlüsse und Synergieeffekte – in der Spra-
che des Markts: Absprachen, Oligopole und Monopole.«[179] Noch sinken
im Wettbewerb die Preise, bis der Trend sich nach Fusions- und Konzentrationsprozessen umkehrt. Noch gibt es keine Steuerung von Informationen. Aber schon gibt es privilegierte Zugänge dazu, und mit der
künftigen Einheit von Monitor und Bildschirm für nachgefragte Informationen und für das Empfangen von Fernsehprogrammen steht neben
der Fülle von Informationsmöglichkeiten deren einseitige Bewertungs-
möglichkeit durch das Massenmedium Fernsehen. Das Netzwerk, ohne
das die Informationstechniken nicht funktionieren, schafft die neuen
Abhängigkeiten. Diese stellen die neue Autonomie wieder in Frage bzw.

relativieren sie. Netzwerke sind immer auch eine Minderung oder Gefährdung individueller Freiheit. Sie sind auch Fesselungsinstrumente. Dies ist der entscheidende Unterschied zwischen Informationstechnologien für beliebige Zwecke und dezentralen solaren Energieverbundsystemen. Der »Sender« der Solartechnologie wird von niemandem kontrolliert. Sonne und Wind senden drahtlos und ohne Richtfunkanlagen. Wenn sie in autonomen Anlagen genutzt werden, werden Netzwerke verzichtbar. Mehr noch: Sie erodieren damit die Basis der über die Energieketten ermöglichten und ständig weiter ausgebauten Netzmacht von Konzernen.

Unabhängige Solartechnologien können das einlösen, was die Informationstechnologien versprochen haben: die schleichende Entmachtung der »global players«, das Schleifen wirtschaftlicher Hierarchien. Ihr technologisches Potential steht erst am Anfang – vielleicht auf dem Stand der Automobiltechnologien der 20er Jahre. In der Photovoltaik zielen Entwicklungen auf Materialien, die Sonnenlicht wesentlich stärker absorbieren und deshalb einen 100fach geringeren Materialeinsatz erfordern. Damit stehen große Kostenreduktionen an. Künftige Solarzellen werden eine hohe mechanische Flexibilität haben und selbst geringste Lichtmengen in Strom umwandeln. Photoaktive Materialien (»nasse Solarzellen«) könnten durch photoelektrochemische Verfahren entwickelt werden; Wasserspaltung mit Licht; miniaturisierte Elektrolyse-Anlagen und Brennstoffzellen; Lichtkonzentratoren; ultraleichte Lichtkonverter; hochentwickelte dünne Wärmedämmungen; Wasserkraftanlagen in Flußströmungen; Groß- und Miniwindräder, die auch bei schlechteren Windverhältnissen arbeiten; wesentlich verbesserte Biomasse-Gasifizierungsanlagen; hochfunktionsfähige kleine Stirlingmotoren[180]: Solche und weitere Entwicklungen sind im Schwange. Hinzu kommen die Kostensenkungspotentiale durch Massenproduktion, die Entwicklungen in der Produktionstechnologie. Die solartechnologische Revolutionierung der Technik und ihrer Anwendungen hat gerade erst begonnen. Ihr Motor sind die praktischen Anwendungen, also die Einführung der Techniken, ihr Gebrauch in der Gesellschaft.

Eisenbahnen werden mit Brennstoffzellen-Loks fahren können, die die Stromkabel über den Gleisen verschwinden lassen und den Bahnbetrieb verbilligen; sie werden Waggondächer haben, die als Solarmodul konstruiert sind. Schon jetzt gibt es Lastwagen für gekühlte Transporte, auf deren Dach flächendeckend PV-Module installiert sind. Es wird

Luftschiffe geben, deren gesamte Außenhaut eine photovoltaische Stromerzeugungsanlage ist – und die damit während des Flugs einen Großteil der benötigten Energie erzeugen. Frachtschiffe werden durch Windkraft und Wasserelektrolyse und Passagierschiffe zusätzlich noch durch Biogas aus den organischen Abfällen ihren Treibstoff an Bord selbst produzieren können. Nötig ist hierfür nur Gestaltungsphantasie und – entscheidender – die Setzung neuer Prioritäten in Wissenschaft und Technik, in der Architektur und in der Energieversorgung selbst, in Unternehmen und in der Politik. Nötig und geboten ist, sich eine Energieversorgung ohne spezialisierte Energiewirtschaft zu denken.

7. Kapitel
Der unerschlossene Reichtum der solaren Rohstoffe

Das große Problem gegenwärtiger Umweltpolitik und umweltbezogener Wirtschaftspraxis ist das isolierte Herangehen an Einzelprobleme. Es führt zu unüberschaubaren Katalogen von Einzelforderungen und -maßnahmen. Bereits Mitte der 80er Jahre waren im Chemical Abstract Service acht Millionen größtenteil synthetische Chemikalien registriert.[181] Seitdem sind sicher weit über eine Million hinzugekommen. Von allen registrierten sind einige hunderttausend tatsächlich im Umlauf. Schon bei nur einem Prozent ökologisch problematischer Produkte steht jede Umweltvorsorge vor einem nicht mehr zu bewältigenden Aufwand – gleich, ob sie versucht, den Gebrauch mit Hilfe von Gesetzen, Verordnungen oder durch freiwillige Selbstverpflichtungen der Industrie zu regeln. Auch die Steigerung der Ressourcenproduktivität kann diesem Problemberg nur bedingt abhelfen, weil sie in erster Linie auf eine Mengenreduzierung der jeweils umgewandelten Stoffe abzielt, weniger jedoch auf die Anzahl der Produkte und deren Rohstoffquelle. Solange es bei der fossilen Stoffquelle bleibt, ist ein Dickicht einzelner Regelungen erforderlich, deren Einhaltung niemand mehr kontrollieren kann und die das betriebliche und das Alltagsleben überbürokratisieren.

So ist es kein Zufall, daß die allgemeine Sympathie für Umweltvorsorge und Umweltpolitik nachläßt, obwohl es eine prinzipielle Einsicht in die Existenz von Umweltgefahren gibt. Die sorgfältige Berücksichtigung ökologischer Probleme auf Schritt und Tritt wird lästig und macht überdrüssig – um so mehr, als dabei oft nicht zwischen wirklich gravierenden und eher nebensächlichen Problemen unterschieden wird. Außerdem sehen viele Menschen nicht ein, warum sie sich bei kleinen Problemen umweltverantwortlich verhalten sollen, während gleichzeitig die großen Umweltgefahren wachsen, oft genug gefördert durch politische Initiativen. Die Tendenzen zur Abkehr von der aktiven Umweltvorsorge sind unübersehbar, weil sich immer mehr Menschen von den äußerst vielfältigen Anforderungen belästigt fühlen.

Die große Chance zur Neuorientierung industrieller Umweltvorsorge ist der Wechsel von fossilen zu solaren Rohstoffen – also der Nutzung des Pflanzenguts als industrielle Rohstoffbasis. Mit einer veränderten Energie- *und* Rohstoffbasis ist es möglich, dem gesamten Problem
erschöpflicher Ressourcen und der Umwandlungsschäden an die Wur-
zel zu gehen. So wie zunächst die Überlegungen einer umweltfreund-
licheren Energieversorgung vor allem auf Energiesparen und Energieeffizienz zielten, bevor die erneuerbaren Energien ins Blickfeld kamen,
muß es nun darum gehen, die Ablösung erschöpfbarer Rohstoffe durch
solare Rohstoffe konsequent ins Auge zu fassen. Mit der Erschließung
des unerschöpflichen Reichtums solarer Rohstoffe ist es möglich, aus
einer bisher defensiv angelegten Kritik an gefährlichen Umweltein-
griffen zu einer praktisch nachvollziehbaren Offensive für schadlose
industrielle Prozesse und Industrieprodukte zu kommen. Der Wechsel
von fossilen zu solaren Rohstoffen ist ebenso nötig wie der zu solaren
Energien. Und vor allem: Er ist ebensogut möglich, in vielen Anwendungsfällen vielleicht sogar schneller.

Das lebenswichtige Potential des Pflanzenguts ist im letzten Viertel-
jahrhundert neu entdeckt worden – nach einem Jahrhundert der systematischen Ignorierung und Verdrängung aus dem Wirtschafts- und
Kulturleben. Nachdem über lange Zeiträume das Grün in Städten dem
Asphalt und Beton weichen mußte, Alleen gar als Verkehrshindernis galten, hat vielfach eine Wiederbegrünung begonnen, aus ästhetischen
Gründen und zur Verbesserung des Kleinklimas. Die Gefahren der
Abholzung von Wäldern sind zum Weltthema geworden, Wiederauffor-
stungsinitiativen werden gestartet – freilich ohne mit der weiter anhaltenden Waldzerstörung im globalen Maßstab Schritt halten zu können,
die sich ja keineswegs nur gegen tropische Regenwälder richtet, sondern
in großem Umfang auch sibirische und nordamerikanische Wälder
bedroht. Der aktuelle und noch mehr der potentielle Stellenwert der
Artenvielfalt wird zwar zunehmend erkannt, nicht zuletzt von der chemischen Industrie – freilich ohne daß diese bisher daran mitgewirkt
hätte, die anhaltende Zerstörung dieser Vielfalt durch die von fossiler
Energieverbrennung hervorgerufenen Klimaveränderungen rasch zu
beenden.

Die chemische Industrie hält – von Ausnahmen abgesehen – stur an
der fossilen Stoffbasis fest, obwohl sie sich damit die Zukunftschancen
eingeengt oder gar verbaut, die sie aufgrund der Erschöpfung der fos-

silen Ressourcenbasis nur mit solaren Rohstoffen haben kann. »Solange es die Alternative zwischen fossilen und nachwachsenden Rohstoffen gibt«, begründet das ein Vertreter der BASF, »muß der nachwachsende Rohstoff zu Weltmarktpreisen konkurrenzfähig und ausreichend verfügbar sein.«[182] Diese Aussage beleuchtet die Kurzsichtigkeit eines Wirtschaftszweigs, dessen Vertreter sich aus strukturkonservativen Gründen selbst daran hindern, das solare Potential mit vollen Händen zu ergreifen und industriell zu verwerten.

Mit dem Wechsel zur solaren Stoffbasis kann nicht nur die »Vergiftung des Planeten« (Karl-Otto Henseling)[183] durch die chemische Produktion und chemische Produkte weitestgehend vermieden werden. Zwar hat auch die Natur alle möglichen toxischen und hochgefährlichen Gifte entwickelt. Aber sie funktioniert dennoch in ihrer Gesamtheit vernünftig und nachhaltig, weil die Naturgifte abbaubar und in ihrer Wirkung spezifisch optimiert sind. Chemiekonzerne versuchen bereits, daraus zu lernen, indem sie z.B. Urwälder nach Pflanzen durchsuchen, die einen eigenen chemischen Insektenschutz entwickelt haben. Durch solare Rohstoffe eröffnen sich auch Produktivitätschancen, die mit fossilen Rohstoffen ausgeschlossen sind: Die Natur liefert, wie bereits jetzt überzeugende Beispiele aus der »Naturchemie« zeigen, zahllose photosynthetisch produzierte Ausgangsstoffe, die in ihrer Molekülstruktur bereits das bieten, was in der synthetischen Chemie erst mühsam in hochgiftigen, hochkomplexen Verfahren produziert werden muß.

Viele begründen den notwendigen Wechsel zu erneuerbaren Energien damit, daß die wertvollen fossilen Ressourcen zu schade seien, um verbrannt zu werden; man brauche sie unbedingt als Rohstoff für die Produktion synthetischer Güter. Diese gutgemeinte Begründung unterschätzt jedoch die schädliche Wirkung der chemischen Produktionsweise, die überwiegend aus der Umwandlung fossiler Kohlenwasserstoffe – also Erdöl, Erdgas oder Kohle – in chemische Grundprodukte besteht, auf die Naturkreisläufe. Unterschätzt wird auch das Potential solarer Rohstoffe, das eine durchgängige und in vielfacher Hinsicht bessere Alternative zu den synthetischen Chemieprodukten auf fossiler Rohstoffbasis darstellt.

Durch Vergasung der Biomasse entsteht ein Gas, das für die Syntheseprozesse genauso nutzbar ist wie das gegenwärtig dafür eingesetzte Erdgas – mit dem wesentlichen Unterschied, daß das Biomassegas praktisch schwefelfrei ist. Damit könnte die chemische Industrie ihre

Syntheseprozesse sogar aufrechterhalten und gleichzeitig umwelt-
freundlicher realisieren. Da Pflanzen ebenfalls aus Kohlenwasserstoff-
verbindungen bestehen, kann logischerweise alles, was mit fossilen Kohlenwasserstoffen hergestellt wird, auch aus Pflanzen hergestellt werden.
Dennoch ist die Verwendung pflanzlicher statt fossiler Rohstoffe für die
Produktionsprozesse und die Produkte selbst keineswegs dasselbe. Der
Wechsel zu solaren Rohstoffen führt vielfach – analog zur Substitution
atomarer und fossiler Energien durch erneuerbare Energien – zu veränderten Verfahren und anderen wirtschaftlichen Konstellationen bei der
Stoffumwandlung und -verwertung. Das Spektrum solarer Rohstoffe
zeigt darüber hinaus auch ein beachtliches Potential zur Ablösung
metallischer Rohstoffe.

Ob und wie diese Möglichkeiten in Angriff genommen werden, ist
erneut eine Strukturfrage. Der isolierte Austausch eines konventionellen
durch ein solares Rohstoffelement, bezogen auf jeweils ein einzelnes
Vorprodukt oder Produkt in der Stoffumwandlung, ist zwar jeweils für
sich gesehen ein sinnvoller Schritt. Um aber das Potential zur Steigerung
der Produktivität solarer Rohstoffe im Verhältnis zu fossilen Rohstoffen
erkennen zu können, müssen die verschiedenen Produktionsvorausset-
zungen betrachtet werden. Diese erst öffnen den Blick dafür, wie unhalt-
bar – auch in bezug auf Rohstoffe – die These ist, es komme in erster
Linie auf die Ressourcenproduktivität und weniger auf die Ressourcenwahl an. Die Potentiale solarer Rohstoffe zeigen überdies, wie unzulänglich und sogar fatal die gegenwärtigen Ansätze dessen sind, was unter
dem Stichwort der »Biotechnologie« verstanden und praktiziert wird.

Die höhere Produktivität des Pflanzenmaterials

Dem langen Weg von der Förderung, der Raffinierung und der hochkomplizierten Umwandlung fossiler Rohstoffe in ein Vorprodukt stehen
bei solaren Rohstoffen der Anbau, das Schneiden, das Lagern, die Reini-
gung, die Trocknung, die Trennung des Materials und der Transport
gegenüber. Bei vielfach möglichem produktionsnahen Anbau ist der
Transportaufwand geringer. Der einzige Produktivitätsnachteil ist, daß
der Personalaufwand deutlich größer ist – was aber zugleich ein erheblicher sozialer Vorteil ist. Pro Terawattstunde Energieleistung ist der
Arbeitskräfteaufwand von Giuliano Grassi bei Erdgas mit 250 Beschäf-

tigten errechnet worden; bei Erdöl mit 260, bei Kohle mit 270, bei Atomenergie mit 70, dagegen bei Festbrennstoffen aus Anbaupflanzen mit
1145 und aus dem Waldbestand mit 1000 Arbeitsplätzen.[184] Dieses
größere Arbeitsplatzpotential ergibt sich wahrscheinlich auch bei der
Nutzung solarer Rohstoffe für Chemieprodukte gegenüber derjenigen
fossiler chemischer Grundstoffe.

Doch diesem vermeintlichen Nachteil, der die Kosten der Rohstoffe,
aber nicht die Verfahrenskosten der chemischen Industrie berücksichtigt, stehen eine Fülle wirtschaftlicher Vorteile gegenüber. So erfordern
solare Rohstoffe eine deutlich niedrigere Eingriffstiefe bei der industriellen Stoffumwandlung, als es bei der fossilen Stoffchemie der Fall ist.
Naturstoffe kann man aufgrund ihrer Vielfalt in vielen Fällen so in den
Verarbeitungsprozeß geben, wie sie angebaut bzw. vorgefunden werden.
Ihre Strukturmerkmale müssen kaum verändert werden. Demgegenüber ist Erdöl in seiner originären Eigenschaft für kein chemisch-
technisches Produkt auch nur annähernd brauchbar.

Hermann Fischer, Naturfarbenhersteller und 1992 »Öko-Manager
des Jahres« der Zeitschrift »Capital«, hat letzteres anhand einer Produktlinie beispielhaft dargestellt: jener der Polyurethane, aus denen u. a.
Lacke, Klebstoffe, Schaumkunststoffe und Kunstfasern gefertigt werden.[185] Zu deren Herstellung müssen die Molekülstrukturen des Erdöls
mehrfach umgewandelt werden, bis sie für das angestrebte Produkt als
Rohstoff tauglich sind. Diese Rohstoffaufbereitung geschieht unter
hohen Temperaturen und mit chemisch aktiven Oberflächen, z.B. auf
der Basis von Schwermetallen. Zuvor muß das Erdöl durch katalytische
Hydrierung mit Wasserstoff entschwefelt werden. Anschließend werden
störende Aromate mit Hilfe von Chemikalien extrahiert. Die ent-
schlackten Kohlenwasserstoffe werden dann in einem Wasch- und
Reformierungsprozeß unter Temperaturen von 500 bis 1000 Grad in die
gewünschte Molekülstruktur transformiert, die nach Bedarf um weitere
Molekülbestandteile ergänzt oder reduziert wird. Erst die so zerlegten
Kohlenwasserstoffe sind für chemische Synthesen geeignet, damit daraus zahlreiche unterschiedliche Vorprodukte gefertigt werden können.
Diese werden in reaktionsfähige Verbindungen überführt, wodurch
hochgiftige Chemikalien entstehen: z.B. die Umwandlung mit hoch-
konzentrierter Schwefel- und Salpetersäure – das Ergebnis ist Dinitroto-
luol, eine krebserregende Substanz. Ein anderer Umwandlungsschritt in
dieser Produktlinie ist die Oxidation des Kohlenmonoxids mit Chlor,

durch die chlorierte Kohlenwasserstoffe entstehen, die Basis für die Herstellung von Pestiziden, Konservierungs- oder Holzschutzmitteln. Außerdem entsteht aus der Verbindung von Kohlenmonoxid mit Chlorgas das äußerst giftige Phosgengas, ein Atemgift, das als chemischer Kampfstoff eingesetzt werden kann (und wurde).

Auch die beiden genannten stark reaktionsfähigen Chemikalien müssen nochmals umgewandelt werden durch Verbindung mit weiteren reaktionsfähigen Substanzen, bevor das eigentliche Polyurethan entsteht, das zu zahlreichen Produkten weiterverarbeitet wird. Die darin enthaltenen Basischemikalien werden beim Gebrauch der Fertigprodukte oder deren Abbau wieder freigesetzt, indem sie allmählich verdampfen, abblättern, in die Raumluft gehen oder vom Körpergewebe aufgenommen werden. Selbst wenn das Endprodukt so hergestellt wird, daß es keine giftigen Substanzen mehr enthält, lenkt dies davon ab, daß in anonymen Produktionsverfahren hochgiftige Chemikalien zur Herstellung der Vorprodukte eingesetzt werden und der Herstellungsprozeß große Gesundheitsrisiken mit sich bringt und hochgiftige Abfälle hinterläßt. Wenn aber das Endprodukt später als Abfall endet, hat es gerade dann eine hohe Persistenz, wenn es zuvor besonders haltbar und damit gebrauchsfreundlich gemacht wurde. Die Rückverwandlung in Mineralstoffe ist sehr energieaufwendig und kompliziert und findet aus Kostengründen praktisch nicht statt.

Für die Herstellung von 100 kg des Farbstoffs Benzopurin 4B beispielsweise werden 768 kg Abfälle und Nebenprodukte in Kauf genommen, und diese Zahlen spiegeln nur die letzten Schritte der Produktion wider. Die Vorläufersubstanzen, vom Erdöl bis zur Herstellung von Naphtalin, Anilin und Toluol im Raffinerieprozeß, sind in dieser Rechnung nicht enthalten!

Die gesamte »petrochemische Schlange«, wie sie Fischer beschreibt und wie sie in der Abbildung 4 dokumentiert ist, widerlegt in frappanter Weise die Behauptung, die fossile Chemie sei prinzipiell wirtschaftlicher als die Pflanzenchemie. Dies wird noch deutlicher, wenn Produktionslinien des solaren und des fossilen Rohstoffeinsatzes kontrastierend dargestellt werden, wie es in Abbildung 5 geschieht. Angesichts dieser Schlange, die an mehreren Stellen ihre Gifte absondert, ist es eine politische Perversion, daß die Richtlinie der Europäischen Union von 1992 die alten Chemiestrukturen politisch wie selbstverständlich begünstigt, indem sie den »Mineralölverbrauch der mineralölverarbeitenden Indu-

Abb. 4: Die »petrochemische Schlange«

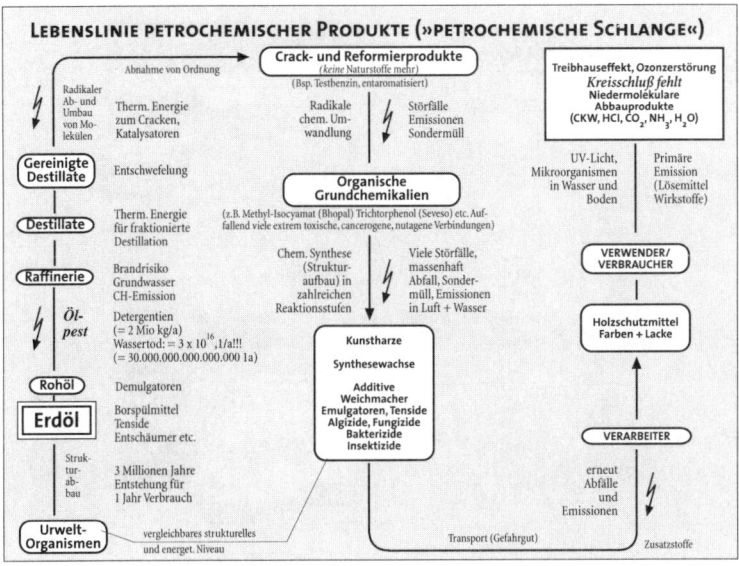

LEBENSLINIE PETROCHEMISCHER PRODUKTE (»PETROCHEMISCHE SCHLANGE«)

Quelle: Hermann Fischer, Plädoyer für eine sanfte Chemie

strie«, also der Chemieindustrie, steuerfrei stellt: eine Milliardensubvention zu Lasten der Umwelt und gegen die Nutzung solarer Rohstoffe, wiederum legitimiert durch vermeintliche »Alternativlosigkeit«.

Der als Grund angegebene höhere Preis solarer Rohstoffe kann bei näherem Hinsehen nicht ausschlaggebend sein, zumindest würde er bei Wegfall der Steuerbefreiung des Mineralöls kaum noch oder gar nicht mehr ins Gewicht fallen. Würden noch die Entsorgungskosten der Abfälle aus den Umwandlungsprozessen allein schon für die etwa 300 Grundchemikalien, die aus Erdöl und Erdgas hergestellt werden, in die Rechnung miteinbezogen, sähe die Bilanz der fossilen gegenüber den solaren Rohstoffen sicher schon negativ aus. Sie wird noch positiver für die solaren Rohstoffe, wenn die gesundheitlichen Schäden der Beschäftigten bei der petrochemischen Stoffumwandlung in Rechnung gestellt werden.

Im »Leitfaden Nachwachsende Rohstoffe« sind die Marktpreise der Rohstoffe gegenübergestellt, unterteilt in die eigentlichen Rohstoffe, Grundstoffe und Zwischenprodukte. Sie sind in Tabelle 10 dokumentiert.

Abb. 5: Vergleich der Produktionslinien des solaren und fossilen Rohstoffeinsatzes

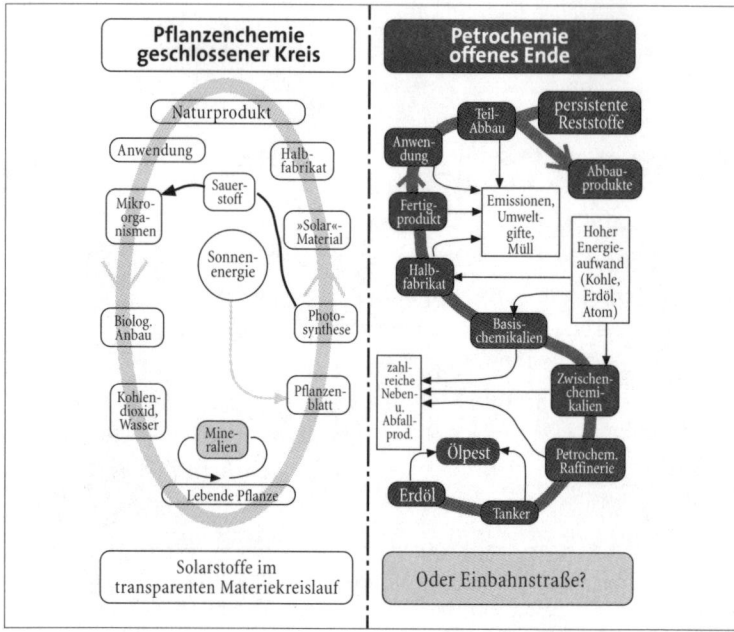

Quelle: Hermann Fischer, Plädoyer für eine sanfte Chemie

Tabelle 10: Vergleich der Marktpreise von Rohstoffen auf fossiler und mit nachwachsender Basis

	Fossile Basis	DM/ t	Basis NWR	DM/ t
Rohstoffe	Rohöl	218	Mais	150
	Erdgas	335	Weizen	193
	Naphta	267	Soja	418
Grundprodukte	Benzol	485	Rapsöl	870
	Ethylen	650	Palmöl	620
	Propylen	480	Melasse	260
	Methanol	190	Zucker	780
	Ammoniak	1·77	Stärke	535
Zwischenprodukte	Ethylenoxid	1.000	Sorbit	1251
	Propylenoxid	1.800	Glycerin	2000
	Acrylsäure	2.150	Zitronensäure	2000

Quelle: Leitfaden Nachwachsende Rohstoffe

Die Tabelle unterscheidet nach Rohstoffen, Grundprodukten und Vorprodukten und stellt dabei jeweils fossile und solare einander gegenüber, die für vergleichbare Produkte verwendet werden. Sie zeigt auch, daß solare Rohstoffe bereits selbst – oder nach der leicht realisierbaren Extrahierung ihres Zucker-, Melasse- oder Stärkegehalts – schon das Grundprodukt sind, das beim Einsatz eines fossilen Rohstoffs erst durch ein kompliziertes Umwandlungsverfahren hergestellt werden muß. Bei zwei der genannten solaren Rohstoffe gibt es schon Preisvorteile gegenüber fossilen; bei Grundprodukten sind es noch mehr. Bei Zwischenprodukten sind die Unterschiede geringfügig. Letzteres kann aber nicht daher rühren, daß die Umwandlung eines solaren Grundprodukts in ein Vorprodukt prinzipiell kostenaufwendiger wäre – das Gegenteil ist der Fall. Der eigentliche Grund für höhere Kosten ist das Mengenproblem. Weil die Grundstoffe und Vorprodukte beim Verarbeitungsprozeß solarer Rohstoffe differenzierter ausgewählt werden müssen und können, kommen hier nicht die gleichen Skaleneffekte zustande wie bei der Verarbeitung fossiler Rohstoffe. Außerdem steckt der solare Rohstoffumwandlungsprozeß industriell erst in den Anfängen.

Viele praktische Beispiele aus der Industrie zeigen schon, welche vielfältigen Produktivitäts- und Umweltvorteile aus dem Einsatz solarer Rohstoffe erwachsen können. Hermann Fischer, der dies in seinem grundlegenden Buch »Plädoyer für eine sanfte Chemie« beschreibt, hat die Nutzung fossiler und solarer Rohstoffe für den Bereich der Farbenchemie systematisch anhand von 34 Bewertungskriterien verglichen, vom jeweiligen Basisrohstoff bis zum Produktgebrauch und der Entsorgung. Nur bei einem einzigen dieser Kriterien – der Verarbeitbarkeit – haben die synthetischen Farben leichte Bewertungsvorteile, was aber in erster Linie auf deren hundertjährige industrielle Optimierung zurückzuführen ist. Diesen Vorteil können solare Rohstoffe leicht aufholen, wenn sich die Hochschulen und die Industrie intensiver und breiter mit diesem Thema beschäftigen als bisher. Nur in einem weiteren Kriterium – der Haltbarkeit – sind die synthetischen Farben den Naturfarben ebenbürtig; in allen anderen 32 Kriterien zeigen die Naturfarben signifikante Vorteile (siehe Tabelle 11).

Die Wirtschaftlichkeitsvorteile solarer Rohstoffe werden durch eine große Zahl von Beispielen in vielen Bereichen bestätigt. So hat der Automobilkonzern Daimler seine Erfahrungen mit dem Einsatz naturfaserverstärkter Kunststoffe dahingehend zusammengefaßt, daß der Energie-

Tabelle 11: Vergleichende Bewertung von Produkten aus solaren und fossilen Rohstoffen

Petrochemie oder Pflanzenchemie als Farbenrohstoffbasis? (Ökovergleich der Anstrichstoff-Hauptkomponenten: Bindemittel, Lösemittel, organische Pigmente, Additive)				
Kriterium	**Synthetische Farben**	**Note**	**Naturfarben**	**Note**
a) Basisrohstoff				
Herkunft	Erdöl	--	Pflanzen	++
Entstehung	nicht erneuerbar	--	erneuerbar	++
Verfügbarkeit	sehr begrenzt	--	unbegrenzt	++
Globale Verteilung	sehr ungleich	--	weitgehend gleichmäßig	++
Verfügungsgewalt	Monopolkonzerne	--	regionale Erzeuger	++
Toxikologie	sehr giftig	--	wenig oder nicht giftig	+
Ökologie	sehr umweltschädlich	--	unschädlich	++
b) Stoffaufbau (Synthesis)				
Grundprinzip	chem. Synthese	--	Photosynthese	++
Syntheseort	chem. Reaktor	--	Pflanzenteile	++
Produktionsart	zentralistisch	--	dezentral	++
Energieaufwand	sehr hoch	--	niedrig	++
Energiequelle	Erdöl, Kohle, Atomkraft	--	reine Sonnenenergie	++
chem. Strukturen	sehr naturfremd	--	sehr naturnah	++
Verfahrenskontrolle	aufwendig	-	selbstregulierend	++
Störfallrisiko	sehr hoch	--	kein Risiko	++
Störfallfolgen	z. T. katastrophal	--	keine	++
Sicherungsaufwand	sehr hoch	--	sehr gering	++
Fehlerfreundlichkeit	sehr gering	--	sehr gut	++
Emissionen	hoch	--	keine	++
Abfallmenge	sehr hoch	--	kein Abfall	++
Abfallarten	z. T. hochgiftig	--	(Sauerstoff)	++
Gesellschaftliche Folgekosten	sehr hoch	--	gering	++
c) Produktgebrauch				
Chemikalienemissionen	z. T. sehr hoch	--	keine	++
Atmungsfähigkeit	meist ungünstig	-	meist günstig	+
Geruch (Löse- u. Hilfsmittel)	aufdringlich künstlich	--	angenehm natürlich	++
Farbwirkung	grell, unharmonisch	--	lebendig, harmonisch	++
Tastgefühl	abweisend, glatt	--	tastsympathisch	++
Elektrostatische Aufladung	meist hoch	-	meist gering	+
Raumklima	oft ungünstig	-	sehr positiv	++
Verarbeitbarkeit	gut bis sehr gut	++	gut	+
Haltbarkeit	gut	+	gut	+
d) Entsorgung				
Biologische Abbaubarkeit	z. T. sehr schlecht	-	vollständig	++
Abbaugeschwindigkeit	z. T. sehr langsam	-	sehr rasch	++
Atmosphärenbelastung	Treibhauseffekt	--	keine (Kreislauf)	++

Quelle: Hermann Fischer, Plädoyer für eine sanfte Chemie

aufwand zur Aufbereitung der Naturfaser deutlich geringer ist als bei Glasfasern. Alles ist wiederverwertbar, ohne große Einbußen in den technischen Kennwerten – was besonders im Zusammenhang mit der anstehenden Rücknahmeverpflichtung von Altautos wirtschaftlich relevant werden wird. Eine Gewichtsreduktion zwischen 10 und 30 % begünstigt die energiesparende Leichtbauweise. Die Naturfaser hat arbeitsmedizinische Vorteile, weil der Umgang mit ihr weniger Haut- und Lungenirritationen hervorruft. Mit geringeren Rohstoffpreisen für die Naturfasern und reduzierten Zykluszeiten im Verarbeitungsprozeß ergäbe sich ein bauteilbezogenes Kostensenkungspotential von 10 bis 30 %.[186] Auch für den Bereich der Schmierstoffe aus Pflanzenöl werden aus der industriellen Erfahrung zahlreiche Vorteile genannt: die geringere Verdampfung, ein geringerer Pflegebedarf für die Motoren oder Maschinen, längere Lebensdauer, kein mikrobieller Verfall, keine Entsorgungskosten, bessere Verschlußeigenschaften bei Werkstoffen und dadurch geringerer Wartungsaufwand, keine Gefährdung für die Wasserqualität, günstigere Viskositätstemperatur, Vermeidung dauernder Überwachungsmaßnahmen. Die Kosten dieser Schmierstoffe liegen zwischen dem Zwei- und Fünffachen im Vergleich mit normalen fossilen Schmierfetten, sind aber kaum noch höher als bei denjenigen aus fossilen Rohstoffen, die eine gleiche Gebrauchsqualität haben. Schon nach heutiger Erkenntnis sind 90 % der gesamten Schmierstoffe durch solche aus Pflanzenöl ersetzbar.[187] Werden aber die Nutzervorteile der solaren Schmierfette in Rechnung gestellt, haben diese sogar schon heute einen Wirtschaftlichkeitsvorteil.

Nur im Bereich der Arzneimittel spielen die pflanzlichen Rohstoffe bisher schon eine größere Rolle. Die sogenannten Phytopharmaka machen in Deutschland 30 % des Arzneimittelmarkts aus. Sie werden produziert aus einer Fülle von Heil- und Gewürzpflanzen, die in Sonderkulturen angebaut werden.[188] Der Henkel-Konzern ist eines der wenigen großen Unternehmen der Chemieindustrie, die auch für andere Produkte auf solare Rohstoffe setzen – von naturfaser- statt glasfaserverstärkten Kunststoffen über die Oberflächentechnik bis zu Klebstoffen, Wasch- und Reinigungsmitteln sowie Kosmetika. Bei einigen Chemieprodukten und bei Wasch- und Reinigungsmitteln umfaßt die Umstellung auf solare Rohstoffe bereits die gesamte Produktlinie.[189] Eine Fülle weiterer praktischer Beispiele kann schon genannt werden, jedesmal auf der Basis unterschiedlicher solarer Rohstoffe: die Gewinnung von Chi-

tin, woraus das Polymer Chitoson gewonnen wird, etwa aus dem Außen-
skelett von Schalentieren oder aus Pilzen, mit Anwendungen u. a. als
Konservierungsmittel, für Katalysatoren und als Verpackungsmaterial;
die Nutzung der Stärke von Erbsen für neue Werkstoffe; die Verwendung
von Stärkekartoffeln, deren Fruchtwasser Nitrat und Kali enthält, für
Verbundwerkstoffe, für fließfähiges Verpackungs- und Polstermaterial
oder für Kunststoffolien; die von Pflanzenfasern und Zellulose für
Dämmstoffe und Schaumstoffe; die von Mais für Verpackungschips; die
von Hanf oder Flachs als »Allzweckwaffen« für Textilien, Baumaterialien,
Arzneimittel oder Papier; die von Bananenstämmen als hochleistungs-
fähige Fasern. Stets ist dabei alles Produzierte wieder von der Natur selbst
abbaubar und in diese rezyklierbar.

Solare Rohstoffe bieten, wie zuvor schon erwähnt, bereits ein ver-
wertbares Material an, das bei der Nutzung fossiler Rohstoffe erst in
hochgiftigen und hochkomplizierten Verfahren präpariert werden muß.
In den Worten Fischers bilden Pflanzen »niemals nur eine Substanz oder
auch nur eine Stoffklasse. Selbst die einfachen Nadelbäume synthe-
tisieren zugleich Zellulose, Lignin, Farbstoffe, Gerbstoffe, Chlorophyll,
Pflanzenwachse auf der Oberseite der Nadeln, ätherische Duftöle,
Harze, Terpentinöle, öl- und eiweißreiche Zapfen und tausenderlei
andere leicht nutzbare und begehrte Naturstoffe. Fast das gesamte Spektrum der Pflanzenprodukte findet sich bei jeder einzelnen Spezies der
meisten Pflanzenarten. Es liegt daher nahe, eine Pflanze nicht nur um
eines Rohstoffs willen zu ernten, sondern nach Möglichkeit alle Teile der
Pflanze zu nutzen.«[190] Solare Rohstoffe haben offenkundige Vorteile im
industriellen Verarbeitungsprozeß. Allerdings bedeutet dies die Abkehr
von der industriellen Monokultur der chemischen Industrie, die bis in
das Stadium der Vorprodukte reicht. Daraus ergibt sich, daß solare Rohstoffe eine Chance für kleinere und mittlere Unternehmen darstellen,
sich auf dem Markt chemischer Produkte zu behaupten.

In Deutschland liegt der jährliche Rohstoffverbrauch der chemischen
Industrie bei 13 Mio. t Erdöl, 2,7 Mio. t Erdgas, 1,5 Mio. t Kohle und 1,8
Mio. t Pflanzenmaterial. Aus letzeren werden vor allem 450.000 t Stärke
und 250.000 t Zellulose gewonnen; 900.000 t stammen aus Pflanzenölen
und -fetten.[191] Das enorme Potential solarer Rohstoffe wurde bisher aus
den verschiedensten Gründen höchst ungenügend genutzt. Die meist
kleinen Hersteller pflanzenchemischer Produkte sind auf Spezialmärkte
angewiesen, weil sie über keine großen Vermarktungsorganisationen

verfügen. Die chemische Wissenschaft bekommt ihre Forschungsaufträge überwiegend von der Petrochemie. Und die Umweltbewegung, die sich weitgehend auf Naturschutz ohne Naturnutzung spezialisiert, übte aufgrund unreflektierter Vorurteile und mangelnder Information kaum Druck aus, um einen fundamentalen Wandel der chemischen Industrie zu forcieren.

Das Substitutionspotential solarer Rohstoffe

In Römpps Chemielexikon ist nachzulesen, daß die chemische Industrie weltweit jährlich etwa 900 Mio. Tonnen fossile Grundstoffe umwandelt. Dem steht eine Jahresproduktion der Biosphäre schon allein auf der Landfläche des Erdballs von 1,7 Billionen Tonnen gegenüber. Letztere ist also fast 2000mal größer als der Gesamtbedarf für petrochemische Produkte.[192] Auf der 4. Internationalen Konferenz »Solar Energy Storage and Applied Photochemistry« im Januar 1997 in Kairo wurde vorgerechnet, daß die Jahresproduktionsleistung der chemischen Industrie an Stoffen nur 0,02 % der jährlichen Produktionsleistung der Natur ausmacht.[193]

Die UNEP spricht in ihrem »Global Biodiversity Assessment« von 10 bis 100 Mio. Pflanzenspezies.[194] In der »Nutzpflanzenkunde« von Wolfgang Franke wird von 400.000 bekannten Arten gesprochen. Davon werden 20.000 – also 5 % – für Nahrungs-, Heil-, Genuß- und technische Zwecke genutzt. Kultiviert werden jedoch nur etwa 5000 Arten, und als Feldfrüchte im großen Stil werden nur 660 angebaut.[195] Wie viele Verwertungsmöglichkeiten eine Pflanze hat, ist nur von wenigen und meist nur ansatzweise erkannt worden. Schon Einzelbeispiele zeigen ein faszinierendes Panorama von Möglichkeiten. So spricht alles dafür, daß die Vielfalt möglicher Produkte aus der »wiederentdeckten« Naturpflanze Hanf, die in einem vielbeachteten Buch zusammengetragen wurde[196], auch in diesem Fall lediglich ein kleiner Ausschnitt war: Aufgeführt werden hier nur die aus der Kulturgeschichte bekannten Nutzformen. Welche zusätzlichen es gibt, wird sich erst offenbaren, wenn sich die Rohstofforschung diesem Thema endlich intensiv widmet. Es könnten dann rasch einige hundert Produkte hinzukommen. Ähnliches gilt wahrscheinlich für nahezu alle 400.000 bekannten und zahllose unbekannte Pflanzenarten, nicht gerechnet die Stoffkombinationen.

Die tatsächliche Stoffvielfalt dürfte nicht bezifferbar sein. Sie wird weit über die der registrierten Chemikalien hinausgehen. Die Schätzung, daß die Wissenschaft heute deutlich weniger als ein Prozent der tatsächlichen Möglichkeiten kennt, ist nicht zu niedrig angesetzt. Zu solchen Kenntnissen zählt das Wissen, welche Pflanze unter welchen Anbaubedingungen und bei welcher Nutzungsart den jeweils höchsten und qualitativ wertvollsten Ertrag bringt. Statt dieses Potential als Chance für eine grundlegende Ökologisierung der chemischen Industrie zu sehen, wird die Weltgesellschaft jedoch weiterhin von der fossilen Energie- und Stoffwirtschaft in einem Stadium wirtschaftlicher Monostrukturen gehalten, das in einem laufend krasser werdenden Kontrast zur wachsenden Vielfalt an Möglichkeiten steht. Zweifellos wäre es möglich, die gesamte Bandbreite der Petrochemie Zug um Zug durch eine solare Chemie abzulösen.

Doch wie sieht es beim anderen Bereich erschöpflicher Rohstoffe aus, bei den metallischen Ressourcen? Die deutsche Bundesanstalt für Geowissenschaften und Rohstoffe führt in ihrer Veröffentlichung »Mineralische Rohstoffe. Bausteine für die Wirtschaft« die Substitutionswerkstoffe für zwölf wichtige Metalle an, von denen sieben schon teilweise substituiert worden sind: Ummantelungen, Rohre, Ölleitungen, Filter, Haushaltsgeräte, Fenster und Türen, Abwasserinstallationen, Dachrinnen, Verpackungen werden statt aus Kupfer, Aluminium, Messing, Stahl, Blei, Zink und Zinn aus Kunststoff gefertigt.[197] Sie können mithin auch aus solaren Rohstoffen hergestellt werden. Die Liste ließe sich beliebig verlängern: von Autokarosserien bis zu Flugzeugrümpfen und -tragflächen, von Schiffsrümpfen bis zu Tankbehältern und Kabeln. Eine der großen Substitutionsmöglichkeiten von Metallen ist die von Aluminium durch Holz als Baumaterial. Baukonstruktionen aus Holz erfahren nicht zufällig eine Renaissance.

Dies alles sind nur Momentaufnahmen, weil die Nutzung solarer Rohstoffe erst vor einem neuen Anfang mit einem nahezu unendlich erweiterbaren wissenschaftlich-technischen Potential steht. Je mehr diese Entwicklung in Bewegung kommt, desto mehr Möglichkeiten erschließen sich auch zur Substitution metallischer Rohstoffe. Auch wenn nicht alle Metalle substituiert werden können (z. B. diejenigen mit hoher Leitfähigkeit oder extremer Hitzebeständigkeit), so ergibt sich aus dem solaren Rohstoffpotential doch in jedem Fall die Möglichkeit einer drastischen Reduktion konventioneller Rohstoffe.

Mit solaren Rohstoffen von landwirtschaftlichen Monokulturen zu Multikulturen

Gegen eine breite Nutzung solarer Rohstoffe (und damit de facto gegen die Substitution fossiler Rohstoffe durch diese) hat nicht nur die chemische Industrie ihre mit »Kosten« begründeten Einwände. Aus der Diskussion über den Umweltschutz werden daneben zwei Standardargumente angeführt, die auch die Diskussion um die Biomasse als Energiequelle dauernd begleiten:

– Zum einen die »Flächenkonkurrenz« zur Nahrungsmittelproduktion. Aus »ethischen Gründen« müsse an der fossilen Kohlenstoffchemie festgehalten werden, weil sonst nicht mehr genügend Anbauflächen für die Welternährung zur Verfügung stünden. Doch dieses Argument ist, wie die im zweiten Kapitel genannten Daten über weltweite Anbauflächen zeigen, nicht haltbar. Das Drittel der Jahreserdölförderung, das für die synthetischen Produkte der chemischen Industrie verwendet wird, kann aus den dort angeführten Gründen durchaus durch die photosynthetische Produktionsleistung der Natur ersetzt werden. Die Quote könnte auch noch höher sein.

– Zum anderen wird die Gefahr übermäßiger Bodenbeanspruchung und von Monokulturen in der landwirtschaftlichen Erzeugung beschworen. Doch es ist mehr als fraglich, ob diese Tendenzen durch die Nutzung solarer Rohstoffe für den Energie- und Rohstoffbedarf automatisch noch weiter verschärft würden. Für die energetische Nutzung ist dies bereits unter der Voraussetzung verneint worden, daß der technisch wie wirtschaftlich optimale Weg dafür eingeschlagen wird.

Analysen wie die von David O. Hall und Frank Rosillo-Calle zeigen, daß die Erosionsgefahren und der Verbrauch an Dünge- und Pflanzenschutzmitteln für Energieernten wesentlich niedriger sind als beim Anbau von Nahrungsmitteln: Die Erosionsgefahren sind um den Faktor 12,5 niedriger, der Düngemittelbedarf um den Fakor 2,1, der Herbizidbedarf um den Faktor 4,4, der Insektizidbedarf um den Faktor 19 und der Fungizidbedarf um den Faktor 39 – jeweils errechnet aus dem Vergleich eines sogenannten Kurzumtriebswaldes, etwa mit Weiden, gegenüber dem Anbau von Korn, Weizen oder Sojabohnen.[198] Die schwedischen Erfahrungen zeigen, daß bei richtiger energetischer Biomassenutzung keine signifikanten Schäden für die Umwelt zu erwarten sind.[199] Dabei sind die energetischen Verwertungskonzepte, die auf einen bewußt wahllosen Grünschnitt von Pflanzen zielen und mehr als eine Ernte im Jahr ermöglichen, noch nicht einmal einberechnet; auch nicht die Möglichkeiten, auf chemische Dünge- und Pflanzenschutzmittel ganz zu verzichten, wie sie sich gerade aus dem Wechsel von fossilen zu solaren Rohstoffen in der chemischen Industrie ergeben. Die Bodenbeanspruchung ist also für den Bereich der Energiepflanzen im Vergleich zur Nahrungsmittelerzeugung deutlich geringer.

Bei der Nutzung der Pflanzen als Rohstoff geht es keineswegs allein um die Menge, sondern auch um die jeweilige Rohstoffqualität. Bei solaren Rohstoffen sind, wie gezeigt wurde, im Unterschied zu den fossilen Rohstoffen bereits von der Natur so hohe Stoffqualitäten *vorproduziert,* daß eine breitere Nutzung für immer mehr Produkte in der Landwirtschaft zwangsläufig einen Trend von Mono- zu Multikulturen begünstigen oder sogar auslösen wird.

Für den Anbau solarer Rohstoffe sind demnach Monokulturen keineswegs unumgänglich. Diese gibt es in der Nahrungsmittelerzeugung, die auf immer weniger Arten und Sorten reduziert wurde, im wesentlichen bei Mais, Weizen, Reis, Kartoffeln. Der Vielzahl der von Pflanzen direkt angebotenen Stoffe entspricht eine große Vielzahl dafür notwendiger Sonderkulturen in der Landwirtschaft. Zwar gibt es das Problem, daß viele begehrte Stoffelemente in Pflanzen nur in kleinen Mengen vorhanden sind, etwa Duftstoffe, so daß für deren Gewinnung große Pflanzenmengen erforderlich sind. Deshalb kann und darf es bei solaren Rohstoffen nicht allein um einen einzigen spezialisierten Nutzen gehen. Die Chancen für die Rückkehr zu biologischen Anbaumethoden steigen, je mehr die Möglichkeiten und die wirtschaftlichen Vorteile erkannt werden, die sich aus der umfassend angelegten Vielfachnutzung pflanzlicher Ressourcen und deren Reststoffen ergeben, wie sie in Abbildung 6 dargestellt sind. Wo es bei der Umwandlung fossiler Rohstoffe in chemische Produkte hochgiftige Abfälle gibt, eröffnet die Umwandlung solarer Rohstoffe die Möglichkeit, statt Entsorgungskosten zusätzliche Verwertungsgewinne zu erzielen. Alle Pflanzenreste, die nicht für die Erzeugung eines bestimmten Produkts gebraucht werden, können stets mindestens zur Biogaserzeugung verwertet werden. Eine chemische

Abb. 6: Wirtschaftliche Verwertungstiefe eines solaren Rohstoffs

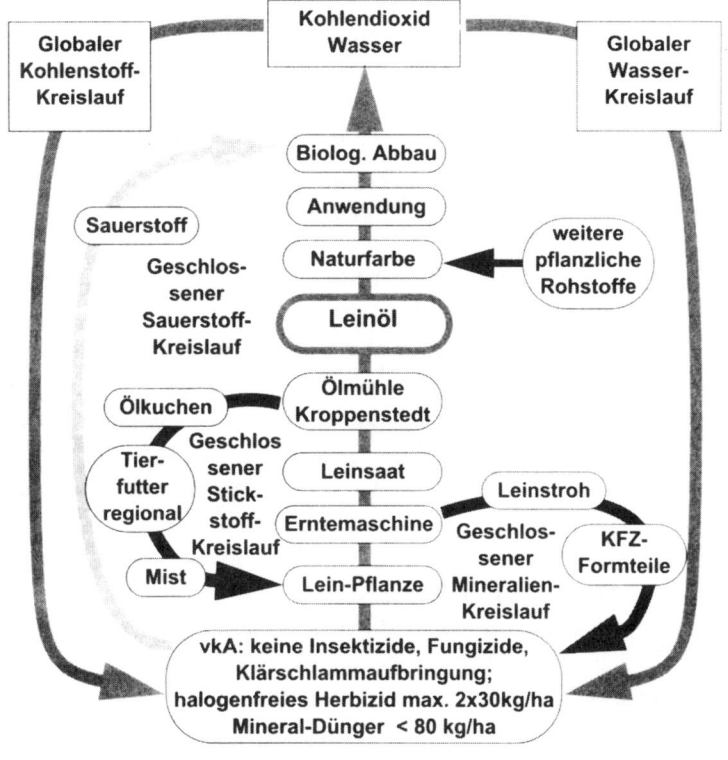

Quelle: Ölmühle Kroppenstedt

Industrie, die mit solaren Rohstoffen arbeitet, wird schon aus Produktivitätsgründen ihren Energiebedarf mit Bioenergie decken, um die Rohstoffe zu verwerten. So kann sie mit der Biomasse immer einen energetischen und einen stofflichen Effekt erzielen.

Der Orientierung der Industrie auf wenige große Hauptlinien der Grundstoffproduktion und der Landwirtschaft auf wenige Anbauarten steht eine Multiproduktion von Grundstoffen – und damit eine vielfältige Produktion in kleineren Erzeugerbetrieben für Rohstoffe gegenüber. Grobschlächtig steht damit gegen feingliedrig, singuläre Massenerzeugung gegen pluralistische Erzeugung, Monokulturen gegen Polikulturen der Rohstoffbereitstellung und -nutzung. Die solaren Rohstoffe sind einer fossilen Rohstoffbasis haushoch überlegen, die die Gesellschaft laufend dazu veranlaßt, hinter ihrem Wissen zurückzubleiben und damit weit unter ihrem möglichen Niveau zu produzieren.

Die chemischen Produkte aus fossilen Kohlenwasserstoffen sind die Hauptursache für das Müllproblem der Zivilisation. Die synthetischen Verbindungen sind entweder nicht oder nur mit komplizierten und kostspieligen Verfahren wieder in ihre Ausgangsstoffe zerlegbar. Dies reduziert ihre Wiederverwertungsmöglichkeiten drastisch, da sie von der Natur schwer oder überhaupt nicht abbaubar sind, so daß sie entweder deponiert oder – mit negativen Umweltfolgen – verbrannt werden müssen. Aus Pflanzen hergestellte Chemieprodukte werden nicht nur gegebenenfalls von der Natur selbst rezykliert, sie sind auch verbrennungsfreundlich. Damit wird das Müllproblem entscheidend entschärft: Die Müllentsorgung wird zudem auch für die Menschen, die heute zur Mülltrennung veranlaßt werden, wieder vereinfacht und kostengünstiger, weil der Müll auf zwei Kategorien reduziert werden kann: auf relativ leicht wiederverwertbare metallische Abfälle und auf organische Abfälle. Damit wird die Müllverwertung selbst sogar zu einem integrierten Element der Bereitstellung erneuerbarer Energien. Dieser Möglichkeit stehen heute vor allem die Produkte aus der fossil-chemischen Industrie entgegen, denen im Umwandlungsprozeß meist Schwermetalle beigemengt werden. Um die Kosten der Produkte selbst geringfügig zu senken, wird der Verbraucher also mit wesentlich höheren Kosten im Bereich der Entsorgung belastet – ein weiterer Beweis dafür, auf welche Weise die fossile Ressourcenwirtschaft die Entwicklung produktiver Wirtschaftsformen behindert!

Angesichts des Substitutionspotentials, der Umweltvorteile und der verbesserten Produktivitätschancen, die solare Rohstoffe für kleine und mittlere Unternehmen bieten, ist es kontraproduktiv, wegen der negativen Erfahrungen aus der »modernen« landwirtschaftlichen Produktion den Weg zu einer solaren Rohstoffwirtschaft pauschal abzulehnen. Daß Gefahren bestehen, ist – siehe dazu auch die Ausführungen im zweiten Kapitel – nicht von der Hand zu weisen. Industrieunternehmen untergraben häufig aus kurzfristigen sogar eigene langfristige Interessen. Ein Konzern nimmt auch keineswegs Rücksicht auf andere Unternehmen desselben Industriezweiges, die bewußt auf die Alternative setzen – im Gegenteil. Wer aber eine Neuorientierung hin zu solaren Rohstoffen ablehnt, weil dabei auch ökologische Probleme auftauchen

können, muß diese immer noch mit den Folgen fossiler Rohstoffumwandlung vergleichen. Vor allem aber: Wer einen umfassenden Wandel
ablehnt, überläßt das solare Ressourcenpotential allein denjenigen, die
es in den von der fossilen Rohstoffumwandlung geprägten Strukturen
verarbeiten. Damit ist auch tendenziell der Weg zu Monokulturen vorgezeichnet – obwohl dies aus wirtschaftlichen Gründen nicht nötig ist
und damit der größte Teil des solaren Stoffreichtums ungenutzt bliebe.

Die meisten Energieexperten und ebenso die meisten sich mit umweltschädigenden Stoffen befassenden Experten der ökologischen
»community« sehen das Energie- und Rohstoffproblem nicht als Einheit. Im Gegensatz dazu sind sich die Energie- und die Chemiewirtschaft wegen des beiderseitigen Bedarfs an fossilen Kohlenwasserstoffen
ihrer gemeinsamen Interessen sehr wohl bewußt, auch wenn sie darüber
nicht öffentlich reden. Bei einem Durchbruch der Sonnenenergienutzung zu Lasten des Erdöl- und Erdgasverbrauchs würden die aus
fossilen Quellen stammenden chemischen Grundstoffe ihre aktuellen
Kostenvorteile vor solaren Rohstoffen schnell verlieren. Die Kosten
fossiler Energien würden steigen, wenn ein wachsender Teil des
Absatzmarkts der chemischen Industrie verlorengeht. Dies bedeutet: Je
mehr solare Rohstoffe die fossilen substituieren, desto mehr wird
dadurch auch der Ablösungsprozeß der fossilen Energien durch erneuerbare Energien beschleunigt. Gerade deshalb ist es geboten, die Orientierung auf solare Energien und Rohstoffe als strategische Einheit zu
sehen. Dadurch werden die Widerstände durchschaubar, die Möglichkeiten zur solaren Alternative deutlicher sichtbar und greifbar, und
offenkundige Grenzen bisheriger Umweltpolitik können überschritten
werden.

Je mehr dieser solare Stoffreichtum erkannt wird, desto mehr wird
sich auch die wirtschaftliche Logik einer solaren Ressourcenwirtschaft
durchsetzen, für die zwei Maximen gelten müssen:

– Bei der Herstellung von chemischen Produkten sind solare den fossilen Rohstoffen immer dann vorzuziehen, wenn damit ein gleichwertiges Produkt hergestellt werden kann.
– Die stoffliche Verwertung des Pflanzenguts hat, neben seiner Nutzung als Nahrungsmittel, Vorrang vor dessen energetischer Verwertung.

Letzteres bedeutet keine Zurücknahme des Ziels oder gar eine Verringe-
rung des Potentials energetischer Pflanzennutzung, weil insgesamt
genug Potential für den Ernährungs-, Rohstoff- und Energiebedarf vorhanden ist. Es ist auch keineswegs nötig, das Pflanzenpotential für die
Zukunft vorzuhalten und deshalb auf seine energetische Nutzung zu
verzichten: solare Rohstoffe wachsen immer wieder nach. Solange dieses
Nachwachsen gewährleistet ist, ist es schnell möglich, von einer Nutzungsform zur nächsten zu wechseln: vom Nahrungsmittelanbau zu jenem von Energie- und dann wieder von industriellen Rohstoffpflanzen
– und umgekehrt. Notwendig ist es aber, als elementares Gebot wirtschaftlicher Zukunftsvorsorge, die Anbauvoraussetzungen vollständig
zu erhalten – von den Böden bis zur Erhaltung der Artenvielfalt. Den
sinnvollen Weg weisen integrierte Nutzungskonzepte, bei denen sich
Nutzpflanzen für die verschiedenen Zwecke der Ernährung, Stoff- und
Energieumwandlung wechselseitig ergänzen. Dies führt dann um so
schneller zur kompletten Substitution fossiler Rohstoffe – also bis zu der
von Dünge- und Pflanzenschutzmitteln.

Die reale Biotechnologie: Materialforschung statt Genmanipulation

Bei oberflächlicher Betrachtung scheint es so, als habe die Industrie die
Möglichkeiten solarer Rohstoffe erkannt. Biotechnologie ist zum
Schlüsselbegriff für technologische Innovation und industrielle Modernisierung geworden. Dabei wird die Biotechnologie von vielen vorschnell und absichtlich gleichgesetzt mit der Gentechnologie – insbesondere von den Befürwortern der Gentechnologie selbst. Weil diese
vielfach in Verruf gekommen ist, auf große ethische Bedenken stößt und
großem Mißtrauen in bezug auf die unvorhersehbaren Folgen begegnet,
spricht man jedoch heute lieber von »Bio- und Gentechnologie« oder
auch nur von Biotechnologie. Damit erhält die Gentechnologie einen
grünen Anstrich. Aber Biotechnologie ist viel mehr und bezieht sich z. B.
auch auf Fermentationstechniken, die nicht auf die Gentechnologie
zurückgreifen. Die Erforschung der Nutzenvielfalt des *vorhandenen* biologischen Materials muß sogar ihre eigentliche Aufgabe sein.

Die Reduzierung der Biotechnologie auf die Genmanipulation von
Menschen, Tieren und Pflanzen lenkt jedoch von ihren wirklichen

Chancen ab. Sie liegen im Erkennen der immensen Möglichkeiten, die das längst vorhandene photosynthetische Potential bietet, so wie es von der Evolution entwickelt worden ist – und sich durch Mutation immer weiter entwickelt, wenn wir der Natur die Chance dazu lassen. Nach der Untersuchung von Daniel Querol hat jede Pflanze durchschnittlich 10.000 Gene, woraus sich bei 400.000 Nutzpflanzen etwa 4 Mrd. Gene ergeben. Jedes Gen hat etwa dieselbe Mutationsfrequenz und hat einen jährlichen Reproduktionszyklus von über 400 Mio. Jahren hinter sich. Wenn in diesem Zyklus aus jeder Pflanzenspezies eine einzige Mutation erfolgt, so entstehen ständig neue Spezies pro Pflanze, erneut mit 10.000 Genen.[200] Der Ausleseprozeß der Natur entscheidet, wie viele überleben. Was überlebt hat, ist immer von großem Nutzen. Es besteht kein Zweifel, daß die Flora ein sich endlos anreichernder Schatz ist, der immer neu und weiter erforscht werden muß: das mit Abstand größte naturwissenschaftliche Forschungsfeld zur Erschließung des tatsächlichen Ressourcenreichtums.

Sich darauf zu konzentrieren und den wirtschaftlichen Nutzen zu erkennen, ist die wirkliche biotechnologische Zukunftsoption. Die wissenschaftliche Suche nach dem, was die Natur an solarem Stoffreichtum – gemessen an dem jeweiligen Stoffbedürfnis für industrielle oder landwirtschaftliche Verwertung – von sich aus anbietet, ist wesentlich wirtschaftlicher als das, was mit der Biotechnologie gegenwärtig prioritär versucht wird: ein Stoffbedürfnis zu definieren und für dieses so lange an den Genen zu manipulieren bzw. transgene Pflanzen zu erzeugen, bis der vordefinierte Zweck erreicht ist.

Es ist jedoch kein Zufall, daß die Genmanipulation derzeit im Vordergrund steht. Die Gründe dafür liegen in der naturwissenschaftlichen Tradition, Naturelemente aus dem Zusammenhang zu reißen. Die vorurteilsgetränkte Grundannahme der Chemiewissenschaft, schreibt Hermann Fischer in seiner Kritik der »harten Chemie«, »besteht darin, daß die in der Natur vorkommenden Substanzen nach Art und Menge nicht geeignet sind, wesentliche materielle Bedürfnisse moderner Industriegesellschaften zu erfüllen. Als Folge dieser Annahme einer quantitativ wie qualitativ unzureichenden Natur wird das Ziel formuliert, chemische Produkte in größtmöglicher Unabhängigkeit von den Naturprozessen zu erzeugen«.[201] Was im Fall der Petrochemie unumgänglich ist, wird auch auf pflanzliche Rohstoffe methodisch übertragen. Eine auf Genmanipulation zielende Biotechnologie bietet dazu die Möglichkeiten in einer Weise, die den Vermarktungsbedürfnissen der chemischen Industrie entspricht: sie scheint der schnellste Weg zu sein, ein konkretes Stoffbedürfnis kommerziell zu befriedigen – jedenfalls viel schneller, als es mit der traditionellen Pflanzenzucht möglich war. Ihre gegenwärtigen Schwerpunkte liegen bei der sogenannten »roten Biotechnologie« – für medizinische, therapeutische und diagnostische Zwecke – und bei der »grünen Biotechnologie« für Landwirtschaft und Lebensmittel.

Ein Beispiel ist der Versuch, Pflanzen resistent gegen Schädlinge zu machen, indem man ihnen das Pestizid quasi einbaut. Diese gentechnische Manipulation wird damit begründet, herkömmliche Pestizide einsparen und gleichzeitig einen Beitrag zur Welternährung bzw. zur Bekämpfung des Hungers leisten zu können. Ginge man biotechnologisch nach den Interessen landwirtschaftlicher Betriebe statt der Chemieindustrie vor, gäbe es auch andere Wege des Pflanzenschutzes, auf die der brasilianisch-deutsche Landwirtschaftsexperte und einstige brasilianische Umweltminister José Lutzenberger immer wieder aufmerksam macht: z.B. statt Pestizide mit Wasser verdünnte Gülle oder verzuckertes Ethanol einzusetzen, die beide in der landwirtschaftlichen Produktion ohnehin anfallen. Mit diesen Methoden wird zudem das Immunsystem der Pflanzen gestärkt.[202] Mit der Zucht schädlingsresistenter Pflanzen versucht die chemische Industrie im übrigen, frühzeitig ein Substitut für die Pestizide aus der Petrochemie bereitzustellen – für eine Zukunft, in der die fossile Kohlenwasserstoffbasis erschöpft sein wird. Die weltweit zehn größten Pestizid-Anbieter – Ciba-Geigy, ICC, Rhone-Poulenc, die US-Konzerne Du Pont, Dow Elanco und Monsanto, Bayer, Hoechst und BASF und der niederländisch-britische Shell-Konzern (also jeweils drei deutsche und amerikanische Konzerne) – erzielen damit einen Jahresumsatz von fünf Mrd. Dollar. Sie sind teilweise identisch mit den zehn größten Saatgutlieferanten, die ihre Marktposition durch genmanipuliertes Saatgut ausbauen und endgültig monopolisieren wollen und können.[203]

Die beiden angeführten Argumente für die Genmanipulation sind fadenscheinig und halten keiner näheren Überprüfung stand. Mit dem Argument der Überwindung oder der künftigen Vermeidung von Welthunger wird schon seit Jahrzehnten immer wieder Schindluder getrieben. Die sogenannte »Grüne Revolution« wurde vor Jahrzehnten damit begründet, durch Einführung der industriellen Landwirtschaft überall die Erträge zu steigern. In Wahrheit wurde das Gegenteil erreicht, obwohl die Statistiken weiterhin Erfolgsmeldungen verkünden. Lutzenberger führt ein Beispiel an, das stellvertretend für das tatsächliche Resultat dieser landwirtschaftlichen Modernisierung stehen kann: »Es wird argumentiert, daß die indianischen Bauern in Chiapas, Mexiko, die gerade für ihr Überleben gegen die NAFTA, den nordamerikanischen gemeinsamen Markt, rebellieren, rückständig seien. Sie produzieren nur zwei Tonnen Mais pro Hektar gegenüber sechs Tonnen auf modernen mexikanischen Plantagen. Aber dies ist nur eine Seite der Medaille: Die moderne Plantage produziert sechs Tonnen pro Hektar, und das ist alles. Aber der Indianer erzeugt auf derselben Hektarfläche eine gemischte Ernte – um die Maisstangen kletternde Bohnenpflanzen, Obst und Kürbisse, Süßkartoffeln, Tomaten und mehrere Gemüsesorten, Früchte und medizinische Kräuter. Auf derselben Hektarfläche füttert er seine Kälber und Hühner. Er produziert leicht fünfzehn Tonnen Nahrungsmittel pro Hektar, und all dies ohne kommerzielle Düngemittel oder Pestizide und ohne Unterstützung durch eine Bank oder Regierung oder transnationale Unternehmen.«[204] Doch die sechs Tonnen Mais erscheinen gegenüber den zwei Tonnen in der Statistik. Was der Landwirt aber bei einer Steigerung seiner Produktion auf sechs Tonnen nicht mehr an anderen Nahrungsmitteln produziert, muß er aus anderer Produktion kaufen. Er hat vielleicht etwas mehr Einkommen, aber höhere Kosten für Produktion und Selbsternährung, und dies zu Lasten der Umwelt. Es kann nicht verwundern, daß er bei den immer niedrigeren Preisen, die ihm die Abnehmermonopole für seinen Mais zahlen, zur Betriebsaufgabe gezwungen und ins Elend gestürzt wird – und daß sich die agroindustriell arbeitenden Großanlagen durchsetzen, die direkt von den Nahrungsmittelkonzernen abhängig sind oder diesen gehören.

Dieser Irrweg der Landwirtschaft kulminiert in der ständig wachsenden Abhängigkeit landwirtschaftlicher Betriebe von Saatgutmonopolisten und Patentinhabern. Statt für Pestizide muß für das pestizidhaltige Saatgut bezahlt werden. Felder, auf denen schädlingsresistente Pflanzen angebaut werden, können anschließend nicht mehr zum Anbau anderer Pflanzen dienen.[205] Dies soll nun durch die Patentierung von Genen abgesichert werden. Solche Patentrechte versuchen die Nahrungs- und Chemiekonzerne rigoros durchzusetzen, indem sie immer mehr Hybridpflanzen anbieten; diese sind nur noch begrenzt fortpflanzungsfähig, und wenn ein Landwirt aus solchen Pflanzen selbst Saatgut gewinnen will, muß er mit minderer Qualität rechnen. Die Konzerne planen zudem mit Hilfe der neuen gentechnologischen »Terminator-Technik«, daß sich entsprechend präparierte Pflanzen überhaupt nicht mehr regenerieren können.[206] Landwirte werden damit endgültig von Saatgutlieferanten abhängig. Diese durch rein kommerzielle Monopol-interessen begründete Entwicklung bedeutet eine organisierte Verdrängung natürlicher Arten und das Ende freien Bauerntums auf dem Globus – auf der Basis staatlich patentierten Raubs von Lebewesen oder Teilen von Lebewesen, im Namen der »freien globalen Marktwirtschaft« und der Bekämpfung des Welthungers.

Hinzu kommt, daß die Genmanipulation von Pflanzen – vom Labor bis zum Feldversuch – in jedem Einzelfall hohe Kosten verursacht. Daraus erwächst ein massives Interesse der Industrie, daß das neue Saatgut auch zum Großeinsatz kommt, wofür bei politischen Institutionen alle Register gezogen werden. Diese haben sich in ihrer Forschungsförderung auch zunehmend diesem verhängnisvollen Ansatz der Biotechnologie angeschlossen, wie es Ulrich Dolata in seiner Untersuchung über Konzernstrategien, Forschungsprogramme und Technologiewettläufe im Bereich der Gentechnik herausgearbeitet hat.[207]

Dies alles läuft auf eine systematische Reduktion des biologischen Potentials hinaus, die im totalen Widerspruch zu dessen natürlichem Reichtum steht. Im »Ersten Deutschen Biotechnologischen Report« unter dem Titel »Aufbruchstimmung 1998« heißt es: »Genetisch veränderte Mikroorganismen, Tiere und Pflanzen werden zu nachhaltigen Veränderungen in landwirtschaftlichen, medizinischen und industriellen Prozessen führen.«[208] Was in diesem Satz mit »nachhaltig« gemeint ist, hat mit dem Ziel *nachhaltiger* Produktionsweisen nichts zu tun: Das herrschende Verständnis von Biotechnologie zielt auf *kurzhaltige* Pflanzen – und im Ergebnis auf weniger genutzte Pflanzen statt auf mehr. Die Richtung der Veränderung muß umgekehrt sein. Deshalb muß es die vorrangige Aufgabe der Biotechnologie sein, das gesamte vorhandene Potential und seine nachhaltigen Verwendungsmöglichkeiten gezielt zu erforschen. Statt an den Bedürfnissen der fossilen Rohstoffwirtschaft muß sie sich endlich an denen der Menschheit orientieren.

Die wirtschaftliche Nutzung der Natur für die Stoffbedürfnisse der Menschheit ist nötig. Die Probleme entstehen, wenn die Natur selektiv manipuliert wird, ohne ihre Kreisläufe zu bedenken und sie in ihrer Gesamtheit zu sehen, zu kennen und zu verstehen. Deshalb muß ihre wirtschaftliche Nutzung mit Methoden und Verfahren erfolgen, die nicht einfach der fossilen Rohstoffnutzung entlehnt sind. Wahrscheinlich würde die Genforschung, die sich allzusehr auf Genmanipulation mit unvorhersehbaren Folgen fixiert, sehr viel behutsamer vorgehen und ihren Schwerpunkt auf die unzähligen Nutzungsmöglichkeiten des Pflanzenbestands legen, wenn die Patentierung von Genen – und damit deren privilegierte Nutzung durch einzelne Unternehmen – politisch ausgeschlossen würde. Für den Wettlauf von Unternehmen um immer mehr Genmanipulationen und damit für das biotechnologische Rennen in eine falsche Richtung sind diejenigen Patentämter, Regierungen und Parlamente verantwortlich, die dem dreisten Drängen industrieller Großunternehmen wie dem amerikanischen Monsanto-Konzern nachgegeben und die Genpatentierung zugelassen haben.

8. Kapitel
Die solare Wirtschaftlichkeitsrechnung

Die Maxime, den Wechsel zur solaren Energie in jedem Fall ohne Aufschub und Einschränkung zu vollziehen, muß über allen anderen wirtschaftlichen Erwägungen stehen. Jeder weitere Aufschub wird die Gesellschaft mehr kosten als die Einführung solarer Energien und Rohstoffe. Je schneller und umfassender diese die fossilen ablösen, desto mehr Kosten spart die Gesellschaft, desto mehr werden die Budgets der Regierungen entlastet, denen immer höhere Folgekosten durch fossile Katastrophen drohen – seien es Sturm- oder Flutschäden oder Energiekriege, sei es der wachsende Entsorgungsaufwand oder der Aufwand für die wachsende Umweltschutzbürokratie. Nahezu alle Umweltschäden gehen auf die Umwandlung fossiler Energien und Rohstoffe und die Atomenergienutzung zurück. Je mehr heute in den Wechsel zu solaren Ressourcen investiert wird, desto niedriger sind die Zukunftslasten. Je länger der Wechsel aufgeschoben wird, desto kostspieliger wird er, weil die Folgekosten der fossilen Ressourcennutzung exponentiell anwachsen.

Doch statt in diesen Kategorien zu rechnen, hat sich die moderne Gesellschaft, die mit so vielen Dingen verschwenderisch umgeht, in der Frage der Energiepreise in eine Versammlung von Kleinkrämern verwandelt. In der akuten Schicksalsfrage nach einer umweltverträglichen Energieversorgung wird peinlichst auf Punkt und Komma gerechnet, ob man sich das leisten könne. Jedenfalls tun die meisten Leitfiguren in Politik und Wirtschaft so, als würde und müßte die Gesellschaft in derart kleinen Karos denken. Die Energie für das Überleben darf nicht mehr kosten als die Energie des Niedergangs! Solche Maßstäbe sind Ausdruck einer erschreckenden moralischen Selbsterniedrigung und zugleich einer schamlosen wirtschaftlichen Selbsterhöhung über die gegenwärtigen und zukünftigen Opfer eines zerstörerischen Energiesystems.

Die Kostendiskussion über erneuerbare Energien zeigt, wie weit wir in dieser Frage noch vom Anspruch einer zivilisierten Gesellschaft entfernt sind, der in anderen Bereichen als selbstverständlich gilt. Müll darf niemand einfach auf die Straße schmeißen; für seine Entsorgung muß selbstverständlich bezahlt werden, in Deutschland über 200 Euro bei einem Vierpersonenhaushalt. Der Energiemüll in Form der Emissionen darf dagegen offen ausgeschüttet werden und Luft und Umwelt verpesten. Selbst wenn die erneuerbaren Energien mehr kosten würden, als tatsächlich der Fall ist, muß die Maxime sein, daß wir diese Kosten ohne Wenn und Aber aufbringen und die Prioritäten der Ausgaben dafür ändern. Diese Forderung muß allen weiteren Kostenüberlegungen in bezug auf erneuerbare Energien voranstehen. Die Zukunftsgefahren weiterer fossiler Ressourcennutzung zu sehen, aber gleichzeitig die Meinung zu vertreten, daß sich deren Abwendung »rechnen« müsse, und im übrigen zu meinen, daß ihre Einführung nicht die Wettbewerbsregeln zu Lasten der fossilen Ressourcenanbieter verletzen dürfe: Wer immer so denkt und handelt, wirtschaftet in der ersten Hälfte des 21. Jahrhunderts die allgemeinen Verhältnisse zugrunde – und gefährdet sich letztlich selber. Die Undifferenziertheit, mit der die Frage nach erneuerbaren Energien unter pauschalem Verweis auf die angeblich zu hohen Kosten abgewehrt wird, offenbart, wie krampfhaft nach Ausreden gesucht wird, um die eklatanten Versäumnisse zu rechtfertigen.

Unabhängig von der Grundentscheidung, daß wir uns die Investitionen in die solare Zukunft leisten und diese vorrangig vorantreiben müssen – vor dem Straßenausbau, vor Militärprojekten, vor Subventionen in alte Strukturen und privat vor dem Kauf teurer Autos oder einem Ferntrip – : Eine optimale Kalkulation solarer Investitionen ist in jedem Fall unabdingbar, um mit den jeweils eingesetzten finanziellen Mitteln möglichst viel bewegen zu können. Die Kostenrelationen für solare Energien und Rohstoffe sind dabei aus mehreren Gründen – also nicht allein wegen der dadurch vermiedenen Umweltschäden – anders als bei fossilen Ressourcen. Die vielen bisher genannten Gründe für eine potentiell weit überlegene Produktivität solarer Ressourcen können sich aber nur dann in deren Kostenkalkulationen widerspiegeln, wenn die in der überkommenen fossilen Ressourcenumwandlung angewandten Wirtschaftlichkeitsrechnungen nicht einfach auf solare Ressourcen übertragen werden. Solange das erfolgt, werden die solaren Ressourcen sogar unter ihrem betriebswirtschaftlichen Wert gehandelt.

Kosten für wen? Die Unvergleichbarkeit solarer und fossiler Wirtschaftlichkeitsrechnungen

Im fünften Kapitel wurde gezeigt, in welch irreführender Weise Wirtschaftlichkeitsfragen von Energie behandelt werden, indem Energiekosten einfach mit Energiepreisen gleichgesetzt werden, ohne Produktivitätssteigerungen zu bedenken. Diese Gleichsetzung unterschlägt die individuelle Beeinflußbarkeit – die Variabilität – der Energiekosten. Bei einem kommerziellen Anbieter von Energie liegt diese Variabilität vor allem in der effizienteren Energienutzung im Kraftwerk, um mit der eingekauften Energie mehr Strom produzieren und möglichst auch die Wärme kommerziell absetzen zu können. Bei einem Energieverbraucher liegt die Variabilität in der effizienteren Umwandlungstechnik z. B. in seinem Fahrzeug und in seiner Heizanlage, in der Wärmedämmung, im Einsatz energiesparender Geräte und indem er auf energieverbrauchende Aktivität verzichtet. Auf diese Ansätze beziehen sich auch die zahlreichen Vorschläge zur Reduzierung des Einsatzes konventioneller Energien.

Der Gedanke der Produktivitätssteigerung liegt auch dem Konzept des sogenannten »Energie-Contracting« zugrunde. Hierbei beauftragt ein Unternehmen einen Contractor, für einen Vertragszeitraum von vielleicht zehn Jahren das Energiesystem zu übernehmen. Die Auftragssumme des Contractors liegt in der Höhe der bisherigen Jahresenergierechnung, hochgerechnet auf den Vertragszeitraum. In diesem führt der Contractor kostensenkende Maßnahmen, einschließlich erforderlicher Investitionen, eigenverantwortlich durch; je mehr die Kosten ohne Beeinträchtigung des Energiebedarfs sinken, desto höher ist der Gewinn des Contractors. Auch Energiekosten als variablen Faktor zu sehen, gehört zur guten betriebswirtschaftlichen Praxis. Doch auf die allgemeine Kostendiskussion über Energie hat das bisher nur geringen Einfluß, weil es der Energiewirtschaft, die auf kontinuierliche Angebotsmengen eingestellt ist, kaum ins Konzept paßt. Auch »Least-Cost-Planning«-Analysen[209], bei denen die Investitionskosten für Energieeinsparung mit Kosten für neue Kraftwerke verglichen werden, zeigen, daß erstere für Energieversorger in der Regel ertragreicher sind.

Bei der Nutzung erneuerbarer Energien geht die mögliche Variabilität der Kosten jedoch weit über die bei fossilem Energieeinsatz erreich-

baren Kostensenkungen hinaus. Während die atomaren und fossilen
Energien eine einzige Kosten-Nutzen-Relation haben, eröffnen erneuerbare Energien weitere wirtschaftliche Nutzungsmöglichkeiten: die Nutzung von Solaranlagen auch als Gebäudehülle; die Nutzung von landwirtschaftlichen Reststoffen als Energieträger u.a.m. Daraus ergeben
sich zusätzliche Möglichkeiten zur Kostensenkung; die Investition in
erneuerbare Energien kann dem Betreiber sogar Erträge bringen.

Man muß dazu nur den gedanklichen Schritt vollziehen, daß der
Betreiber einer Solaranlage über die Rolle des Energieverbrauchers hin-
auswachsen und zum selbständigen Energieunternehmer werden kann.
Als solcher kann er seine Kostenrechnung so kalkulieren, wie es ein
Unternehmen tut, das sich ein Gerät oder eine Maschine beschafft, und
diese Investition so variabel und damit so produktiv wie möglich nutzen. Ein Computer kann z.B. die Funktionen des Schreibens, Korrigie-
rens, Rechnens, Zeichnens, Kopierens, Übersetzens, der Übertragung
und des Empfangs von Informationen sowie deren Speicherung übernehmen. Würde ein ertragsorientiertes Unternehmen diesen Computer
nur zum Schreiben nicht mehr korrekturbedürftiger Texte benutzen,
wären die Kosten im Vergleich zur klassischen Schreibmaschine so hoch,
daß der Computer unwirtschaftlich arbeitet. Die Wirtschaftlichkeit
steigt rapide an und spielt die Kosten des Computers vielfach ein, sobald
dieser in mehreren oder allen seinen Funktionen eingesetzt wird. Mit
vermehrter Nutzenfunktion steigt der wirtschaftliche Wert. Dieses Beispiel zeigt: Objektive Kosten gibt es nicht.

Die üblichen Energiekostenvergleiche, mit denen wir konfrontiert
werden, liegen unter diesem Niveau. In der Regel werden schlicht die
Investitionskosten pro installierter Leistung gegenübergestellt, auf der
Basis der Vergleichszahl der durchschnittlichen Beschaffungskosten für
ein kW Umwandlungskapazität. Bei Photovoltaik- und Windkraftanlagen wird einschränkend darauf verwiesen, daß wegen der diskontinu-
ierlichen Sonnenstrahlung und Windkraft die Anlagen nicht durchgängig arbeiten können und deshalb die tatsächliche durchschnittliche
Jahresleistung der investierten Kapazität berechnet werden müßte, die
geringer sei als die der konventionellen Kraftwerke. Daraus ergibt sich,
daß die tatsächlichen Kosten von Photovoltaik- und Windkraftanlagen
in bezug auf die damit möglichen Energieerträge noch höher sind, als es
der bloße Vergleich der Anlagekosten zeigt. Eine solche Rechnung ist
zwar legitim; es fällt nur auf, daß eine solche Differenzierung bei den in

Studien und Veröffentlichungen üblichen Kostenvergleichen zwischen konventionellen Erzeugungsanlagen nicht vorgenommen wird – als würden diese alle dauernd in Betrieb sein, was natürlich nicht der Fall ist. Bei Anlagen für erneuerbare Energien ist die tatsächliche Jahreslaufzeit aufgrund der am jeweiligen Anlagenstandort meßbaren durchschnittlichen Sonnen- und Windangebote bekannt, während die tatsächlichen Jahreslaufzeiten konventioneller Anlagen im einzelnen unbekannt sind und auch versteckt werden. Was aber versteckt werden kann, erlaubt beliebige Kostenaussagen – je nach Bedarf. Schon dies zeigt, wie fragwürdig für eine Wirtschaftlichkeitsrechnung die bloßen Vergleiche von Investitionskosten für Anlagen sind. Die Kosten eines Produkts ergeben sich auch daraus, wofür und wie dieses genutzt wird.

Es gibt aber noch wesentlich mehr Faktoren, die die üblichen vergleichenden Wirtschaftlichkeitsrechnungen fragwürdig machen. Für eine solare Wirtschaftlichkeitsrechnung muß immer zunächst geklärt werden, ob die Investition für eine Anlage der klassischen Energieversorgung oder für den Eigenbetrieb getätigt wird. Ein Energieversorger stellt Energie für andere bereit und verkauft diese unter Berücksichtigung all seiner Kosten und Ertragserwartungen an Energiekunden. Er kann zwar gleichzeitig Energieerzeuger sein, doch die reinen Erzeugungskosten sind immer niedriger als seine Kosten für die Versorgung, weil in sie diejenigen für den Transport und die Verteilung, für Marketing und Abrechnung mit einfließen. Bei präziser Definition des Begriffs ist Versorger stets derjenige, der die »Endenergie« an den Endkunden verkauft. Im Bereich der Stromversorgung ist dies in der Regel das Verteilerunternehmen, beim Treibstoff die Tankstelle, bei der Heizenergie der Ölhändler. Die Rollenverteilung zwischen Energieversorger bzw. Energieanbieter einerseits und Energieverbraucher bzw. -nachfrager andererseits hebt sich jedoch bei erneuerbaren Energien entweder von vornherein auf oder kann tendenziell immer weiter aufgehoben werden – unter Rückgriff auf die im sechsten Kapitel beschriebenen Möglichkeiten.

Im Bereich der Stromversorgung können die Betreiber von Anlagen zur Umwandlung erneuerbarer Energien

– integrierter Teil des allgemeinen Stromversorgungssystems sein, indem sie als bloßer Erzeuger ihren Strom an ein Versorgungsunternehmen liefern;

- ergänzend zur Erzeugerrolle auch die des Versorgers übernehmen, indem sie den Strom direkt an Endkunden verkaufen;
- Selbstversorger sein, indem sie ihre Anlage allein für den Eigenbedarf einsetzen und sich energieautonom machen;
- Selbstversorger und gleichzeitig Erzeuger für einen Stromversorger sein, indem sie die über den eigenen Bedarf hinausgehende Energie veräußern;
- Selbstversorger und gleichzeitig direkter Versorger anderer sein.

In jedem dieser Fälle sieht das Verhältnis zwischen Kosten und Nutzen anders aus. Je nachdem, für welchen Betriebszweck die Anlage genutzt wird oder werden kann, ergeben sich auch unterschiedliche Wirtschaftlichkeitsrechnungen – mit unterschiedlichen Variabilitäten zur Kostensenkung. Für jede Versorgungs- oder Verbrauchervariante gibt es spezifische Kalkulationen, die teilweise über die der fossilen Energiebereitstellung hinausgehen. Wenn die Solartechnik sogar multifunktional genutzt wird, ergeben sich weitere Kostensenkungen, die sich in einer reinen Energiekostenrechnung nicht niederschlagen.

Die Solaranlagenbetreiber haben sich gleichwohl bisher meistens darauf beschränkt, den Energienutzen für den Eigenbedarf zu kalkulieren. Vor der Öffnung der Energiemärkte war es einem unabhängigen Betreiber nicht möglich, die Versorgung anderer zu übernehmen. Außerdem sind die günstigen Speichermöglichkeiten noch nicht eingeführt, die die volle Selbstversorgung mit Strom auf kostengünstige Weise ermöglichen. Deshalb werden Energien gegenwärtig im Bereich der Stromproduktion meist zweigleisig genutzt: zum einen zur Eigenerzeugung, zum anderen zur Einspeisung des über den Eigenbedarf hinausgehenden Stroms. Schon in diesem Fall ergeben sich zwei unterschiedliche kWh-Berechnungen für dieselbe Anlage. Wenn für den eingespeisten Strom die gesetzliche Vergütung gezahlt wird, erhält der Betreiber weniger, als wenn er durch Eigenverbrauch des Stroms seinen Strombezug verringert. Je mehr Eigenverbrauch, desto niedriger seine Kosten.

Dieses Beispiel weist daraufhin, daß die vermiedenen Kosten der wichtigste Aspekt einer solaren Wirtschaftlichkeitsrechnung sind. Mit erneuerbaren Energien gibt es eine Reihe von Möglichkeiten zur Kostenvermeidung, die dem Nutzer konventioneller Energien verschlossen bleiben.

Kostenvermeidung: die Quintessenz wirtschaftlicher Nutzung solarer Ressourcen

Welche Kosten mit der Nutzung erneuerbarer Energien vermieden werden können, ist die maßgebliche Frage für die Breiteneinführung erneuerbarer Energien; eine Frage, die sich alle stellen müssen: die Entwickler und Produzenten von Solartechniken, um deren wirtschaftliche Attraktivität zu erhöhen; die Betreiber von Solaranlagen, um damit ihren Investitionsspielraum und wirtschaftlichen Nutzen zu erhöhen; die Geräteproduzenten, Architekten und Bauherren, um den Nutzwert ihrer Produkte zu verbessern und deren Markt zu erweitern.

Ein Kostenfaktor wird mit *jeder* solaren Energieanlage vermieden, mit der Ausnahme der Nutzung von Biomasse als Energiequelle: Es gibt keine laufenden Betriebskosten mehr. Dies ist zwar bekannt, ohne daß es jedoch bei Wirtschaftlichkeitsrechnungen immer berücksichtigt würde, insbesondere durch eine längerfristig angelegte Kalkulation der eingesparten Energierechnungen. Diese vermiedenen Brennstoffkosten müßten zu jeder Kalkulation eines Solaranlagenkredits gehören, ebenso wie es beim Kredit für den Haus- und Wohnungsbau der Fall ist: Im Unterschied zu einem normalen Geschäftskredit gibt es hier längere Laufzeiten, und in die Kreditfinanzierung werden die eingesparten oder die erzielten Mieten mit einberechnet. Dafür wurden Bausparkassen und Wohnungsbaukreditanstalten gegründet, und die Banken unterhalten spezialisierte Abteilungen, die auch eventuelle Bauförderprogramme in die Kreditberechnung aufnehmen. Bei Investitionen in erneuerbare Energien wurde und wird diese Rechnung bisher kaum aufgemacht.

Die langfristige Cashflow-Analyse über die Nutzungsdauer eines Produkts ist die einzige adäquate Kostenrechnung, nicht nur für erneuerbare Energien. Daß dies in der Wirtschaftspraxis immer seltener geschieht, weil kurzfristige Ertragserwartungen immer mehr zum Bewertungsmaßstab oder gar zum wirtschaftsliberalen Handlungszwang werden, macht jede Wirtschaft perspektivlos. Je mehr die Kurzzeitkalkulation dominiert, desto höher werden die Folgekosten des Wirtschaftens. In kaum einem Feld ist dies heute in seinen negativen Auswirkungen so unmittelbar spürbar wie beim Bauen. Häuser müssen schon aufgrund ihrer hohen Kosten langlebige Güter sein. Die moderne »Bauökonomie« bezieht sich aber in erster Linie auf die aktuellen Baukosten, die dann auch ausschlaggebend sind für die Auftragsvergabe bei Wettbewerben. Die Folge ist eine rapide Zunahme schnell auftretender Bauschäden durch Einsatz minderwertiger Baumaterialien, so daß nicht selten schon nach zwei bis drei Jahrzehnten der Abriß folgt. Die öffentliche Hand ist ein negatives Vorbild, weil sie – zumindest in Deutschland – durch die Haushaltsordnungen zu kurzfristigen Ausgaberechnungen verpflichtet ist, statt bei der Investition für ein Gebäude die Betriebskosten über einen Zeitraum von mindestens zwanzig Jahren mit einzurechnen – ein Nach-mir-die-Sintflut-Verhalten. Langjährige Betriebskostenrechnungen für Gebäude führen fast von selbst zum solaren Bauen.

Die solare Gebäuderechnung

Das Ausmaß der vermeidbaren Kosten in einem Gebäude durch solare Energienutzung ergibt sich im wesentlichen daraus,

– ob der Bedarf an Strom und Wärme durch die Ausrichtung der Hauptfläche eines Gebäudes zum Neigungswinkel der Sonne, Wärmedämmung und -rückgewinnung, viel natürlichen Lichteinfall in die Räume oder durch den Einsatz solarmodulierter stromverbrauchender Geräte reduziert wird, um den Strom- und Wärmebedarf zu reduzieren;

– ob photovoltaische Solarmodule und Sonnenkollektoren Zusatzinstallationen darstellen oder ob sie in die Gebäude integriert sind, womit sie andere Bauteile ersetzen und somit die Kosten reduzieren. Photovoltaikmodule oder Sonnenkollektoren, die gleichzeitig ganz oder teilweise Dach oder Hausfassade sind, ersparen gesonderte Installations- und herkömmliche Dach- oder Fassadenkosten. Kilowattstundenkosten im Vergleich zur herkömmlichen Stromversorgung oder Wärmebereitstellungskosten im Vergleich zu einer konventionellen Heizanlage sind dann nicht mehr das ausschlaggebende Kriterium – sondern der Kostenvergleich eines solaren Bauteils einschließlich seiner Energieleistung mit einem toten Bauteil.

– ob die Solaranlagen nur ergänzende Systeme zur Energiebereitstellung sind, so daß alle Kosten für konventionelle Energieinstallationen und -bereitstellungen nach wie vor anfallen, oder ob sie die gesamte Energiebereitstellung übernehmen und dadurch alle konventionellen Energiekosten einschließlich diesbezüglicher Anlagen (Heizkessel, Netzanschlüsse) verdrängen können.

– ob sie die gesamte Sonnenenergie mit Hilfe eigener Speicher nutzen
können, oder ob die Überschüsse verlorengehen oder weitergegeben
werden müssen.

Je mehr Funktionen die Sonnenenergie und die flächigen Solartechniken im Gebäude übernehmen, ohne Rückgriff auf konventionelle
Energieanlagen im Gebäude oder auf zugelieferte Energie, und je mehr
weitere Kosten die Solartechnologie vermeiden hilft, desto eher wird die
Nutzung der Sonnenenergie im Gebäude so wirtschaftlich, daß die
»Solarkosten« nicht nur mit denen eines konventionellen Hauses gleich-
ziehen, sondern diese unterbieten können. Aus Solarkosten werden
»Solargewinne«. Dies zeigt das Spektrum von Möglichkeiten, die schon
in vielen Fällen praktisch genutzt werden.

So ist das restrukturierte Berliner Reichstagsgebäude mit einer eigenen Kraft-Wärme-Koppelungsanlage ausgestattet, die mit Pflanzenöl betrieben wird. Diese kann den Strom- und Wärmebedarf vollständig
befriedigen, was nur deshalb nicht in vollem Umfang praktiziert wird,
weil im Sommer nicht die volle Wärmeleistung gefahren wird und deshalb dann die Stromerzeugung nicht ausreicht. Dafür wird bei voller
Wärmeproduktionsleistung im Winter zeitweise so viel Strom produziert, daß dieser ins allgemeine Netz eingespeist werden kann. Mit eigener kostengünstiger Stromspeicherung wäre die volle Selbstversorgung
auch mit Strom möglich. Daß dieses Versorgungssystem, trotz noch
nicht breit eingeführter Kraft-Wärme-Koppelungstechnik mit Biomasse,
seine Wirtschaftlichkeit beweisen konnte, geht auf einen gedanklichen
Schritt bei der Energieplanung durch den Düsseldorfer Bauingenieur
Norbert Kaiser zurück: Das verbindlich vorgeschriebene Notstrom-
aggregat wurde zum Hauptaggregat, aber als Kraft-Wärme-Koppelungs-
version; das Stromnetz hat damit die Funktion des Notstromaggregats
übernommen. Dieser kleine Schritt ist in zahllosen großen Funktions-
gebäuden – etwa Krankenhäusern – kopierbar, in denen Notstromaggre-
gate nur einige Male im Jahr stundenweise in Betrieb genommen werden, um ihre Funktionstüchtigkeit zu prüfen. Zehntausende dezentraler
Eigenstromerzeugungsanlagen stehen gegenwärtig ungenutzt in Kellern
und Nebengebäuden. In Privatgebäuden, die keine solchen Aggregate
haben müssen, ist das Blockheizkraftwerk im Keller die inzwischen viel-
hundertfach praktizierte Möglichkeit, die Wärmeversorgung allein mit
erneuerbaren Energien zu realisieren – mit Pflanzenöl statt fossilem Öl

oder Gas, wobei in einem Einfamilienhaus gleichzeitig 20.000 kWh Strom oder mehr produziert werden.

Die autonome Wärmegewinnung in kleineren Häusern ist schon mit dem heutigen Stand der Technik allein durch die Sonne zu erreichen, wenn das Gesamtgebäude so gut wärmegedämmt ist und durch seine Konstruktion so viel Sonnenwärme einfängt, daß nur noch ein kleiner Teil des Wärmebedarfs durch Kollektoren und Wärmespeicher bereitgestellt und gesichert werden muß. Mit der direkten Sonnenwärme nicht nur die konventionelle Heizung zu unterstützen, sondern das gesamte Gebäude zu beheizen, ist der wirtschaftlichere Weg – weil er es ermöglicht, die Kosten für eine konventionelle Heizanlage vollständig zu sparen und nie mehr eine Heizrechnung bezahlen zu müssen. Der Fall des zuvor genannten Haus-Blockheizkraftwerks mit Biomasse würde es mit Hilfe eines Stromspeichers ermöglichen, sich vom Stromversorgungsnetz abzukoppeln und damit die Anschlußkosten und laufenden Strombereitstellungskosten zu sparen – und ein Fahrzeug zu einem Treibstoffpreis zu betreiben, den niemand unterbieten kann. Wann ein Energiespeichersystem wirtschaftlich wird, ergibt sich infolgedessen aus dem Kostenvergleich des Energiespeichers mit den eingesparten Kosten einer ansonsten zusätzlichen Energiebereitstellung.

In Freiburg entsteht eine Solarsiedlung des Architekten Rolf Disch mit mehreren hundert Häusern. Die Häuser dieser Solarsiedlung sind »Plus-Energiehäuser«, d.h. die Sonne aktiviert mehr Nutzenergie, als die Häuser für ihre Eigenversorgung benötigen. Die Kostenkalkulation wurde mit der Annahme verglichen, daß dieselbe Siedlung mit konventioneller Energie versorgt würde. Im konventionellen Fall lägen die Gesamtkosten eines Hauses dieser Siedlung bei 672.000 DM; die Solarversion kostet 600 DM weniger! Durch die vermiedenen Energieverluste und durch die zusätzlichen Energiegewinne liegen die jährlichen Belastungen bei 34.904 DM, im konventionellen Fall wären es 36.042 DM. Nach fünfzehn Jahren, wenn die Investitionen für die Solaranlagen abgeschrieben sind, betragen die solaren Energiegewinne jährlich 4000 DM im Verhältnis zum konventionellen Haus – ohne in Betracht zu ziehen, daß die fossilen Energiepreise dann schon nach oben geschnellt, vielleicht sogar doppelt so hoch sein können. Dabei sind auch in dieser Solarsiedlung noch nicht alle technischen Möglichkeiten ausgeschöpft, die sich in Zukunft eröffnen werden.

Die solare Kalkulation zur Strombereitstellung

Die vorher beschriebene Methode, die Kosten der Strombereitstellung anhand der Investitionskosten pro kW-Kapazität zu berechnen, ist nicht nur deshalb ungenügend, weil dies – außer bei der Windkraft oder der Photovoltaik – eine volle Auslastung der in Betrieb genommenen Anlage unterstellt. Unterstellt wird auch, daß die sonstigen Kosten des Kraftwerksbetriebs gleich seien. Genau dies ist aber nicht der Fall. Zur Kostenkalkulation der Stromerzeugung gehören in der Regel folgende Faktoren:

Kapitalkosten:	Vorbereitende Planungsarbeiten
	Kauf des Kraftwerksgeländes
	Kraftwerkskosten
	Installation des Kraftwerks
	Nebengebäude
	Netzanschlüsse
	Technische Überwachung und Qualitätskontrolle
	Kapitalzinsen
Laufender Betrieb:	Brennstoff
	Personal
	Versicherung
	Wartung

Vergleichen wir dies mit einer dezentralen Anlage zur Stromerzeugung aus erneuerbaren Energien, so entfallen eine ganze Reihe dieser Kosten:

- die vorbereitenden Planungsarbeiten können sehr niedrig ausfallen oder entfallen bei kleinen Anlagen vollständig;
- der Kauf eines Kraftwerksgeländes ist bei Photovoltaikanlagen oder beim Einsatz von Blockheizkraftwerken in Gebäuden nicht nötig. Bei Windkraftanlagen fallen diese Kosten nur an, wenn der Eigentümer des Geländes – in der Regel ein landwirtschaftlicher Betrieb – nicht selbst der Betreiber ist; der Wert seiner landwirtschaftlichen Nutzfläche wird durch die Windkraftanlage kaum geringer, da der Sockel für den Turm der Anlage nur eine geringe Stellfläche benötigt, und um den Sockel herum die landwirtschaftliche Arbeit unbeeinträchtigt weitergeführt werden kann;
- gesonderte Netzanschlüsse entfallen bei hausintegrierten Anlagen überall da, wo Netzanschlüsse ohnehin schon bestehen und von den

Betreibern der Anlage als Stromkunden schon bezahlt worden sind. Auch im Fall eines Neubaus müssen Netzanschlüsse in jedem Fall bezahlt werden – es sei denn, es wird von vornherein die Selbstversorgung mit Strom ins Auge gefaßt;

– die Kapitalzinsen sind aus einem wesentlichen betriebswirtschaftlichen Grund bei dezentralen Anlagen niedriger als bei großen Kraftwerken: Die Bauzeit großer Kraftwerke erstreckt sich oft über längere Zeiträume, meist über mehrere Jahre. Vor der Fertigstellung kann keine Erzeugung stattfinden, so daß es in dieser Zeit keinerlei Kapitalrücklauf gibt. Bei dezentralen Anlagen beträgt dagegen die Installationszeit nur ein paar Stunden. Sie können also sofort Leistung erbringen und den Kapitalrücklauf einleiten.

Auch im laufenden Betrieb sind die Stromerzeugungsanlagen mit erneuerbaren Energien nicht allein wegen der eingesparten Brennstoffkosten bei Windkraft-, Photovoltaik- und Wasserkraftanlagen wesentlich kostengünstiger; gesonderte Personalkosten entfallen – vor allem bei der Photovoltaik – vollständig oder sind sehr niedrig. Die Überwachung des Betriebs erfolgt kontinuierlich und meist durch den individuellen Betreiber selbst.

Werden diese Anlagen, die sich aufgrund der genannten Vorteile für den Eigenbetrieb eignen, dennoch von Kraftwerksgesellschaften betrieben, so haben diese zwar Personalkosten für die Überwachung des Betriebs. Doch auch ihnen böten dezentrale Anlagen einen unermeßlichen Vorteil: Dezentrale Stromerzeugung mit erneuerbaren Energien ist ein Konzert von zahllosen, voneinander unabhängig arbeitenden Modulen. Dies aber bedeutet, daß kostspielige fehlerhafte Kapazitätsplanungen fast ausgeschlossen werden können. Bei zusätzlichem Kapazitätsbedarf braucht man nicht mehr ein großes Kraftwerk zu bauen, sondern kann die Kapazitäten Modul um Modul ohne Zeitverlust ergänzen. Bei zuviel Kapazität wegen veränderter oder falsch eingeschätzter Nachfrage muß nicht gleich ein ganzes Kraftwerk stillgelegt werden; es genügt, ein paar Module herauszunehmen. »Stranded investments« sind damit weitgehend vermeidbar oder fallen kaum ins Gewicht.

Schon der bisherige Vergleich zeigt: Alle wirtschaftlichen Berechnungen der Stromerzeugung, die über die Anschaffungskosten der eigentlichen Technik hinausgehen, fallen zugunsten der erneuerbaren Energien aus – am weitgehendsten bei der Photovoltaik, die eine Stromerzeugungstechnik nahezu ohne Nebenkosten ist. Wirtschaftlichkeitsrechnungen, die dies nicht berücksichtigen, sind unvollständig und unseriös; sie sind geprägt von der »Rechnungskultur« der bestehenden Energiewirtschaft. Sie führen auch zu falschen Schlußfolgerungen. Der einzige wirtschaftliche Nachteil, den es bei erneuerbaren Energien noch gibt, sind damit die noch relativ hohen Anlagekosten für die Energieumwandlung. Diese sind aber durch technische Verbesserungen und industrielle Serienfertigung ständig weiter reduzierbar, wie die Industrie- und Technikgeschichte der vergangenen zwei Jahrhunderte durchgängig für jede Technik bewiesen hat.

Der Vergleich zeigt aber auch: Die Kosten für die erneuerbaren Energien sinken, wenn die Nutzung im Eigenbetrieb erfolgt statt durch Kraftwerksunternehmen. Der Eigenbetrieb ist keine Hilfslösung, solange sich große Kraftwerksunternehmen der Nutzung erneuerbarer Energien versperren, sondern die wirtschaftlich überlegene Betriebsform. Dies wird deutlicher, wenn aus der Eigenerzeugung eine vollständige Selbstversorgung wird, also unter Verzicht auf Netze und die damit zusammenhängenden Kosten. Der durchschnittliche Strompreis liegt gegenwärtig für den normalen Haushaltskunden in der Europäischen Union zwischen 0,10 und 0,15 Euro. Demgegenüber stehen die Angaben, daß die durchschnittlichen Erzeugungskosten einer Kilowattstunde Strom aus fossilen Kraftwerken oder aus Atomkraftwerken nur zwischen 0,02 und 0,04 Euro liegen. Die Differenz zwischen den angegebenen eigentlichen Stromerzeugungskosten und dem Strompreis zeigt: Die eigentlichen Erzeugungskosten machen nur etwa 30 Prozent des Preises aus, die restlichen 70 Prozent fallen für die Bereitstellung von Kapazitäten und die Netzinfrastruktur an.

Daraus ergibt sich, daß der wirtschaftliche Spielraum eines Selbstversorgers, der auf Netze nicht mehr angewiesen sein will, enorm ist. Er muß, um die Entscheidung zur Selbstversorgung und zum Verzicht auf einen Netzanschluß zu fällen, seine Kosten für die Stromerzeugungsanlage zuzüglich eigener Stromerzeugungskosten mit dem für eine Stromlieferung geforderten Preis vergleichen. Sobald – in einer Kapitalflußsenkung über mehrere Jahre – die Summe der Kosten und des Betriebs für die Erzeugungsanlage und für das Speichersystem niedriger ist als der Strompreis, ist die solare Selbstversorgung sogar betriebswirtschaftlich überlegen.

Die landwirtschaftliche Energierechnung

Für landwirtschaftliche Betriebe hat die solare Wirtschaftlichkeitsrechnung eine existenzsichernde Bedeutung. Diese Erkenntnis hat einen fundamentalen Stellenwert für die gesamte Entwicklung der Landwirtschaft.

Landwirtschaftliche Betriebe sind Großverbraucher von Energie, einschließlich der »indirekten« Energie in Form von Mineralöldünger und Pflanzenschutzmitteln, die von der chemischen Industrie aus fossiler Energie erzeugt werden. Dies ist der Kostenfaktor, der die landwirtschaftlichen Betriebe am meisten belastet, und damit einer der beiden Hauptgründe für das Betriebssterben. Der andere Grund ist der Preisdruck auf die Agrarerzeugnisse der Landwirtschaft, den der Großhandel und die Nahrungsmittelkonzerne auf dem »Markt« diktieren.

30 bis 35 % der Betriebsausgaben landwirtschaftlicher Betriebe werden durchschnittlich für Dünge- und sogenannte Pflanzenschutzmittel und Energie aufgewandt; man nennt dies in Statistiken »industrielle Vorleistungen«. Doch beim Pflanzenanbau liegt der Betrag deutlich über der genannten Ziffer und reicht teilweise über die 60-Prozent-Marke. Allein für Pflanzenschutzmittel müssen pro Hektar Weizen – so eine Untersuchung aus dem Jahr 1987 – 175 DM ausgegeben werden, beim Kartoffel- und Zuckerrübenanbau sogar 200 bzw. 300 DM.[210] Im Wirtschaftsjahr 1985/86 mußten in der deutschen Landwirtschaft für direkte und indirekte Energie 11,3 Mrd. DM ausgegeben werden.[211] Daraus ergibt sich eindeutig, daß die Entlastung von diesen Energiekosten dazu führen kann, landwirtschaftliche Betriebe auf Dauer wirtschaftlich lebensfähig zu machen – neben mehr unabhängigen Vermarktungsmöglichkeiten direkt zu den Endverbrauchern. Während letzteres aber im breiteren Rahmen von der Gestaltung politischer Marktordnungen abhängig ist, haben die landwirtschaftlichen Betriebe durchgängig eigene Handlungsspielräume, sich von der Nutzung fossiler Energien zu lösen und dabei ihre Erträge zu steigern.

Jahrzehntelang waren sie der Bedingung »wachse oder weiche« ausgesetzt: die Produktion zu steigern, um die Einkommen zu halten. Dies, so wurde den Landwirten vermittelt, ginge nicht anders als durch den massiven Einsatz chemischer Dünge- und Pflanzenschutzmittel. Das Ergebnis ist verheerend: Die Produktion wurde gesteigert, aber die Einkommen sind gesunken, und immer mehr Familienbetriebe mußten wegen angeblich zu geringer Größe aufgeben. Allein zwischen 1950 und

1970, als dieser Prozeß eingeleitet wurde, stieg die auf nur noch ein Ern-
teprodukt zielende Produktion um 70 % – doch der Einsatz von direkter
und indirekter Energie und damit die Kosten dafür erhöhten sich ebenfalls um ein Vielfaches. Die Produktionssteigerung führte wegen steigender Produktionskosten zu niedrigeren Erträgen der Landwirte – ein
einmaliger Vorgang einer Antiproduktivitätsentwicklung. Alles spricht
dafür, daß es nicht unbedingt die Dünge- und Pflanzenschutzmittel
waren, die diese Produktionssteigerung ermöglichten, sondern der Einsatz der landwirtschaftlichen Maschinen.

In der agrarwissenschaftlichen Bestandsaufnahme des Amerikaners
Jules N. Pretty mit dem Titel »Regenerating Agriculture« sind die
Betriebsergebnisse von landwirtschaftlichen Betrieben mit agrochemi-
schen Anbaumethoden mit denen von Betrieben verglichen worden, die
auf den Einsatz agrochemischer Mittel verzichten – und zwar anhand
von Betrieben aus denselben Regionen, also mit sehr ähnlichen Anbaubedingungen. Das Ergebnis ist frappierend. Die Erntemengen sind in
vielen Fällen etwa gleich, aber die Einkommen sind höher wegen des
Verzichts auf pflanzenchemische Mittel, was gleichzeitig die Umwelt
schützt.[212] Natürlich haben diese Betriebe nicht auf Dünge- und Pflanzenschutzmittel verzichtet, doch sie haben diese aus den Reststoffen des
Anbaus selbst erzeugt und damit den natürlichen Nährstoffkreislauf
revitalisiert – mit Methoden, auf die im siebten Kapitel hingewiesen
wurde. Um so erstaunlicher ist, daß diese Ansätze bisher nur in seltenen
Fällen auch die Substitution der fossilen Treibstoffe durch biologische
Treibstoffe aus eigener Produktion einbezogen haben – wofür Biogas
oder Pflanzenöl die naheliegendsten Möglichkeiten sind. Dies bedeutet,
daß ein weiterer Kostenfaktor stark reduziert werden könnte, der ungefähr dem Betrag der eingesparten Kosten für Dünge- und Pflanzenschutzmittel entspricht. Voraussetzung dafür ist die Umrüstung der in
der Landwirtschaft eingesetzten Motoren und Maschinen auf den Einsatz von Pflanzenöl oder Biogas.

Mit der Substitution direkter und indirekter fossiler Energie durch
Eigenerzeugung gibt es zwar einen zusätzlichen Arbeitsaufwand, doch
ist dieser niedriger als die Erträge, die sich durch die Kosteneinsparung
ergeben. Da durch den Verzicht auf die »industriellen Vorleistungen«
die Produktionskosten sinken, hat dies auch erhebliche Auswirkungen
auf die künftigen Möglichkeiten, Biomasse als industrielle Rohstoff-
und Energiequelle anzubauen. Die Landwirtschaft gewinnt Spielräume,

diese Ressourcen zu niedrigeren Preisen als bisher direkt zu vermarkten – was den Ablösungsprozeß der chemischen Industrie von fossilen Rohstoffen und der Gesellschaft insgesamt von fossiler Energie beschleunigt.

TEIL VIER

DER WANDEL ZUR SOLAREN
WELTWIRTSCHAFT

Auch wenn sich viele mit dieser Erkenntnis schwertun: Es ist schon entschieden, daß die fossile Energie von der Sonnenenergie wieder abgelöst wird. Die einzige noch offene Frage ist, ob das so rechtzeitig stattfindet, daß die sich zuspitzenden ökologischen, wirtschaftlichen und politischen Katastrophen fossiler Ressourcennutzung noch abgewendet werden können und sich über neue ökonomische Kreisläufe auch die ökologischen Kreisläufe wieder neu einpendeln können. Diese Schicksalsfrage der menschlichen Zivilisation entscheidet sich in der ersten Hälfte des 21. Jahrhunderts. Wenn man eine Generation verantwortlich handelnder Akteure mit 30 Jahren veranschlagt, so sind es die nächsten beiden Generationen, die diese ökologische Industrialisierung realisieren müssen. Ein weiterer zeitlicher Aufschub kann auf keinen Fall riskiert werden. Die existentielle Gratwanderung, auf die sich die Weltgesellschaft mit fossilen Energien begeben hat, muß in diesem Zeitraum beendet werden.

Das unübersehbare Signal dafür sind die sich drastisch häufenden und in ihrem Ausmaß immer verheerender werdenden Umweltkatastrophen. Sie kommen früher und heftiger, als selbst kritische Klimaforscher vorausgesagt haben, wie die Bilanz des Jahres 1998 mit 707 aufgetretenen ökologischen Großschäden zeigt. Die Föderation der internationalen Hilfsorganisationen spricht in ihrem Weltkatastrophenbericht von etwa 60.000 Toten; allein die Wetterkatastrophe »El Niño« hat 21.000 Menschenleben gekostet, der Hurrikan »Mitch« in Zentralamerika 10.000. In China waren 180 Mio. Menschen von der Flutkatastrophe betroffen, zusätzlich gab es weltweit 240 Sturm- und 170 Überschwemmungskatastrophen mit über 200 Mio. Betroffenen. Die durch Klimaveränderungen hervorgerufene Trockenheit in Indonesien löste zahlose Brände in Reisfeldern und Wäldern aus, deren Rauchschwaden wochenlang den Himmel über Südostasien verdüsterten. Wen beschlich da nicht die Ahnung, daß so das Ende der mit einem pyromanen Energiesystem ausgestatteten Zivilisation aussehen könnte? 25 Mio. Menschen wurden durch Umweltkatastrophen aus ihrer Heimat vertrieben. Die Schäden gibt die Münchner Rückversicherung mit 90 Mrd. Dollar an, gegenüber 30 Mrd. im Jahr 1997.[213] Die Folgen der Vertreibung, von der kulturellen Entwurzelung bis zum sozialen Elend, sind nicht zu kalkulieren. Nur Traumtänzer können noch bestreiten, daß es sich bei den allermeisten dieser Umwelt-Superkatastrophen um GAUs des fossilen Energiezeitalters handelt. Dessen Countdown hat begonnen: Die Zeitbomben ticken nicht nur vernehmbar lauter; viele sind schon gezündet worden.

Dieser Erkenntnis wird kaum noch widersprochen. Aber sie wird in der Praxis der wirtschaftlichen Energieversorgung und der Energiepolitik, trotz aller Sympathiebekundungen zu erneuerbaren Energien, nicht nur verdrängt. De facto wird mehr gegen als für die Alternative gehandelt; denn auf der aktuellen Tagesordnung von Politik und Wirtschaft steht überall nicht die Erschwerung, sondern die Erleichterung des konventionellen Energieverbrauchs. Die naheliegendste Möglichkeit, diesen durch Steuererhöhungen auf breiter Front einzuschränken, wurde nur unzulänglich realisiert. Statt dessen wird, mit voller Absicht und in der Erwartung allgemeiner Zustimmung, durch internationale und nationale politische Initiativen die Senkung der Energiekosten betrieben. Durch Abbau von Handelshemmnissen im Weltenergiemarkt und durch neue Marktgesetze in der Strom- und Gaswirtschaft sind Preisstürze eingeleitet worden, die für einen unabsehbaren Zeitraum zur ungebremsten Fortführung der Energieorgie führen. Dabei ist nicht einmal versucht worden, diese Preisstürze durch eine entsprechende Erhöhung der Energiesteuer abzufangen. Ein größerer Kontrast zwischen Erkenntnis und Praxis ist nicht vorstellbar – und dies in einer Situation, in der die Möglichkeit greifbar geworden ist, die Energieversorgung – das Dauerproblem der Menschheit – dauerhaft und gefahrlos zu lösen.

Allerorten werden die letzten Marktbarrieren beseitigt, die den konventionellen Energieanbietern noch entgegenstanden. In der Strom- und Gasversorgung ist – analog zur Telekommunikation – die Aufhebung der Gebietsmonopole eingeleitet worden. Aber damit sind die Strom-Oligopole und -Monopole keineswegs entmachtet. Zwar haben jetzt neue Anbieter Zugang zu einst geschlossenen Marktgebieten, was auf den ersten Blick eine positive Entwicklung ist, weil damit jahrzehntelang betonierte Strukturen aufgebrochen werden können. Deshalb wird die Marktöffnung auch – allzu vorschnell – von Befürwortern ökologischer Alternativen begrüßt. Doch wegen der in den Zeiten der Gebietsmonopole erworbenen Marktmacht und Kapitalkraft haben die Energiekonzerne einen Startvorsprung in den Energiemärkten, der sie – durchaus in Konkurrenz untereinander – in die Lage versetzt, neue Marktteilnehmer mit ökologischen Energieangeboten kaum zum Zuge kommen zu lassen. Das erwartbare Resultat der Marktöffnung wird die »Marktbereinigung« sein – ein Markt, in dem immer weniger und zugleich immer größer werdende Stromkonzerne operieren. Energierechtlich sind die Chancen für unabhängige, dezentral operierende Anbieter umweltfreundlich erzeugten Stroms größer geworden; faktisch geht diese Entwicklung zu Lasten von kommunalen Unternehmen und der Markteinführung erneuerbarer Energien.

Es ist ein unentschuldbares Versäumnis, daß Regierungen und Parlamente die Marktöffnung im Energiesektor allein dem Ziel der Energiepreissenkung unterstellt haben und gleichzeitig den Konzentrationsprozeß in der Energiewirtschaft aktiv fördern: Es gab in den letzten Jahren kaum eine Fusion von Stromkonzernen oder kaum einen Aufkauf kleinerer durch große Stromversorgungsunternehmen, die von den jeweiligen Regierungen nicht begrüßt oder sogar initiiert worden wären. Energiemärkte ohne Vorrangregelungen für erneuerbare Energien, Strompreissenkungen ohne wirkungsvolle ökologische Besteuerung, Förderung von Konzentrationsprozessen unter Preisgabe dezentraler Energieanwendungen: Diese politischen Handlungsmaximen sind ein geistiger Rückschritt und praktisch unverantwortlich.

Wer sich der Prämisse beugt, daß die Energieversorgung in den für die fossile Energieverwertung entstandenen Strukturen stattfinden müsse, der unterwirft sich diesen – geistig wie praktisch, wirtschaftlich wie wissenschaftlich, politisch wie kulturell. Dann kann man sich auch zwangsläufig nicht vorstellen, daß die Sonnenenergie die fossilen Quellen ersetzen kann und daraus sogar Vorteile für die gesamte Zivilisation erwachsen können. Schwer fällt es dann auch, die richtige Strategiewahl zu treffen, die auf die Nutzung des solaren Potentials in den dafür geeigneten Strukturen zielen muß. Nur damit kann verhindert werden, daß solare Initiativen immer wieder von den Fallstricken des fossilwirtschaftlichen Systems eingefangen und aufgehalten werden.

Die Vorstellung, in diesen Strukturen auch die solaren Potentiale nutzen und sie damit in das bestehende System integrieren zu wollen, ist aber weit verbreitet und wird selbst von vielen Befürwortern der solaren Alternative geteilt. Sich dagegen auf die für die natürlichen, technischen und wirtschaftlichen Potentiale der Sonnenenergienutzung geeigneten Strukturen einzustellen, erfordert ein Denken in anderen Strukturen. Es ist leicht und trotzdem schwer: leicht, weil Umdenken nichts kostet und deshalb jedem möglich ist; schwer, weil es in praktischer Konsequenz bedeutet, sich in eine völlig neue Entwicklung hineindenken zu müssen. Die »grand strategy« für den Wandel zur solaren Weltwirtschaft ist ein transnationales Gesellschaftsprojekt. Es muß mit zahllosen Trägern und in unzähligen kleineren und größeren Teilschritten realisiert werden. Jeder einzelne Schritt hat einen Stellenwert, weil er den Umstellungsprozeß zu einer neuen wirtschaftlichen Basis vorantreibt. Es gibt Schritte, die schnell an voraussehbare Handlungsgrenzen stoßen, und solche, die grenzüberschreitende und damit weiterführende Bedeutung haben. Auf letztere müssen wir setzen. In der »Sonnenstrategie« ist ein breiter Katalog möglicher Initiativen genannt worden, die ich hier nicht wiederholen will.[214] Statt dessen geht es um zwei Fragen:

1. Welche Initiativen sind geeignet, die bestehenden strukturellen Hindernisse zu überspringen oder zu umgehen, um die Einführung erneuerbarer Ressourcen zu beschleunigen? Offenkundig ist, daß das bisherige Tempo entschieden zu langsam ist. Um es zu beschleunigen, müssen alle Initiativen nach ihrer möglichen Reichweite bewertet werden.
2. Welche Initiativen müssen ergriffen werden, um der fossilen Ressourcenwirtschaft ihre hegemoniale Stellung nehmen zu können? Es ist unmöglich, den Wandel zu wollen und gerade die Strukturen der fossilen Ressourcenwirtschaft unangetastet zu lassen, denen sie ihre anhaltende Expansionsfähigkeit – ob im Energie-, Rohstoff- oder Nahrungsmittelsektor – verdankt.

Es geht um die schnellsten Wege, die nicht immer die kürzesten und bequemsten sind: Sie müssen so angelegt sein, daß sie von immer mehr Trägern beschritten werden. Es geht dabei nicht nur um das, was im Moment am einfachsten realisierbar und damit aktuell pragmatisch ist. Die moderne Fixierung auf das, was heute möglich erscheint, trübt den Blick dafür, was sich morgen oder übermorgen als unumgänglich notwendig und dann auch als realisierbar erweisen wird.

9. Kapitel
Wege zur solaren Energienutzung

Jede Strategie zur breiten Einführung solarer Ressourcen führt zu begrenzten oder falschen Antworten, wenn sie nicht die Strategie der Energiekonzerne mit reflektiert. Auch diese stellen sich in unterschiedlichster Weise auf Veränderungen und neue Herausforderungen ein. Die einen richten ihr Augenmerk von den Ölquellen des Nahen Ostens auf die des Kaukasus; andere versuchen – koste es, was es wolle – die »nichtkonventionellen« fossilen Energiequellen aufzuschließen; andere verlegen den Schwerpunkt von Erdöl auf Erdgas; wieder andere diversifizieren ihre Unternehmensaktivitäten auf Bereiche außerhalb der Energieversorgung. Einige denken weiter, beginnen mit der Diversifizierung ihres Unternehmens in erneuerbare Energien und gründen entsprechende Tochterunternehmen. Bei allen Unterschieden sind bei den Energiekonzernen vier ineinandergreifende Verhaltensmuster festzustellen:

- eine politisch begünstigte verstärkte Unternehmenskonzentration durch strategische Fusionen und die Verdrängung kleinerer Unternehmen. Dadurch erhält die Öffentlichkeit den Eindruck wachsender Übermacht, mit der man sich mehr denn je arrangieren müsse. Tatsächlich spiegelt dieser Prozeß eher das letzte große Aufbäumen wider, weil es jetzt ums Ganze geht;
- der Versuch, politisch formulierten Anforderungen für globalen Klimaschutz in einer Weise zu entsprechen, die nicht an den Bestand des atomar/fossilen Energiegeschäfts rührt. Daraus entstand u.a. die Idee des Kaufs von »Verschmutzungsrechten« im globalen Maßstab, die der Devise folgt: »Wir sehen ein, daß sich etwas ändern muß, aber nicht bei uns!«;
- der Versuch, die Einführung erneuerbarer Energien selbst zu übernehmen, aber dann auf ihre Weise, nachdem die Strategie ihrer völligen Ablehnung – außer der längst nahtlos integrierten und für das Stromgeschäft höchst ertragreichen Wasserkraft aus Stauseen – in der Öffentlichkeit nicht mehr durchzuhalten ist;

– das Bestreben, die bisherige Arbeitsteilung zwischen den Energieanbietern der verschiedenen Sparten zu überwinden und zu integrierten Angeboten zu kommen – allerdings wiederum in einer den Energiekonzernen gemäßen Weise: auf dem Niveau bestehender hierar-
chischer Angebotsstrukturen.

Diese Entwicklung muß man im Auge haben, wenn man Strategien für
erneuerbare Energien bewerten will. So richtig es ist, die Energiekonzerne
auch zur Mitwirkung am Wandel zur solaren Weltwirtschaft zu veran-
lassen – durch öffentlichen Druck, Überzeugungsarbeit oder politische
Auflagen –, so wenig kann man erwarten, daß sie das im Sinne einer forcierten Substitutionsstrategie tun, also gegen sich selbst. Auch wenn es aus
den im zweiten Kapitel genannten Gründen nicht möglich ist, die Versorgung mit erneuerbaren Energien so zu kontrollieren wie die atomar/fos-
sile Energieversorgung: Es ist von ausschlaggebender Bedeutung, *wer* das
Tempo der Einführung solarer Ressourcen vorgibt und nach *welchen*
Interessen dabei vorgegangen wird. Die Schrittmacher der Einführung
erneuerbarer Energien waren und sind unabhängige, nicht eingebundene
Akteure: »grass-roots«-Organisationen, individuelle Betreiber, neue Unternehmen, Stadtwerke, Politiker. Sie haben die Aufklärungsarbeit in der
Öffentlichkeit geleistet und den Markt für Solartechniken vorbereitet.
Ihre Aktivitäten müssen verstärkt werden, statt sich darauf zu verlassen,
daß die Entwicklung nun von Konzernen und von Regierungen in die
Hand genommen wird – nach dem Motto: »Wir haben verstanden.« Wie
wenige verstanden haben, beweist die gegenwärtige Situation der Energiemärkte – besonders im Strommarkt, auf dem die Stromverbraucher
mit Billigstangeboten konventioneller Energien dazu geködert werden
sollen, sich in ihre eigene Zukunftszerstörung einzukaufen.
   Der Wandel zur solaren Weltwirtschaft ist ohne die gebündelten
Aktivitäten lokaler und unabhängiger Kräfte sowie zahlloser individueller Investoren nicht vorstellbar. Diese sind die Voraussetzung dafür, daß
die Techniken und Konzepte zur Nutzung solarer Ressourcen den Entwicklungsstand erreichen, an dem sie für jedermann offensichtlich
kostengünstiger sind als die konventionellen Energieangebote. Erst
dann wird der Wandel zur solaren Weltwirtschaft zum Selbstläufer.
Ohne politische Initiativen, die die Marktprivilegien der konventionellen Energieträger abschaffen und den Marktvorsprung etablierter Ener-
giewirtschaften überwinden helfen, ist allerdings die Gefahr sehr groß,

daß es zu lange dauert, bis der archimedische Punkt für die historische Energiewende erreicht ist. Wenn einzelne Initiativen bewertet werden, muß der Bewertungsmaßstab klar sein: Alle Wege der Förderung und Markteinführung des Sonnenpotentials müssen darauf abzielen, den wirtschaftlichen Vorteil dieses Potentials, daß zu seiner Nutzung gar keine oder möglichst wenig Ketten nötig sind, in Strategien umzusetzen – um damit das Einführungstempo immer mehr zu beschleunigen.

Stellenwert und Tücken solarer Investitionszuschüsse

Mit finanziellen Beihilfen politischer Institutionen für private Investitionen in solare Energietechniken begann allerorten die Markteinführung erneuerbarer Energien. Sie stehen noch heute im Vordergrund politischer Förderungen und praktizierter Initiativen. Dafür gab und gibt es immer noch gute Gründe, weil die Energieverbraucher mit der Kostendifferenz zwischen konventionellen Energieangeboten und den Anlagen für erneuerbare Energien konfrontiert sind und deshalb durch einen finanziellen Anreiz zu einer Solarinvestition ermuntert werden sollen. Das Spektrum der finanziellen Beihilfen reicht von direkten Zuschüssen, die einen bestimmten Prozentsatz der Anlagekosten abdecken, bis zu Steuerermäßigungen und niedrigen Zinssätzen, bei denen Regierungen die Differenz zu den Normalzinsen übernehmen.

So wichtig solche Programme und Anreize für den Einstieg in neue Entwicklungen sind, so wenig sollte jedoch übersehen werden, daß sie auch ihre Tücken haben. Oft hatten und haben sie eine Alibifunktion, und manche haben sogar mehr geschadet als genützt. Dies gilt für Programme mit kleinem Fördertopf und kurzer Laufzeit: Sie sind regelmäßig nach kürzester Zeit ausgebucht; weitere Antragsteller werden auf das nächste Jahr vertröstet. Die Folge ist, daß Eigeninitiativen auf die lange Bank geschoben werden. Die Ankündigung solcher Förderprogramme, ohne daß sie tatsächlich in Kraft treten, hat gleichfalls fatale Wirkungen. So hat die italienische Regierung 1996 ein 10.000-Dächer-Photovoltaik-Programm angekündigt, und drei Jahre später war es immer noch nicht gestartet: Die Folge war, daß in der Zwischenzeit die ohnehin noch schmale gewerbliche Basis, ohne die ein solches Programm gar nicht durchgeführt werden kann, zusammenbrach – ein Gegner der Entwicklung hätte nicht effektiver vorgehen können.

Zuschußprogramme haben auch eine psychologisch ambivalente Wirkung. Einerseits sind sie Anreiz, andererseits haben sie dazu geführt, daß Solarinvestitionen mittlerweile per se identifiziert werden mit finanziellen Einführungshilfen – mit dem Ergebnis, daß nahezu jede Investition von ihnen abhängig gemacht wird, selbst für Anwendungen, bei denen sie gar nicht mehr notwendig wäre. Dieses Zuschußbewußtsein ist zu einem psychologischen Handicap der Breiteneinführung erneuerbarer Energien geworden. Der gedankliche Reflex, daß Solartechnik ohne Zuschüsse zu teuer sei, ist weit verbreitet. Selbst der Integration von Solarmodulen in Geräte stehen solche Vorbehalte noch entgegen, obwohl sie gar keine zusätzlichen Kosten hervorruft, und auch kein Käufer eines Geräts je nach den Kosten eines einzelnen Bauteils fragen wird. In zahllosen Gebäuden gibt es Gestaltungselemente, etwa besondere Fassadenverkleidungen, die die Baukosten erhöhen; aber wenn dieses Gestaltungselement zugleich die Funktion einer Solaranlage hat, gilt es als zu teuer und wird von Zuschüssen abhängig gemacht. Eine EURO-SOLAR-Studie über Wassertaxis in Venedig wies nach, daß mit Photovoltaik angetriebene Boote nicht mehr kosten als solche mit Dieselantrieb und nebenbei die Wasser- und Luftverschmutzung der Stadt mindern und die Gebäude in der Lagunenstadt vor Vibrationen schützen würden.[215] Auch die Einführung dieser Taxis ist mangels Zuschüssen nicht erfolgt.

Solche Verhaltensweisen werden hier nicht beschrieben, um Förderprogramme schlechtzureden. Dessen bin ich schon deshalb unverdächtig, weil ich am Zustandekommen der beiden bisher weltweit größten Markteinführungsprogramme für erneuerbare Energien maßgeblich beteiligt war: dem mit einem Jahresbudget von 200 Mio. DM ausgestatteten Markteinführungsprogramm für erneuerbare Energien der rotgrünen Bundesregierung und dem von mir initiierten und mit einer Mrd. DM dotierten 100.000-Dächer-Photovoltaik-Programm, die beide 1999 gestartet wurden. Es sieht eine Förderung von 100.000 Solardächern bzw. 300 MW-Photovoltaikanlagen im Laufe von sechs Jahren vor; Investitionsanreiz sind ein Null-Zinsangebot und eine Erstattung von 12,5 % der Anlagekosten. Dieses Programm soll eine Massennachfrage stimulieren und mit dem Übergang in die Massenproduktion auch die Kosten senken helfen.[216] Es erfüllt die Anforderungen, die für Anreizfinanzierungen essentiell sind:

- für einen längeren Zeitraum zu gelten, damit es nicht immer wieder Brüche in der Marktentfaltung gibt;
- hoch genug dotiert zu sein, damit keine Warteschleifen entstehen, die private Initiativen bremsen;
- auf eine Kostensenkung der Produkte zu zielen, indem das Förderprogramm einen Wettbewerb um günstige Angebote und Produktivitätsanstrengungen der Hersteller auslöst;
- darauf zu zielen, daß ein sich selbst tragender Markt entsteht: Dies bedeutet, daß es entweder ein Folgeprogramm geben muß oder eine Marktordnung, die weitere Expansion gewährleistet.

Am ehesten wird das 1997 vom Schweizer Nationalrat beschlossene Energieabgabegesetz dem Anspruch ambitionierter Förderung solarer Energietechniken gerecht. Es sieht eine Energieabgabe auf alle konventionellen Energien vor; das so eingenommene Geld – etwa eine Milliarde Schweizer Franken – soll unmittelbar in Förderprogramme für erneuerbare Energien und Energiesparinitiativen fließen. Dieses Gesetz soll so lange gelten, bis 50 % der gesamten Schweizer Energienachfrage durch erneuerbare Energie abgedeckt werden.[217] Der Ständerat – die zweite Gesetzgebungskammer der Schweiz – hat jedoch nach fast zweijährigem Tauziehen eine niedrigere Abgabe verlangt, so daß zum Zeitpunkt der Fertigstellung dieses Buchs über die konkrete Abgabenhöhe noch nicht entschieden war.

Wohlgemerkt: Die Problemlage gebietet es, wesentlich mehr öffentliche Fördermittel für die Markteinführung bereitzustellen – aber eben unter Berücksichtigung obengenannter Kriterien. Da es aber nicht möglich oder vorstellbar ist, die gesamte Energieversorgung durch Zuschüsse in solare Techniken umzugestalten, sind Förderprogramme immer nur ein vorläufiges Hilfsmittel für den Einstieg in eine neue Entwicklung und kein Ersatz für weitergehende Maßnahmen, die auf neue Marktordnungen und Initiativen zielen.

Steuerbefreiung für solare Ressourcen: die Überwindung der Akzeptanzkrise von Ökosteuern

So überzeugend die Notwendigkeit ökologischer Steuerreformen ist, also die höhere Besteuerung umweltschädlicher Energie bei gleichzeitiger Senkung anderer Steuern, insbesondere der von Arbeitseinkommen, so schleppend vollzieht sich im krassen Gegensatz dazu deren Realisierung. Die Idee ist sogar eher unpopulärer geworden. Wichtigster Grund: Die damit verbundenen Belastungen und Entlastungen treten weder personen- noch zeitgleich auf; es ist nicht automatisch dieselbe Person, die mit höherer Energiesteuer belastet und zugleich durch niedrigere andere Steuern entlastet wird. Folglich wird die akut spürbare höhere Energiesteuer kaum in direktem Verhältnis zur Steuerminderung gesehen. Energiesteuern werden vielmehr gleichgesetzt mit der Forderung von Parlamenten und Regierungen, die Bevölkerung möge sich einschränken. Die Zielsetzung, Energiesparinvestitionen zu stimulieren, bedeutet zudem in der Praxis, daß neben höheren Energiepreisen auch noch weitere Investitionskosten aufgebracht werden müßten, um trotz höherer Preise die Energiekosten niedrig halten zu können. Damit wird die Ökosteuer als Belastung für die »kleinen Leute« denunzierbar, in einer Zeit, in der deren individuelle Einkommen wegen der allgemeinen wirtschaftlichen Entwicklung ohnehin schon sinken. Deutlich wurde dies in Deutschland im Wahljahr 1998, als Bündnis 90/Die Grünen ihre Forderung wiederholten, etappenweise die Steuer für den Liter Benzin so lange anzuheben, bis ein Preis von 5 DM erreicht sei. Diese über Jahre hinweg erhobene Forderung stieß wie nie zuvor auf breiten öffentlichen Widerstand. Das Argument der Grünen, bis zu diesem Zeitpunkt werde längst das Drei-Liter-Auto auf dem Markt sein, so daß selbst bei einem Literpreis von 5 DM die Treibstoffkosten für das Auto pro 100 km Fahrleistung nicht höher liegen würden als bisher, wurde damit gekontert, nicht jeder könne sich ein neues Auto leisten.

Auch der Widerstand der Unternehmen hat zugenommen. Angesichts des verschärften internationalen Wettbewerbs ernten sie immer mehr Verständnis für ihre Behauptung, Ökosteuern seien international wettbewerbschädigend. Vorschläge, solche Steuern nicht national einzuführen, sondern etwa in der gesamten Europäischen Union, werden oft nur deshalb gemacht, um eine solche Steuer überhaupt zu verhindern. So gut es wäre, einen solchen Schritt sofort im größeren Rahmen zu machen, so wenig darf dies einen nationalen Aufschub rechtfertigen. Gegenüber Initiativen für eine EU-weite Energiesteuer wiederholt sich nämlich das Argument: Wenn schon, so die Ausflucht der Industrie, dann müsse eine solche Steuer weltweit oder wenigstens in allen Industrieländern erhoben werden. Aber alle wissen, daß es spätestens dafür nicht die geringsten Realisierungschancen gibt.

Nach all diesen Erfahrungen ist es überfällig, den Teufelskreis ständigen Verschleppens und Verwässerns zu durchbrechen. Dazu gehört, Ökosteuerkonzepte so zu gestalten, daß sie nicht mehr mit unübersehbaren Energiepreissteigerungen identifiziert werden, was materielle Existenzängste schürt und als Reglementierung empfunden wird. Ihre klar artikulierte strategische Begründung muß vielmehr sein, atomare und fossile Energien aus dem Markt zu drängen und dafür erneuerbare Energien in den Markt zu ziehen. Die Ökosteuer muß nicht in erster Linie auf die generelle Einschränkung des Energieverbrauchs zielen, sondern auf den Wechsel zu umweltfreundlichen Energiequellen. Dafür sind keine uferlos steigenden Energiepreise nötig: Die Steuern auf konventionelle Energien müssen dafür so angehoben werden, daß die Nutzung erneuerbarer Energien im Vergleich zu fossilen weniger kostet. Die Idee der Ökosteuer wird noch populärer, wenn gleichzeitig die erneuerbaren Energien steuerfrei gestellt werden – also neben die Belastung die entlastende Alternative tritt, zu der die Bevölkerung ermuntert wird.

Wenn Treibstoffe aus erneuerbaren Energien schon jetzt, unter der Voraussetzung ihrer Steuerfreiheit, zu einem Literpreis von einem Euro angeboten werden können, muß demnach die Steuer für fossile Treibstoffe nur so hoch angesetzt werden, daß deren Preise sichtbar über denen der erneuerbaren Treibstoffe liegen, also bei etwas über einem Euro. Damit wird eine Entwicklung ausgelöst, die zur raschen Verdrängung fossiler Treibstoffe führt. Dieses Beispiel zeigt, daß der große zivilisatorische Schritt zur Verdrängung von Erdöl – dem größten Sektor der fossilen Energiewirtschaft – ein verhältnismäßig kleiner und überschaubarer Schritt sein kann.

Um der Ökosteuer den Makel zu nehmen, sie sei sozial ungerecht, müssen darüber hinaus das eklatante Gerechtigkeitsdefizit in der Energiebesteuerung beseitigt und die Steuerbefreiung für bestimmte Verbrauchsbereiche aufgehoben werden. Dies gilt besonders für die Steuerbefreiung von Flug- und Schiffstreibstoffen (wofür auch massive volkswirtschaftliche Gründe sprechen, die im zehnten Kapitel näher betrachtet werden) sowie, innerhalb der gesamten Europäischen Union, für die Steuerbefreiung von Mineralöl für mineralölverarbeitende Betriebe, also die chemische Industrie, über deren verheerende strukturkonservierende Wirkung im siebten Kapitel gesprochen wurde. Diese Steuersubventionen halten den Massenverbrauch fossiler Energien hoch und das Preisniveau dafür selbst außerhalb subventionierter Bereiche künstlich niedrig. Mit der Reduzierung des Gesamtabsatzes dieser Energien steigt automatisch ihr Preis, was den Prozeß der Ablösung fossiler Energien beschleunigt. Höhere Energiesteuern für konventionelle Energien und gleichzeitig fortgesetzte Steuerfreiheiten in großen Verbrauchssektoren sind ein eklatanter Widerspruch. Energiesteuerkonzepten, die diesen Widerspruch nicht zunächst durch Streichung von derartigen Subventionen überwinden, fehlen die Glaubwürdigkeit und die Zielschärfe.

Die Gerechtigkeitslücke muß auch dadurch geschlossen werden, daß Ökosteuerkonzepte keine pauschalen Ausnahmen mehr für die gewerbliche Wirtschaft zulassen. Damit wird schließlich ausgerechnet der Bereich ausgespart, der die größten Spielräume zu Veränderungen hat. Er kann die dafür erforderlichen Neuinvestitionen als Betriebsausgaben geltend machen und damit steuerfrei stellen. Zumindest aber müßten Ausnahmen vom Nachweis abhängig gemacht werden, daß die Unternehmen die Möglichkeiten zur rationellen Energieverwendung im Rahmen ihres Energiehaushalts – etwa nach dem Muster des im achten Kapitel beschriebenen Energie-Contracting – ausgeschöpft haben. Dieser Nachweis kann in Form eines Energie-Audits erbracht werden. Der Zeitraum von zehn Jahren ist nicht willkürlich gewählt; er entspricht dem der meisten Contracting-Modelle.

Auch andere Varianten der Steuerbefreiung erneuerbarer Energien passen zu den hier herausgearbeiteten Kriterien: etwa die Halbierung bis Befreiung von Mehrwertsteuersätzen für aus Solaranlagen bezogenen Strom oder für deren Installation. Dieser Schritt wäre für den Staat mit hoher Wahrscheinlichkeit finanziell mindestens neutral. Denn er würde zwar auf eine Steuer verzichten, aber durch die damit erreichte Förderung solarer Techniken bei anderen Steuern mehr einnehmen, etwa bei den Einkommen aus dadurch neu geschaffenen Arbeitsplätzen. Auch für Impulse zur Ablösung fossiler durch solare Rohstoffe bietet sich der Ansatz der Mehrwertsteuerbefreiung pflanzlicher Rohstoffe an, um die Markteinführung zu beschleunigen.

Wie wenig das Ökosteuerkonzept bisher dem Ziel diente, fossile Energien abzulösen, zeigt nicht zuletzt die Diskussion um das Drei-Liter-Auto, dessen Einführung mit Ökosteuern beschleunigt werden soll. Dieses Drei-Liter-Auto ist aber nicht die wirkliche ökologische Alternative – angesichts der Zuwachsraten im weltweiten Automobilabsatz. Dieser wird alle Fortschritte bei energiesparenden Motoren wieder zunichte machen: Halbierter Brennstoffverbrauch bei einer Verdoppelung der Zahl der Automobile bedeutet, daß der Treibstoffverbrauch weltweit konstant hoch bleibt. Das viel überzeugendere Ziel ist das Null-Emissions-Auto, also eines, das mit Treibstoff aus erneuerbaren Energien fährt. Es kann ebenso schnell entwickelt und eingeführt werden und würde das Autofahren sogar wieder billiger machen, wenn Treibstoffe aus erneuerbaren Energien steuerfrei sind. Damit könnte eine viel höhere Einführungsgeschwindigkeit erreicht werden als für Drei-Liter-Autos (mit hohen fossilen Treibstoffkosten). In späteren Zeiten, wenn fossile Energie als Treibstoff endgültig aus dem Verkehr gezogen ist, könnten jederzeit wieder Steuern auch für Biotreibstoffe eingeführt werden. Den Weg zurück zu fossilen Energien wird es dann nicht mehr geben, wenn die Versorgungskette einmal auseinandergebrochen ist. Alles spricht dafür, daß die radikalere Strategie des Wechsels zu erneuerbaren Energien nicht nur dem Problem eher gerecht wird, sondern auch populärer und damit politisch erfolgversprechender ist.

Wege und Barrieren im Ökostrommarkt

Das tragende Prinzip der – in der EU spätestens seit dem Inkrafttreten der »Binnenmarktrichtlinie Elektrizität« im Jahr 1997 – in immer mehr Ländern eingeführten neuen Strommarktgesetze ist die unternehmerische Trennung der Funktionen der Produktion, des Transports und der lokalen Verteilung von Strom im Niederspannungsnetz. Diese Entwicklung wurde von der Stromwirtschaft zunächst als »Schock im System« wahrgenommen.[218] Inzwischen wird sie von der Stromwirtschaft sogar begrüßt. Begrüßt wurde sie aber auch von den meisten Befürwortern erneuerbarer Energien wegen deren negativen Erfahrungen mit den Strommonopolen. Doch beide Seiten haben diametral entgegengesetzte Strategien und Erwartungen: Die Konzerne entscheiden sich auf der Basis ihrer in der Zeit der Gebietsmonopole erworbenen Marktmacht für eine Markterweiterung; die Betreiber erneuerbarer Energien setzen dagegen auf einen künftig ungehinderten Marktzugang für Strom aus erneuerbaren Energien.

Doch der erste Einbruch in die Monopolstrukturen erfolgte schon zuvor in einigen Ländern durch Stromeinspeisegesetze für erneuerbare

Energien, die unabhängigen Betreibern von Stromerzeugungsanlagen den Eintritt in den bestehenden Strommarkt sicherten. Beide Ansätze der Markteinführung von grünem Strom sind nötig; beide wurden von mir mit initiiert und vorangetrieben. Die Frage ist, welchen langfristigen Stellenwert sie vor dem Hintergrund der derzeitigen stromwirtschaftlichen Entwicklung und für den Substitutionsprozeß durch erneuerbare Energien haben.

Stromeinspeisungsgesetze im Dauerkonflikt

Die ersten Stromeinspeisegesetze für erneuerbare Energien, die in Deutschland, Dänemark, Spanien, Italien und Griechenland[219] eingeführt wurden, garantieren unabhängigen Betreibern den Netzzugang und für ihren Strom eine Vergütung in einer Höhe, die privaten Betreibern Investitionssicherheit geben soll. Dies allein hat indes noch keineswegs die Markteinführung ermöglicht. So wurden in Italien und Griechenland, nicht zufällig Länder mit einer staatlichen Einheitsgesellschaft für die Stromversorgung, Privatinvestoren technische Auflagen auferlegt, die die praktische Umsetzung des Gesetzes blockierten. In Deutschland, Dänemark und Spanien haben Stromeinspeisungsgesetze jedoch in relativ kurzer Zeit zahlreiche private Investitionen unabhängiger Betreiber ausgelöst – vor allem für Windkraftanlagen, für die die Vergütungen schon ausreichten, um wirtschaftlich zu arbeiten. Stromeinspeisungsgesetze haben sich somit als das erfolgreichste Einführungskonzept für erneuerbare Energien im Stromsektor erwiesen. Eine der Erfolgsbedingungen ist, daß in diesen Ländern schon eine öffentliche Aufmerksamkeit und damit Rückendeckung für erneuerbare Energien besteht und daß dort die Stromversorgung noch nicht vollständig an einen Einheitskonzern delegiert ist, so daß der Gedanke schneller Fuß faßt, die Energieversorgung unabhängig davon realisieren zu können. Jedenfalls ist auffallend, wie wenig Eigeninitiativen für Energiebereitstellung es in einem Land wie Italien gibt, das sonst für seine individualitätsbewußte Kultur bekannt ist.

Die Stromeinspeisungsgesetze stießen in allen Ländern von Anbeginn auf den Widerstand der Stromwirtschaft, der in dem Maße zunahm, je mehr private Betreiber tatsächlich aktiv wurden. Dabei versuchen die Stromkonzerne, die Öffentlichkeit mit Horrorzahlen zu erschrecken: Sie behaupten, untragbare Mehrkosten kämen auf Industrie und Verbraucher zu. Denn in den Zeiten der Einspeisung von Strom aus erneuerbaren

Energien würden nur Brennstoffkosten eingespart; alle Kapazitäten für die Betriebsrestzeiten müßten aufrechterhalten werden. Die Konzerne argumentieren also mit der unternehmerischen Einheit von Produktion, Transport und Verteilung, die es durch die neuen Strommarktgesetze aber inzwischen offiziell nicht mehr geben darf. Mit anderen Worten: Sie kalkulieren rechtswidrig. Eine den Strommarktgesetzen entsprechende Kalkulation unmittelbarer Mehrkosten dürfte sich nur noch auf die Preisdifferenz zwischen den durchschnittlichen Strombereitstellungs-kosten auf der Ebene des Verteilernetzes, das die eigentliche Versorgungs-aufgabe hat, und den festgelegten Tarifen aus der Stromeinspeisung er-neuerbarer Energien beziehen. Die Mehrkosten könnten außerdem durch gesetzliche Auflagen unter allen Netzbetriebsgesellschaften umver-teilt werden – um nicht diejenigen unter ihnen wirtschaftlich zu benach-teiligen, in deren Netz zufällig besonders viel Strom aus erneuerbaren Energien eingespeist wird, der höher vergütet werden muß als der sonst bezogene Strom. Damit sind Stromeinspeisungsgesetze auf der Basis von Mindestpreisregelungen die einfachste Möglichkeit zur stetigen Auswei-tung des Anteils erneuerbarer Energien – vorausgesetzt, daß der politi-sche Wille von Regierungen und Parlamenten stark genug ist, solche Gesetze bestehen zu lassen bzw. neu einzuführen und ihre Beachtung sicherzustellen. Wenn die Stromeinspeisung aus erneuerbaren Energien Vorrang hat, kann deren Beitrag stetig wachsen, und die Nachfrage nach atomar/fossil erzeugtem Strom wird entsprechend stetig sinken. Wenn außerdem Strom aus erneuerbaren Energien steuerfrei ist oder wird und nur jener aus konventionellen Quellen einer Besteuerung unterliegt, sin-ken auch automatisch die Mehrkosten. Wie hoch diese wirklich sind, muß ohnehin noch näher geprüft werden. Sicher ist, daß sie wesentlich niedriger sind als behauptet wird – und teilweise auch gar nicht anfallen.

Photovoltaisch erzeugter Strom wird immer zu den Tageszeiten pro-duziert, in denen die Tagesspitze erreicht wird, und der Strom deshalb einen höheren wirtschaftlichen Wert hat: Stromanbieter kaufen diesen Spitzenstrom häufig zu Preisen zwischen 25 und 50 Pfennig ein. Wind weht tagsüber häufiger als nachts, d.h. auch Windkraftanlagen liefern eher wertvollen, höher vergüteten Strom. Deshalb bietet sich, auf der Basis der festgestellten Durchschnittskosten des tatsächlichen Strombe-zugs zu den verschiedenen Lastzeiten, eine entsprechende Differenzie-rung auch der Einspeisungstarife für erneuerbare Energien an. Dies käme insbesondere der Photovoltaik zugute. Für diese wurde im ab

April 2000 geltenden Erneuerbare-Energie-Gesetz in Deutschland eine
Vergütung von 99 Pfennig pro Kilowattstunde eingeführt mit einer jährlichen Degression bei Neuanlagen von 5%. Wird auf dieser Basis die
Photovoltaik durch die generelle Breiteneinführung, technische Weiter-
entwicklungen und Produktionskostensenkung laufend billiger, so würden sich zu einem späteren Zeitpunkt die sinkenden Vergütungen mit
der durchschnittlichen Preislinie für Tagesspitzenstrom kreuzen. Dies
wäre der Zeitpunkt, ab dem eine nach dem tatsächlichen Marktwert
festgelegte Vergütung der Photovoltaik die Kostendeckung für die Investoren sichern würde.

Ironischerweise ist es jedoch gerade wegen des Erfolgs von Stromeinspeisungsgesetzen unwahrscheinlich, daß sie überall eingeführt werden und dann zeitlich unbegrenzt weiterbestehen können. Je größer die
Einführungserfolge, desto größer wird auch der Widerstand werden –
und das Obstruktionspotential der Stromwirtschaft ist erheblich. Obwohl Stromproduktion, -transport und -verteilung durch die Strommarktgesetze offiziell getrennt sind, bauen die Stromkonzerne ihre
direkte oder indirekte Kontrolle über alle drei Funktionsbereiche durch
die Übernahme von immer mehr lokalen Verteilungsnetzen sogar aus.
Sie zielen jetzt direkt auf die Endkunden des Stroms, obwohl doch die
Marktregeln Produktion und Stromverteilung entflechten sollen – um
den monopolistischen Zustand zu beseitigen, in dem die Stromnetze
dazu mißbraucht wurden, Produzentenmonopole zu sichern.

Ihr gemeinsames Interesse ist, die unkontrollierte Einspeisung erneuerbarer Energien zu verhindern, die den Strommarkt stört, weil das
wachsende Kontingent erneuerbarer Energien nicht zur Disposition der
Stromkonzerne steht. Ihre politische Einflußnahme ist so erfolgreich,
daß die genannten erfolgreichen Stromeinspeisungsgesetze international kaum Schule machen. Die EU-Kommission hat zwar in ihrem
Weißbuch über erneuerbare Energien von 1997 eine EU-Einspeisungs-
richtlinie vorgeschlagen – nach dem Prinzip einer Grundvergütung in
Höhe der durchschnittlichen Strombereitstellungskosten bis zum »City-
Gate« des örtlichen Verteilernetzes, zuzüglich einer Umweltprämie von
20%.[220] Dies wurde auch vom EU-Parlament in einer Entscheidung
unterstützt.[221] Doch andere Teile der EU-Kommission, die zuständig
sind für die Erarbeitung von Richtlinien für den Energiemarkt und für
das Wettbewerbsrecht, lehnten bisher beharrlich die Umsetzung dieser
Empfehlung ab – wie sie auch die Bestimmungen der EU-Binnenmarkt-

richtlinie Elektrizität, wonach auf nationaler Ebene ein Vorrang im Marktzugang und bei der Einspeisung umweltfreundlich erzeugten Stroms ausdrücklich erlaubt ist, wie als nicht existierend behandeln.

Teil dieser Abwehrstrategie sind Versuche der Konzerne, Stromeinspeisungsgesetze durch ein Quotensystem zu ersetzen: Stromversorgungsunternehmen sollen dazu verpflichtet werden, erneuerbare Energien zu einem gesetzlich festgelegten Anteil ihres Stromabsatzes abzunehmen. Diese Quote soll von Zeit zu Zeit erhöht werden. Um sie zu erfüllen, sollen Ausschreibungen um die günstigsten Angebote durchgeführt werden. Damit sollen die Marktgesetze und der davon ausgehende Produktivitätsdruck auch bei erneuerbaren Energien zur Geltung kommen. Doch übersehen solche Modelle den regionaltypischen Charakter erneuerbarer Energien: Die Wirtschaftlichkeit der Stromerzeugung hängt nicht nur – wie bei konventionellen Energien – von der technischen Produktivität einer Anlage ab, sondern auch von den unterschiedlichen Windverhältnissen und Einstrahlungsbedingungen. Die Folge eines Quotensystems mit wettbewerblicher Ausschreibung wäre, daß sich alle auf die günstigsten geographischen Standorte und auf die aktuell kostengünstigsten Stromerzeugungsmöglichkeiten aus erneuerbaren Energien stürzen würden, zur Zeit vor allem auf die Windkraft. Diese Standorte wären schnell ausgebucht, zumal aus übermäßiger regionaler Ballung solcher Anlagen vor Ort Widerstände erwachsen. Andere Stromversorger müßten auf Angebote mit ungünstigeren geographischen Bedingungen ausweichen und dafür höhere Preise bezahlen, weil sie im Wettbewerb um die Produktion in guten Standortlagen den kürzeren gezogen haben. Sofort wäre das Argument der Wettbewerbsverzerrung wieder da, das auch Quotensysteme erneut in Frage stellen würde – vor allem seitens derjenigen, die sie heute als Alternative zu Stromeinspeisungsgesetzen empfehlen.

Zumindest wäre jede folgende Quotenerhöhung massiv umstritten, da sich das Problem unterschiedlicher Preise an unterschiedlichen Standorten mit der Ausweitung der Strommengen aus erneuerbaren Energien laufend verschärft. Ein Druck auf Quotenerhöhungen kann nur von unabhängigen Betreibern kommen, die keine Rücksicht auf vorhandene konventionelle Kraftwerkskapazitäten nehmen. Diese Rücksichtslosigkeit ist aber Voraussetzung für den expansiven Ausbau von Stromerzeugungsanlagen mit erneuerbaren Energien. Wenn zudem bei einem Quotensystem verhindert werden soll, daß sich die Markteinführung nur auf bestimmte Nutzungstechniken wie die Windkraft konzentriert, die aktuell Kostenvorteile gegenüber anderen erneuerbaren Energien haben, müßte die Quote in Unterquoten aufgeteilt werden, was sie zu einem bürokratischen Monstrum machen würde. Da die Quoten auch durch weit entfernte Produktionsangebote erfüllt werden sollen, verstärkt sich die Abhängigkeit erneuerbarer Energien vom Stromverbundnetz. Die Quote kann zudem unterlaufen werden, indem ganz einfach ein Anbieter den Zuschlag erhält, ohne diesen anschließend umzusetzen. Im englischen Ausschreibungsmodell nach der sogenannten Non-Fossil-Fuel-Obligation, das ein Vorbild für Quotenmodelle ist, ist dies ständig passiert. Daraus ergibt sich, daß Quotenkonzepte keine Alternative zu Stromeinspeisungsgesetzen mit Mindestpreisregelungen sein können. Sie werden von Stromkonzernen befürwortet, weil sie auf diesem Wege ihr Angebotsmonopol wiederherstellen könnten: Sie würden die einmal beschlossene Quote selbst mit Angeboten füllen und die Entwicklung im nächsten Schritt bremsen.[222]

Eine sinnvolle Alternative zu Mindestpreisregelungen ist nicht zu sehen. Sie liegen auch dem vom Deutschen Bundestag im Februar 2000 beschlossenen Erneuerbare-Energie-Gesetz zugrunde, das das bisherige Stromeinspeisungsgesetz für erneuerbare Energien ablöst. Die neue Qualität dieses Gesetzes ist, daß damit die garantierte Vergütung unter voller Beachtung der »unbundling«-Regel im Stromsektor realisiert wird: der Strom aus erneuerbaren Energien wird von den Betreibern des nationalen Netzverbundes auf der Basis der gesetzlichen Vergütungssätze zwischenfinanziert. Er wird dann aber *allen* Stromanbietern zugewiesen und in Rechnung gestellt, und zwar proportional zum Anteil der erneuerbaren Energien im Stromnetz. Dadurch sind alle Stromlieferanten und mit diesen auch automatisch alle Stromkunden linear zu ihrem Stromangebot bzw. -verbrauch an der Finanzierung der Einspeisevergütungen beteiligt – jeweils synchron zu dem wachsenden Anteil erneuerbarer Energien im Stromnetz. Es handelt sich damit um eine Art »Gleitquote« auf der Basis mengenmäßig nicht limitierter Netzeinspeisung erneuerbarer Energien und eines gesetzlich festgelegten Vergütungssatzes. Damit wird dem Marktprinzip entsprochen, soweit es für erneuerbare Energien anwendbar ist. Aber der Vorrang erneuerbarer Energien ist in jedem Fall aus ökologischen Gründen gegeben. Damit ist eine prinzipielle Kurskorrektur inmitten der Ära der Liberalisierung der Strommärkte eingeleitet worden.

Unabhängiger Ökostrommarkt und die Probleme der Durchleitung

Ein unabhängiger Strommarkt besteht aus direkten Stromlieferverträgen zwischen einem Anbieter von Ökostrom – entweder einem entsprechenden Stromhändler oder einem direkt liefernden Produzenten – und Stromkunden. Vertragsinhalt ist die Lieferung von Strom, der vollständig aus erneuerbaren Energien produziert wurde, wofür sich auch die Bezeichnung »grüner Strom« oder »Naturstrom« eingespielt hat. Zwischenformen sind Lieferungen auch aus Kraft-Wärme-Koppelungsanlagen auf fossiler Energiebasis.[223]

Mit der Liberalisierung der Strommärkte sind unabhängige Ökostromanbieter aufgetreten, besonders in den Ländern, in denen es eine breite öffentliche Diskussion um und Unterstützung für ökologische Alternativen gibt. Sie setzen auf die Stromkunden, die aus ideellen Gründen, aus Voraussicht oder des Images wegen bereit sind, für den Bezug von Ökostrom höhere Preise zu bezahlen. Daß diese Bereitschaft bei großen Teilen der Bevölkerung besteht, ist durch Umfragen ermittelt worden.[224] Ein Vorbild ist der Markt für ökologisch produzierte Lebensmittel. Ein unabhängiger Ökostrommarkt kann sogar schneller zur Entfaltung kommen als der Ökomarkt im Lebensmittelsektor, weil bei Ökostrom nicht täglich neue Kaufentscheidungen getroffen werden müssen, sondern lediglich ein Kaufvertrag abgeschlossen werden muß. Auf diesen Ansatz setzen manche neuen Anbieter »grünen Stroms« so euphorisch, daß alle anderen Optionen dagegen nebensächlich scheinen. Ihr Optimismus gründet sich auf zwei Erwartungen:

– Der grüne Strom wird in der laufenden Entwicklung immer billiger angeboten werden können, so daß die Preisdifferenz zum konventionellen Energiemix sinkt – und damit die Chance einer Marktausweitung der Alternative steigt –, insbesondere bei Steuerfreiheit für erneuerbare Energien.
– Die Durchleitungstarife, die den netzbetreibenden Unternehmen zu bezahlen sind, werden diskriminierungsfrei geregelt werden, so daß auf dieser Ebene Wettbewerbsgleichheit aller Energieträger besteht.

Doch diese Erwartungen sind keineswegs gesichert, was sich an den Tretminen zeigt, die von den Stromkonzernen gelegt werden: Daß sich die vorhandene Preisdifferenz zwischen »Grünstrom« und »Braunstrom« in überschaubarer Zeit zugunsten des ersteren verbessern wird, ist mehr als fraglich. Im neuen europäischen Strommarkt ist ein Preissenkungswettlauf ausgebrochen. Die Spielräume der Großkonzerne sind groß, weil sie – gerade unter den Bedingungen transnationaler Fusionen – auf vier Karten setzen können: auf den großen Bestand an bereits abgeschriebenen Kraftwerken, die damit sehr kostengünstig produzieren können und in den nächsten Jahren kaum Neuinvestitionen erfordern; auf Billigstromangebote vom internationalen Markt, besonders aus Osteuropa; auf das Kapitalpolster, das sie in Zeiten der Gebietsmonopole angelegt haben; sowie auf Personalentlassungen in erheblichem Umfang. Aus diesen Gründen sinken gegenwärtig überall die Strompreise um zweistellige Prozentbeträge – womit indirekt bestätigt wird, daß in früheren Jahren übermäßige Gewinne zu Lasten der Stromkunden gemacht wurden. Durch diese Entwicklungen wird für eine geraume Zeit die Preisdifferenz zwischen konventionellem Stromangebot und Ökostrom größer, was den Marktzugang von letzterem erschwert.[225]

Auch in bezug auf diskriminierungsfreie Durchleitungstarife sind Fragezeichen angebracht, ob solche Regelungen, so wie erhofft, ohne jede Diskriminierung durchzusetzen sind und dann auch ohne immer neu eingebaute Stolpersteine der Stromkonzerne funktionieren. Von einer tatsächlichen Beachtung des Kernelements eines Strommarkts – der Trennung von Produktion, Transport und Verteilung – kann keine Rede sein. Selbst wenn Stromkonzerne in Produktions- und Netzbetriebsunternehmen aufgeteilt worden sind, wird weiter versucht, das Netz für die wirtschaftliche Absicherung von Großkraftwerken zu nutzen. Das Instrument dafür sind eben die Durchleitungstarife. Im Juli 1999 wurde der Dachverband ETSO gegründet (Association of European Transmission System Operators), dem die europäischen Betreiber der Hoch- und Mittelspannungsleitungen angehören. Angestrebt wird, gemeinsam Druck auf die EU-Kommission und die einzelnen Regierungen auszuüben, die Durchleitungsvereinbarungen der Stromwirtschaft zu akzeptieren und auf eine EU-Richtlinie sowie eine Regulierungs- bzw. Wettbewerbsbehörde zu verzichten, die direkt gegen Marktdiskriminierungen einschreiten kann. Selbst wenn Durchleitungsregeln so aussehen, als wären sie diskriminierungsfrei, haben die großen Netzbetreiber viele Möglichkeiten, technische Schwierigkeiten ins Feld zu führen oder technische Schikanen gegen mißliebige Konkurrenten einzubauen.

Die Durchleitungstarife sind der »casus«. Einige der neuen Ökostrom-Unternehmen lehnen die Durchleitung ab, weil diese bereits von den Stromkunden, bevor sie auf den Bezug von Ökostrom umsteigen, durch den im Strompreis enthaltenen Leitungspreis (für die Bereitstellung der Stromversorgungskapazitäten) und durch die Anschlußgebühr bezahlt worden ist. Ein zusätzlicher Durchleitungstarif würde demnach eine dreifache Bezahlung durch den Ökostromkunden bedeuten.[226] Deshalb sei es sinnvoller, Verträge abzuschließen, die allein die gegenwärtigen Mehrkosten für die Investitionen in erneuerbare Energien berücksichtigen; diese Investitionen werden dann vom Ökostromanbieter für neue Anlagen eingesetzt, der daraus produzierte Strom in das allgemeine Netz eingespeist und nach dem Stromeinspeisungstarif vergütet. Physikalisch läuft das in der Tat auf dasselbe hinaus wie bei einem Vertragsverhältnis zwischen Ökostromanbieter und -kunden, weil Strom kein physisch aushändigbares Produkt ist. Stets wird ja Strom in ein allgemeines Netz eingespeist und an anderer Stelle als in seiner Herkunft nicht mehr erkennbarer Strom dem Netz entnommen. Voraussetzung für solche Ökostrommodelle ohne Durchleitung ist jedoch die Existenz eines Stromeinspeisungsgesetzes.

Stromkonzerne haben begonnen, gegen die neue Konkurrenz von Ökostromanbietern selbst Ökostrom-Tochterunternehmen zu gründen. Ihre Investitionskosten dafür sind gering, weil sie über einen Bestand alter Wasserkraftanlagen verfügen, die sie aus ihrem bisherigen Angebotsmix herausnehmen und für das Ökostromangebot bereitstellen. Somit sind sie in der Lage, jeden neu auftretenden Ökostromanbieter preislich zu unterbieten. Trotz ihrer außerordentlichen Wettbewerbsvorteile unterbieten sie diese aber nur geringfügig und machen auf diese Weise noch zusätzliche Gewinne, ohne daß der Gesamtanteil erneuerbarer Energien im Stromnetz steigt. Auf diesem Wege nutzen Stromkonzerne die positive Einstellung von Ökostromkunden für erneuerbare Energien zur eigenen Gewinnsteigerung und Imagepflege sowie zur Ausschaltung bzw. Blockierung unabhängiger Ökostromanbieter.

Derartigen Versuchen könnte nur durch eine Zertifizierung der Ökostromanbieter entgegengewirkt werden. Ein solches Ökostrom-Label muß an die Voraussetzung geknüpft sein, daß der Ökostrom nachweisbar aus neuen Anlagen kommt, und daß der Anbieter glaubwürdig ist. Der in Deutschland u. a. von den Umweltorganisationen BUND, Naturschutzbund, Deutscher Naturschutzring, EUROSOLAR, IPPNW, dem Bund für Energieverbraucher und von der Verbraucherinitiative getra-

gene Verein »Grüner Strom-Label« lehnt deshalb die Kennzeichnung
von Ökostromunternehmen ab, in denen wesentliche Anteile von
Stromkonzernen gehalten werden, die in ihrer Strategie weiter auf
Atomenergie und große fossile Kraftwerke setzen und aus deren allge-
meinem Verhalten erkennbar ist, daß sie die Entfaltung erneuerbarer
Energien behindern, obwohl sie das Gegenteil behaupten.[227]
Die Entwicklungschancen des Ökostrommarkts hängen also davon
ab, daß das Verhalten der Anbieter transparent ist und daß die Durch-
leitungsregelungen die Stromkonzerne weder direkt noch indirekt –
über Mehrfacheinnahmen von denselben Stromkunden für dieselbe
Leistung oder durch hohe Einnahmen sichernde Tarife auf der Hoch-
spannungsebene – begünstigen. Mit dem Verbundnetz haben die
Stromkonzerne das große Geld gemacht und wurden, trotz öffentlicher
Stromaufsicht, zu einer wirtschaftlichen Macht. Nicht bei wenigen
großräumigen, sondern bei vielen regional operierenden Ökostromanbietern liegt die Chance von Ökostrommarktkonzepten. Der lokale
Ökostrommarkt entspricht auch der Eigenart erneuerbarer Energien als
lokal geerntete Energiequelle. In diesem Fall bedürfte es keines Durch-
leitungstarifs, weil dieser ja in der Tat über die Anschlußgebühren sowohl des Anbieters wie des Stromkunden bereits bezahlt ist. Bei Stromlieferungen von einem Anbieter zum Kunden innerhalb eines eigenen
kommunalen Verteilernetzes verlangen die korrekt arbeitenden Stadtwerke auch keine weiteren Durchleitungsgebühren. Der für erneuerbare
Energien und für eine dezentrale Energieversorgung richtige Weg sind
innerhalb eines Verteilernetzes differenzierte Netzzugangstarife, die
zwischen der Durchleitung eines Lieferanten von außen zu einem Kunden und der von einem Lieferanten unterscheidet, der innerhalb des
Netzes liefert – nach dem Prinzip »aus dem lokalem Gebiet in das lokale Gebiet« oder »aus der Region in die Region«.

Die Ökoenergieanbieter und die kommunale
Energieselbstversorgung

Das Verwirrspiel um die Stromeinspeisungsgesetze und die tatsächlichen Kosten der Einspeisung erneuerbarer Energien in die Energieversorgung wird durch die Undurchschaubarkeit der Strompreisbildung
im Stromverbundnetz möglich.

Die Strompreisbildung im Verbundnetz samt der Bezugsverträge ist eine Black Box, in die niemand hineinschaut – weshalb die Stromverbundwirtschaft getrost nicht nachprüfbare Behauptungen aufstellen kann. Auch die Fallstricke im Ökostrommarkt sind Probleme des Verbundnetzes – obwohl dieses für eine dezentrale Stromerzeugung nicht nötig ist. Die Perspektive erneuerbarer Energien liegt, wie schon beschrieben, nicht darin, die zentralisierte Verbundwirtschaft zu kopieren. Erneuerbare Energien brauchen ihre eigene Versorgungsstruktur auf der Basis entwickelter und leistungsfähiger Stromspeicher.

Nicht dogmatische Abgrenzung von der Verbundwirtschaft spricht gegen die Integration, weil an einem »Feindbild« festgehalten werden soll, sondern die optimale wirtschaftliche Einsatzmöglichkeit erneuerbarer Energien durch Techniken, die überall einsatzfähig sind und aufgrund ihrer Multifunktionalität einen mehrfachen wirtschaftlichen Nutzen haben. Das Verständnis der spezifischen Bereitstellungskette erneuerbarer Energien ist ausschlaggebend für jede Strategie zu ihrer Durchsetzung. Dabei muß man sich dem Konflikt zwischen der Struktur atomar/fossiler Energieversorgung, die zwangsläufig hierarchisch organisiert sein muß, und der für die erneuerbaren Energien geeigneten Struktur bewußt stellen, statt ihn zu vernebeln. Während sich die Energiekonzerne zu spartenübergreifenden, aber gleichwohl in zentralistischen Strukturen operierenden Energieversorgern entwickeln, müssen die Konzepte für erneuerbare Energien auf ein spartenübergreifendes *dezentrales Energieversorgungssystem* zielen. Die Basen jeder Energieversorgung sind die Energiequellen und die Endverbraucher der Energie. Weil diese beiden Basen bei atomaren und fossilen Energien nicht regional oder lokal – außer in den Fördergebieten – identisch sein können, wurden die Ketten notwendig und ein zentral gesteuertes Versorgungssystem möglich. Bei erneuerbaren Energien ist die regionale und lokale Identität dieser beiden Basen möglich. Deshalb ist der Weg von der Quelle zu Energieverbrauchern über einen Netzverbund unnötig, es ist ein unwirtschaftlicher Umweg, der von Wegelagerern kontrolliert wird. Ein dezentrales System dagegen revolutioniert die Energieversorgung und ermöglicht die springflutartige Entfaltung erneuerbarer Energien. Dies ist auch die einzige Chance der kommunalen und regionalen Energieversorgung und der hier tätigen Stadtwerke. Sie müssen und können diesen Weg gehen, andernfalls befinden sie sich in einem Abwehrkampf gegen den Konzentrationsprozeß, den sie ohne die ganzheitliche Integration der Energiebasis nur verlieren können. Die Rollen in diesem dezentralen System sind klar beschreibbar. Sie reichen

- vom klassischen Energieverbraucher, der alle seine Nutzenergien kauft – und diese alle (bis hin zum Treibstoff) vom lokalen bzw. regionalen Energieanbieter geliefert bekommt,
- über den individuellen Energienutzer, der einen Teil seines Bedarfs selbst deckt, den anderen zukauft,
- den individuell vollständig unabhängigen Selbstversorger, der selbst Energie speichert und weiterverwertet,
- und den Selbstversorger, der den lokalen bzw. regionalen Energieanbieter mit seiner Überschußproduktion beliefert und damit selbst zum Energieanbieter wird,
- zum spartenübergreifenden Ökoenergieanbieter, der Überschüsse anderer zukauft und weiterverteilt oder zunächst speichert und dann weiterverwertet, und der dafür das lokale Strom- und Gasnetz betreibt.

Wenn eine zentrale Energiebereitstellung mit der systematischen Ausweitung der Nutzung erneuerbarer Energien immer weniger und schließlich nicht mehr gebraucht wird, muß sie vom einzelnen auch nicht mehr bezahlt werden. Die spezialisierten konventionellen Energiesektoren werden abgelöst durch den dezentralen Energieverbund. Der Träger des lokalen Verteilernetzes hat die Aufgabe, die optimale Produktivität der privaten Eigenbetriebsanlagen zu ermöglichen, indem Energieüberschüsse umgeleitet und weiteren Verwendungen zugeführt werden. Der Träger des Verteilernetzes und die Eigenbetreiber bzw. Selbstversorger erweitern ihre Produktivität, indem sie die Multifunktionalität der erneuerbaren Energien ausreizen und jeweils mit der Entwicklung der Technik modular erweitern. Sie beschränken sich also nicht nur auf *eine* wirtschaftliche Rolle.

Die Rolle des Verteilers ist die klassische Aufgabe kommunaler Unternehmen, die damit zum ganzheitlichen Energieunternehmen werden. Kommunen müssen dafür sorgen, daß sie das Stromnetz in ihrem Gebiet in jedem Fall behalten oder wieder übernehmen, wenn sie es schon veräußert haben. Dieses Verteilernetz wird aber nicht allein zur linearen Stromlieferung eingesetzt, sondern ermöglicht die Speicherung aller Stromüberschüsse aus Stromerzeugungsanlagen im Verteilergebiet,

sowohl der Überschüsse aus eigener Stromerzeugung wie die der individuellen Stromerzeuger. Das integrierte lokale Energieunternehmen
übernimmt *alle* Wegefunktionen, also auch die der Kanalisation, der
Gas-, Wärme- und der Wasserverteilung. Es übernimmt auch mit Hilfe
dieser Netze die Telekommunikation für Online-Dienstleistungen. Es
kann diese Netze zunehmend in Parallelfunktion betreiben und damit
Infrastrukturaufwendungen und Wartungsleistungen sparen. Dies sind
schon deshalb öffentliche Aufgaben, weil es konkurrierende Verteilernetze für Strom, Wasser, Gas oder Wärme in einem Versorgungsgebiet
nicht gibt. Von Wettbewerbseinschränkung kann also keine Rede sein.
Die Fragen sind deshalb allein:

– Sind diese Netze in der Hand eines privaten Monopolisten, oder sind
  sie in demokratisch kontrollierter Hand, um Kostentransparenz zu
  gewährleisten und Diskriminierungen verhindern zu können? Es
  muß an dieser Stelle daran erinnert werden, daß es zu Beginn der
  modernen Stadtentwicklung eine Forderung des privaten Gewerbes
  war, diese Infrastruktureinrichtungen zu gleichen Gebühren für alle
  Nutzer in kommunaler Regie zu betreiben: Aus marktwirtschaftlichen Gründen sollte kein privater Monopolist zugleich als Konkur-
  rent in anderen Branchen agieren können.
– Werden diese Versorgungsnetze integriert betrieben, so daß sie teilweise für verschiedene Versorgungsfunktionen – also produktiver –
  genutzt werden können?

Wettbewerb entsteht nicht durch die Privatisierung von Versorgungs-
netzen, sondern durch Diversifizierung von Produktionsleistungen
durch unterschiedliche Unternehmen und die Trennung von Produktionsleistungen und Inanspruchnahme von Netzen. Aus Gründen produktiver Energienutzung – sowohl für unabhängig vom Netzbetrieb
arbeitende kommunale Kraftwerke wie als Angebot an unabhängige Betreiber von Energiesystemen – hält das kommunale Energieunternehmen stationäre Energiespeicher vor, wird ergänzend dazu zum Produzenten und Verkäufer von Biotreibstoff: von Pflanzenöl, Biogas,
Wasserstoff, Methanol, Ethanol oder vergaster Biomasse aus regionalen
Quellen, und unterhält dafür ein Tankstellennetz.
    Es bietet also die Speicherung *aller* Energieträger an, soweit diese
nicht von individuellen Betreibern selbst übernommen worden sind. Es

wird damit zum Partner der Land- und Forstwirtschaft der Region: Es kauft die Roh-Biomasse und macht daraus Strom, Wärme oder Brenn- und Treibstoffe. Es kauft unter Umständen das in landwirtschaftlichen Betrieben erzeugte Biogas und veräußert es weiter als Treibstoff oder als Strom- und Wärmeerzeugungsquelle. Es verkauft die Verbrennungs- rückstände aus den eigenen Biomassekraftwerken und Gasifizierungs- anlagen oder die vergärte Biomasse aus eigenen Biogasanlagen als Düngemittel und als aufbereitete Pflanzenschutzmittel an die landwirt- schaftlichen Betriebe. Es wird damit zum Händler von biologischen Dünge- und Pflanzenschutzmitteln. Der Betrieb von kommunalen Kraft-Wärme-Koppelungsanlagen verliert sein wirtschaftliches Hemm- nis, das in der Schwierigkeit besteht, die Wärme stets absetzen zu kön- nen. Jede Überschußwärme kann zur Stromerzeugung eingesetzt wer- den – und jeder Strom ist auf lokaler Ebene absetzbar, weil er sich in andere Energieträger umwandeln läßt.

Das kommunale Energieunternehmen hat stets so viel gespeicherte Energie zur Verfügung, daß es jeden Spitzenbedarf sofort aus lokaler Erzeugung bedienen kann. Die Durchleitung von Strom oder anderer Energie vom lokalen Anbieter zum lokalen Abnehmer kostet nichts mehr, weil alles über Anschlußgebühren bezahlt ist. Der individuelle Ökostromanbieter hat damit innerhalb des Verteilungsgebiets den Markt, den er braucht. Der dezentrale Verbund der Ressourcenverwer- ter und -nutzer macht die neue *dezentrale* Arbeitsteilung aus. Mit jedem neuen Verwertungsmodul wird diese Arbeitsteilung ein Stück unab- hängiger von den Energieangeboten aus der konventionellen Treib- stoff-, Gas- oder Stromkette; es wird effektiver und damit wirtschaft- licher. Unternehmen, Gebäude- und Hausbesitzer haben die Chance zum Eigenbetrieb und können Zug um Zug zu Selbstversorgern werden, je mehr die dafür notwendigen Techniken zur Verfügung stehen. Kapa- zitätskonflikte sind ausgeräumt und werden durch Quersubstituierung mittels multifunktionaler Energiespeicher abgefedert. Ergänzend dazu bietet das kommunale Energieunternehmen auch Beratungsdienst- leistungen an, bis hin zu Contractor-Aufgaben.

Bei klarer Sicht der Möglichkeiten ist jeder verantwortliche Kommu- nalpolitiker verpflichtet, diese Entwicklung einzuleiten, d.h. vor allem die Hoheit über die Versorgungsnetze zu erhalten oder wieder zurück- zugewinnen – und die Integration der Energiefunktionen wieder zur vorrangigen kommunalpolitischen Strategie zu machen. Sie schafft dauerhafte Arbeitsplätze in der Region und stärkt auf lange Sicht den gesamten regionalen Wirtschaftskreislauf.

Die beschriebene Entwicklung geht den Weg von der Fremdversorgung zur regionalen, kommunalen und individuellen Selbstversorgung. Für viele einzelne entsteht daraus eine Energiebereitstellung ohne Netze und für die Gesellschaft eine ohne Überlandnetze, mit Ausnahme einiger direkter Stichleitungen für die Weiterleitung von Strom aus großen Staukraftwerken und Windparks. Mit der zunehmenden Funktionslosigkeit der zentralen Strom- und Gaswirtschaft und der multiplen Funktionsausweitung des kommunalen Ökoenergieanbieters und der Selbstversorger werden also auch die meisten Hoch- und Mittelspannungsleitungen Zug um Zug verschwinden. Die Landschaft wird entdrahtet. Die landschaftsästhetische Kränkung, die manche in Windkraftanlagen sehen, wird damit durch Landschaftsgewinne mehr als wettgemacht. Die Großanbieter werden die zentralen Netze selber abbauen, weil sich ihre Unterhaltung wegen zu geringer Inanspruchnahme nicht mehr lohnt. Private Betreiber von Photovoltaik-, Windkraft-, Wasserkraft- und Biogasanlagen werden – auf der Basis von Stromeinspeisungsgesetzen – zum Partner der kommunalen Unternehmen, die kein Aufnahme- und Absatzproblem mehr haben, weil sie Überschußangebote speichern und für andere energetische Zwecke verwenden. Oder sie wechseln von sich aus in die Rolle eines individuellen Ökoenergieanbieters, der – mit eigenen Speichern ausgestattet – an individuelle Kunden rund um die Uhr Strom liefert. Vielleicht werden sie auch selbst Tankstellen für Elektro-, Preßluft-, Brennstoffzellen- und Wasserstofffahrzeuge betreiben.

So wie Strom nicht mehr über zentral organisierte Ketten bereitgestellt werden muß, wird für den Treibstoff eine analoge Entwicklung eintreten. Dies ist keine Utopie, sondern eine reale Vision: Was zentrale Energieversorger liefern, auch im Verbund, wird teurer sein, weil der Aufwand dafür immer größer ist, als wenn der Verband dezentral organisiert ist. Die Synergie zentralistischer Energieversorgung kann nicht die wirtschaftlichen Resultate erbringen wie der Verbund auf lokaler Ebene, weil dieser in der Speicherung und Weiterverwertung wesentlich flexibler ist und mehr Multifunktionalität praktizieren kann – und nicht zuletzt auf Großinteressen und Großinvestitionen keine Rücksicht nehmen muß. Gegen integrierte solare Selbstversorgungssysteme gibt es keine Interventionsmöglichkeiten mehr von außen.

Abb. 7: Struktur von Gesamtsystemen der Energieversorgung mit erneuerbaren Energien

**Hierarchische Energieversorgungssparten des konventionellen
Energiesystems zwischen Energiequellen und Energieverbraucher**

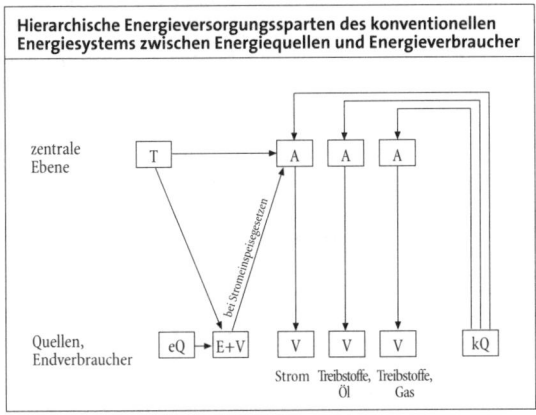

**Integrierte hierarchische Energieversorgungsstruktur:
Das Konzept der Energiewirtschaft**

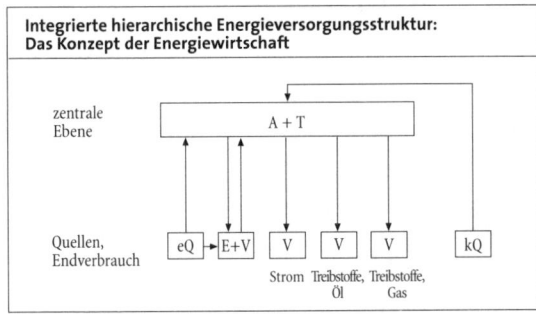

**Integrierte dezentrale Energieversorgung mit erneuerbaren
Energien**

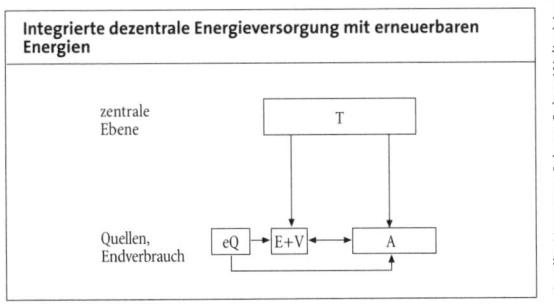

Quelle: Hermann Scheer, Solare Weltwirtschaft

eQ   = erneuerbare Quellen; kQ = konventionelle Quelle
E+V   = Eigenerzeuger und Verbraucher
V   = Verbraucher
A   = Energieanbieter
T   = Erzeugungstechnik

Abb. 8: Zukunftsbild: kommunal/regional integriertes Energieversorgungssystem mit erneuerbaren Energien

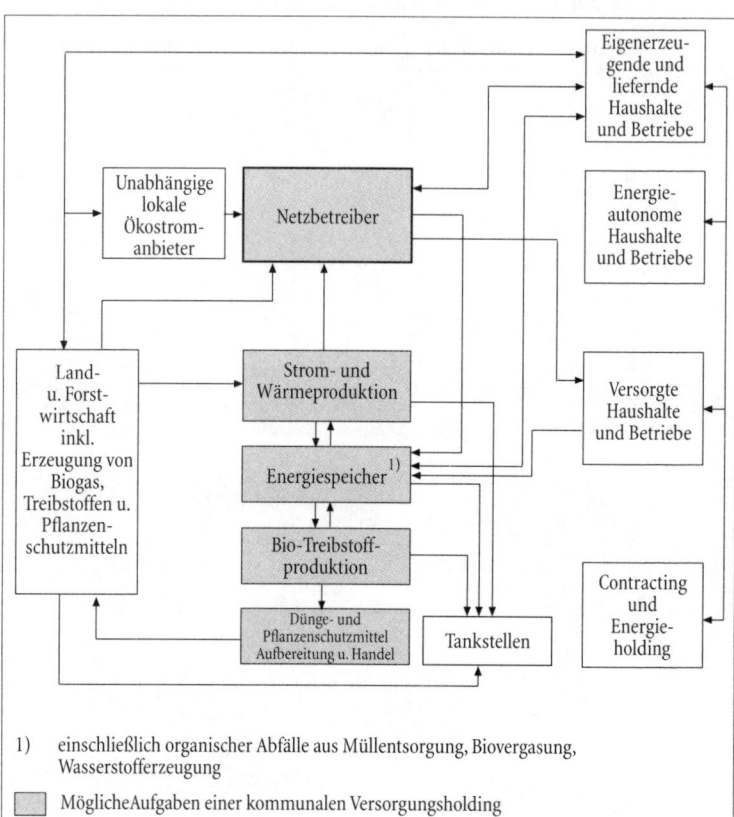

1)   einschließlich organischer Abfälle aus Müllentsorgung, Biovergasung, Wasserstofferzeugung

      MöglicheAufgaben einer kommunalen Versorgungsholding

Quelle: Hermann Scheer, Solare Weltwirtschaft

    Der Weg zu diesem Konzept ist auf kommunaler Ebene die Übernahme aller Verteilernetze in eine Netzbetriebsgesellschaft, unter Inanspruchnahme des kommunalen Wegerechts. Bestehende Stadtwerke, die heute Strom produzieren und Strom und Wärme verteilen, sollten sich entflechten in eine solche Netzbetriebsgesellschaft und in eine Energieliefergesellschaft, die Strom, Wärme und Treibstoffe anbietet und dafür ihre Speicherdepots hat. Dadurch ist die Mehrrollen-Funktion ebenso wie die Quersubstituierung optimal und ohne Einschränkung möglich. Die Energieverwertung und -versorgung wird billig und umweltfreundlich.

Durch die kostengünstige Bereitstellung von Spitzenlaststrom in diesem dezentralen Verbund bestehen die größten Chancen, den Stromkonzernen das Wasser abzugraben. Auch diese haben zwar die Möglichkeit, die neuen technischen Speichermöglichkeiten zu nutzen. Auf der Basis ihrer großen Produktionsanlagen aber haben sie einen wesentlich größeren Aufwand, weil sie die Infrastruktur der Großkraftwerke und der Stromnetze mit weiteren Großinvestitionen ergänzen müßten. Wie schwierig das für sie ist, zeigt sich schon daran, daß sie nicht in der Lage sind, ihre Überschußwärme aus Großkraftwerken wirtschaftlich zu verwerten, weil der Investitionsaufwand für neue Fernwärmenetze zu groß ist. Der elementare Vorteil dezentraler Energieverbundlösungen sind der geringere Infrastrukturaufwand und die einzigartige Möglichkeit, seine Aktivitäten mit jeweils überschaubaren Kosten modular auszuweiten. Abbildung 7 stellt die drei Grundmodelle der Energieversorgung gegenüber: die bisherige Struktur der hierarchischen konventionellen Energieversorgung; den von diesen Hierarchien angestrebten ganzheitlichen Energieverbund; und den dezentralen ganzheitlichen Energieverbund an der Basis von Energiegewinnung und -verbrauch. Abbildung 8 präsentiert das Zukunftskonzept eines ganzheitlichen kommunalen Energieverbunds in seinem wirtschaftlichen Umfeld. Damit entsteht eine öffentlich/private Partnerschaft auf kommunaler bzw. regionaler Ebene, die Kapazitätskonflikte vermeidbar macht, mit neu durchdachten Marktmechanismen, eine Entwicklung hin zu einer umfassenden »Energiedienstleistung der Zukunft« (Heinz Ossenbrink).[228]

Schöpferische Zerstörung der Energiewirtschaft und Mutation der Ressourcenwirtschaft

Der Weg zu einer solaren Weltwirtschaft führt also über vielfältige Kontrastprogramme zur konventionellen Energiewirtschaft. Dies erscheint jedoch selbst vielen Verfechtern erneuerbarer Energien als unrealistisch – in einer Zeit, in der die konventionelle Energiewirtschaft eine immer stärkere Rolle spielt, ja, in der sie durch die auch im Stromsektor stattfindenden transnationalen Fusionen übermächtig zu werden scheint. Diese gewaltige Übermacht beeindruckt politische Institutionen, die Öffentlichkeit und sogar Umweltaktivisten. Statt Kontrastprogrammen ziehen deshalb viele Kooperationen vor. Haben die Energieunterneh-

men denn nicht etwa, nach jahrelangem Ignorieren und Blockieren erneuerbarer Energien, dazugelernt, wie manche neuen Initiativen zeigen?
Zeigen sie nicht guten Willen, auch wenn es ihnen aufgrund ihrer Altla-
sten schwerfällt, sich schneller auf die Zeichen der Zeit einzustellen?
Braucht man sie nicht doch, wegen der Netzinfrastruktur? Und wird
nicht ihr Kapital für die große ökologische Energiewende zwingend
gebraucht? Ist also nicht Kooperation die einzige realistische Option?

Wenn von Realismus die Rede ist, muß stets die Frage gestellt werden,
welcher und wessen Realismus gemeint ist. Außer dem der Naturgesetze ist jeder Realismus subjektiv und mehr oder weniger ausschnitthaft.
Realistisch ist die Aussage, daß die erneuerbaren Energien inzwischen
nicht mehr ignoriert werden können und daß auch einzelne Energieunternehmen in diesem Feld initiativ geworden sind. Realistisch ist die
Beobachtung, daß die fossile Energiewirtschaft weiter expandiert. Realistisch ist zu sehen, daß sich in der Stromversorgung der Trend zu Großfusionen weiter verstärkt. Wenn sich Dinosaurier vermählen, wird kein
Tiger geboren. Realistisch ist die Einsicht, daß es, gemessen an den Problemen, unverantwortlich ist, den mühsamen Einführungstrott erneuerbarer Energien im bisherigen Schneckentempo fortzuführen.

Für Joseph Schumpeter, einen der großen Wirtschaftswissenschaftler
des 20. Jahrhunderts, ist es der Denkfehler von Ökonomen, nur Daten
einer momentanen Situation zu akzeptieren, »als ob sie keine Vergangenheit und keine Zukunft hätten, und zu glauben, sie hätten verstanden, was es zu verstehen gibt«. Die Ablösung der fossilen durch erneuerbare Energien ist das, was Schumpeter als »Prozeß einer industriellen
Mutation« bezeichnet, »der unaufhörlich die Wirtschaftsstruktur von
innen heraus revolutioniert, unaufhörlich die alte Struktur zerstört und
unaufhörlich eine neue schafft«. Es ist der Prozeß einer »schöpferischen
Zerstörung«.[229] Dieser Prozeß bedarf allerdings größerer wirtschaftlicher Mitspieler, als sie unter den Betreibern erneuerbarer Energien zu
finden sind und je zu finden sein werden.

Die Energiewirtschaft hat den Zug der erneuerbaren Energien erst
aufgehalten und versucht jetzt, auf ihn aufzuspringen und einzelne Ab-
teile zu besetzen. Nachdem der Zug einmal in Bewegung gekommen ist,
will man zumindest das Tempo beeinflussen und möglichst die Weichen
stellen. Aber wegen der Selbstfesselung der konventionellen Energiewirtschaft in den Energieketten muß damit gerechnet werden, daß sie
spätestens dann bremst, wenn ihre eigene Struktur gefährdet ist. Es gäbe

nur dann einen zwingenden Grund, ihre Partnerschaft zu suchen, wenn ihr Expertenwissen für die notwendigen großen Schritte unverzichtbar wäre und es keine anderen geeigneten großen Mitspieler gäbe. Doch die gibt es.

Die relevanten Mitfahrer und Ko-Promotoren für erneuerbare Energien kommen aus den Teilen der Wirtschaft, die von der Entwicklung zu einer solaren Energieversorgung nur profitieren, aber dabei kaum etwas verlieren können. Eine breite Palette von Unternehmen aus Industrie, Handwerk und Landwirtschaft hat ein objektives Interesse, Mitgestalter zu sein bzw. zu werden; nur haben dies die meisten unter ihnen subjektiv noch nicht erkannt. Sie unterschätzen bisher ihre Möglichkeiten und übersehen die Perspektiven, die sich ihnen bieten, wenn sie diesen Wandel vorantreiben. Teilweise können sie dabei auf ihre bisherigen Produktionsprofile zurückgreifen, die lediglich einiger technischer Modifikationen bedürfen; teilweise sogar auf ihre eingespielten Märkte. Teilweise müssen sie sich neue Märkte bzw. Kunden suchen: Industrieunternehmen, die bisher im Großanlagenbau tätig waren und Großkunden belieferten, müssen dann im Kleinanlagenbau mit viel größerem Kundenkreis tätig sein.

Die elektrotechnische und die Elektronikindustrie sind für die Mobilisierung der Techniken für erneuerbare Energien ebenso prädisponiert wie die Maschinen- und Anlagenbauindustrie und die Baustoffindustrie. Die Fahrzeugindustrie kann ihren Markt erweitern, wenn sie mit der Produktion von Motoren startet, die für eine dezentrale solare Energieversorgung weit über den Automobilsektor hinaus nachgefragt werden. Die landwirtschaftliche Geräteindustrie, die seit Jahren durch das kontinuierliche Sterben landwirtschaftlicher Betriebe erhebliche Absatzeinbußen erfährt, kann durch Erntetechniken für Biomasse wieder einen anhaltenden Aufschwung erwarten – und das auf einem Markt, den sie bereits kennt. Die Kraftwerkshersteller werden zwar ihren Kundenkreis wechseln müssen, aber durch die Vielzahl an dezentralen Anlagen, die wenige Großkraftwerke ablösen, ihren Umsatz steigern können. Die Baustoffindustrie wird durch den Wechsel zu solaren Rohstoffen ihren Markt behalten, aber ihre Vorlieferanten wechseln müssen.

Natürlich wird es Einbrüche und Einstürze geben, so z.B. in der Mineralölwirtschaft, in der Gas- und Kohlewirtschaft, bei den Produzenten von Förder- und Energietransporttechniken bis zum Kabelbau sowie in der Kraftwerks- und Netzbetriebswirtschaft. Die entsprechenden Unternehmen haben allenfalls die Möglichkeit zur Diversifizierung, also einem Wechsel von der Lieferung fossiler Energien hin zur Produktion von Solarzellen oder Windkraftanlagen. Für die Rolle des Produzenten solarer Energietechniken sind sie aber keineswegs besser prädestiniert als andere Industriezweige, meistens eher weniger. Die Motoren-, Maschinenbau-, Anlagenbau-, Geräte- oder Baustoffunternehmen haben aufgrund ihres technologischen Profils und ihrer Märkte wesentlich bessere Voraussetzungen, eine treibende Kraft für die Nutzung erneuerbarer Energien zu sein. Sie sind nicht von den Investitionen und Strukturen der fossilen Energiekette belastet und gefangen. Das Expertentum von Gerätetechnikern und Elektronikern, Landwirten, Bauingenieuren, Architekten und Handwerkern, von Meteorologen, Biologen und Chemikern ist für die Einführung erneuerbarer Energien wichtiger als das in der Energiewirtschaft vorhandene Fachwissen aus der Geologie, der Förder- und Pipeline-Technik, der konventionellen Kraftwerks-, der Leitungs- und Umspanntechnik u.a.m. Wenn zusätzlich das Interesse der technikproduzierenden Industrie an neuen Märkten in Rechnung gestellt wird und deren größere Erfahrungen in der Vermarktung auch kleiner technischer Produkte, haben sie stärkere Motive, bessere Voraussetzungen und mehr Spielräume als klassische Energieunternehmen, Wegbereiter für die solare Weltwirtschaft zu werden.

Die Industrie muß sich geistig und praktisch von der Energiewirtschaft emanzipieren, andernfalls versäumt sie ihre große Zukunftschance. Ihr ist genausowenig wie vielen politischen Akteuren und der allgemeinen Öffentlichkeit bewußt, daß auf dem Weg zur solaren Energieversorgung die Energiewirtschaft als eigener wirtschaftlicher Sektor allmählich von der Bühne abtreten muß. In einer solaren Zukunft sind alle zugleich Industrie- und Energieunternehmen.

Eine besondere Rolle spielt, wie im ersten Kapitel herausgearbeitet, die chemische Industrie, die mit der Öl- und Gaswirtschaft funktional engstens verknüpft ist. Dies ist der Grund, warum auch sie ihre mit erneuerbaren Energien verbundenen Chancen bisher nicht wahrnimmt. Für zahlreiche Komponenten solarer Energietechniken ist aber ihr Beitrag von zentraler Bedeutung: für die Herstellung von Silizium oder anderer Basismaterialien der Solarzellenproduktion, für die Batterietechnik, die elektrochemischen und thermochemischen Speichermedien oder für Wärmedämmaterialien. Noch bedeutender ist der Beitrag, den sie in der Frage der Substituierung fossiler und metallischer Rohstoffe spielen kann, etwa bei der Herstellung von Kunststoffen, Farben, Lacken und Arzneimitteln auf der Basis solarer Rohstoffe. Im Gegensatz zur Energiewirtschaft steht ihr nicht die Auflösung bevor. Sie hat auch durchaus schon ein Bewußtsein für die neuen Möglichkeiten entwickelt, wie das starke Interesse an der Biotechnologie zeigt. Doch sie schlägt die falsche Richtung ein, wenn sie deren Potential auf die bestehenden fossilstrukturierten Produktionsprozesse zuzuschneiden versucht. Wenn die etablierte Chemieindustrie nicht von der Fossil- zur Solarchemie mutiert, werden neue Chemieunternehmen diese Aufgaben übernehmen müssen. Die Nutzung des solaren Potentials schließlich auch für Rohstoffe wird dazu führen, daß sich auch die Lieferantenbasis grundlegend ändert. Aus wenigen Lieferanten werden immer mehr, je mehr wirtschaftliche Verwertungsmöglichkeiten zahlreicher Pflanzen erkannt werden – ein Prozeß, der zu einer Dezentralisierung der Rohstoffwirtschaft führen wird.

In dem Maße, in¹ dem die industriellen Unternehmen ihre Chancen erkennen und wahrnehmen, werden sich neue Kooperationsformen herausbilden: Die Elektronik- wird mit der Glasindustrie, die Baustoff- und die elektrotechnische Industrie mit der Kollektor- und Photovoltaikindustrie zusammenarbeiten; die Motorenindustrie mit dem chemischen Apparatebau. Alte Kooperationen zerbrechen, neue Kombinationen entstehen. Mit dem Zerfall des fossilen Netzwerks zerfällt auch das daran geknüpfte Machtgefüge. Manche Großindustrien bleiben groß, manche kleinen Photovoltaik- oder Windkraftproduzenten werden so groß wie heute Automobilproduzenten. Viele biochemische Spezialbetriebe entstehen. Solche Veränderungen gingen seit dem Beginn der Industrialisierung stets mit neuen Massentechniken einher. Doch kein Strukturwandel seit dem Beginn der industriellen Revolution ist vergleichbar mit dem, der durch die Ablösung der fossilen Ressourcenbasis und deren weltumspannenden Ketten ansteht.

Die solare Ressourcenbasis verhindert keine Konzentrationsprozesse weltweit operierender Produzenten von Nutzungstechniken. Aber sie hebt den Globalisierungszwang der Ressourcenwirtschaft auf. *Mit dem Wechsel zur solaren Ressourcenbasis löst sich die Weltwirtschaft von ihrer fossilen Klammer, und dieser Wechsel ist gleichbedeutend mit einer fundamentalen Trendwende in der Wirtschaftsgeschichte: statt dem unaufhaltsamen Trend zu immer weniger Megaunternehmen ein Trend zu dauerhaft erhaltungsfähigen kleineren und mittleren Unternehmensformen, die re-*

*gional angebunden sind und bleiben müssen, und die in ihrer betriebs-
wirtschaftlichen Effektivität den großen Strukturen sogar überlegen sein
können.* Dies ist der umfassendste und bedeutendste Strukturwandel der
Weltwirtschaftsgeschichte, und deshalb der umstrittenste.

Harte Wege zu sanften Ressourcen

Konflikte um des Konflikts willen sind unproduktiv für alle. Konsens
um des Konsenses willen ist verlogen und lähmend. Konflikt wie Konsens sind notwendig, je nachdem, um was es geht. Notwendig sind gesellschaftliche Konflikte, wenn sich einem legitimen und unbestrittenen
allgemeingültigen Ziel illegitime Interessen entgegenstellen. Notwendig
ist die Konsenssuche, wenn die Ziele und Interessen unterschiedlicher
Akteure kompatibel gemacht werden können, oder wenn der Konflikt
zwischen ihnen die gesamte Gesellschaft – also auch unbeteiligte Dritte
– in Mitleidenschaft ziehen würde.

Die Nutzung von Ressourcen, deren Umwandlungsfolgen die Gesellschaft schwerwiegend belasten und die Naturkreisläufe beschädigen, ist
leider legal. Sie wäre sogar legitim, wenn es keine andere Möglichkeit zur
Befriedigung unverzichtbarer Ressourcenbedürfnisse gäbe. Da es andere
Möglichkeiten gibt, hat die atomar/fossile Energiewirtschaft ihre gesellschaftliche Legitimität verloren. Dies wird spätestens der nächsten Generation im vollen Umfang bewußt werden. Wenn dennoch ohne Not an
der jetzigen Struktur festgehalten wird, sind Konflikte zur Durchsetzung
der solaren Alternative unumgänglich. Jeder Konsens, der die Ablösung
dieser Energiequellen mit Rücksicht auf etablierte Interessen aufschiebt,
schadet der Gesellschaft in empfindlichster Weise. Konflikte, die die
Alternative schneller voranbringen, nützen der Gesellschaft – wenn auch
nicht unbedingt immer den einzelnen Kontrahenten.

Der Konflikt mit der atomar/fossilen Energiewirtschaft muß noch
nicht einmal gesucht werden: Er findet statt und wird von ihren Haupt-
trägern ständig neu angeheizt, von internationalen Konflikten um die
Ressourcenzugänge bis zu den Versuchen, erfolgreiche Markteinfüh-
rungskonzepte für erneuerbare Energien systematisch zu obstruieren.
Wenn gleichzeitig die Energiewirtschaft nach Konsens ruft, sobald ihre
Interessen gefährdet sind, ist das Heuchelei.

Die Frage ist also nicht, ob man den Konflikt will, sondern nur, ob die

Befürworter von Alternativen zur atomar/fossilen Ressourcenwirtschaft den existierenden Konflikt von ihrer Seite aus wahrnehmen und wagen.

Mit welcher Hartnäckigkeit die Apologeten der konventionellen Energiewirtschaft diesen Konflikt austragen, zeigen die zahllosen Schriften und Verlautbarungen, die ein Zerrbild von den erneuerbaren Energien und dem Stand der Technik zeichnen – nicht selten unter Mitwirkung großzügig honorierter Wissenschaftler. Die Menschen sollen denken, gegenwärtig noch nicht überwindbare technische oder wirtschaftliche Gründe sprächen gegen eine rapide eingeleitete Energiewende, damit sie den gegebenen Zustand trotz aller Einsicht in die daraus erwachsenden akuten Gefahren tolerieren.

Also geht es darum, die tatsächlichen Beweggründe der Verweigerungshaltung gegenüber erneuerbaren Energien aufzudecken. Schon damit ist man mitten im Konflikt, weil die energiewirtschaftlichen Interessen mit scheinbar objektiven Sachzwängen verbrämt werden. Bereits der Hinweis auf höchst subjektive Interessen gilt als »unsachlich« und wird als Angriff gedeutet. Aber man muß »sagen, was ist, und tun, was sein muß«, um mit Karl Jaspers zu sprechen. Probleme werden nur dann unlösbar, wenn schon über die Möglichkeit zur Problemlösung ein Mantel des Schweigens gebreitet wird.

So kann es geschehen, daß die Stromwirtschaft fast unwidersprochen die neuen Strommarktgesetze unterläuft, die eine transparente – also nachvollziehbare – Trennung zwischen Produktion, Transport und Verteilung vorsehen. Die längst überfällige konfliktbereite Antwort darauf wäre, die tatsächliche unternehmerische Entflechtung auf die politische Tagesordnung zu setzen – mit dem klaren Ziel, zumindest die Strom- und Gasverteilernetze in die Hand der Kommunen zu geben, die Mittelspannungsnetze in die Hand der Länder oder Regionen und die Hochspannungsleitungen in die des Gesamtstaates – so wie es bei den Straßen der Fall ist. Infrastrukturen für die Allgemeinheit zu schaffen und zu unterhalten ist keine Aufgabe für private Wettbewerber. Bei den vielen Privatisierungen öffentlicher Energieversorgungsunternehmen müßte selbstverständlich sein, daß nicht die Netze privatisiert werden, sondern nur die Kraftwerke. So wird es in Italien praktiziert: Die Netze bleiben öffentlich, die Kraftwerke werden privatisiert. Dies ist ein Konflikt, der gewagt werden muß.

Die deutschen Hersteller von Stromkabeln haben, wie erst vor kurzem bekannt wurde, fast ein Jahrhundert lang Preisabsprachen getroffen und dabei Milliarden über Gebühr verdient. Sie wurden dafür mit mehreren hundert Millionen DM Strafe belegt. Doch wie steht es mit den weit überzogenen Tarifen der deutschen Stromwirtschaft in der Zeit der Gebietsmonopole, die jetzt offenkundig werden – weil die Stromkonzerne sonst gar nicht den Spielraum hätten, die Preise von heute auf morgen um 20 % und mehr zu senken? Stadtwerke haben solche Gewinne an ihre Stadtverwaltungen weitergeben, die damit kommunale Aufgaben finanziert haben. Aber die Stromkonzerne haben damit Monopoly gespielt und Kapitalmengen angehäuft, die ihnen jetzt als strategische Masse zur Verfügung stehen, um damit den »Kampf um den Endkunden« gegen selbständige Stadtwerke zu eröffnen und sie samt ihren ressourceneffizienten dezentralen Kraft-Wärme-Koppelungs-Kapazitäten von der Bildfläche verschwinden zu lassen. Mit ihren finanziellen Spielräumen belegen die Stromkonzerne, wie sehr sie die Stromaufsichtsbehörden jahrelang getäuscht haben, um überhöhte Strompreise genehmigt zu bekommen. Ist das nicht auch ein Schadensfall in Milliardenhöhe gegenüber den Stromkunden, der eingeklagt werden müßte? Ein Fall schweren Betrugs, einschließlich mancher Komplotte mit Behörden, der die Staatsanwälte und die Gerichte beschäftigen müßte? Dies ist nicht Schnee von gestern, ebensowenig wie bei der Kabelindustrie, sondern ein Konflikt der Gegenwart, der nicht ausgetragen wird, weil sich die Verbundwirtschaft wie ein Staat im Staate fühlt und sich auch so benehmen darf.

Gegen Daimler-Chrysler, einen mächtigen Automobilhersteller, sind die europäischen Wettbewerbsbehörden vorgegangen und haben eine Strafgebühr verlangt, weil er auf einigen Teilmärkten seine Autos gezielt billiger verkaufte, um sich einen Marktvorteil zu verschaffen – eine bekannte Kartellmethode. Auf dem Strommarkt können dies die Stromkonzerne bisher unbehelligt tun und sich öffentlich dazu bekennen, von Fall zu Fall mit unterschiedlichen Lieferpreisen Wettbewerber zu unterbieten – als sei es die selbstverständlichste Sache der Welt. Dies zu unterbinden und die Kartellbehörden einzuschalten stellt ebenfalls einen Konflikt dar, der gewagt werden muß.

Die steuerfreien Rückstellungen für die atomare Entsorgung, die bei den deutschen Atomkraftbetreibern inzwischen 70 Mrd. DM betragen, verschaffen diesen einen einzigartigen Wettbewerbsvorteil vor allen anderen Unternehmen. Sie dürfen mit den Rückstellungen investieren, wo und in was sie wollen. Sie zu verpflichten, diese in einen Fonds zu legen – wofür ich einen Gesetzentwurf vorgelegt habe – und für nichts anderes als die atomare Entsorgung zu verwenden, ist eine zwingende Konsequenz. Aber dazu hat bisher keine Regierung den politischen Mut aufgebracht.

Es darf auch von der Öffentlichkeit, gleich welchen Landes, nicht mehr hingenommen werden, daß weiter mutwillig fossile Energie verbrannt und die Gesundheit der Menschen damit geschädigt wird – wenn nachgewiesen werden kann, daß erneuerbare Energien als Alternative bereitstehen; oder daß weiterhin fossil-chemische Produkte hergestellt werden, mit allen damit einhergehenden Belastungen, wenn ein gleichwertiges Produkt ohne Mehraufwand auch solarchemisch hergestellt werden könnte; oder daß Motorboote weiter zugelassen werden, deren unvermeidbare Öl-Leckagen die Wasserqualität schwerwiegend beeinträchtigen, obwohl diese Motorboote schon genausogut mit Pflanzenöl fahren könnten, deren Leckagen gutes Fischfutter sind. Gegen die weitere Vermarktung gesundheitsgefährdender landwirtschaftlicher Erzeugnisse wird – nach den Eierskandalen in Belgien, den Schweinepest- und Rinderskandalen – inzwischen vorgegangen. Produkte werden komplett vom Markt genommen. Es wurde höchste Zeit! Warum nicht auch im fossilen Energie- und Chemiebereich? Dies alles bedeutet, den Konflikt zu wagen, überall die fossilen Energien vom Markt zu nehmen, wo es emissions- und giftfreie Alternativen gibt: z.B. durch das Verbot des weiteren Vertriebs von Schmierfetten aus fossiler Energie oder durch ein Verbot von Waschmitteln aus fossilen Rohstoffen oder der Verwendung von nicht rezyklierbaren Verpackungsmaterialien aus fossilen Rohstoffen. Ein Neubauviertel in Neckarsulm wird über ein solares Nahwärmenetz versorgt, und es funktioniert einwandfrei und kostengünstig. Angesichts solcher vorbildlicher Belege für die Vermeidbarkeit von Belastungen der Allgemeinheit ist es fällig, vergleichbare Techniken überall zur Bauauflage zu machen.

Bei all den möglichen Alternativen, die nicht ergriffen werden, obwohl keine objektiven Gründe mehr dagegen sprechen, weder die Qualität noch der Preis oder die Verfügbarkeit, darf es keine Toleranz mehr denen gegenüber geben, die das Toleranzprinzip gegenüber der Gesellschaft mißachten. Notfalls muß eben vor Gericht geklagt werden, um fossile Produkte vom Markt zu bekommen, so wie es in den USA wiederholt erfolgreich gegen verbraucherschädigende Produkte geschehen ist. Was der amerikanische Verbraucheranwalt Ralph Nader in zahlreichen Fällen seit den 60er Jahren vor Gericht durchgesetzt hat, ist auch im Energie- und Rohstoffkonflikt zu empfehlen: nicht mehr hinnehmen, daß etwas Schädliches produziert oder zugelassen wird, für das es überzeugende und unmittelbar greifbare unschädliche Alternativen gibt, über die die Anbieter informiert sind. Die Schäden der nichtsolaren Energieversorgung sind für die Menschen gravierender als die durch Zigarettenkonsum; umso größer müßten die Schadenersatzforderungen sein. Im Weltkonflikt um die Ressourcen müssen harte Wege für die sanften Ressourcen eingeschlagen werden. Wer diesem Konflikt ausweicht, hat ihn schon verloren.

10. Kapitel
Regionalisierung der Weltwirtschaft durch solare Ressourcen

Die Antwort auf die grenzen- und unterschiedslose wirtschaftliche Globalisierung ist die Regionalisierung wirtschaftlicher Beziehungen. Zu dieser Erkenntnis kommen die meisten Kritiker. Bei Konzepten für eine Regionalisierung handelt es sich meistens um begleitende oder kompensatorische Maßnahmen zum Globalisierungsprozeß – oder um Lockversuche für den Standortwettbewerb. Dafür wird teilweise sogar unverhältnismäßig viel öffentliches Geld bereitgestellt, z.b. für den Bau von Flughäfen oder Messegeländen, ohne daß noch nach ihrer möglichen Kapazitätsauslastung gefragt wird. Viele Inhalte regionaler Wirtschaftspolitik, die ein Mithalten im Globalisierungsprozeß sichern sollen, liefern die Regionen diesem erst aus. Wenn Regionalisierung eine Antwort auf den Globalisierungsprozeß sein soll, muß aber eine ganz andere Richtung eingeschlagen werden: die Wiederbelebung regionaler Wirtschaftskreisläufe, damit wieder mehr wirtschaftliche Aktivitäten den sich globalisierenden Wirtschaftskreisläufen entzogen werden.

So schillernd wie der Begriff von der wirtschaftlichen Regionalisierung ist auch die Vorstellung, was unter Region zu verstehen sei. Meistens ist der Begriff auf staatlich abgegrenzte Regionen bezogen. Eine Region ist in der allgemeinsten Bedeutung des Wortes ein kleinerer Raum im Verhältnis zu seinem größeren geographischen bzw. politischen Zusammenhang: ein Kontinent im Verhältnis zum Erdball, ein Staat im Verhältnis zum Kontinent, bis zu einem Landkreis im Verhältnis zu einem Bundesland oder einer Provinz. Als regionale Zusammenschlüsse im Weltmaßstab gelten die Europäische Union oder andere subkontinentale Wirtschaftsorganisationen und Freihandelszonen. Doch sind solche an administrativen Grenzen ansetzenden Regionalbegriffe zu formal, um die mit einer ökologischen Wirtschaftsorientierung zusammenhängenden Regionalisierungschancen erfassen zu können.

Wenn es um regionale Wirtschaftsförderung geht, so ist diese stets mit der Frage konfrontiert, wie »protektionistisch« Regionalisierung unter dem Dach der Welthandelsordnung oder des EU-Binnenmarkts sein dürfe und könne. Konzentriert sie sich auf das Anwerben von Industrieunternehmen, so geht dies im Erfolgsfall zu Lasten eines anderen Standorts. Obwohl jeder Regionalpolitiker in seiner unmittelbaren Verantwortung solche Gelegenheiten ergreifen muß, überwinden diese Aktionen die Widersprüche der globalen Wirtschaftsentwicklung nicht. Konzentriert sich Wirtschaftsförderung darauf, in einer Region die Nischen zu füllen, die überregional operierende Unternehmen hinterlassen haben oder für die diese sich momentan (noch) nicht interessieren, so ist das sehr sinnvoll, kann aber die generelle Abhängigkeit von der Weltmarktentwicklung nicht überwinden. Das Ziel muß es ja sein, den Schwerpunkt wirtschaftlicher Beziehungen vom Weltmarkt auf regionale Märkte zurückzuverlagern. Also lauten die entscheidenden Fragen: Wie kann das auf organische Weise geschehen? Wie kann die regionale Wirtschaftsordnung möglichst auf Dauer angelegt werden, damit sie nicht zur letztlich vergeblichen Sisyphos-Arbeit im Weltmarkt wird, die heute aufbaut, was morgen schon wieder verlagert oder verdrängt wird?

Wer etwas von natürlichen Kreisläufen versteht, deren weitere Nichtbeachtung den irreversiblen zivilisatorischen Niedergang bedeutet, muß zu dem Ergebnis kommen: *Natürliche Kreisläufe stehen zu globalwirtschaftlichen im Widerspruch.* Wirklich möglich ist ihre Beachtung nur im regionalwirtschaftlichen Handlungsrahmen; alles andere sind mehr oder weniger unvollkommene Annäherungen. Da die Beachtung der Naturgesetze wichtiger ist als jede Marktregel, ebenso als jede planwirtschaftliche Doktrin, ist statt der ständigen weiteren Ausweitung des weltmarktwirtschaftlichen Freiraums der Ausbau regionaler Marktbeziehungen nötig – ohne dabei zu den Methoden der klassischen nationalen Marktabschließung zurückzukehren, die allzuoft dazu benutzt wurden, unproduktive Strukturen künstlich zu erhalten oder andere Volkswirtschaften zu übervorteilen. Die Abschottung der EU von Bananenimporten zugunsten des Bananenabsatzes französischer Überseegebiete ist ein solches negatives Beispiel.

Je kleinräumiger sich wirtschaftliche Kreislaufprozesse realisieren lassen, desto größer sind die Chancen zu ökologischer Wirtschaftsweise, weil die Ketten kürzer werden, Zwischenstufen in Marktbeziehungen vermieden werden und es möglich wird, den natürlichen Kreisläufen unmittelbar zurückzugeben, was man ihnen entnommen hat. Aber nicht jede im regionalen Rahmen bleibende Wirtschaftsaktivität ist per se ökologisch sinnvoller als eine weitgespannte. Solarstrom aus Nordafrika für den deutschen Strommarkt erfüllt ökologische Kriterien, im Gegensatz zu Atom- und Kohlekraftwerken am deutschen Standort; Solarzellen aus deutscher Produktion in Nigeria erfüllen sie ebenfalls, im Gegensatz zur dortigen Verbrennung von Öl aus eigenen Förderquellen. Aber noch umfassender werden ökologische Kriterien selbstverständlich dann erfüllt, wenn der Solarstrom für Deutschland vor Ort erzeugt und die in Nigeria installierten Solarzellen auch dort produziert werden.

Die Rückkehr zu traditionellen volkswirtschaftlichen Vorstellungen von Handelsgrenzen ist weder sinnvoll, noch wäre sie national oder global durchsetzbar. Die Idee, daß nicht jede Volkswirtschaft beliebig Handelsschranken errichten soll, ist prinzipiell richtig. Ebenso richtig ist aber, daß es zu Umweltfrevel und sozialen Debakeln führt, wenn es keinerlei ordnungspolitische Möglichkeit zur Sicherung regionaler Wirtschaftsstrukturen und ökologischer Wirtschaftsweisen mehr geben darf. Außerdem ist es naiv zu glauben, daß lediglich rückständige, unproduktive und damit leistungsschwache Sektoren von globalen Akteuren verdrängt würden. Allzuoft fallen hochmoderne und produktive Unternehmen dem uneingeschränkten Wettbewerbsprinzip zum Opfer, weil »global players« die Marktwege kontrollieren. Auch transnationale Unternehmen bauen bekanntlich Handelsschranken auf: Die Behauptung, der Wettbewerb werde frei, wenn es nur keine administrativen Handelsbarrieren mehr gebe, ist abseitig.

Weder generelle Reregionalisierung noch generelle Globalisierung der wirtschaftlichen Beziehungen führen zu zukunftsfähigen Antworten. Damit stellen sich die Fragen: Welche wirtschaftlichen Aktivitäten sollen grundsätzlich regional gestaltet werden, für welche ist globale Freizügigkeit wichtig? Welche verallgemeinerbaren Kriterien und Werte sprechen für regionale Märkte? Für die wirtschaftliche Globalisierung werden Werte wie Freiheit bemüht, sogar Frieden, sowie die Überwindung des Nationalismus – als sei sie die moderne Realisierung pazifistischer Grundideen. Die beiden Werte, die dagegen gesetzt werden müssen, sind soziale und ökologische. Die Welthandelsordnung soll, so die gängigen Forderungen, um soziale und ökologische Mindeststandards ergänzt werden. Ob es dafür griffige, konsistente und durchsetzungsfähige Konkretisierungsmöglichkeiten angesichts der von Land zu Land extrem unterschiedlichen Sozialkulturen und wirtschaftlichen Entwicklungsstadien geben kann, ist jedoch mehr als fraglich. Was also dann?

Regionalisierungseffekte durch solare Ressourcen

Der bedeutendste Regionalisierungseffekt entsteht durch den Übergang zu einer solaren Ressourcenbasis. Dies ist die Lehre aus der Kenntnis der konventionellen Ressourcenketten. Je konsequenter auf erneuerbare Energien in ihrer dezentralen Nutzungsform umgestiegen wird, desto größer ist der dadurch automatisch herbeigeführte Regionalisierungseffekt – bis hin zum kleinsten regionalen Wirtschaftsraum einer Gemeinde. Dieser Effekt entsteht, ohne daß dafür administrative Grenzen gezogen werden müßten. Die Kapitalmengen aus eingesparten Energiekosten bleiben damit im lokalen bzw. regionalen Wirtschaftskreislauf. Dadurch entstehen dort auch dauerhaft neue Arbeitsplätze.

Wie groß der Beschäftigungseffekt durch erneuerbare Energien ist, ist bisher noch nicht in einer wirklichen Gesamtschau – also im Energiekettenvergleich – errechnet worden. Wohl läßt sich der Brutto-Effekt ermitteln, also wie viele neue Arbeitsplätze durch die Mobilisierung erneuerbarer Energien entstehen, wenn man einen Erfahrungswert von Arbeitsplätzen pro Investitionssumme aus vergleichbaren wirtschaftlichen Tätigkeiten anderer Wirtschaftszweige zugrunde legt. Nach dieser Methode hat Wolfgang Palz von der EU-Kommission im Rahmen der Vorarbeiten für das EU-Weißbuch über erneuerbare Energien errechnet, daß bei einer Verdreifachung ihres gegenwärtigen Beitrags zur EU-Energieversorgung bis zum Jahr 2010 – von knapp 7% auf 20% – zwei Millionen neue Arbeitsplätze geschaffen würden, davon 800.000 in der Landwirtschaft und ebenfalls 800.000 im Bereich der Bauwirtschaft, die weiteren 400.000 in der technikproduzierenden Industrie und im Bereich solartechnischer Dienstleistungen und Beratung.[230]

Die tatsächliche zusätzliche Beschäftigtenzahl ergibt sich aber erst, wenn man jene Arbeitsplätze abzieht, die im Verlauf dieses Prozesses im Sektor der konventionellen Energiebereitstellung verlorengehen. Dieser Netto-Effekt ist sehr viel schwerer zu errechnen, weil dafür bei seriöser Betrachtung nicht nur die sinkende Zahl von Beschäftigten in Kraftwerken, Raffinerien und im herkömmlichen Installationsgewerbe berücksichtigt werden muß, sondern darüber hinaus auch die der Mitarbeiter in der gesamten atomar/fossilen Energiekette – von der Rohenergieförderung bis zum Kraftwerks- und Leitungsbau. Da mit der Orientierung an einem 20%igen Anteil erneuerbarer Energien an der Gesamtversorgung die Kette der konventionellen Energiebereitstellung noch lange nicht zerschlagen wäre, kann unterstellt werden, daß der Anteil an wegfallenden Arbeitsplätzen anfangs noch relativ gering wäre. Lediglich die Umsätze der konventionellen Energieanbieter werden sinken und ihre Kosten deshalb steigen. Sobald aber die Nachfrage nach fossilen Energien so weit zurückgeht, daß keine neuen Aufträge mehr für Fördertechniken, Kraftwerke, Netzerneuerungen oder konventionelle Heizungsgeräte erteilt werden, werden drastische Einschnitte stattfinden.

Es kann deshalb sein, daß die Zahl neuer Arbeitsplätze durch die Energiewende längerfristig niedriger ist, als manche optimistischen Schätzungen erwarten. Sicher ist aber, daß es – neben der Entstehung neuer Industrien auch im Großmaßstab – deutlich mehr Arbeitsplätze im ländlichen Raum, im Bereich der Bauwirtschaft und des Handwerks sowie selbstständiger Ingenieurberufe geben wird, und dies breit und gleichmäßig gestreut in allen Städten und Regionen. Es sind gleichzeitig stabile Arbeitsplätze, da sie von den Standorten dezentraler Energienutzung nicht zu trennen sind.

Die Produktion von solaren Energietechnologien – von Solarzellen, Solarglas, Brennstoffzellen, Windkraft- und Kleinwasserkraftanlagen, Stirlingmotoren, Speichertechniken, solarmodulierten Geräten u.a.m. – wird wahrscheinlich durch wenige Produzenten erfolgen, die daraus Massenprodukte machen und an wenigen Standorten produzieren. Auf dem Gebiet von Sonnenkollektoren und speziellen Photovoltaikmodulen wird es eher die Chance für eine breit gesteuerte Unternehmensstruktur geben. Aber die Produktion der Anlagen bringt im Verhältnis nicht so viele neue Arbeitsplätze, wie durch die Installation und Wartung dieser Techniken und in der Forst- und Landwirtschaft entstehen, die Nahrungsmittel, Energie und Rohstoffe liefert. Tabelle 12 zeigt, welche wirtschaftlichen Aktivitäten bei der Nutzung erneuerbarer Energien in gleichmäßig verteilter regionaler Streuung anfallen, im Vergleich zu den unvermeidlich zentral organisierten atomar/fossilen Versorgungsstrukturen. Alle wirtschaftlichen Aktivitäten der Energiebereitstellung, außer denen der Produktion der Energiewandlungstechniken, erfolgen bei der Nutzung erneuerbarer Energien überwiegend auf lokaler bzw. regionaler Ebene – bis hin zur Finanzierung der zahllosen Energieanlagen.

Zwar können auch in eine atomar/fossile Energieversorgung lokale und regionale Wirtschaftsakteure einbezogen werden. Dies ist dann aber eher zufällig und nicht systembedingt. Die Nutzung erneuerbarer Ener-

Tabelle 12: Gleichmäßige regionale Streuung von Wirtschaftsaktivitäten im Vergleich von solarer und nichtsolarer Ressourcennutzung

	Wärme und Strom aus erneuerbaren Energien und mit Energiespeichern	Biomasse für Energie und Rohstoffe	Atomar/fossile Energieversorgung
Förderung von Energie	entfällt	ja	nein
Energieaufbereitung	entfällt	ja	nein
Energiespeicherung	ja	ja	nein
Energieverteilung	ja	ja	ja
Installation von Energie-umwandlungsanlagen	ja	ja	nein
Betrieb von Umwandlungs-anlagen	ja	ja	nein
Wartung von Energie-umwandlungsanlagen	ja	ja	nein
Konzipierung von Energie-angebotssystemen	ja	ja	nein
Kommunale bzw. Regionale Steuereinnahmen	ja	ja	nein
Regionales Kreditgewerbe	ja	ja	nein

Quelle: Hermann Scheer, Solare Weltwirtschaft

gien hingegen führt zur Umverteilung der Arbeit von Großunternehmen und ihren Standorten auf regionale bzw. lokale Standorte und auf kleine und mittelständische Unternehmen, land- und forstwirtschaftliche Betriebe, zu Handwerkern und selbständigen Berufen für die zahllosen Ingenieurs- und Planungsarbeiten für erneuerbare Energiesysteme. So wie über Jahrzehnte hinweg die Arbeit von Menschen in kommunalen Kraftwerken durch Arbeit in Großkraftwerken ersetzt wurde, setzt nun wieder der umgekehrte Vorgang ein. Der die Biomasse anbauende und erntende Landwirt und der Waldarbeiter ersetzen die Arbeit der Öl- und Gasförderung in Saudi-Arabien oder Rußland und jene im Kohlebergbau. Die Beschäftigungsalternative für die Menschen,

die in Ostdeutschland in den Braunkohlerevieren arbeiten, könnte in
der Biomasseerzeugung und -ernte in ihrer Region liegen, die der Kraft-
werksmonteure im Bereich der Solaranlageninstallation, die der Raffi-
neriearbeiter in den regionalen Ölmühlen, in der Biotreibstoffproduk-
tion und in der pflanzlichen Rohstoffaufbereitung.

Kommunen und Gebietskörperschaften mit einem selbständig ge-
führten Haushalt, die eigene Steuern aus gewerblichen Aktivitäten erheben dürfen – wie in Deutschland die Gewerbesteuer – und am allgemeinen Steueraufkommen aus ihrem Hoheitsgebiet anteilsmäßig
partizipieren, müssen an der raschen Einführung erneuerbarer Energien
ein eminentes Interesse haben. Ihre Steuereinkommen steigen nämlich
nicht nur durch die im heimischen Wirtschaftskreislauf eingesparten
Energiekosten, sondern auch durch die neuen Arbeitsplätze. Logischerweise müßten regionale Gebietskörperschaften aus purem Eigeninteresse die Markteinführung erneuerbarer Energien in breitem Maßstab
vorantreiben. Diese Zukunftsinvestition amortisiert sich über die damit
angestoßene Förderung solarer Gewerbe – neben dem Umwelteffekt,
der mit ihr einhergeht und bereits für sich spricht. Die erneuerbaren
Energien führen, indem sie neue Beschäftigung sichern, zudem mehr als
alle anderen denkbaren Initiativen dazu, das originäre Ziel regionaler
Strukturpolitik zu realisieren: die Lebensbedingungen der Menschen
einander anzugleichen.

Ein weiterer Regionalisierungseffekt: Die Energierechnungen entfallen, was der Kapitalkonzentration bei Energielieferanten entgegenwirkt.
Die Erträge aus der konventionellen Energielieferung stehen großen
Kapitalgesellschaften und ihren Aktionären zur Verfügung und dienen
nicht zuletzt weiteren Konzentrations- und Globalisierungsaktivitäten
der Unternehmenswirtschaft; die Standortbindung läßt nach. Die mit
erneuerbaren Energien eingeleitete Regionalisierung der Energieversorgung führt zwar auch zu Einkommensverlusten in denjenigen Regionen, in denen bisher die konventionelle Energieförderung und -um-
wandlung stattfindet und Förder- und Produktionsanlagen geschlossen
werden müssen. Diesen Regionen entstehen gleichwohl keine unver-
hältnismäßigen oder unzumutbaren Nachteile, da ihnen dieselben
Chancen zur Nutzung erneuerbarer Energien offenstehen wie allen anderen. Erneuerbare Energien werden damit ein Mittel eines interregio-
nalen wirtschaftlichen Ausgleichs und tragen dazu bei, die Chancen-
gerechtigkeit unabhängig vom Wohnort der Menschen zu verbessern.

Auch die wirtschaftliche Lebensfähigkeit großer Städte wird wegen der Rückkehr des Gewerbes und der eingesparten Energiekosten erheblich verbessert. Der weiteren wirtschaftlichen Ausdünnung von ländlichen Räumen wird entgegengewirkt, der Siedlungsdruck in die Städte läßt nach. Indem die Biomasse aus der Land- und Forstwirtschaft in den Vordergrund rückt, erhält der Wirtschaftsverkehr zwischen Stadt und Land neuen Auftrieb. Das unmittelbare Umland wird wieder wesentlich mehr zur Stadtversorgung beitragen. Wegen des solaren Energiebedarfs der Städte oder des wachsenden und sich immer weiter differenzierenden Rohstoffbedarfs der Industrie wird es neue Betriebsgründungen im ländlichen Raum geben – eine Entwicklung, die letztlich zu einer Dezentralisierung des Wirtschaftsprozesses führt.

»Own Implementation« statt »Joint Implementation«: die Chance der dritten Welt

Erneuerbare Energien tragen wegen der beschriebenen Effekte zur gerechteren Einkommensverteilung auch im Weltmaßstab bei, wo immer die Ablösung konventioneller Energien eingeleitet wird. Sie sind das geeignete Mittel zur Überwindung der Gegensätze von Arm und Reich in der Weltwirtschaft. Daß erneuerbare Energien nicht schon längst an erster Stelle der Entwicklungsstrategien ganzer Volkswirtschaften stehen, ist nur mit energiesoziologischer Blindheit und durch den Mythos und den Ketteneinfluß der konventionellen Energiewirtschaft erklärbar.

Anders ist es bei den Entwicklungsländern, die noch keine konvertible Währung und damit eine direkte Kontrolle über die Devisen haben. Hier bietet sich eine direkte Umwidmung von Devisen für erneuerbare Energien in Form einer Investitionssteuerung unmittelbar an. Da es bei den solaren Energieumwandlungstechniken praktisch keine Zeitdifferenz zwischen Installation und Inbetriebnahme der Anlagen gibt, könnten Dritte-Welt-Länder ihre Devisen direkt in den Import von Solartechniken investieren. Sie müßten dies dann in einer Mehrjahresrechnung tun, um den richtigen Vergleichsmaßstab zu haben. Die erwartbaren Preise der produzierten Energiemenge im Verlauf von zehn Jahren könnten gegen die einmaligen Kosten für eine Solaranlage verrechnet werden: ein solares Energie-Contracting für eine ganze Volkswirtschaft. Diese Rechnung würde mit hoher Sicherheit zugunsten der Nutzung erneuerbarer Energien ausfallen. Damit haben Entwicklungsländer die Chance, aus eigener wirtschaftlicher Kraft den Wechsel von konventionellen zu erneuerbaren Energien zu vollziehen.

Gegenwärtig importiert die Mehrzahl der Dritte-Welt-Länder die Primärenergie *und* die Energietechnik. Wenn auch die sehr viel einfachere solare Energietechnik im eigenen Lande produziert wird, können sie damit einen volkswirtschaftlichen Vorteil nutzen, den die Industrieländer bisher fast allein für sich und gegenüber der dritten Welt in Anspruch nehmen. Dabei ist es volkswirtschaftlich gleichgültig, ob sie den Importeuren der solaren Energietechniken zur Auflage machen, diese vor Ort zu produzieren, oder ob dies in landesansässigen Unternehmen geschieht. Bei heimischer Produktion allerdings sinken die Kosten für die Solartechniken deutlich, weil der darin steckende hohe Arbeitskostenanteil in den Entwicklungsländern wegen des deutlich niedrigeren Einkommensniveaus niedriger ausfällt. Sie gewinnen damit sogar die Möglichkeit, Solartechniken in andere Länder zu exportieren – entweder in Entwicklungsländer, die noch nicht die gleiche Strategie ergriffen haben, also in einem »Süd-Süd-Handel«, oder kostengünstig in Industrieländer, für den dringend nachzuholenden »Süd-Nord-Handel«.

Dritte-Welt-Staaten müßten, um all diese wirtschaftlichen Chancen zu ergreifen, die Grundentscheidung treffen, ohne weitere Umwege den direkten Weg zu dezentralen Energiesystemen für erneuerbare Energien zu gehen. Dies ist, wie beschrieben, für sie ohnehin der einzig empfehlenswerte Weg, weil sie nur so in ländlichen Räumen eine leistungsfähige Energieversorgung gewährleisten können. Und dort tut eine wirtschaftliche, soziale und kulturelle Entwicklung, die lebensfähige bäuerliche Betriebe, Handwerksbetriebe und Kleinunternehmen hervorbringt, dringend not.

Die ländliche Entwicklung wiederum ist für das zweite Grundelement der solaren Ressourcen weit über die spezifischen Sorgen der Entwicklungsländer hinaus von zentraler Bedeutung. Denn ohne moderne Energieversorgung in den ländlichen Räumen wird die Produktion der solaren Rohstoffe, deren größtes Potential in Dritte-Welt-Ländern liegt, definitiv in die Hände transnational operierender Großfarmer fallen. Damit entginge den Dritte-Welt-Ländern die Chance, die Perspektive »Rohstoffproduktion für den Eigenbedarf mit vielen unabhängigen kooperativen Betriebsformen« aufzubauen. Und die Gefahr würde deutlich überwiegen, daß die solaren Rohstoffe in ökologisch problematischer, extensiver und rein exportorientierter Weise angebaut würden. Ein solarer Rohstoffmulti kann den Produktionsstandort wechseln, wenn die Böden ausgelaugt sind. Einheimische Farmer-Kooperativen können dies nicht und sind deshalb stärker dazu motiviert, die Land- oder Waldwirtschaft nachhaltig zu betreiben.

Mit konventionellen Energiegroßanlagen läßt sich diese skizzierte Strategie niemals realisieren – nicht nur, weil dann laufend Primärenergie importiert werden muß. Ein Import einer Großkraftanlage kann ein Entwicklungsland finanziell ruinieren. Bereits durch die beiden Ölkrisen zwischen 1973 und 1982 wurden die Entwicklungsländer – gemessen an ihrer gesamtwirtschaftlichen Leistungsfähigkeit – noch wesentlich schwerer als die Industrieländer belastet. Ihre Verschuldung versechsfachte sich in dieser Zeit von etwa 200 Mrd. auf 1,2 Billionen Dollar. Auf diesem Schuldenberg blieben sie, trotz einiger Entschuldungsaktionen, bis heute sitzen. Eine erneute Preissteigerung ähnlicher Größenordnung von Erdöl auf dem Weltmarkt triebe viele Staaten endgültig in ein wirtschaftliches Delirium. Damit ist aber in überschaubarer Zeit, wahrscheinlich zwischen 2010 und 2020, zu rechnen. Weil der Grund für die nächsten großen Preissprünge nicht mehr eine willkürliche Entscheidung des OPEC-Kartells, sondern die nahende Erschöpfung der Ressourcen sein wird, wird es bei den hohen Preisen auch bleiben – mit dann nur noch steigender Tendenz. Neue kostspielige Infrastrukturinvestitionen in die konventionelle Energieversorgung in Entwicklungsländern sind schon jetzt dem Risiko ausgesetzt, sich nie amortisieren zu können.

Damit sind erneuerbare Energien die einzige und zugleich eine einzigartige wirtschaftliche Chance für die dritte Welt. Neuinvestitionen in konventionelle Energien sind wirtschaftlich frevelhaft, sie sind allenfalls noch in solchen Entwicklungsländern wirtschaftlich risikofrei, die eigene fossile Energievorkommen haben. Dabei bleiben freilich die ökologischen Schäden unberücksichtigt, die bei einer Orientierung der Entwicklungsländer auf fossile Energien als wirtschaftliche Wachstumsstrategie entstehen. Der wichtigste, der entscheidende Punkt ist, *daß die Entwicklungsländer den hier beschriebenen Weg großenteils aus eigener Kraft gehen können.* So wenig es vorstellbar ist, daß die Ablösung atomar/fossiler Energien durch erneuerbare Energien in den industriellen Ländern allein mit Beihilfen und Steuervorteilen realisiert werden kann, so unwahrscheinlich ist es, daß Entwicklungsländer den Weg in eine solare Wirtschaft allein gestützt auf Entwicklungshilfe beschreiten könnten. Die Hauptanstrengung muß, kann und sollte von ihnen selbst ausgehen. Denn es handelt sich bei ihnen noch unmittelbarer als bei den reicheren Nationen um *die* Schicksalsentscheidung für das gesamte Gesellschaftsgefüge. Der Weg, den die Entwicklungsländer gehen, entscheidet auch über das übrige Weltgeschehen.

Es ist ein historischer Widerspruch, wenn sie die Entstehung der fossilen Industrialisierung in deren Auslaufphase wiederholen. Die heutigen Industrieländer sind ihren Weg aus nachvollziehbaren Gründen mit der seinerzeitigen Technikentwicklung gegangen. Diesen Grund gibt es für die Entwicklungsländer heute nicht mehr: Die solaren Alternativen sind ja verfügbar! Der Weg zu einer Befriedigung der Energiebedürfnisse führt nicht über »Joint Implementation« am langen, verketteten Arm der Industrieländer und ihrer Energiekonzerne. »Joint Implementation« und international handelbare »Emissionszertifikate« – dies sind die beiden meistpropagierten Vorschläge zur Realisierung einer globalen Klimaschutzpolitik.[231] Dabei wird davon ausgegangen, daß es wegen der globalen Auswirkung jeder Energieemission gleichgültig sei, an welcher Stelle des Erdballs die Emissionsminderung stattfinde. Deshalb – so der »Joint Implementation«-Ansatz – sei es für alle hilfreich, wenn die Investition dafür dort stattfinde, wo sie den größten Effekt erzielen könne. Deshalb soll es einem Industrieland erlaubt werden, die ihm durch das internationale Klimaprotokoll auferlegten Pflichten zur mengenmäßigen Reduktion auch durch Investitionen in Entwicklungländern zu tätigen. Dies habe auch den generellen Vorteil eines Transfers emissionsarmer Technologien in die dritte Welt.

Das – ebenfalls international vereinbarte – Konzept der »Emissionszertifikate« teilt dagegen jedem Land Emissionsmengen zu. Die Summe aller Emissionsmengen soll den angestrebten Zeitetappen globaler Emissionsminderungen entsprechen – bis zu 50 % im Jahr 2050, berechnet auf der Basis der globalen Energieemissionen des Jahres 1990. Bei Industrieländern müßte die Anzahl der jeweiligen »Emissionsrechte« dabei niedriger und bei Ländern der dritten Welt aufgrund des deutlich niedrigeren Energieverbrauchs höher liegen als ihre jeweiligen gegenwärtigen Emissionen. Will ein Industrieland mehr emittieren, als es darf, soll es die Möglichkeit haben, von einem Land der dritten Welt eine zusätzliche Emissionsquote zu kaufen – oder zu leasen. Dadurch entstehe für jedes Land ein Anreiz zur Emissionsminderung. Auch Unternehmen eines Landes sollen an diesem Emissionshandel teilnehmen dürfen.

Beide Ansätze sind formuliert worden, um die Regierungen zu motivieren, eine konsequentere Klimapolitik zu betreiben. Abgesehen davon, daß dies in der Praxis nicht gelungen ist, sind beide Ansätze auch problematisch. Der Handel mit »Emissionsrechten« gäbe Industrieländern die Möglichkeit, sich von einer Änderung ihrer Energiestrukturen freizukaufen, obwohl gerade bei ihnen die grundlegendsten Veränderungen nötig sind. Daß die Regierungen der dritten Welt die eingenommenen Gelder für den Aufbau und die Einführung von energiesparenden Techniken verwenden, um ihre verkauften Emissionsrechte selbst nicht mehr in Anspruch nehmen zu müssen, ist mehr als fraglich. Zu sehr leben sie mit ihren meist chronischen Staatsdefiziten von der Hand in den Mund. Der »Joint Implementation«-Ansatz ist von selbstvergessener Überheblichkeit; er unterstellt, daß die Industrieländer als Hauptverursacher der Klimaschäden den Ländern der dritten Welt mit Hilfe des Transfers ihrer Energietechnologien den richtigen Weg weisen könnten. Doch gerade dafür sind die Industrieländer schlecht legitimiert, nach jahrzehntelangen »guten« Geschäften mit den falschen Technologien. Doch der problematische Punkt dieser Konzepte ist, daß die erneuerbaren Energien bei diesen Klimaschutzdiskussionen bisher keine tragende Rolle spielen. Sie zielen vor allem auf die Minderung des Verbrauchs fossiler Energien; fast alles dreht sich um Reduktionsrituale. Klimaschutzdiskussionen werden deshalb generell als hemmend für die wirtschaftliche Entwicklung wahrgenommen. Sie stoßen deshalb nicht zuletzt in der dritten Welt auf Widerstand.

Dieses Problem würde es nicht geben, wenn man statt internationaler Reduktionspflichten prozentual steigende nationale Pflichtquoten zur Substitution fossiler Energien durch erneuerbare Energien festlegen würde – gemessen am gegenwärtigen fossilen Energieverbrauch. Diese schließen das Ziel, Treibhausgas-Emissionen zu mindern, automatisch mit ein. Das Ziel, die Energieeffizienz zu steigern, ist damit ebenfalls indirekt berücksichtigt, weil die Pflichtquote für die Einführung von erneuerbaren Energien schneller erreicht ist, wenn der Gesamtverbrauch fossiler Energien sinkt. Eine vorrangige Orientierung der Klimaschutzabkommen an der Nutzung erneuerbarer Energien würde ihre Akzeptanz verbessern; die Abkehr von der fossilen Ressourcenbasis erschiene nicht mehr nur als wirtschaftliche Last. In den erneuerbaren Energien liegt eine einzigartige Chance – vor allem für die dritte Welt, die sich damit einen eigenen Entwicklungsweg eröffnet, statt die Fehler der Industrieländer zu kopieren.

Die Regionalisierung der Handelsströme

Wirtschaftliche Globalisierung von Waren und Dienstleistungen ist nur mit Verkehrsträgern möglich. Je schneller die Transportleistung erbracht werden kann, desto größer das Spektrum von Waren und Dienstleistungen, die um den Globus geschickt werden. Je größer die Transportkapazitäten, desto billiger der Transport und desto mehr Transporte. Schneller bzw. preisgünstiger Transport hat die Welthandelsströme wahrscheinlich stärker anschwellen lassen als alle Freihandelsabkommen in der zweiten Hälfte des 20. Jahrhunderts. In jedem Fall hat er den Konzentrationsprozeß der Wirtschaft in seiner heutigen Form erst möglich gemacht. Die Mengenproduktion konnte damit auf immer mehr Märkte ausgedehnt werden.

Von der Zunahme der globalen Transportströme profitiert die fossile Energiewirtschaft stets mindestens zweifach: Sie steigern den Absatz der Energiewirtschaft, und sie erleichtern es dieser zugleich, immer mehr Lebensbereiche und Lebensräume an ihre Ketten zu legen und dadurch ihren Absatz abermals zu steigern. Da durch diese zweifach geförderte Mengennachfrage die Bereitstellungskosten der Energiewirtschaft sinken, ist ihr Spielraum um so größer, alle ohnehin bestehenden Märkte mit verbilligten Angeboten zu überschütten und diese damit weiter an sich zu binden. Jeder Transport auf der Basis fossiler Energien wirkt mehrfach umweltbelastend. Dies wird schlicht ignoriert, wenn statistische Erfolgsmeldungen suggerieren, das Verhältnis zwischen Wirtschaftswachstum und Ressourcenverbrauch sei entkoppelt, die »Dematerialisierung« mache erkennbare Fortschritte. Wenn aber Eigenproduktionen einer Volkswirtschaft durch Importe ersetzt werden, sinkt der Energieverbrauch nur im Importland und steigt im exportierenden Land.

Der für die Weltökologie abträglichste Schritt ist nicht zuletzt deshalb die Treibstoffsteuerbefreiung für den internationalen Flug- und Schiffsverkehr. Während sie für den Schiffsverkehr ein traditionelles

Relikt ist, ist sie für den Flugverkehr erst nach dem Zweiten Weltkrieg
eingeführt worden. Die Steuerbefreiung für den Seehandel erhielt ihre –
die wirtschaftliche Strukturen verändernde – Bedeutung mit dem Bau
riesiger Frachtschiffe mit mehreren 100.000 Bruttoregistertonnen Was-
serverdrängung; im Flugverkehr mit der Bereitstellung großer Luft-
transportkapazitäten.

Beschlossen wurde die Steuerbefreiung für den Flugverkehr von der
Organisation der zivilen Luftfahrt (ICAO), einem Zusammenschluß
von – lange Zeit überwiegend staatlichen – Luftfahrtgesellschaften, die
sich damit selbst begünstigten. Die Regierungen, für die solche
Beschlüsse nicht verbindlich sind, haben sich stets an diese Beschlüsse
gehalten. Teilweise haben sie daraus sogar Gesetze gemacht. In Deutschland ist diese Steuerbefreiung im Mineralölsteuergesetz festgeschrieben,
in der EU durch die Richtlinie 92/81/EWG – also erst seit 1992. Strukturell zementiert sind diese Regelungen auch in den zahllosen bilateralen
Luftverkehrsabkommen zwischen Staaten, von denen allein Deutschland insgesamt 120 abgeschlossen hat.

Bei diesen Steuerbefreiungen für Treibstoffe im Flug- und Schiffsverkehr ist es nicht geblieben. Sie wurden ausgeweitet auf den Kauf von
Flugzeugen, der von der Mehrwertsteuer freigestellt ist und weitere steu-
erliche Sonderabschreibungen ermöglicht, die in Deutschland bei 30 %
der Anschaffungskosten liegen. Das Betriebsvermögen von Luftfahrtgesellschaften im Ausland ist von der Vermögenssteuer befreit, falls dies
vertragsschließende Länder in Luftverkehrsabkommen wechselseitig so
regeln. Flughäfen sind in den meisten Ländern von einer Grundsteuer
befreit. Auch im Schiffsverkehr gibt es Sonderabschreibungen für die
Beschaffung von Handelsschiffen. Hinzu kommt, daß sich in der Han-
delsschiffahrt – ohne daß jemals ernsthaft dagegen politisch vorgegangen wurde – der Schiffsbetrieb unter sogenannten Billigflaggen durchgesetzt hat, etwa der von Liberia, womit sich die Reedereien noch weitere
Steuerbefreiungen verschaffen und im übrigen weitgehend gegen Versi-
cherungs- und Haftpflichtleistungen absichern. So wurde der Luft- und
Schiffahrtsverkehr zu einer globalen steuerfreien Zone.

Darüber wird nicht gern geredet. So gab der Subventionsbericht der
Bundesregierung für Lufttreibstoffe lediglich eine jährliche – durch
Steuerausfälle bedingte – Subventionshöhe von 250 Mio. DM und für
Schiffstreibstoffe lediglich 350 Mio. DM an, also insgesamt 600 Mio.
DM. Erst als eine Parlamentsanfrage von Bündnis 90/Die Grünen 1995

darauf insistierte, die Steuerausfälle im Verhältnis zu den Regelsätzen der sonstigen Treibstoffsteuern für Benzin und Dieselkraftstoff zu berechnen, mußte die Bundesregierung für das Jahr 1993 einen Wert von 8,1 Mrd. DM zugeben.

In einer Stellungnahme gegenüber dem Parlament wurde die Diskrepanz damit begründet, daß man nur den Inlandsverbrauch angegeben habe, weil bei einem Verbrauch »außerhalb des Steuergebiets nicht von Steuermindereinnahmen gesprochen werden kann«.[232] Für die Anschaffung von Flugzeugen und Schiffen gab die Bundesregierung im zitierten Subventionsbericht eine Steuermindereinnahme von 35 Mio. DM an, die ebenfalls offenkundig viel zu niedrig gegriffen ist.

Bisher wurden diese Steuerprivilegien vorwiegend wegen der Umweltfolgen des zunehmenden Flugverkehrs diskutiert. Deshalb blieben die Steuerbefreiungen für den Schiffsverkehr meistens von der Kritik ausgespart, so daß diese vielen gar nicht bewußt sind oder nicht kritikwürdig erscheinen. Der zentrale ökonomische Effekt dieser Steuerbefreiungen wird dabei übersehen: Sie sind eine Subventionierung des Welthandels und damit dessen Privilegierung gegenüber dem vorwiegend auf die Schiene und Straße angewiesenen Regionalhandel. Sie bedeuten eine gezielte Förderung global operierender Unternehmen, die regional operierende Unternehmen nicht haben. Die bisher nie errechnete Gesamtsumme dieser Subventionierung der »global players« liegt – im Vergleich zum durchschnittlich besteuerten Treibstoff – weltweit mit hoher Wahrscheinlichkeit bei einer Summe von etwa 300 Mrd. Dollar – zu Lasten regionaler Wirtschaftskreisläufe.

Diese Steuerbefreiung ist damit nicht nur der größte Begünstigungsfall der Wirtschaftsgeschichte, der neben den Schiffahrts- und Luftfahrtgesellschaften vor allem der Energiewirtschaft und der Exportwirtschaft zugute kommt. Sie ist auch der größte Einzelschritt zur verschärften Umweltzerstörung: Etwa 15 % des gesamten Jahreserdölverbrauchs gehen auf das Konto der Schiff- und Luftfahrt, mit steigender Tendenz. Da die Schadstoffemissionen des Luftverkehrs in der Erdatmosphäre mindestens die dreifache Schadenswirkung haben, bedeutet das eine steuerfrei gestellte Schadensquelle, die etwa 30 % der Beschädigung der Erdatmosphäre ausmacht. Von der Umweltzerstörung durch die Schiffahrt zeugen die ölverseuchten internationalen Gewässer und zahlreiche ölverklumpte Küstengebiete.

Die globalwirtschaftlichen Kreisläufe hätten sich ohne diese Steuersubventionen niemals bis zu ihrem heutigen Umfang ausweiten können. Vor allem die Lage der weltweiten Landwirtschaft sähe ohne sie völlig anders aus. Tatsächlich hat sie vor allem den Aufstieg der überwiegend amerikanischen Nahrungsmittelkonzerne zu Weltunternehmen ermöglicht. So sind seit den 6oer Jahren die Kosten der Nahrungsmitteltransporte von den USA nach Europa um 80 % gesunken.[233] Die Steuerbefreiung des Transports hat zur Zerstörung bäuerlicher Strukturen von der dritten bis zur ersten Welt beigetragen und damit zur Entstehung von Slums; zur Einführung von naturschädigenden Anbaumethoden, um durch Mengensteigerung im Weltmarkt mithalten zu können; zur Belastung der Staatskassen mit Subventionen für die darniederliegende heimische Landwirtschaft; zur Verschlechterung der Qualität von Lebensmitteln; zu den globalen Nährstoff-Umverteilungen durch die Futtermitteltransporte, die die Bodenqualität in den Herkunfts- wie in den Empfängerländern langfristig empfindlich beeinträchtigen; zur weltweiten Abhängigkeit von wenigen – meist amerikanischen – Saatgutlieferanten, was bei deren Ausfall z. B. wegen Dürrekatastrophen und Überschwemmungen die Gefahr akut auftretender Welthungerkatastrophen aufwirft; zur globalen Verarmung des Nahrungsmittelangebots und zur Preisgabe der Landwirtschaft, der ursprünglichsten und unverzichtbaren Lebensgrundlage jedweder Gesellschaft.

Die Treibstoffsteuerbefreiung für Flug- und Schiffsverkehr hat insgesamt auf direktem Wege zur Entregionalisierung der wirtschaftlichen Beziehungen geführt. Sie diskriminiert regionale Anbieter. Ein größeres ökologisches Problem als die – ebenfalls skandalöse – Privilegierung des Straßen- gegenüber dem Schienentransport ist, daß heute der Transport einer vergleichbaren Produktmenge von Passau nach Bremen oder von Bregenz nach Wien teurer sein kann als der per Schiff oder Flugzeug über den Atlantik oder von Australien nach Europa. So privilegiert die Treibstoffsteuerbefreiung umweltschädigende Transporte vor umweltschonenden und globale Wirtschaftskreisläufe vor regionalen, und die Konzerne der Industrieländer vor mittelständischen Betrieben. Sie fördert die Trennung der Produzenten von den Konsumenten und damit die Anonymität des Wirtschaftsprozesses, was dem Sinn der Marktwirtschaft widerspricht. Sie begründet diese künstliche Aufhebung der Transportkosten damit, daß alle Anbieter, unabhängig von ihrem Standort, gleiche Chancen haben sollen.

Wirtschaftliche und ökologische Regionalisierung muß den natürlichen Standortvorteil beachten und nutzen. Diesen wegzusubventionieren bedeutet, Natur und Gesellschaft zugunsten ferner, kaum zur Verantwortung zu ziehender Wirtschaftsakteure zu belasten. Transportsubventionen sind somit Anschläge auf Natur und Gesellschaft. Schiffstreibstoff- und Flugbenzinsubventionen müssen, will man die Regionen stärken, unverzüglich abgeschafft werden. Transportkosten, die den Entfernungsfaktor voll widerspiegeln, führen automatisch – und ohne Bürokratie – zu einer Regionalisierung von Handelsströmen. Sie motivieren Unternehmen dazu, marktnah zu produzieren und sich mit ihren Produktionsstätten zu dezentralisieren. Sie verstärken die Chancen kleiner und mittlerer Unternehmen. Sie verbessern die Marktchancen der jeweiligen heimischen Landwirtschaft. Sie reduzieren den Energieverbrauch für Transport und Lagerhaltung und entlasten die Infrastruktur. Sie reduzieren die Angebotsmengen fossiler Energien, schwächen damit deren Weltmarktstellung und beschleunigen ihre Ablösung. Sie fördern die Marktchancen von regional erzeugter Biomasse für Energie und Rohstoffe. Durch regionalisierte Handelsströme werden Zwischenhändler aus den Wirtschaftsbeziehungen ausgeschaltet. Die eingesparten Kosten kommen den Produzenten und den Konsumenten zugute, die wieder in direkte Beziehung treten. Dies führt zu Wirtschaftsbeziehungen zwischen den Konsumenten und den Erzeugern, wie sie der Nationalökonom Johann Heinrich von Thünen im frühen 19. Jahrhundert in seinen Schriften über die »ideale Stadt« und den »idealen Staat« modellhaft beschrieben hat[234]: der wirtschaftliche Prozeß als ein System von *konzentrischen Kreisen* um die zu versorgenden Zentren. Diese Kreise müssen nicht administrativ gezogen werden. Sie ergeben sich – von Produkt zu Produkt unterschiedlich – aus den jeweiligen Produktionskosten und den entfernungsabhängigen Transportkosten.

Dieser Schritt zur Regionalisierung von Handelsströmen zeitigt wahrscheinlich breitere Wirkung als jeder andere politische Vorschlag. Er hat die Chance zu großer Popularität. Eine Besteuerung von globalen Kapitaltransfers (die sogenannte Tobin-Steuer) etwa wäre viel schwerer handhabbar. Er ist unkompliziert, weil er eigentlich Selbstverständliches einfordert. Aber gerade weil viele Selbstverständlichkeiten seit Jahrzehnten nicht mehr beachtet werden, gefährdet die Weltgesellschaft ihre Existenz.

Die tragfähige Weltwirtschaftsordnung: globaler Technikmarkt,
regionale Ressourcenmärkte

Daß die Treibstoffsteuerbefreiung für den internationalen Schiffs- und
Flugtransport schon als selbstverständlich und unaufhebbar gilt, demonstriert das einseitige Leitbild der Weltwirtschaft. Es sind die großen,
weltmarktfähigen Unternehmen, nach deren Interesse die Weltmarktregeln konzipiert werden. Die »corporate empires« sind nicht zuletzt ein
politisches Produkt. Hätten die Gestalter der Welthandelsordnung die
gesamte Wirtschaft und ihre gesellschaftliche Funktion im Auge statt in
erster Linie die Interessen der Großkonzerne, dann müßten sie zu Ord-
nungsvorstellungen kommen, die es ermöglichen, die gesellschaftliche
Sozial- und Umweltbindung von Wirtschaftsunternehmen zu sichern.

Doch zahlreiche »moderne« Apologeten des Weltmarkts denunzieren alle Versuche, diese Anbindung durch Marktregeln sicherzustellen,
als unrealisierbar oder als »Protektionismus«. Protektionismus ist das
Unwort des neoliberalistischen Zeitalters. Dabei bedeutet dieser Begriff
nichts anderes als Schutz, um Lebenssicherheit zu gewährleisten. Daß
sich Menschen vor anderen schützen dürfen bzw. geschützt werden
müssen, kann normalerweise nicht bestritten werden. Wer immer die
Existenz von Polizei und Streitkräften in einem Staat als »Protektionismus« verwerfen würde, gälte als ein gefährlicher Phantast, der die Gesellschaft der Aggression ausliefert. Bestenfalls würde er mitleidig als
weltfremder Naivling betrachtet, der an das Gute im Menschen glaubt
und die Realitäten verkennt. Das antiprotektionistische Dogma pau-
schaler Marktlehren enthält alle Merkmale einer solchen irrealen Welt-
fremdheit – als gäbe es ausgerechnet im Wirtschaftsleben, in dem es um
tägliche Existenzkämpfe geht, keine Aggression. Dieses naive Weltbild
wird besonders von denjenigen hochgehalten, die die erfolgreichsten
Wirtschaftsaggressionen praktiziert haben. Sie reden vom Markt und
von Chancengleichheit und meinen nur sich. Selbstverständlich muß es
auch im Wirtschaftsleben Schutz geben. Behauptungen, daß sich im
Wettbewerb stets die Anbieter mit dem besten Produkt und der höchsten Produktivität durchsetzen würden, sind scheinheilige Marktlegen-
den. Weltfremde Weltwirtschaftsdogmen werden – in die Praxis umgesetzt – weltgefährdend. Jede zivile Gesellschaft braucht Formen von
Protektionismus, auch und gerade in ihrer Wirtschaftsordnung. Die

Frage ist nur, was geschützt wird, ob die angestrebte und geschützte Form die erstrebenswerte für die Bedürfnisbefriedigung der Menschen und für produktives Wirtschaften ist und ob sie sich auf objektive und global verallgemeinerungsfähige Prinzipien stützen kann – statt lediglich auf egoistische Eigeninteressen von Konzernen oder Staaten.

Im Mittelpunkt der Diskussion um Schutzbestimmungen in der Weltwirtschaft stehen Sozial- und Umweltstandards, die in den Welthandelsvertrag integriert werden müßten. Diese sollen es Staaten ermöglichen, Importe von Waren aus Ländern zu verweigern oder mit zusätzlichen Zöllen zu besteuern, die offenkundig deshalb billiger sind, weil sie unter menschen- und umweltausbeuterischen Bedingungen hergestellt wurden. Es ist denkbar, daß solche Umwelt- und Sozialstandards tatsächlich nach mühsamen Verhandlungen Bestandteil einer erweiterten Welthandelsordnung werden. Aber es ist unwahrscheinlich, daß sie dann konkret genug ausfallen, um sozial- und umweltverträgliche Produktionsstrukturen global durchzusetzen bzw. Staaten tatsächlich wirkungsvolle Handhaben geben, solche Strukturen effektiv schützen zu können.

Der Welthandelsvertrag wird von vielen als die Bibel der Weltwirtschaftsordnung, als eine Art Weltverfassung betrachtet, die über allen anderen Verträgen stehe – zumindest denjenigen, die einen unmittelbaren Einfluß auf das Wirtschaftsgeschehen haben. Dies ist jedoch eine ideologische Projektion. Tatsächlich ist er nur ein Vertrag neben mehreren – wie der zur Internationalen Arbeitsorganisation, die u. a. das Recht auf freie gewerkschaftliche Organisierung und das Aushandeln von Lohn- und Arbeitsbedingungen für jeden Staat garantiert; oder wie der internationale Seerechtsvertrag, der Antarktisvertrag oder die Konvention zum Schutz der Biodiversität und die Klimakonvention. Im Völkerrecht haben alle diese Verträge gleichermaßen Geltung. Es kennt keine Überverträge, außer der Charta der Vereinten Nationen und der UN-Menschenrechtskonvention, die Weltverfassungscharakter haben bzw. zumindest so verstanden werden sollten. Die Welthandelsorganisation überzieht ihr Mandat, wenn sie sich anheischig macht, die Regeln des freien Weltmarkts über vorhandene Sozial- und Umweltabkommen zu stellen.

Die Forderung nach Sozial- und Umweltstandards in der WTO bedeutet damit indirekt, dieser eine Rolle als wirtschaftliche, soziale und ökologische Oberinstanz zu attestieren. Doch die WTO-Regeln müssen

ihre Grenzen in anderen völkerrechtlich geltenden Abkommen haben.
In Konfliktfällen zwischen WTO und dem Internationalen Arbeitsvertrag oder einem globalen Umweltabkommen hätte dann nicht die WTO das Schiedsrecht, sondern der Internationale Gerichtshof. Ein solcher Konflikt ist bisher nicht ausgetragen worden, weil der WTO bisher eine höhere Autorität eingeräumt wird, als ihr völkerrechtlich im Verhältnis zu anderen Vertragswerken zusteht. Daraus ergibt sich: Es gibt längst Sozial- und Umweltstandards im internationalen Wirtschaftsrecht. Darauf hat auch Julius K. Nyerere hingewiesen, der, als früherer Präsident von Tansania und heutiger Vorsitzender des Süd-Zentrums, die Aufnahme von Sozialstandards in die WTO-Verträge strikt ablehnt.[235] Ob künftig im Welthandelsvertrag explizit steht, daß Sozial- und Umweltabkommen gelten, spielt keine Rolle: Nach dem Völkerrecht gelten sie. Der Versuch, sie in die WTO aufzunehmen, stellt ihre Geltung in die Dispositionsfreiheit der Verhandlungen über die Weiterentwicklung der WTO – als dürften diese darüber befinden, welche anderweitigen internationalen Vertragsbestimmungen Gültigkeit haben. Heribert Prantl von der »Süddeutschen Zeitung« hat das hypertrophe wirtschaftsliberalistische Ansinnen ironisch auf einen Nenner gebracht – durch eine Umformulierung der Art. 1 und 2 des deutschen Grundgesetzes, die das Grundrecht der Freiheit des Menschen für unantastbar erklären: »Der Standort Deutschland ist unantastbar. Die ungestörte Investitionsausübung ist gewährleistet. Niemand darf gegen sein Gewissen zum Umweltschutz, zum Datenschutz, zum Kündigungsschutz oder zu ihn sonst beeinträchtigenden Maßnahmen gezwungen werden.«[236] Auch das Völkerrecht darf schließlich nicht in den Punkten ausgehebelt werden, die den WTO-Regeln widersprechen.

Welche Regeln und Rechte jedoch besonders im Wirtschaftsrecht – und hierbei insbesondere zwischen Staaten – durchgesetzt werden, hängt auch davon ab, ob sich Betroffene praktisch zutrauen, sie einzuklagen. Ohne Gewerkschaften, Verbraucherorganisationen und mutige Vorreiter stünden viele nationale Wirtschaftsregeln gegen rücksichtslos eingesetzte wirtschaftliche Macht nur auf dem Papier. Bevor aber Regierungen tätig werden, um gegen andere Länder internationale Vertragsregeln durchzusetzen, wägen sie ab, welche Auswirkungen dies auf die internationalen Beziehungen zu dem beklagten Land hat. Damit internationales Umweltrecht tatsächlich eingeklagt wird, ist es deshalb notwendig, vor internationalen Gerichten auch Individualklagen statt nur Regierungsklagen zuzulassen und dafür einen internationalen Umweltgerichtshof einzusetzen – so wie es für die Klagen gegen Menschenrechtsverletzungen inzwischen geschehen ist.[237]

Ob dessen Urteile eingehalten werden, bleibt international immer noch eine Machtfrage: Die USA leisten es sich, Handelsbeschränkungen auch gegen WTO-Schiedssprüche zu dekretieren, z. B. gegen Länder, die sich nicht an das Handelsembargo gegenüber Kuba halten. Da keine internationale Organisation die Sanktionsgewalt hat, um Urteile der WTO, der ILO oder des Internationalen Gerichtshofs durchzusetzen, hängt die Einhaltung der Regeln immer auch von der Machtstellung der Beteiligten ab. Ein Spruch zugunsten eines wirtschaftlich Mächtigen wird deshalb eher durchgesetzt, weil dieser eigene Sanktionsmöglichkeiten hat; ein Spruch zugunsten eines ansonsten Einflußlosen hängt dagegen häufig in der Luft, wenn der Mächtige ihn ignoriert. Einseitige Vorteilsnahmen der ohnehin Mächtigen werden deshalb durch das internationale Recht höchstens gebremst, aber selten verhindert. Je mehr sich Volkswirtschaften sogar in der Grundversorgung ihrer Menschen – also in der Bereitstellung der Nahrungsmittel, der Energie und der Rohstoffe – von transnationalen Unternehmen und vom Weltmarkt abhängig machen, desto mehr sind sie einer Wirtschaftsmacht ausgeliefert, gegen die auch keine Berufung auf internationale Umwelt-, Sozial- ja selbst Handelsregeln hilft. Sie sind dann – ob sie diese Rechte auf ihrer Seite haben oder nicht – dem erpresserischen Druck ausgeliefert, von unverzichtbaren Ressourcen abgeschnitten zu werden, wenn sie sich nicht den großen Wirtschaftsmächten fügen, die sie kontrollieren. Daraus ergibt sich: Die Ressourcenunabhängigkeit einer Volkswirtschaft ist ein elementares Ziel, das um so wichtiger wird, je mehr sich die Wirtschaftsbeziehungen internationalisieren. Dies liegt bei klarer Sicht im Interesse nicht nur der Volkswirtschaften kleiner Länder, sondern aller, einschließlich der Länder mit dem höchsten Ressourcenverbrauch, allen voran der USA.

Schon jetzt ist es selbst für jedes führende Industrieland kontraproduktiv, wenn seine Regierung

– sich für die internationale Marktmacht »ihrer« zur Ressourcenwirtschaft zählenden transnationalen Konzerne einsetzt, deren Produkte die globale Umwelt und auch die eigene zerstören;

– dafür militärische Potentiale u. a. mit »Schnellen Eingreiftruppen«
  zur Verfügung stellt;
– für die weltwirtschaftlichen Raubzüge von »global players« an den
  Weltressourcen den Kopf hinhält.

Regierungen übernehmen dann in der Weltöffentlichkeit die Rolle des
»häßlichen Amerikaners«, wie sie Senator Fulbright bereits in den 60er
Jahren beschrieben hat, oder die des »häßlichen Europäers« oder »häßlichen Japaners« – stellvertretend für einige Unternehmen mit amerika-
nischem, europäischem oder japanischem Firmenschild. Auch die Regierungen der Industrieländer stehen vor der Frage, ob es nicht in ihrem
eigenen Interesse liegt, den Weg zu einer solaren Ressourcenbasis zu
gehen, statt weiter den freien globalen Ressourcenmarkt zu sichern.

Das Prinzip des Freihandels darf nur noch dort uneingeschränkt gelten, wo seine beiden wirtschaftlichen Kernbegründungen tatsächlich
zutreffen: auf dem Feld der Technologien. Die eine Begründung ist, daß
die protektionistische Abschottung einer produzierenden Volkswirtschaft auf Dauer zur Selbstschädigung führt, da im geschützten Markt
die Anstrengungen zur Produktivitätssteigerung erlahmen; je länger der
Schutz anhalte, desto mehr gerate die Volkswirtschaft ins Hintertreffen,
weil sie immer unproduktiver werde. Die zweite Begründung ist, daß
jedes begehrte Produkt überall gleich verfügbar sein soll, auch wenn es
nicht im eigenen Land produziert wird.

Der elementare Denkfehler dabei ist jedoch, Weltmarktregeln auch
auf solche Produkte auszudehnen, deren Herstellung von durch Menschen nicht beeinflußbaren natürlichen Produktionsbedingungen abhängt. Dies ist bei Ressourcen aber immer der Fall. Diesen Tatbestand zu
leugnen und Energie-, Rohstoff- und Nahrungsmittelressourcen denselben Weltmarktregeln zu unterwerfen wie technische Produkte, ist eine
sträfliche naturgesetzwidrige Fehlleistung. Dieselbe Fehlleistung liegt
vor, wenn das für technische Produkte angebrachte freie Weltmarkt-
prinzip auch auf Kulturgüter übertragen wird, also auf die geistigen Ressourcen der Menschheit mit ihren zahlreichen unterschiedlichen Spra-
chen und Lebenstraditionen.

Diese Fehlleistung führt zur Gleichschaltung von Kulturen und zur
Mißachtung der natürlichen Lebensbedingungen, bis hin zu deren irreversibler Ausbeutung und Vernichtung. Ein globalisiertes Marktprinzip
hat in der Praxis zu einer alle moralischen Prinzipien verzerrenden und

die ökologischen Existenzgrundlagen ignorierenden globalen Wirtschaftsstruktur geführt. Damit ist es ein extremistisches Dogma der Wirtschaftstheorie. Eine tragfähige Weltmarktordnung muß *alle die Ressourcen betreffenden Weltmarktregeln wieder außer Kraft setzen und diese auf technische Produkte beschränken.* Dies bedeutet, daß es für Technologien und technische Produkte einen tatsächlich freien Weltmarkt geben muß, zu dem jeder diskriminationsfrei Zugang hat. Bei Ressourcen jedoch muß jede Volkswirtschaft die Möglichkeit haben, auf ihrem Markt heimisch gewonnene vor importierten Ressourcen zu bevorzugen. Dies bedeutet Marktvorrang

– von in der eigenen Landwirtschaft erzeugten Grundnahrungsmitteln, wie Getreide, Milch, Fleisch oder Gemüse. Was dagegen nicht im eigenen Land produziert werden kann – wie in Mitteleuropa Südfrüchte, Gemüse aus südlichen Anbaukulturen, Olivenöl u.a.m. –, muß frei zugänglich bleiben für jeden Anbieter und Nachfrager. Gleiches gilt für alle Nahrungsmittel, für die der Bedarf nicht aus eigener Produktion gedeckt werden kann. Auch für spezielle Qualitätslebensmittel – Wein, Käsesorten u.a.m. – darf es keine künstlichen Begrenzungen geben. Dieses Marktmuster läßt sich noch weiter auffächern, indem es auch in den Regionen großräumiger Länder oder in der EU einen Marktvorrang für regional erzeugte Grundnahrungsmittel gibt;
– für heimische geerntete oder geförderte Energie und Rohstoffe vor importierten, was automatisch einen Trend zur Förderung erneuerbarer Energien auslöst. Auch Länder, die eigene konventionelle Energievorkommen haben, verlieren mit dem Wegfall der Massenförderung für den Weltmarkt schnell ihre aktuellen Kostenvorteile.

Ein solcher Ansatz ist wesentlich treffsicherer, unbürokratischer und problemnäher, als globale Standards für das gesamte Feld der Sozial- und Umweltpolitik aufzustellen. Letztere müßten, wenn sie wirkungsvoll sein wollen, ins Detail gehen – was ein hochkomplexes Unterfangen ist angesichts der sehr unterschiedlichen wirtschaftlichen und ökologischen Ausgangsbedingungen in jedem Land und ihren jeweiligen wiederum sehr unterschiedlichen Prinzipien im Sozial- und Umweltrecht. Der hier vorgeschlagene Ansatz bringt wirtschaftliche Eigenentwicklung in die Volkswirtschaften und Regionen zurück, was die wichtigste Vorbedingung für das Aufrechterhalten sozialer Standards ist. Indem er an der Ressourcenbasis ansetzt und deren regionalen Kreisläufen Vorrang einräumt, führt er zu einem ökologischen Wirtschaftsverhalten, das keine Umweltpolitik jemals erreichen kann, die die Umweltauswüchse des traditionellen Wirtschaftens durch zahllose Einzelregelungen verhindern will. Wie soll auf globaler Ebene umgesetzt werden, was schon auf nationaler kaum angemessen funktioniert? Traditionelle Umweltpolitik versucht mit großem administrativen Aufwand, die konventionelle Ressourcenumwandlung zu verbessern. Eine moderne Umweltpolitik muß auf umweltfreundliche Ressourcen und eine Reduzierung des Verkehrs setzen. Diese Ziele werden mit dem globalen Ansatz der Regionalisierung der Ressourcenmärkte vorangetrieben; er führt damit am schnellsten zu einem ökologischen Wirtschaften durch sich selbst regelnde Systeme. Höhere Verbraucherpreise können durch die in regionalen Märkten mögliche weitgehende Ausschaltung des Zwischenhandels, der besonders auf dem Agrarsektor für globale Ressourcenmärkte kennzeichnend ist, vermieden werden. Der Zwischenhandel ist es, der das Geld verdient, das den landwirtschaftlichen Betrieben fehlt, was ihren Ruin beschleunigt. In der Landwirtschaft kann der Zwischenhandel durch selbst organisierte und politisch unterstützte Direktvermarktung der Nahrungsmittel und der solaren Rohstoffe ausgeschaltet werden – einschließlich der Kennzeichnung ihrer Herkunft durch Labels. Als Argument gegen die weitgehende Regionalisierung wird angeführt, daß der Landwirtschaft und den Rohstofförderern in der dritten Welt Exportmöglichkeiten verlorengingen, ebenso den osteuropäischen Staaten in die EU. Aber alle diese Länder haben vor allem das Problem, die Ernährungsbasis für ihre eigene Bevölkerung zu sichern. Und in den meisten Fällen sind es nicht die Bevölkerung und die Unternehmen im Land, die an Ressourcenexporten verdienen, sondern eben die transnationalen Ressourcenkonzerne.

Handeln statt verhandeln – jenseits der Energiewirtschaft

»Der Kongreß tanzt«, hieß es einst abfällig über den Wiener Kongreß von 1815, auf dem über viele Monate hinweg die diplomatischen Vertreter der europäischen Regierungen über das weitere politische Schicksal ihres Kontinents nach dem politischen Urknall der Französischen Revolution und den napoleonischen Kriegen verhandelten. Gemessen an den Ergebnissen kam dabei dennoch mehr heraus als bei den nun schon ein Jahrzehnt dauernden Verhandlungen über internationale Verträge, die zu einem globalen Regime des Umweltschutzes führen sollen. Ein beispielloser Konferenzmarathon kommt – wenn überhaupt – zu Resultaten, die dann nicht beachtet werden.

Schlimmer noch: Dieselben Regierungen schließen an anderer Stelle, aber zu gleicher Zeit, internationale Abkommen, die unmittelbar dazu führen müssen, daß ihre vereinbarten Umweltziele konterkariert werden: vom Welthandelsvertrag bis zur Europäischen Energiecharta und zu Luftverkehrsabkommen. Im Unterschied zu Umweltabkommen werden diese in der Regel auch eingehalten. Dennoch, so scheint es, gibt es zu einer »global governance« im Bereich des globalen Umweltschutzes keine Alternative. Darüber wird in zahlreichen Konferenzen mit Vor- und Folgekonferenzen verhandelt, ob über Klima- oder Artenschutz, über Boden-, Meeres- oder Tropenwaldschutz oder den Schutz der Ozonschicht. Auch Non-Governmental-Organizations (NGOs) konzentrieren ihre Arbeit großenteils darauf, in NGO-Foren die Weltkonferenzen von Regierungen kritisch zu begleiten und Forderungen unterzubringen. Ein Umweltvölkerrecht entsteht damit.[238] Es weiterzuentwickeln ist unbedingt sinnvoll. Dennoch darf das Weltschicksal nicht vom Erfolg solcher Bemühungen abhängig gemacht werden, ob es sich um explizite Umweltverträge oder neue WTO-Regeln handelt, wie sie im vorhergehenden Abschnitt vorgeschlagen wurden. Die Forderungen und Initiativen für internationale Vertragswerke sind ein vorzügliches Mittel für Regierungen, selbst dringende Kursänderungen in der Ressourcenpolitik unter Verweis auf den angeblich dafür notwendigen »internationalen Gleichklang« zu unterlassen – meistens ohne sich energisch für das Zustandekommen eines internationalen Abkommens einzusetzen. Als »global reden – national aufschieben« beschrieb ich in der »Sonnenstrategie« diesen Mißbrauch von Verhandlungen zu dem Zweck, weitermachen zu können wie bisher.[239] So ist der große Ansatz der UN-Konferenz über Umwelt und Entwicklung 1992 in Rio de Janeiro, die mit der Verabschiedung der »Agenda 21« endete, im »Sumpf der Diplomatie« steckengeblieben, wie es Ross Gelbspan in seinem Buch »Der Klima-GAU« detailliert beschreibt.[240] Aber selbst wenn allenthalben ernsthafte Bemühungen versucht werden: Der Prozeß zu einem internationalen Vertrag, der von so vielen Staaten unterstützt wird, daß er zum Bestandteil des Völkerrechts werden kann, ist mühsam, weil er einen breiten Konsens voraussetzt. Er ist nicht nur voller wechselseitiger Rücksichten unter den Regierungen, sondern auch gegenüber den transnationalen Unternehmen. Damit können die akuten und sich rasch zuspitzenden Gefahren nicht bewältigt werden.

Auffallend ist, daß bisher nur solche internationale Umweltvertragswerke zustande kamen, die die Interessen der Großkonzerne nicht wirklich tangierten: Der Antarktisvertrag, das Seerechtsabkommen, das Montrealer Protokoll gegen den Einsatz von ozonschichtzerstörenden Gasen sind Beispiele für die Beschränkung umweltschädigender Aktivitäten, die entweder noch nicht begonnen wurden oder die – im Fall des Montrealer Protokolls – mächtige wirtschaftliche Strukturen nicht gefährdeten. Das langwierige Bemühen um internationale Verträge wird sich kaum beschleunigen lassen. Vorschläge für globale Aktionen gibt es manche: Dazu zählen auch die in der »Sonnenstrategie« unterbreiteten Vorschläge für die Einrichtung einer Internationalen Sonnenenergie-Agentur analog zur bestehenden Internationalen Atomenergie-Agentur, um den nichtkommerziellen Technologietransfer für erneuerbare Energien weltweit zu organisieren, und der eines solaren Verbreitungsvertrags, in Form eines Protokolls zum bestehenden atomaren Nichtverbreitungsvertrag. So wichtig ein Erfolg solcher Bemühungen wäre: Sich auf diesbezügliche erfolgreiche Verhandlungen zu verlassen ist fahrlässig.

Es ist auch sachlich unangemessen, wenn es um die Mobilisierung der solaren Ressourcen geht, die überall zur Verfügung stehen, so daß zu ihnen keine Zugänge vereinbart werden müssen. Diese Mobilisierung kann nur mit Hilfe von Techniken erfolgen. Die Einführung von Techniken bedarf auch keines internationalen Vertrags. Es kommt also vor allem auf das jeweilige eigene Handeln an. Das einzige mögliche Hindernis sind nationale, europäische und internationale Marktregeln, die die fossile Ressourcenwirtschaft direkt oder indirekt begünstigen. Diese Absurdität muß durchbrochen werden, ohne dies davon abhängig zu machen, ob und wann internationale Verträge so geändert werden, daß es einen vereinbarten Marktvorrang für eine eigenständige und umwelterhaltende Ressourcennutzung gibt. Das internationale und das europäische Recht enthalten so viele Grundsätze, daß es möglich ist, auf deren Marktvorrang zu insistieren und diesen zu realisieren. Kein Land muß sich zwingen lassen, wegen einer Marktregel Erdöl- oder Kohleimporte, Kohle- oder Atomstromtransporte zu Lasten der Nutzung erneuerbarer Energien zuzulassen. Jedes Land kann den Marktvorrang solarer Ressourcen durchsetzen, und sei es mit Hilfe der Besteuerung eindeutig umweltschädigender Güter. Es muß dann nur sich selbst gegenüber konsequent sein und auch im eigenen Land für den Marktvorrang solarer gegenüber fossilen Ressourcen sorgen. Die Spielräume sind wesentlich größer, als allgemein unterstellt oder behauptet wird. Man muß sie nur endlich ausnutzen. Und weil der Wechsel zu solaren Ressourcen keine Belastung ist, sondern zu elementaren Vorteilen führt, gibt es auch kaum dagegenstehende wirtschaftliche Sachzwänge, sondern meistens nur projizierte.

Die solaren Zukunftschancen bleiben unbefriedigend und schlecht genutzt, solange die Mobilisierung der dafür notwendigen Techniken vom Konsens mit denjenigen abhängig gemacht wird, die die ablösungsreife globale Ressourcenwirtschaft verwalten. Man muß jenseits der Energiewirtschaft denken und handeln. Der bahnbrechende Durchbruch zu solarer Energienutzung vollzieht sich nicht im Feld der Energiepolitik und der Energiewirtschaft, sondern mit der Durchsetzung des solaren Bauens und in der Landwirtschaft sowie durch energietechnische Revolutionen. Nicht der globale, sondern der regionale Handlungsrahmen ist gefragt.

11. Kapitel
Die sichtbare Hand der Sonne:
Umrisse einer solaren Weltgesellschaft

Gesellschaftliche Entwicklungen gelten als nicht voraussehbar. Gleichwohl wird ihr Hauptverlauf keineswegs von Zufallsgeschehnissen bestimmt. Dieser folgt – wenn nicht große Katastrophen, von großen Kriegen bis zu Naturkatastrophen, alles ins Chaos stürzen – durchaus einer von einem schlüsselhaften Ausgangspunkt her erkennbaren Linie. So hat das fossile Energiesystem die Weltwirtschaft von Grund auf gezeichnet und die Weltgesellschaft an Abgründe geführt. Ein globaler Wechsel zu solaren Ressourcen wird die Struktur der fossilen Weltwirtschaft verwerfen, die Menschheit von diesen Abgründen wegführen und ihr eine dauerhafte Perspektive geben. Daß er kommen muß, wird früher oder später allgemein erkannt werden.

Die Möglichkeit einer dauerhaften Versorgung durch saubere Energien werden sich die Menschen nicht entgehen lassen, sobald sie den Weg dorthin konkreter sehen können. Es kann lange dauern, bis der optimale Weg erkannt ist. Die Wahl des Weges entscheidet dann über die Geschwindigkeit des Veränderungsprozesses. Gegenläufige Normen und Strukturen können allerdings die für Ökologie und menschliches Überleben notwendige Entwicklung so lange aufhalten, daß es für die Weltgesellschaft zu spät ist.

Viele Gesellschaften in der Geschichte haben ihre existenzielle Herausforderung nicht erkannt und sind deshalb untergegangen und vergessen worden. Mit der fossilen Krise steht heute die gesamte Weltgesellschaft in einer solchen Grenzsituation. Ihre politischen und wirtschaftlichen Leitmächte haben bisher gezeigt, daß sie zur Bewältigung dieser Herausforderung nicht fähig sind. Achselzuckend verweisen sie auf die »Marktkräfte« und laden damit eigene Verantwortung auf anonyme Kräfte ab. Dafür erhält man obendrein noch den Beifall all derjenigen, die die politischen Institutionen ohnehin nicht mehr für entscheidungsfähig halten – mit einer gewissen Berechtigung, da diese sich selbst kaum noch politische Entscheidungen gegen eingefahrene Wirtschaftsinteressen zutrauen. Noch nie war Politikversagen so komfortabel. Auch dies gewährleistet der »Markt«. Vorläufig noch. Politische Initiativen müssen und können die Ablösung fossiler Ressourcen vorantreiben und beschleunigen. Auf ihre Erschöpfung warten dürfen sie auf keinen Fall. Ihre Hauptaufgabe liegt darin, jede privilegierte Nutzung fossiler Ressourcen – d. h. konkret die zahlreichen direkten und indirekten Subventionen und die absurden Steuerfreiheiten – zu beenden und den solaren Ressourcen den Weg zu bahnen. Wenn diese sich rasch durchsetzen und die Energienutzung revolutionieren, ist – in der Dämmerphase der fossilen industriellen Revolution – eine hoffnungsvolle Weltentwicklung möglich.

Die industrielle Revolution setzte bekanntlich nicht überall gleichzeitig ein und wirkte auch nicht überall gleich, und sie war alles andere als konfliktfrei. Sie entsprang zunächst keinem politischen Plan. Sie setzte sich durch, weil sie die zu ihrer Zeit überlegene wirtschaftliche Möglichkeit zur Ressourcennutzung und damit zur wirtschaftlichen Entfaltung darstellte. Entsprechend wurde sie zum Entwicklungsvorbild. Doch wegen der sich zuspitzenden ökologischen und sozialen Katastrophen wächst die Zahl der Verlierer inzwischen exponentiell, und auch immer mehr einstige Gewinner verlieren.

Ob die Weltgesellschaft die Ablösung atomar/fossiler Energien durch erneuerbare Energien noch rechtzeitig schafft, entscheidet darüber, ob die industrielle Revolution eine Chance für die Menschheit oder der Beginn ihres Verhängnisses war. Allein ideelle Motive reichen für die solartechnologische Revolutionierung der Energiebereitstellung nicht aus. Die großen wirtschaftlichen Möglichkeiten solarer Ressourcen müssen erkannt und genutzt werden – ohne Rücksicht auf die Rücksichtslosigkeit atomarer und fossiler Energieversorgung. Der Weg zu einer solaren Weltwirtschaft wird einem Fluß gleichen, der sich seinen Weg bahnt, direkt oder auf Umwegen, je nach den zu überwindenden topographischen Widerständen; schneller oder langsamer, je nach einmündenden Nebenflüssen und der dadurch ermöglichten größeren Breite und Strömungsgeschwindigkeit – um schließlich zum Strom anzuschwellen und die Landschaft um sich herum zu prägen.

Jede Gesellschaft muß vor allen anderen Dingen den unverzichtbaren Grundbedarf an Wasser, Energie, Rohstoffen und Nahrungsmitteln sichern. Dies wird nur in den Gesellschaften (selbst von Wissenschaftlern) übersehen, denen die leichte Sicherung ihres Ressourcenbedarfs über lange Zeiträume hin selbstverständlich wurde. Diese Ära nähert sich ihrem Ende. Versiegt eine dieser Quellen oder ist verseucht, müssen die Menschen zu neuen Quellen umsiedeln oder massive Anstrengungen unternehmen, um für Ersatz zu sorgen. Schon deshalb ist es entwicklungsstrategisch immer nur eine vorläufige Lösung, von einer gerade versiegenden Grundbedarfsquelle zu einer anderen, demnächst versiegenden zu wechseln: Noch wird, vermittelt durch den Schein des grenzenlosen Weltmarkts, auf die Möglichkeit des beliebigen Wechsels zwischen fossilen Energien und Rohstoffen gesetzt, obwohl deren globale Verfügbarkeitsgrenzen klar vor Augen stehen. Bei Wasser wird mittlerweile von Konzernen ein großes Geschäft gewittert – gerade weil Verfügbarkeitsgrenzen in vielen Regionen schon unmittelbar spürbar oder zumindest sichtbar sind. Bei Nahrungsmitteln auf unbegrenzte globale Verfügbarkeit zu setzen, zeugt angesichts des desaströsen Umgangs der sich immer mehr ausbreitenden agrochemisch industrialisierten Landwirtschaft von bodenloser Realitätsverweigerung. Daß die Abhängigkeit von beliebigen anonymen Lieferanten für die Grundbedürfnisse jeder Gesellschaft wegen der globusweiten Transportkapazitäten kein Problem mehr sei, offenbart den Blindgang, auf den sich die Weltgesellschaft führen ließ. Die Gesellschaften müssen sich, ob sie es jetzt schon wahrhaben wollen oder nicht, auf die Nutzung der umweltschonenden und unerschöpflichen Ressourcen konzentrieren – und dabei auf diejenigen, die mit dem geringsten Aufwand und dem größten wirtschaftlichen Nutzen verfügbar sind. Die Gesetzmäßigkeit wirtschaftlichen Handelns drängt dabei nach Kostenvermeidung und damit wieder zur Grundversorgung der Menschen aus weitgehend ortsnahen Quellen.

In der Energieversorgung hat sich die Menschheit am weitesten von ihren Existenzgrundlagen entfernt; größte Schwierigkeiten macht es daher, Fehlentwicklungen zu korrigieren. Die Umorientierung auf erneuerbare Energien muß damit allererste Priorität haben. Bei den Nahrungsmitteln entfernen sich erst seit einigen Jahrzehnten – und mit wachsender Geschwindigkeit – immer größere Teile der Menschheit von ortsnahen Quellen. Dies ist zum zweiten Schlüsselproblem geworden, weil damit eine auf Dauer gesicherte und erschwingliche Grundversorgung immer stärker gefährdet ist. Mit der Nutzung erneuerbarer statt fossiler und atomarer Energien und mit der unausweichlich notwendigen Revitalisierung regionaler landwirtschaftlicher Strukturen wird es auch zu einer breiten Orientierung auf solare Rohstoffe kommen.

In einer solaren Weltwirtschaft sind die Wasserressourcen dauerhaft gesichert; werden die Böden und Wälder nachhaltig genutzt; wird der unverzichtbare Energie- und Rohstoffbedarf der Menschheit aus unerschöpflichen Quellen befriedigt und erfolgt die Energieversorgung fast ausschließlich und die Nahrungsmittel- und Rohstoffversorgung in weit größerem Ausmaß als bisher aus regionalen Quellen. Die solare Weltwirtschaft ist die der fossilen Weltwirtschaft ökonomisch überlegene ökologische Perspektive. In ihr liegt die soziale und kulturelle Chance der Weltgesellschaft.

Die Aufgabe der ökologischen Moderne ist es, die Entwicklung zur solaren Weltwirtschaft zu forcieren und damit die Perspektivlosigkeit der fossilen industriellen Moderne zu überwinden, die nicht nur vor den entscheidenden Zukunftsfragen die Augen verschließt, sondern deren Existenz schlichtweg leugnet. Der amerikanische Philosoph Arran Gare schreibt in »Postmodernism and the Environmental Crisis«, daß Desorientierung inzwischen »zur Tugend gemacht, und der Verzicht auf irgendwelche festen Referenzpunkte zelebriert wird«.[241] Er schildert einen Zeitgeist, der Zusammenhängen und großen Antworten mißtraut. Solche Sinnkrisen und Vertrauensverluste in gesellschaftliche Perspektiven sind auch in früheren Zeiten stets dann aufgetreten, wenn die bisherigen großen Gesellschaftsentwürfe ihre Überzeugungskraft verloren hatten. Dies rechtfertigt aber nicht, keine überzeugenden Entwürfe mehr zu verfolgen.

Wie kann es ausgerechnet angesichts der ökologischen Weltkrise, die Superkatastrophen ungeheuren Ausmaßes hervorbringt und noch größere erwarten läßt, zu der Meinung kommen, es gebe keine großen Entwürfe, keine Überzeugungen und keine Kraft mehr? Solche Auffassungen sind ein intellektuelles und moralisches Armutszeugnis. Warum gibt es sogar in sozialdemokratischen Parteien, die ihren Aufstieg dem humanen Fortschrittsdenken verdanken, und selbst in grünen Parteien die unverkennbare Neigung, sich lieber anderen Themen als ökologischen Zukünftsentwürfen zuzuwenden? Warum produziert der Zeitgeist solchen Kleingeist und Kleinmut? Warum wird diese Kapitulation sogar als Hinwendung zur »wirklichen Wirklichkeit« gefeiert, und warum kann sich dieser traumtänzerische Irrealismus als Neorealismus ausgeben, ohne sich lächerlich zu machen? Desorientiertheit und Desorientierung sind ein Zeitsyndrom, weil den vielen allzusehr in den bestehenden Systemzusammenhang Integrierten die Phantasie für andere Entwicklungen verlorengegangen ist. Dies gilt in besonderem Maße für viele Zeitgenossen, die durch das Scheitern tatsächlich irrealer Utopien ernüchtert sind, denen sie unter Ausklammerung ungeliebter Teile der Realität selbst anhingen. Übriggeblieben ist eine diffuse Attitüde, die von Erneuerung redet – und damit eigentlich den Komfort, den die Gegenwart noch bietet, wenigstens für sich bewahren will. Im Wissen und unter Inkaufnahme dessen, daß das für immer weniger Menschen möglich ist.

Vorwärts zur primären Wirtschaft

Die wirtschaftsgeschichtliche Perspektive, die sich aus der unweigerlich notwendigen Ablösung fossiler durch solare Energie- und Rohstoffreserven ergibt, ist die eines sich neu entfaltenden primären Wirtschaftssektors: die Land- und Forstwirtschaft nicht mehr als wirtschaftliche Restgröße, sondern als neuer und dauerhafter Hauptträger für die Volkswirtschaft insgesamt; nicht mehr als allenfalls noch nostalgisches Gebilde, sondern als modernes Zukunftsprojekt; nicht mehr als Sektor, in dem immer weniger Menschen arbeiten, sondern als großes Beschäftigungsfeld.

Der klassische primäre Sektor der Volkswirtschaften – allen voran die Agrarwirtschaft – wurde in der industriellen und noch mehr in der postindustriellen Moderne gegenüber dem sekundären der Industriearbeit und dem tertiären der Dienstleistungen marginalisiert. Der Blick in die Beschäftigungsstatistiken, in denen die in der Land- und Forstwirtschaft Arbeitenden einen immer verschwindenderen Anteil haben, verleitet jedoch zu irrigen Analysen und entsprechend irrigen Schlußfolgerungen. Tatsächlich beschäftigt auch der gegenwärtige primäre Sektor wesentlich mehr Menschen, als aus den Statistiken ablesbar ist. Dazu gehören alle, die in den der heutigen Landwirtschaft vor- und nachgelagerten Arbeitsbereichen tätig sind, die in früheren Zeiten großenteils bei landwirtschaftlichen Betrieben angesiedelt waren: in der Produktion von Dünge- und Pflanzenschutzmitteln, von Saatgut und von Futtermitteln, in der Energiebereitstellung und der Vermarktung. Hinzu kommen der Transportapparat für landwirtschaftliche Hilfsmittel und Erzeugnisse, die Lebensmittelverarbeitung und die Produktion landwirtschaftlicher Maschinen. Nichts davon erscheint in den landwirtschaftlichen Beschäftigungsstatistiken, obwohl nichts davon ohne die Landwirtschaft existieren würde.

Im Wirtschaftsverständnis der industriellen und postindustriellen Moderne gilt diese Entwicklung als irreversibel. Dies ist ein – von vielen gepflegtes – Vorurteil und zugleich eine phantasielose Betrachtung. Wenn technische Produkte oder Dienstleistungen von einem Land in großem Umfang importiert werden müssen, wird daraus keineswegs die Schlußfolgerung gezogen, diese Wirtschaftsfelder endgültig abzuschreiben. Im Gegenteil wird versucht, sie wieder im eigenen Wirtschaftsraum anzusiedeln. Ausgerechnet primärwirtschaftliche Verlagerungen gelten dagegen als aufgegeben. Selbst alarmierende Nachrichten über die globale Umweltentwicklung erschüttern dieses Antihaltung gegenüber der Landwirtschaft nicht, obwohl deren naheliegende und schnell eintretende Konsequenz sein kann, daß die Ernährung über den Weltagrarhandel keinesfalls stabil gesichert ist.

Würden all diejenigen, die alle Wirtschaftsaktivitäten blauäugig dem globalen Markt überlassen, die über allen Ideologien und Dogmen stehenden Naturgesetze verstehen, kämen sie an einer Grunderkenntnis nicht vorbei: Technik ist globalisierbar – aber die Ressourcenversorgung auf Dauer nicht. Technische Produktionsstätten und nicht unmittelbar von Personen zu erbringende Dienstleistungen sind fast beliebig ausweitbar und verlagerbar – Anbauflächen und andere Erdressourcen nicht. Im Pflanzenanbau hängt die Produktivität nicht allein von der Ausbildung, der Arbeitsorganisation der Beschäftigten und einem optimalen Geräte- und Machineneinsatz ab, sondern ganz wesentlich von unveränderbaren geographischen und klimatischen Bedingungen. Dies ist der entscheidende Unterschied zu allen anderen Wirtschaftsaktivitäten, der von der gleichmacherischen Weltmarktdogmatik ignoriert wird. Bleibt es dabei, wird das in zahllosen Ländern und Regionen zum Verlust ihrer landwirtschaftlichen Basis führen, weil sich die Weltproduktion auf die geographisch und klimatisch günstigen Anbaugebiete konzentriert – die dann durch Überlastung um so schneller der Bodenerschöpfung anheimfallen.

Aus der Einstellung, die Landwirtschaft müsse – bisherigen Entwicklungstendenzen immer weiter folgend – Betriebsstrukturen entwickeln, die für Weltmarktbedingungen geeignet seien, erwächst auch eine sträfliche Hinnahme heilloser sozialer Folgen für die Gesellschaften vor allem in Ländern der dritten Welt. Wenn sich auch noch der Großteil der

600 Millionen Farmer der Welt mit ihren Familien – insgesamt drei Milliarden Menschen – auf den Weg in die Städte macht und die landwirtschaftliche Arbeit den auf immer weniger Agrarerzeugnisse konzentrierten großflächigen Produktionsfabriken überläßt, werden die wirtschaftlichen und kulturellen Folgen unabsehbar sein. Diese Denkhaltung verspielt die Zukunft. Allenthalben wird die »Wissensgesellschaft« beschworen, um den vielfältigen zukünftigen Herausforderungen – individuell und gesellschaftlich – entsprechen zu können. Weniger klar ist aber den meisten, daß diese Herausforderungen keinesfalls bestanden werden können, wenn das vorhandene praktische Wissen hunderter Millionen Landwirte über den Umgang mit Böden und Pflanzen zusammen mit deren wirtschaftlicher Existenz verlorengeht.

Die Zukunft einer Gesellschaft kann ohne das Leitbild einer primären Wirtschaft und die volkswirtschaftliche Orientierung auf diese nicht mehr gesichert werden. Die primäre Wirtschaft in die volks- und regionalwirtschaftlichen Kreisläufe zurückzuholen, ist von erstrangiger Bedeutung. Schon die Ablösung der fossilen durch erneuerbare Energien macht diese Entwicklung zwingend notwendig. Sie wird verstärkt durch die Orientierung auf solare Rohstoffe und die deren Nutzung vorantreibende Biotechnologie. Indem die Landwirtschaft zur integrierten Nahrungsmittel-, Energie- und Rohstoffwirtschaft wird, beginnt sie wieder zu wachsen statt weiter zu schrumpfen.

Weil in dieser Synergie ihre wirtschaftliche Chance liegt und daraus auch die Möglichkeiten entstehen, biologische Dünge- und Pflanzenschutzmittel selbst zu erzeugen, wird sie wieder unabhängig von ihren bisherigen Vorlieferanten, der Chemieindustrie und der Energiewirtschaft. Damit kehren auch Arbeitsplätze in die Landwirtschaft zurück, teils unter neuen Vorzeichen und mit völlig neuen Möglichkeiten. Das Berufsbild der Landwirte, die mit der gesamten Bandbreite der Pflanzen umgehen können, ist denkbar anspruchsvoll: Sie müssen sich die für unterschiedliche Pflanzen jeweils spezifische Boden-, Klima- und Nährstoffkunde schnell aneignen können. Sie sind biologisch und biochemisch ausgebildet und in den besten Erntetechniken bewandert. In einer solaren Wirtschaftsgesellschaft muß es mehr selbständig arbeitende Landwirte und wieder mehr Betriebe geben; die Landwirtschaft wird wieder sehr viel mehr Menschen sichere Arbeitsplätze bieten. Auch der Bedarf an einfacheren Tätigkeiten, nach denen die »Dienstleistungsgesellschaft« so laut ruft, wird in der Landwirtschaft enorm wachsen.

Solange aber das Baggerfahren im Braunkohleabbau, die Fließband-
arbeit in der Fabrik oder die neuentdeckten Dienstbotenarbeiten als
wertvoller gelten als die vergleichsweise anspruchsvolle und vielseitige
Arbeit, Saatgut auszusetzen, Erntemaschinen zu bedienen, Waldarbeit
zu verrichten, Trocknungs- oder Biogasanlagen zu betreuen, verstellt
sich die »moderne« Gesellschaft mit ihren gewachsenen Vorurteilen den
Blick auf diese Zukunft.

Aus dem Leitbild einer neu zu entdeckenden primären Wirtschaft ergeben sich mehrere zentrale Schlußfolgerungen, die die landwirtschaftliche Entwicklung der letzten Jahrzehnte, samt der Landwirtschaftspolitik und der aktuell eingeschlagenen Richtung der Biotechnologie, als
extrem kurzsichtig und einseitig ausweisen:

– Das weitere Sterben landwirtschaftlicher Betriebe muß verhindert
werden, damit nicht in naher Zukunft etwas mühsam wieder aufgebaut werden muß, was jetzt leichtfertig dem »Markt« geopfert wird.
Dies bedeutet keineswegs die uferlose Fortsetzung der gegenwärtigen
Subventionen. Die wirksamste Unterstützung wäre, den landwirtschaftlichen Betrieben zu helfen, ihre Energie- und Nährstoffver-
sorgung aus eigener oder in gemeinschaftlicher Produktion zu organisieren und daneben die Strukturen regionaler Direktvermarktung
aufzubauen – damit sie sich in überschaubarer Zeit durch die vermiedenen Kosten und mit den Zusatzgewinnen wieder selbst tragen können. Gegenwärtige Subventionen sollten zeitlich befristet und dabei
umgewidmet werden in Finanzierungshilfen für die Einführung von
eigenen Energieverwertungsanlagen und die Umstellung der landwirtschaftlichen Geräte und Maschinen auf den Einsatz von Biotreib-
stoffen. Die Gründung von regionalen Vermarktungskooperativen für
Nahrungsmittel, Energie und solare Rohstoffe muß gefördert werden.
– Das Saatgutpotential muß gesichert und frei zugänglich bleiben. Für
jedes Land wird es unverzichtbar, öffentliche Saatgutbanken einzu-
richten und zu unterhalten, damit die Vielfalt der künftig nachgefragten Pflanzen rasch mobilisierbar und für jeden verfügbar ist.
Saatgut ist ein öffentlicher Kulturschatz. Saatgutdomänen, von denen
Saatgut zu kostendeckenden Preisen gekauft werden kann, gehören
zur öffentlichen Infrastruktur der künftigen Landwirtschaft, damit
landwirtschaftliche Betriebe unter möglichst freien Marktbedingun-
gen existieren können.

Damit diese Zukunftschancen nicht schon vertan werden, bevor sie richtig ergriffen worden sind, muß die in den letzten Jahren anwachsende Welle der Patentierung von Genen und Genketten politisch gestoppt werden. Was die natürliche Evolution hervorgebracht hat, muß Allgemeingut bleiben und damit jedem Landwirt zum Anbau zur Verfügung stehen; höchstens Verwertungsverfahren dürfen patentierungsfähig sein. Es liegt im zentralen human- und bioethischen, aber auch im gesamtwirtschaftlichen Zukunftsinteresse jedes Landes, die Genpatentierung auszuschließen und damit den frivolsten Enteignungsvorgang der Geschichte zu unterbinden: die Enteignung der Gesellschaft durch private Konzerne. Nur ein Patentierungsverbot für Gene kann verhindern, daß einige Weltkonzerne die solaren Ressourcenpotentiale besetzen, bevor deren wirtschaftliche Verwertung in breitem Maßstab begonnen hat. Genkonzernen die photosynthetischen Ressourcen zu überlassen, bringt diese in eine Weltmachtstellung, der gegenüber alle Welt- und Kolonialmächte der Geschichte relativ machtlos waren. Diese Macht mit allen Mitteln zu brechen ist eine zentrale gesellschaftliche Bedingung für die wirtschaftliche Vitalisierung des primären Sektors.

Die solare Arbeitsgesellschaft

Wilhelm Ostwald – Chemie-Nobelpreisträger und Energiesoziologe – hat zu Beginn des 20. Jahrhunderts in seiner Schrift »Die energetischen Grundlagen der Kulturwissenschaften« als Energie »alles« bezeichnet, »was aus Arbeit entstehen und in Arbeit zurückverwandelt werden kann«.[242] Dieses Verständnis von Energie umfaßt drei Arbeitsbegriffe: die Arbeit der Menschen, die der Energie und die der mechanischen Hilfsmittel, Geräte und Maschinen. Auch die Frage nach dem »Ende der Arbeit«[243] muß deshalb im Zusammenhang mit den Energie- und Rohstoffstrukturen gesehen werden. Der Wandel zu solaren Ressourcen hat auch über die dadurch neu geschaffenen Arbeitsplätze hinaus Auswirkungen auf die Entwicklung der Arbeitsgesellschaft insgesamt.

In industriellen Gesellschaften haben Maschinen den Menschen Arbeit abgenommen. Lange kam dies den Arbeitenden nicht zugute, weil die Techniken in erster Linie zur Produktionssteigerung eingesetzt wurden, aber nicht zur Erleichterung der für die Menschen verbliebenen Arbeit. Arbeitserleichterungen mußten stets politisch und gewerkschaftlich erstritten werden. Daran wird sich auch in Zukunft nichts ändern, weil Techniken eine Verbesserung der sozialen Verhältnisse ermöglichen, sich aber nicht automatisch gegen diejenigen durchsetzen, die damit etwas anderes vorhaben. Mit den neuen Rechner- und Informationstechniken ist es möglich, daß Menschen in bisher einmaligem Ausmaß Motoren, Maschinen und Geräte für sich arbeiten lassen. Geistige und technische Arbeit ersetzen schneller und umfangreicher denn je die physische.

Damit verschärft sich die Auseinandersetzung darüber, wie wirtschaftliche Arbeitserträge verteilt werden, so daß alle Menschen ihren Lebensunterhalt bestreiten können. Wenn alle eine auskömmliche Erwerbsarbeit haben, verteilen sich die Arbeitserträge über die Einkommen – mit den unvermeidlichen Konflikten über eine gerechte und angemessene Entlohnung. Wenn nicht mehr genug von Menschen zu leistende Arbeit angeboten werden kann bzw. es immer mehr Menschen gibt, die in die direkte Umverteilung der Arbeitserträge nicht mehr einbezogen sind, muß die Verteilung der Gesamterträge auf alle über Arbeitszeitverkürzungen und/oder über staatlich garantierte Lebensunterhaltszahlungen erfolgen. Dies ist das wachsende sozialpolitische Problem. Gleichzeitig wird die Frage immer spannender, wie Menschen ihre Zeit außerhalb der Erwerbsarbeit gestalten. Mathias Greffrath spricht von der »Dreizeit-Gesellschaft«, in der die Menschen zu einem Drittel ihrer Zeit einer Erwerbsarbeit nachgehen, zu einem weiteren Drittel einer unentgeltlichen gemeinnützigen Tätigkeit und das letzte Drittel ihren individuellen Bedürfnissen widmen.[244] Auf die unabweisbare Notwendigkeit einer Umverteilung der Arbeit hat Johano Strasser in seiner Schrift »Geht der Arbeitsgesellschaft die Arbeit aus?« eindringlich hingewiesen.[245]

Solange diese Umverteilung nur unzulänglich realisiert werden kann, wird es zur Schlüsselfrage eines Gemeinwesens, den Menschen, die kein Einkommen aus Erwerbsarbeit beziehen können, einen Lebensunterhalt zu ermöglichen. Theoretisch kann durch energetische und technische Arbeitsleistungen so viel erwirtschaftet werden, daß die gesamte Gesellschaft mit immer weniger Beschäftigten auskommt. Aber die laufend brisanter werdende Frage ist, wie die politischen Institutionen die dafür notwendigen Erträge von hochproduktiven Unternehmen abschöpfen können, die sich immer transnationaler organisieren und sich damit gegenüber nationalen Regierungen quasi in einem extraterritorialen Raum bewegen. Daß internationale politische Institutionen die Mehrerträge über Steuern abschöpfen und weltweit individuell verteilen könnten, ist eine Illusion. Deshalb ist es um so notwendiger, auf den energetischen Teil der Gesamtarbeit zu achten.

Daß die Sonne die größte und vielseitigste Arbeitskraft ist, die der Erde zur Verfügung steht und die sich Menschen zur Entlastung ihres Arbeitsbeitrags nutzbar machen können, wurde im Industriezeitalter vergessen. Dies gilt selbst für die Land- und Forstwirtschaft. Zwar hat auch sie die menschliche Arbeit durch die der Technik und die Nutzung fossiler Energien substituiert. Wenn die Landwirtschaft die fossile Arbeit wieder durch die der Sonne ersetzt, kommt sie zur Quintessenz ihrer tatsächlichen wirtschaftlichen Möglichkeiten. Übertragen wir dies auf die nichtlandwirtschaftliche Arbeit, kommen wir zu einem ähnlichen Ergebnis. Die industrielle Revolution wurde auf die technische Substitution von menschlicher Arbeit reduziert, gleichzeitig wurde die fossile Arbeitsleistung gesteigert. Die Abschaffung der fossilen Arbeit durch Solartechnik verändert das gesamte Gefüge der Arbeitsgesellschaft. Die Sonnenarbeit als Ersatz für fossile Arbeit bedeutet, daß sich die Arbeitskosten der Gesellschaft auf die für die Menschen und die Technik reduzieren.

Die Mobilisierung der Sonnenarbeit wird – wie gezeigt wurde – die den Menschen verbleibende Arbeit regional gerechter verteilen. Die damit einhergehende Regionalisierung wirtschaftlicher Kreisläufe wird es den Regierungen erleichtern, das Steueraufkommen zur Finanzierung des Bedarfs an öffentlichen Leistungen verwenden zu können. Die Lebenshaltungskosten der Menschen werden dauerhaft gesenkt. Damit wird die große Frage leichter beantwortbar, wie allen ein würdiges Leben ohne soziale Not ermöglicht werden kann, weil der Bedarf an direkten finanziellen Transferleistungen zur Sicherung des Mindestlebensstandards geringer wird. Indem wir durch erneuerbare Energien den ökologischen Katastrophen des fossilen Industriezeitalters entrinnen und damit auch die Gefahr von Gesundheitsschäden senken, die stets von der Allgemeinheit statt von den Verursachern bezahlt werden müssen, sinken neben den Energiekosten auch die Kosten für das Gesundheitssystem. Andernfalls werden Katastrophenschutz und -folgenbeseitigung immer mehr öffentliche und private Mittel absorbieren – bis keine Kraft mehr für das Abarbeiten der sich häufenden Katastrophen übrig ist und die soziale und zivile Ordnung von niemandem mehr aufrechterhalten werden kann, auch nicht mit noch so hochgerüsteten Sicherheitsdiensten. Die derzeit überall zu beobachtende Aufrüstung zur Sicherung der fossilen Restressourcen zahlt ebenfalls die Allgemeinheit – und ihr wird eingeredet, das läge in ihrem Interesse.

Auch wenn in der weiteren Entwicklung der Arbeitsanteil der Menschen gegenüber dem der technischen und der Sonnenarbeit geringer wird, werden sie dieser Frage in einer völlig anderen Situation gegenüberstehen als heute. Es wird weniger Aggressionspotential geben, auch weil die existentiellen ökologischen Zukunftsgefahren abgewendet sind. Was dann bleibt, ist die Frage, wie die Menschen mit ihrer freien Zeit umgehen. Die Antwort darauf kann durch kein Gesetz, keine Wirtschaftsordnung, keine Energiequelle und keine Technik gegeben werden. Sie ergibt sich aus den Traditionen, Normen und der menschlichen Bildungs- und Sozialfähigkeit, also aus den Kulturleistungen einer Gesellschaft.

Mit dem Reichtum der Sonne zum Reichtum der Weltgesellschaft

Die Erde ist reich. Sie verdankt ihren Reichtum der Sonne. Daß dieser Reichtum heute von den Menschen mehr verbrannt statt genutzt und dabei erhalten wird, ist der größte denkbare wirtschaftliche Unfug. Diese Ressourcenvernichtung auch noch als Wirtschaftswachstum zu bezeichnen, ist eine Verkehrung dieses Begriffs in sein Gegenteil. Sie ist in Wahrheit Wirtschaftsvernichtung statt Wirtschaftswachstum und führt statt zum »Reichtum der Nationen« (Adam Smith) in die »Armut der Nationen« (Elmar Altvater).[246]

Das fundamentale Problem der gegenwärtigen Weltwirtschaft ist nicht, daß sie sich »globalisiert«, sondern daß sie diese Entwicklung nicht mit der Sonne als der einzigen existierenden globalen Kraft vollzieht, die allen zur Verfügung steht – in einem Überangebot, das nie vollständig genutzt zu werden braucht. Erst mit der Sonnenkraft statt der fossilen Kraft gelangt die Weltgesellschaft auf die Höhe ihrer tatsächlichen Möglichkeiten. Solange nur in einigen Regionen vorhandene Ressourcen die Wirtschaftsentwicklung bestimmen, sind zunehmende Konflikte vorprogrammiert, in denen nationale vor globalen, einzelwirtschaftliche vor gesamtwirtschaftlichen, kurzfristige vor langfristigen, partikulare vor gesellschaftlichen Interessen stehen. Die daraus

unvermeidlich entstandenen und weiter entstehenden globalen Hierarchien verhindern eine globale Entwicklung, in der die Menschen ihre
Existenz möglichst unabhängig sichern können und zum Weltprodukt
ihren arbeitsteiligen Beitrag leisten können – nach ihren Bedürfnissen
und Möglichkeiten. Die bestehenden Hierarchien dagegen schalten die
Wirtschafts- und Lebenskulturen gleich, so daß die Vielfalt der Weltgesellschaft verlorengeht. Der geistigen Verarmung folgt unweigerlich
die wirtschaftliche.

Weil die Organisierung globaler fossiler Ressourcenströme die
Handlungsmöglichkeiten und Lebenschancen der Industriegesellschaften lange Zeit für immer mehr Menschen erweiterten, wird bis heute
übersehen, daß die gleichen Ressourcen und deren Nutzung mittlerweile ganz im Gegenteil die wirtschaftlichen Möglichkeiten für weit
mehr Menschen – und letztlich für alle – fortlaufend verengen. Die sich
global aufladenden Ressourcenkonflikte, die ökologischen Katastrophen, die Unbezahlbarkeit fossiler Energien für die Mehrheit der Weltbevölkerung, die zu erwartenden wirtschaftlichen Krisen bei fossiler
Marktverknappung zeigen: Die Welt steht vor einer umfassenden Re-
gression. Bedeutende zivilisatorische Errungenschaften könnten dem
zum Opfer fallen: das UN-System und das Völkerrecht, internationale
Vertragssysteme, die Weltwirtschaft selbst. Die fossilen Ressourcenkonflikte werden mit höchster Wahrscheinlichkeit zu einem weit tieferen Rückfall der Weltwirtschaft führen – bis zum freien Fall der Weltgesellschaft insgesamt.

Die solare Weltwirtschaft ermöglicht eine neue globale Arbeitsteilung. In dieser nutzen alle Volkswirtschaften die ihnen von der Sonne
unmittelbar angebotenen Ressourcen, die ihnen niemand nehmen
kann; und alle bieten an oder fragen frei nach, was darüber hinaus andere oder sie selbst brauchen. Nur dadurch ist es auch möglich, den vielfältigen kulturellen Reichtum in der Weltgesellschaft zu erhalten und
wiederzubeleben bzw. diesen durch wechselseitige Anreicherung weiterzuentwickeln.

Je schneller sich die Karusselle der gegenwärtigen fossil angetrie-
benen Globalisierung drehen, desto schwindelerregender und rücksichtsloser wird dies für Mensch und Natur, desto weniger können noch
einsteigen, und desto mehr werden herauskatapultiert. In der neuen
Arbeitsteilung der solaren Weltwirtschaft dagegen drehen sich zahllose
kleinere und einige größere Karusselle. Sie drehen sich langsamer und

dadurch menschengemäßer und kontrollierbarer. Sie können um immer weitere ergänzt werden und bieten potentiell Platz für alle. In der solaren Weltgesellschaft gibt es wesentlich mehr Freiheiten und Spielräume zur produktiven Nutzung von Technik, weil diese – mit direkt verfügbarer Sonnenkraft – zahllose individuelle praktische Anwendungen ermöglicht. Technik wird nicht mehr zur Domäne weniger, die daraus technokratische Handlungszwänge für alle machen. Sie wird zur Domäne aller, woraus wesentlich mehr Ideen und Möglichkeiten zu ihrer Nutzung erwachsen. Durch die wachsende Zahl unabhängiger Produzenten und die vielfältigere Nutzung der Ressourcenpotentiale entstehen wesentlich mehr Produkte. Eine solare Weltwirtschaft ist eine Ökonomie ohne Ressourcenvernichtung und damit ohne Entfaltungsbrüche.

Die Weltgesellschaft bleibt, indem sie die sichtbare Hand der Sonne ergreift und mit erneuerbaren Ressourcen wirtschaftet, in Bodennähe, und ihre Mitglieder begegnen sich in einer freieren und gerechteren Umwelt. Aus dem Reichtum weniger – einzelner Menschen, Unternehmen oder Gesellschaften – wird zunehmend ein Reichtum aller, gerechter und breiter verteilt; geschaffen durch eine von Menschen statt von Bürokratien initiierte wirtschaftliche Entwicklung, die sich mit den solaren Ressourcen neu begründet.

ANMERKUNGEN

Szenario

1 Arthur Koestler: Das Gespenst in der Maschine. Wien 1967, S. 216ff.
2 Frederick Soddy: Matter and Energy. 1912. Zit. nach: Gerald Foley: The Energy Question. London 1989, S. V
3 P.S. Dasgupta/G.M. Heal: Economic Theory and Exhaustible Resources. Cambridge Economic Handbooks 1995, S. 469ff.
4 Jürgen Habermas: Technik und Wissenschaft als Ideologie. Frankfurt a. M. 1968, S. 90
5 Hans Immler: Welche Wirtschaft braucht die Natur? Frankfurt a. M. 1993, S. 26
6 Friedrich Schmidt-Bleek: Das MIPS-Konzept. Weniger Naturverbrauch – mehr Lebensqualität durch Faktor 10. München 1998, S. 55
7 E. U. von Weizsäcker/A. B. Lovins: Faktor 4. Doppelter Wohlstand – halbierter Naturverbrauch. München 1995
8 H. Maull: Raw Material, Energy and Western Security. London 1984
9 Hans Kronberger: Blut für Öl. Der Kampf um die Ressourcen. Wien 1998
10 Michio Kaku: Zukunftsvisionen. Wie Wissenschaft und Technik des 21. Jahrhunderts unser Leben revolutionieren. München 1998
11 Gregory Stock: Metaman. The Merging of Humans and Machines into a Global Superorganism. New York 1993
12 Jeremy Rifkin: Biosphere Politics. A Cultural Odyssey from the Middle Ages to the New Age. San Francisco 1992
13 Wilhelm Fucks: Formeln zur Macht. Prognosen über Völker, Wirtschaft, Potentiale. Reinbek 1970
14 Global 2000. Bericht an den Präsidenten. Frankfurt a. M. 1980
15 Werner Müller: Des Feuers Macht. Frankfurt a. M. 1986, S. 110ff.
16 Jan Ross: Stunde der Politik. In: DIE ZEIT Nr. 42/1998
17 David C. Korten: When Corporations Rule the World. London 1995, S. 119–181
18 Oskar Lafontaine/Christa Müller: Keine Angst vor der Globalisierung. Bonn 1998
19 Edward Goldsmith: The Way. An Ecological World View. Foxhole, Dartington 1996. S. 445ff.
20 Francis Bacon: Neu-Atlantis. Stuttgart 1982
21 Viktor Ferkiss: Nature Technology, Technology and Society. New York 1993, S. 105–118
22 Francois Quesnay: Allgemeine Grundsätze der wirtschaftlichen Regierungen eines ackerbautreibenden Reiches. Jena 1921
23 Hermann Scheer: Zurück zur Politik. 2. Aufl. Bochum 1998, S. 197ff.

24 Hermann Scheer: Sonnenstrategie. Politik ohne Alternative. Überarbeitete Neuausgabe München 1998

25 Carl Amery: Die Botschaft des Jahrtausends. Von Leben, Tod und Würde. München 1994, S. 177

26 Kommission der Europäischen Gemeinschaft: Energie für die Zukunft: Erneuerbare Energien. Weißbuch für eine Gemeinschaftsstrategie und Aktionsplan. KOM (97) 599 endg.

27 Hermann Fischer/ Hanswerner Mackwitz: Erneuerbare Rohstoffe, Solare Materialien – das zweite Schlüsselelement einer solaren Alternative. In: Solarzeitalter Nr. 2/1995, S. 31ff.

28 Carl Amery: Hitler als Vorläufer. Auschwitz – der Beginn des 21. Jahrhunderts. München 1998

29 Donald Worster: The Wealth of Nature. New York/Oxford 1993

TEIL EINS
Kapitel 1

30 Jean-Claude Debeir, Jean-Paul Deleage, Daniel Hémery: Prometheus auf der Titanic. Geschichte der Energiesysteme. Frankfurt 1989
Vaclav Smil: Energy in World History. Boulder/Colorado 1994
Ralf-Peter Stieferle: Der unterirdische Wald. Energiekrise und industrielle Revolution. München 1982

31 Resource Flows: The Material Basis of Industrial Economies. World Resources Institute. Washington 1997, S. 33ff.

32 Kommission der Europäischen Gemeinschaft (s. Anm. 26)

33 Ugo Bilardo/ Giuseppe Mureddu: Energy, Raw Materials for Industry and International Cooperation. ENEL. Rom 1989, S. 26

34 Helge Hveem: Minerals as a Factor in Strategic Policy and Action. In: Arthur H. Westing: Global Resources and International Conflict. Oxford 1986, S. 61

35 Bilardo/Mureddu, Energy (s. Anm. 33), S. 217

36 Energy and Defense Projekt: Dispersed, Decentralized and Renewable Energy Sources: Alternatives to National Vulnerability and War. Washington, December 1980, S. 6

37 Anthony Sampson: Die sieben Schwestern. Die Ölkonzerne und die Verwandlung der Welt. Reinbek 1976, S. 304ff.

38 Markus Timmler: Was UNCTAD ist und sein könnte. In: Orientierungen zur Wirtschafts- und Gesellschaftspolitik 33 (3/1987), S. 55ff.

39 Mohssen Massarrat: Endlichkeit der Natur und Überfluß in der Marktökonomie. Marburg 1993

40 K. Ballod-Atlanticus: Der Zukunftsstaat. Produktion und Konsum im Sozialstaat. Stuttgart 1920

41 Nikolaus Eckardt/Margitta Meinerzhagen/Ulrich Jochimsen: Die Stromdiktatur. Von Hitler ermächtigt – bis heute ungebrochen. Hamburg 1985

42 Thomas B. Hughes: Networks of Power. Electrification in Western Society. Baltimore/London 1983

43 Eugene D. Cross: Electricity Utility Regulation in the European Union. Chiceter 1996, S. 21ff.

44 Lutz Mez/Rainer Osnowski: RWE. Ein Riese mit Ausstrahlung. Köln 1996

45 Daniel M. Berman/John T. O'Connor: Who Owns the Sun? White River Junction 1996, S. 65

46 Oleg W. Britwin: Die Reform der russischen Stromwirtschaft – neue Möglichkeiten der Kooperation. In: Andrei Kuxenko/Friedemann Müller (Hrsg.): Deutsch-russische Energiekooperation unter Globalisierungs-druck. Ebenhausen 1998, S. 39ff.

47 Attilio Bisio/Sharon Boots/Paula Siegel (eds.): The Wiley Encyclopedia of Energy and the Environment. New York 1997, S. 1262

48 Paul Ehrlich, Ann Ehrlich, John Holdren: Ecoscience. San Francisco 1979, S. 416

49 Bilardo/Mureddu (s. Anm. 33)

50 World Energy Council: Energy for Tomorrow's World. New York 1993, S. 102

51 ifo Investitionsberichte: Erhebung 1997/98. Öffentliche Elektrizitäts-versorgung. München 1998

52 ifo Schnelldienst Nr. 32/1998, S. 13

53 Armin Witt: Unterdrückte Entdeckungen und Erfindungen. Frankfurt 1993

54 Kommission der Europäischen Gemeinschaft: 1998 1284 endg.

Kapitel 2

55 Scheer (s. Anm. 24), S. 104ff.

56 Kulsum Ahmed: Renewable Energy Technologies. On Status and Costs of Selected Technologies. World Bank Technical Paper Number 240. Energy Series. Washington 1994

57 David O. Hall/Frank Rosillo-Calle: Biomass: a Future Renewable Carbon Feedstock for Energy. In: V.N. Parman/H. Tributsch/A. Bridgwater/D. O. Hall: Chemistry for the Energy Future. Oxford 1999, S. 101f., 109, 118

58 A. Strehler: Energie aus Biomasse. Energie-Dialog 3/4, 1991

59 Hall/Rosillo-Calle, Biomass (s. Anm. 57)

60 Harry Lehmann/Thorsten Reetz: Zukunftsenergien. Strategien einer neuen Energiepolitik. Berlin 1995

61 Wolfgang Voigt: Weltmacht Atlantropa. In: DIE ZEIT Nr. 23/1991

62 Yukinori Kuwano: Photovoltaic Electricity: An Industrial Perspective. In: Helmar Krupp: Energy Politics and Schumpeter Dynamics. Tokyo 1992, S. 202–205

63 Solar Energy and Space. World Summit. UNESCO. Paris 1993

64 Franz Alt: Die Sonne schickt uns keine Rechnung. München 1994

TEIL ZWEI
Kapitel 3

65 Samuel P. Huntington: Der Kampf der Kulturen. Frankfurt a. M. 1996
66 International Energy Agency: World Energy Outlook. Paris 1998
67 Stockholm Environment Institute: Global Energy in the 21st Century:
   Patterns, Projections and Problems. Stockholm 1995, S. 29
68 Global 2000 (s. Anm. 14), S. 387ff.
69 Jörg Schindler/Werner Zittel: Wie lange reicht das billige Öl?
   In: Scheidewege. Jahresschrift für skeptisches Denken 1998/99, S. 320ff.
70 Bundesanstalt für Geowissenschaften und Rohstoffe (BGR), MS
   Hannover 1999
71 Colin J. Campell: The Coming Oil Crises. Petroconsultants. Genf 1997
72 Günter Eickhoff/Hilmer Rempel: Weltreserven und -ressourcen beim
   Energierohstoff Erdgas. In: Energiewirtschaftliche Tagesfragen 1995,
   S. 709ff.
73 International Energy Agency: Coal Information 1993, S. 138ff.
74 World Energy Council: Energy for Tomorrow's World. New York 1998, S. 90
75 Jochen Diekmann et al.: Fossile Energieträger und erneuerbare Energiequellen. Monographien des Forschungszentrum Jülich. Bd. 25/1995, S. 113
76 Klaus Traube/Hermann Scheer: Kernspaltung, Kernfusion, Sonnenenergie – Stadien eines Lernprozesses. In: Solarzeitalter Nr. 2/1998, S. 22ff.
77 Friedrich-Wilhem Wellmer: Lebensdauer und Verfügbarkeit
   mineralischer Rohstoffe. In: J. Zemann (Hrsg.): Energievorräte und
   mineralische Rohstoffe: wie lange noch? Wien 1998, S. 47ff.
78 F. William Engdahl: Mit der Ölwaffe zur Weltmacht – Der Weg zur neuen
   Weltordnung. 3. Auflage Wiesbaden 1997, S. 244ff.
79 Gabriele Venzky: Kampf ums Öl. In: DIE ZEIT Nr. 43/1998
80 Bartholomäus Grill/Caroline Dumay: Der Söldner-Konzern.
   In: DIE ZEIT Nr. 4/1997
81 Zbigniew Brzezinski: Die einzige Weltmacht. Amerikas Strategie der
   Vorherrschaft. Weinheim 1997, S. 277
82 Apocalypse soon in Minerals. In: Defense Week, 22. Sept. 1980, S. 9
83 Donald E. Fink: Availability of Strategic Materials. In: Aviation Week and
   Space Technology, 5. Mai 1990
84 Gernot Erler: Global Monopoly. Weltpolitik nach dem Ende der
   Sowjetunion. Berlin 1998, S. 86ff.
85 Kronberger (s. Anm. 9), S. 141ff.
86 Alle Daten aus: International Energy Agency: Energy Statistics and
   Balances of Non-OECD Countries. 1998
87 Günter Mohrmann: Der Kampf um die knappen Wasserressourcen.
   Krieg um knappes Wasser? In: Hans Krech: Vom II. Golfkrieg zur
   Golf-Friedenskonferenz. Bremen 1996, S. 367ff.
88 Fritz R. Glunk (Hrsg.): Das MAI und die Herrschaft der Konzerne.
   München 1998

89 William D. Heffernan/Douglas H. Constance: Transnational Corporation
    and the Globalization of the Food System. In: Alessandro Bonanno et al.:
    From Columbus to Con Agra. Kansas 1994, S. 29ff.
90 Harald Maass: Ein mächtiger Sturm kündigt sich leise an. In: Frankfurter
    Rundschau v. 16. März 1999
91 Samir Amin: Die Herrschaft des Chaos. MS Paris-Dakar 1995

Kapitel 4
92 Rolf Peter Sieferle: Energie. In: Franz-Josef Brüggemeier/Thomas
    Rommelspacher: Besiegte Natur. München 1987, S. 32
93 UNCHS (Habitat): An Urbanising World: Global Report on Human
    Settlements. Oxford 1996
94 Dieter Schott: Energie und Stadt in Europa. Von der vorindustriellen
    »Holznot« bis zur Ölkrise der 70er Jahre. Stuttgart 1997, S. 31
95 Smil (s. Anm. 30), S. 208ff.
96 Otto Köninger: Die Konstruktionen in Eisen. Leipzig. 1902 (Neuauflage
    Hannover 1993)
97 Helmut Tributsch: Wohnen mit der Sonne. In: Solarzeitalter Nr. 2/1991,
    S. 22–30
98 Sophie Behling/Stefan Behling: Sol Power. The Evolution of Solar
    Architecture. München 1996
99 Le Corbusier: Die »Charte d'Athènes«. Reinbek 1962
100 Michael Mönninger: Stadt statt Staat. Illusionen von Global- und Mega-
    Cities. In: IZ3W, Mai/Juni 1999, S. 21ff.
101 Hartmut Häußermann: Die selbstzerstörerische Sehnsucht nach der Glo-
    bal City. In: Frankfurter Rundschau v. 22.6.1999
102 Michael Knoll/Rolf Kreibich: Solar City. Sonnenenergie für die
    lebenswerte Stadt. Weinheim 1992
103 Cities for the Future. Dream or Nightmare. Panos Briefing No. 34.
    London, June 1999, S. 4f.
104 Idriss Jazairy/Mohiuddin Alamgir/Theresa Panuccio: The State of World
    Rural Poverty. New York 1992, S. 2
105 Birgit Rheims: Migration und Flucht. In: Ingomar Hauchler/Dirk Mess-
    ner/Franz Nuschler: Globale Trends 1998. Frankfurt a. M. 1997, S. 97ff.
106 Axelle Kabou: Weder arm noch ohnmächtig. Basel 1995, S. 103
107 The Great Lakes Region Crisis. Improving African and International
    Capabilities for Preventing and Resolving Violent Conflicts. Stiftung
    Wissenschaft und Politik. Ebenhausen 1997
108 Walt Rostow: Stadien wirtschaftlichen Wachstums. Göttingen 1960
109 Scheer (s. Anm. 24), S. 55ff.
110 Chengdu Biogas Research Institute: The Biogas Technology in China.
    Beijing 1989
111 Peter Oesterdiekhoff: Dimensionen der Energiekrise in Afrika südlich
    der Sahara. Bremen 1991, S. 12ff.

112 L. Mohapeloa: The Case of Lesotho. In: M.R. Bhagavan/S. Karekezi: Energy Management in Africa. London 1992, S. 9ff.

113 Cheryl Payer: The World Bank. A Critical Analysis. New York 1982, S. 101ff.

114 Michael Tanzer: The Energy Crisis. New York 1974, S. 108

115 Payer (s. Anm. 113), S. 186ff.

116 Die Weltbank und die G 7: Klimaänderungen fürs Big Business. Institute for Policy Studies. Washington 1997

117 Anil Cabraal/Mac Cosgrove-Davies/Loretta Schaeffer: Best Practices for Photovoltaic Household Electrification Programs. World Bank Technical Paper 324. Washington 1996

118 EUREC-Agency/WIP Munich/EUROSOLAR et al.: PV for World's Villages. Final Report. November 1996

119 Peter Meyns: From Coordination to Integration. Institutional Aspects of the Development of SADC. In: Heribert Dieter (ed.): The Regionalization of the World Economy and Consequences for Southern Africa. Marburg 1997, S. 163ff.

120 Brigitte Weidlich: Ein Energienetz vom Äquator bis zum Kap. In: Solarzeitalter Nr. 3/1998, S. 29ff.

121 Bilardo/Mureddu (s. Anm. 33), S. 215

122 Zitiert nach Payer (s. Anm. 113), S. 158

Kapitel 5

123 Roland Barthes: Mythen des Alltags. Frankfurt a. M. 1964, S. 117, 131, 138ff.

124 Wolfgang Palz: Renewable Energies in Europe. Statistics and their Problems. In: International Journal of Solar Energy, Vol. 17/1995, S. 73ff.

125 Stockholm Environment Institute (s. Anm. 67), S. 24

126 Gustav R. Grob: New Total Approach to Energy Statistics and Forecasting. Script World Sustainable Energy Coalition. Genf 1999

127 IEA (s. Anm. 66)

128 Energy for Developments. Selected Paper. Shell International Petroleum Company. Shell Centre. London 1994

129 Irm Pontenagel: Das Potential erneuerbarer Energien in der Europäischen Union. Ansätze zur Mobilisierung erneuerbarer Energien bis zum Jahre 2020. Heidelberg 1995

130 Scheer (s. Anm. 24), S. 103ff.

131 Scheer (s. Anm. 24), S. 91ff.

132 Scheer (s. Anm. 24), S.61ff.

133 Greenpeace: Energy Subsidies in Europe. Amsterdam 1997

134 Richard Douthwaite: The Growth Illusion. In Steven Gorlick: Small ist Beautiful, Big ist Subsidised. Devonshire 1998, S.23ff.

135 Scheer, Sonnenstrategie (s. Anm. 24), S. 267f.

136 Gorelick (s. Anm. 134)

137 Dourthwaite (s. Anm. 134)

138 Dourthwaite (s. Anm. 134)

139 UNDP: Energy after Rio. Prospects and Challenges. New York 1997, S. 137
140 Gorelick (s. Anm. 136)
141 Stockholm Environment Institute, Global Energy in the 21st Century (s. Anm. 67), S. 39ff.
142 Umweltbundesamt (Hrsg.): Ökologische Bilanz von Rapsöl als Ersatz von Dieselkraftstoff. Berlin 1993
143 Scheer (s. Anm. 24), S. 140ff.
144 Witt (s. Anm. 53)
145 Ralf Bischof: Wenn mit Energiedichten gegen erneuerbare Energie angedichtet wird. In: Solarzeitalter Nr. 3/1994, S. 10ff.
146 Klaus Heinloth: Die Energiefrage. Wiesbaden 1997, S. 336ff.
147 Deutsche Physikalische Gesellschaft e.V.: Zukünftige klimaverträgliche Energienutzung und politischer Handlungsbedarf zur Markteinführung neuer emissionsmindernder Techniken. Bad Honnef 1995
148 Federico Di Trocchio: Newtons Koffer. Geniale Außenseiter, die die Wissenschaft blamierten. Frankfurt a. M. 1998, S. 244ff.
149 Viktor Gorgé: Philosophie und Physik. Berlin 1960, S. 128
150 Thure von Uexküll: Der Mensch und die Natur. Grundzüge einer Naturphilosophie. München 1953, S. 46f.
151 Joachim Radkau: Aufstieg und Krise der deutschen Atomwirtschaft. Reinbek 1983, S. 462ff.
152 Franz Josef Rademacher: Information Society, Globalisation and Sustainable Development. Ulm 1998

TEIL DREI

153 James M. Utterback: Mastering the Dynamics of Innovation. Boston/Mass. 1994, S. 231

Kapitel 6

154 Berman/O'Connor (s. Anm. 45), S. 12ff.
155 Wolfgang Wismeth (Hrsg.): GWU Solar GmbH. Photovoltaik Handbuch III. Fürth 1997
156 Von der Armbanduhr bis zum Taschenrechner: Wo die Sonne die Batterie ersetzt. In: Photon Nr. 1/1998, S. 46–49
157 Gutachten der »Financial Times«, Juni 1999
158 Berman/O'Connor (s. Anm. 45), S. 203f.
159 Umweltbundesamt: UBA-Texte 45/97
160 Chihiro Watanabe: Industrial Dynamism and the Creation of a ›Virtuous Circle‹. The Case of Photovoltaic Power Generation Development in Japan. MS, Mai 1999
161 EUS, Gesellschaft für innovative Energieumwandlung und -speicherung. Gelsenkirchen 1999
162 Michael Shnayerson: The Car that could. New York 1996, S. 262ff.

163 Rudolf Weber: Der sauberste Brennstoff. Oberbözberg 1988

164 Jürgen Kleinwächter: Das Sepak-System. Lörrach 1990

165 Martin Werdich/Kuno Kübler: Stirling-Maschinen. Grundlagen, Technik, Anwendungen. 7. Aufl. Staufen 1999

166 Volker Schindler: Kraftstoffe für morgen. Eine Analyse von Zusammenhängen und Handlungsoptionen. Berlin 1997, S. 59f.

167 Peter Winkelkötter: Aufbereitungsanlage für Biomasse, Waste Energy Action: Conversion Plant for Biomass. Singapore o.J.

168 Rudolf Nußstein: Einsatz von Alkohol als Wasserstoffspeicher für Brennstoffzellenantriebe in Kraftfahrzeugen. In: Solarzeitalter Nr. 1/1999, S. 21ff.

169 Konrad Scheffer: Der Landwirt als Energiewirt: Anbau- und Nutzungskonzepte von Biomasse. In: Solarzeitalter Nr. 1/1999, S. 26ff.

170 Volkswagen AG/ZSW: Renewable Methanol from Hydrogen for Road Transformation, o.J.

171 Bodo Wolf: Biobenzin. Ein Beitrag zur Weiterentwicklung der Energiewirtschaft. Vortrag auf der EUROSOLAR-Konferenz »Der Landwirt als Energiewirt«, Grüne Woche Berlin, 23.1.1999

172 European Commission: Biofuels. Application of Biologically Derived Products as Fuels or Additives in Combustion Engines. EUR 15647 EN 1994

173 Klaus Daniels: Low Tech. Light Tech. High Tech. Bauen in der Informationsgesellschaft. Basel 1998, S. 9

174 Thomas Herzog: Solar Energy in Architecture and Urban Planning. München 1996

175 Tributsch (s. Anm. 97)

176 Sir Norman Foster/Hermann Scheer: Solar Energy in Architecture and Urban Planning. Proceedings of the Third European Conference on Architecture. Felmersham, UK 1993, S. 18

177 Rademacher (s. Anm. 152)

178 John Naisbitt: Global Paradox. New York 1994, S. 49–51

179 Philippe Quéau: Auf der Überholspur der Datenautobahn. In: Le Monde Diplomatique. Dt. Ausgabe in: die tageszeitung v. 2.2.1999, S. 24

180 Helmut Tributsch: Programm für Solarenergieforschung und -technologien. In: Solarzeitalter Nr. 2/1999, S. 6ff.

Kapitel 7

181 Carsten Alsen/Ottmar Wassermann: Die gesellschaftliche Relevanz der Umwelttoxikologie. IIUL-Report. Wissenschaftszentrum Berlin 1986, S. 6

182 Heinrich Reitz: Bestimmungsgründe für den Einsatz nachwachsender Rohstoffe in der chemischen Industrie. In: Fachagentur Nachwachsende Rohstoffe: Nachwachsende Rohstoffe – von der Forschung zum Markt. Güstrower Gespräche 1998, S. 20

183 Karl Otto Henselig: Ein Planet wird vergiftet. Der Siegeszug der Chemie: Geschichte einer Fallentwicklung. Reinbek 1992.

184 G. Grassi: Job-Potential of Biomass. In: Chartier et al. (eds.): Proceedings of the 9th European Bioenergy Conference. Vol. 1. Oxford 1996, S. 419ff.

185   Hermann Fischer: Plädoyer für eine sanfte Chemie. Über den
       nachhaltigen Gebrauch der Stoffe. Karlsruhe 1993, S. 57
186   Dirk Schäfer: Einsatz und Potential naturfaserverstärkte Kunststoffe in
       der Automobilindustrie. In: Horst Eierdanz: Nachwachsende Rohstoffe –
       von der Forschung zum Markt. Weinheim 1996, S. 48
187   Theo Mang: Zielgruppenanalyse für biologisch abbaubare Schmierstoffe.
       In: Güstrower Gespräche (s. Anm. 182), S.70
188   Götz Harnischfeger: Marktpotentiale von Arzneimitteln aus pflanzlichen
       Werkstoffen, Güstrower Gespräche (s. Anm. 182)
189   Henkel: Umwelt, Sicherheit, Gesundheit. Daten und Fakten für 1998.
       Düsseldorf 1998
190   Fischer (s. Anm. 185), S. 66ff.
191   Bericht der Enquete-Kommission des Deutschen Bundestages
       »Gestaltung der technischen Entwicklung, Technikfolgen-Abschätzung
       und Bewertung«. In: Nachwachsende Rohstoffe 23/90, S. 47ff.
192   Rümpp: Chemielexikon. 1989, Bd. 1, S. 426
193   Abdel Mottaleb: Proceedings of the Solar Energy of the 4th International
       Conference on Solar Energy Storage and Applied Photochemistry, Kairo
       January 1997
194   UNEP: Global Biodiversity Assessment. Cambridge 1995
195   Wolfgang Franke: Nutzpflanzenkunde. Stuttgart 1989
196   Jack Herer: Die Wiederentdeckung der Nutzpflanze Hanf.
       Frankfurt a. M. 1994
197   Bundesanstalt für Geowissenschaften und Rohstoffe (s. Anm. 70) S. 18
198   Hall/Rosillo-Calle (s. Anm. 57)
199   H. Lundquist: Whole Tree Harvesting: Ecological Consequences.
       Maritimes Region Information Report M-X-191. Canada 1994
200   Daniel Querol: Genetic Resources. Our Forgotten Treasure.
       Penang, Malaysia 1992, S. 26f.
201   Fischer (s. Anm. 185), S. 122
202   José Lutzenberger: Die Absurdität der modernen Landwirtschaft.
       In: Solarzeitalter Nr. 3/1999, S. 3ff.
203   Vandana Shiva: Biotechnology and the Environment. Pol Pinong o.J., S. 34ff.
204   José Lutzenberger (s. Anm. 202)
205   Vandana Shiva: Biopiracy. The Plunder of Nature and Knowledge.
       New Delhi 1998, S. 43ff.
206   Ricarda A. Steinbrecher/Pat Roy Mooney: Terminator Technology.
       The Threat to World Food Security. In: The Ecologist, Vol. 28, No. 5/1998,
       S. 276ff.
207   Ulrich Dolata: Politische Ökonomie der Gentechnik. Berlin 1996, S. 183ff.
208   Aufbruchstimmung 1998. Report über die Biotechnologie-Industrie in
       Deutschland. Stuttgart 1998, S. 14

Kapitel 8

209 Peter Hennicke: Least-Cost Planning als Element einer Einsparstrategie: Konzept und Erfahrungen in der Bundesrepublik. Wuppertal 1993

210 Enquete-Kommission (s. Anm. 191), S. 50

211 Rainer von Oheimb et al.: Energie und Agrarwirtschaft. Münster 1987, S. 40ff.

212 Jules N. Pretty: Regenerating Agriculture. Policies and Practice for Sustainability and Self-Reliance. London 1996

TEIL VIER
Kapitel 9

213 Dankwart Guratzsch: Naturkatastrophen häufen sich dramatisch. In: DIE WELT v. 25.6.1999

214 Scheer (s. Anm. 24), S. 210ff.

215 EUROSOLAR: Solar Power Boats for Venice. Studie für die EU-Kommission. Bonn 1995

216 Hermann Scheer: Das deutsche 100.000-Dächer-Photovoltaik-Programm. In: Solarzeitalter Nr. 4/1998, S. 1ff.

217 Irm Pontenagel: Solarenergie bricht Schweizer Parteifronten auf. In: Solarzeitalter Nr. 2/1997, S. 1ff.

218 Timothy J. Brennan et al.: A Shock to the System. Restructuring America's Electricity Industry. Washington 1996

219 EUROSOLAR: EURERULE. Rechtliche Rahmenbedingungen für Erneuerbare Energien in der EU. Bonn 1999

220 Kommission der Europäischen Gemeinschaft (s. Anm. 26)

221 Report des EU-Parlaments (Rothe-Report) Dok. PE 225-891/1/32 v. 7.5.1998

222 Hermann Scheer: EU-Einspeiserichtlinie und Einspeisegesetze für Erneuerbare Energien versus Einführungsquoten. In: Zeitschrift für neues Energierecht (ZNER) Nr. 2/1998, S. 3ff.

223 EUROSOLAR (Hg.): Der Markt für Grünen Strom. Bochum 1998 (s. z.B.: Evert Jan Krajenbrink: Grüner Strom auf dem kalifornischen offenen Strommarkt. In: ebd., S. 45ff.)

224 Infas Sozialforschung GmbH: Meinungen zu alternativen Energien. In: Solarzeitalter Nr. 1/1998, S. 11ff.

225 Reginald Scholz: Liberalisierung läßt die Preise fallen. In: Sonnenenergie & Wärmetechnik Nr. 2/1999, S. 14ff.

226 Ursula Sladek: Ein Irrweg. Ökostrom per Durchleitung gefährdet Einspeisegesetz. In: Neue Energie Nr. 4/1999, S. 28ff.

227 Klaus Traube: Umweltverbände zertifizieren Anbieter von Grünem Strom. In: Solarzeitalter Nr. 2/1999, S. 4ff.

228 Heinz Ossenbrink: Energieleistung der Zukunft: Eine Chance für die erneuerbaren Energien. In: Solarzeitalter Nr. 4/1998, S. 6–10

229 Joseph A. Schumpeter: Kapitalismus, Sozialismus und Demokratie. Bern 1950, S. 137f.

Kapitel 10

230 EUROSOLAR: Entwicklung und Arbeitsplatzpotential Erneuerbarer
Energien in der Europäischen Union. In: Solarzeitalter Nr. 3/1997, S. 11ff.

231 Udo E. Simonis: Globale Umweltpolitik. Ansätze und Perspektiven.
Mannheim 1996

232 Deutscher Bundestag: Antwort der Bundesregierung auf die Kleine
Anfrage der Fraktion Bündnis 90/Die Grünen. Drucksache 13/2156. 1995

233 Dennis R. Henderson: Between the Farm Gate and the Dinner Plate.
Motivations for Industrial Change in the Processed Food Sector.
In: The Future of Food. OECD 1998, S. 111ff.

234 Johann Heinrich von Thünen: Der isolierte Staat in Beziehung auf
Landwirtschaft und Nationalökonomie. Berlin 1990

235 Julius U. Nyerere: Sind universelle Sozialstandards möglich?
In: epd-Entwicklungspolitik Nr. 12/1998, S. 37ff.

236 Heribert Prantl: Wenn Bürger nicht mehr brav sein wollen.
In: Süddeutsche Zeitung v. 21./22.3.1998

237 Alfred Rest: Need for an International Court for the Environment.
In: Environmental Policy and Law 1994, S. 173ff.

238 Frank Biermann: Völkerrecht und Weltumweltpolitik.
In: Udo E. Simonis (Hrsg.): Weltumweltpolitik. Berlin 1996

239 Scheer (s. Anm. 24), S. 203ff.

240 Ross Gelbspan: Der Klima-GAU. Erdöl, Macht und Politik.
München 1998, S. 105ff.

Kapitel 11

241 Arran E. Gare: Postmodernism and the Environmental Crisis.
London 1995, S. 34

242 Wilhelm Ostwald: Die energetischen Grundlagen der Kulturwissenschaften. Leipzig 1909. S. 2ff.

243 Jeremy Rifkin: Das Ende der Arbeit und ihre Zukunft.
Frankfurt a. M. 1995

244 Mathias Greffrath: Freizeit, die sie meinen. In: Süddeutsche Zeitung
v. 24.6.1998

245 Johano Strasser: Wenn der Arbeitsgesellschaft die Arbeit ausgeht.
Zürich 1999

246 Elmar Altvater: Die Armut der Nationen. Dortmund 1994

DANKSAGUNG

Für die Mitwirkung an der Erstellung des Manuskripts danke ich Heiko Stubner, der zusammen mit der Verlagslektorin Dr. Susanne Eversmann die Endredaktion vorgenommen und die wissenschaftliche Bibliographie betreut hat, und meinen Mitarbeiterinnen Tatjana Brusis, Sigrid Henke, Verena Köln und Karin Schäckeler.

Mike Davis

Ökologie der Angst

Los Angeles und das Leben
mit der Katastrophe

In Los Angeles, einst der Garten Eden im Land ewigen Sonnenscheins,
macht sich Angst breit: In den letzten Jahrzehnten wurde die Stadt von
einer alttestamentarisch anmutenden Abfolge von Katastrophen heimge-
sucht. Sturmfluten, Tornados, Erdbeben, Dürre, Großfeuer und bürger-
kriegsähnliche Unruhen... Frappierend auch, wie lustvoll gleichzeitig
der fiktive Untergang der Stadt inszeniert wird: In Dutzenden von Filmen
und Romanen zerstören wahlweise Außerirdische, Kometen, Sintfluten
das moderne Babel...
Was heißt das für unsere Vorstellung von Stadt? Mike Davis erzählt die
geheime politische Geschichte der – realen und imaginären – Katastrophen und enthüllt dabei den engen Zusammenhang zwischen ökologischen Todsünden, sozialer Ungerechtigkeit und einer nur den»Marktgesetzen« verpflichteten Urbanisation. Ein unentbehrliches Buch für alle,
die sich für die Zukunft unserer Städte interessieren.

Aus dem Englischen von Gabriele Gockel, Bernhard Jendricke und
Gerlinde Schirmer-Rauwolf,
544 Seiten mit zahlreichen Abbildungen, gebunden

Verlag Antje Kunstmann

Reg Whitaker

Das Ende der Privatheit

Überwachung, Macht und soziale Kontrolle
im Informationszeitalter

Information ist Macht – aber für wen? Mit der rasanten Entwicklung
neuer Informationstechnologien werden auch die Strukturen der Macht
im globalen System neu definiert. Sind wir auf dem Weg zur transparenten Gesellschaft?
Die Mittel dazu sind vorhanden: Videokameras überwachen längst nicht
mehr nur Parkplätze, sondern können aktiv gesuchte Personen auf-
spüren. Detailgenaueste Satellitenbilder werden gegen Gebühr von privaten Firmen genutzt, moderne Sensoren lassen die klassischen Abhör-
geräte wie Kinderspielzeug erscheinen.
Doch auch wir selbst hinterlassen Spuren: Mit *credit* und anderen intel-
ligenten *cards*, beim Reisen, Einkaufen, auf der Bank und beim Arzt –
dichte Datenprofile, deren Nutzung sich weitgehend unserer Kontrolle
entzieht.
»Wem Hollywood-Filme zu unglaubwürdig erscheinen, der kann im
Buch des kanadischen Politologen nachlesen, was in Filmen wie ›Staats-
feind Nr. 1‹ Fiktion ist und was Wirklichkeit.«
Cordt Schnibben, Der Spiegel

Aus dem Englischen von Inge Leipold, 280 Seiten, gebunden

Verlag Antje Kunstmann

4. aktualisierte Auflage 2000
© Verlag Antje Kunstmann GmbH,
München 1999
Umschlaggestaltung: Michel Keller
© der Coverfotos: Bavaria Bildagentur
Typografie + Satz: Frese, München
Druck + Bindung: Pustet, Regensburg
ISBN 3-88897-228-0